L'expérience
sexuelle
des femmes

Sheila Kitzinger

L'expérience sexuelle des femmes

TRADUIT DE L'ANGLAIS
PAR MARIE-FRANCE DE PALOMÉRA

Seuil

27, rue Jacob, Paris VIe

Titre original : *Woman's Experience of Sex.*
Éditeur original : Dorling Kindersley, Londres.
ISBN original : 0 86318 013 2.
© original Dorling Kindersley, Limited, Londres, 1983.
© original pour le texte, Sheila Kitzinger, 1983.
© original pour les illustrations, Nancy Durrell McKenna, 1983.

ISBN 2-02-009382-0.

A toutes les femmes qui m'ont dit
leur expérience vécue
avec tant d'honnêteté, de rigueur,
et de franchise généreuse

Avant-propos

Jamais je n'aurais pu m'atteler à ce livre sans l'aide des nombreuses femmes qui m'ont permis de prendre conscience de la complexité et de la profondeur de la sexualité des femmes, et de voir nos vies avec plus de précision.

Mais toute façon de voir est aussi une façon de ne pas voir (Ann Oakley, *Sociology of Housework* *). Nous écartons de notre champ de vision ce qui est inacceptable, ce que nous ne voulons pas admettre ou croyons secondaire. Dans les livres qui traitent de la sexualité féminine, l'expérience vécue des femmes a souvent été masquée de cette manière.

Moi, j'ai délibérément éliminé les hypothèses formulées à propos de la sexualité, de nos sentiments et de nos émotions, qui ne coïncident pas avec l'expérience directe des *femmes*. Autrement dit, j'ai refusé les explications que donnent les hommes de notre comportement et de nos sentiments parce qu'elles sont hors du sujet, sauf dans la mesure où elles se répercutent sur la vision que nous avons de nous-mêmes.

La plupart des livres sur la sexualité parlent des femmes, ils ne disent pas la réalité des femmes. Ils imposent une certaine façon de voir et procèdent, à partir de là, à des généralisations sur nos émotions, notre comportement, nos objectifs. Et c'est souvent aussi l'optique du médecin ou du psychothérapeute. Le statut professionnel est censé garantir l'« objectivité » de leur opinion. Si bien que le sexe et le statut créent une distance entre ce qui est dit et le caractère immédiat des pensées et des sentiments des femmes, et déforment tout ce que nous pouvons découvrir à leur sujet.

Remerciements

Lorsqu'on écrit un livre comme celui-ci, il est très difficile de savoir sous quelle forme exprimer ses remerciements. C'est parfait d'exprimer sa reconnaissance à des organisations, mais je sais que beaucoup de personnes dont le concours aura été des plus précieux n'aimeraient pas être remerciées nominativement. J'ai tant appris de ce que m'ont dit tant de femmes que je veux les remercier toutes

* Les titres mentionnés dans le texte figurent dans la bibliographie.

de m'avoir fait assez confiance pour parler avec une telle honnêteté et une telle franchise. Je leur ai garanti l'anonymat, mais elles se reconnaîtront, et j'espère ne pas avoir déformé ce qu'elles m'ont dit.

Je tiens néanmoins à remercier tout particulièrement le Boston Women's Health Book Collective et l'Oxford Women's Health Group pour leurs analyses si utiles, ainsi que plusieurs femmes dont les réflexions ont été des plus stimulantes : Sally Haslett, Linda Hurcombe, Ann Oakley, Susan Le Poidvin, Jean Robinson, Helge Rubinstein, Elizabeth Salter, Mary Stott, Norma Swenson, Marjorie Walker et Val Wilmer.

Ce livre représente une part importante de ma vie. Il m'a absorbée, il a pris mon temps, il m'a passionnée. Mon mari m'a apporté un appui pratique et affectif considérable grâce auquel j'ai pu me lancer dans cette entreprise, et je veux le remercier de m'avoir ainsi épaulée sans faiblir ni douter de ma capacité d'écrire, même aux moments où je piétinais et désespérais d'aboutir.

Et comment pourrais-je assez remercier mes filles ? Ce sont elles qui m'ont guidée dans ce labyrinthe. La franchise de leurs critiques, leur clarté d'esprit, l'enthousiasme qu'elles ont manifesté pour mes recherches m'ont énormément aidée. Lorsque j'avais fini un chapitre, le plus beau compliment que je pouvais obtenir de leur part était : « Ouais, ça peut aller. » Et je savais qu'enfin le chapitre se tenait. Nous avons eu de longues discussions nocturnes, et trois d'entre elles, Celia, Polly et Jenny, ont participé à la rédaction maintes fois remise en chantier. Elles se sont conduites en vrais tyrans, mais ce fut pour moi une expérience éducative stupéfiante.

Je veux remercier Polly qui s'est chargée des recherches concernant le chapitre sur la sexualité d'hier et d'aujourd'hui et de la première ébauche de ce même chapitre, ainsi que pour son poème de la p. 207, que je suis allée récupérer sans la moindre honte, tout chiffonné, dans la corbeille à papier.

Celia a non seulement écrit le chapitre sur le lesbianisme, mais elle a opéré le dépouillement initial des questionnaires qui constituaient la première phase de l'enquête et m'a donné des avis judicieux tout au long du livre. Je sais qu'il est très différent de ce qu'elle me conseillait d'écrire, mais j'espère qu'elle jugera que ce n'est pas, malgré tout, un travail inutile.

Je veux remercier Wendy Rose Neil, rédactrice en chef de *Parents,* pour avoir publié le questionnaire dans ce magazine et pour les centaines de réponses que j'ai reçues de ses lectrices.

Pippa Rubinstein s'est montrée une conseillère littéraire des plus dévouées et toujours disponible. Nancy Durrell McKenna a fait, avec autant d'enthousiasme que d'intuition, les photos qui illustrent ce livre, apportant à son travail une élégance jamais prise en défaut.

J'ai émergé de ce livre en éprouvant une admiration sans borne pour les femmes, pour leur entrain et leur courage, pour la manière dont elles vivent les transitions de leur existence, dont elles font face aux crises et aux drames, dont elles donnent et continuent à donner. Ce livre est un témoignage de ce que je dois aux autres femmes.

Sheila Kitzinger

1. Introduction

Le sexe, c'est quoi ?

Je n'avais pas de théorie particulière sur la sexualité des femmes quand j'ai commencé à écrire ce livre. Je voulais en fait apprendre ce qu'est vraiment notre réalité profonde, et comment nous la vivons. Mes idées se sont précisées à partir de ce que les femmes m'ont dit. Pour beaucoup d'entre nous, l'activité sexuelle n'est manifestement pas ce septième ciel tant vanté ; nous sommes nombreuses à nous sentir coupables dès qu'il s'agit de sexe, non parce que nous croyons encore ne pas avoir le droit de nous exprimer sur ce plan, mais parce que nous craignons de ne pas être à la hauteur ou alors, si nous ne vivons pas une relation sexuelle, nous redoutons que quelque chose ne tourne pas rond en nous puisque tout le monde semble y prendre un tel plaisir.

Ce livre explore les sentiments qu'éprouvent les femmes à l'égard de leur corps et les manières, diverses et multiples, dont elles vivent leur sexualité. Les livres qui ont été écrits pour nous dire « comment on fait » semblent plutôt demander « en fait-on assez ? » et nous donner des instructions pour nous transformer en surdouées. On y traite de la sexualité comme pour nous enseigner à donner du plaisir et à en prendre, à peu près comme on nous apprendrait à conduire une voiture ou à nous servir d'un ordinateur, et l'accent paraît mis sur le degré d'excellence auquel nous pouvons prétendre pour peu que nous nous débrouillions aussi bien, voire mieux que tout le monde. Les techniques et les méthodes sont souvent analysées avec juste une petite allusion à ce qui reste malgré tout l'essentiel : les émotions que font naître en nous nos expériences, notre identité en tant que personnes, nos valeurs, nos rapports avec les autres, et le contexte social dans lequel s'inscrit notre comportement personnel et que reflètent nos actions les plus intimes.

Pour les femmes, la sexualité ne se limite pas aux seins et aux fesses. Nous ne pouvons la réduire, sous peine de lui ôter toute sa réalité, à nos organes sexuels et à ce que nous en faisons. Quelle que soit la sexualité chez l'homme, chez la femme elle recouvre toute une gamme de sensations et d'émotions qui ne sont pas simplement génitales. Elle met en jeu le corps tout entier et s'exprime de différentes manières selon les différentes périodes de la vie de la femme, tout au long de son cycle ovarien et en tenant compte de ces phases bio-sociales complexes et variées, et diversement vécues, que sont la grossesse, l'enfantement, la ménopause et la vieillesse. Nous commençons tout juste à parler de notre sexualité et de sa réalité profonde et unique pour chacune de nous.

Pour certaines, la sexualité sera ce qu'un homme fait à une femme le samedi soir au lit. Nous avons été conditionnées par une société qui restreint la totalité et la finalité de la vie sexuelle à l'acte sexuel et dévalue tous les autres aspects de la sexualité féminine.

Pourtant, la vie sexuelle peut être l'essence de la vie. On y trouve ce sentiment d'exaltation et de bien-être qui naît d'une promenade dans la campagne automnale, lorsque les feuilles pourpres, or et rouille tournoient doucement dans l'air vif. Quand on prend un bébé dans son berceau et qu'on sent contre soi la rondeur et la fermeté du petit corps. Quand un nourrisson cherche avidement le sein, le trouve et le happe avec une joie évidente. Quand on est assise près d'une personne aimée, main dans la main, ou même sans se toucher, un soir où le givre et la neige nous isolent dans la chaude intimité d'une maison. Ce peut être aussi le profond compagnonnage et la proximité de femmes réunies par une cause commune et qui travaillent à la paix et au changement de la société.

Même au niveau le plus manifestement physique, la sexualité peut contenir toute une gamme de sensations et d'émotions elles aussi différentes. Elle peut être romantique, tout en couchers de soleil roses et musique douce. Elle peut être passionnée quand le désir s'insinue irrésistiblement dans tous les pores de la peau. Il lui arrivera d'être bourrée d'esprit et intellectuellement stimulante. Parfois on s'en tient au B.A. BA – Tarzan vouloir Jane, Jane vouloir Tarzan. Parfois c'est drôle, une bagarre de chiots qui se termine en fou rire. Et selon l'humeur et le moment, anodin et détendu, ou alors complètement fou ; un jeu, ou encore une compétition.

On pourrait dire que pour chaque femme la sexualité est tout cela suivant les phases de la vie ou les différents partenaires. Mais c'est encore trop simplifier. La sexualité est changeante, comme le sont nos humeurs et nos attitudes, et selon qu'elle est partagée ou que nous sommes seules. Elle est, aussi, profondément influencée par toutes les autres choses de la vie. Les soucis d'argent, l'inquiétude que nous causent nos parents ou nos enfants, nos difficultés professionnelles : autant d'éléments qui la privent de sa joie. Quand la vie va bien et que nos autres relations sont satisfaisantes, cette harmonie illumine du même bonheur notre sexualité.

Sexualité et image de soi   Tout cela parce que notre sexualité est liée au sentiment que nous avons de notre propre valeur. On en discute souvent comme si elle existait indépendamment de tout contexte, mais, comme le montrent les témoignages des femmes, le sentiment que nous en avons dépend dans une large mesure de ce qui nous arrive par ailleurs, de la façon dont nous percevons notre identité et de la valeur que nous nous reconnaissons. Une femme qui habite dans une HLM avec des enfants en bas âge, ou vit avec un partenaire alcoolique ou des parents âgés,

Notre relation avec nos partenaires, nos enfants, avec les autres hors de la famille affectent intimement la façon dont nous vivons notre sexualité.

par exemple, subira des tensions et aura l'impression d'être vidée de son énergie par les problèmes qu'elle devra résoudre, ou de n'exister que pour répondre aux besoins et aux exigences des autres.

Nous vivons dans une société où les hommes réclament des services et où les femmes procurent ces services. Les femmes sont les nourricières. Il est entendu que les hommes travaillent à l'extérieur et assurent le pain quotidien, moyennant la tenue de la maison, l'éducation des enfants et la disponibilité d'une partenaire sexuelle ; ils sont actifs et dominateurs, tandis que les femmes sont relativement passives et soumises, ayant appris plus ou moins directement que les hommes savent mieux qu'elles ce qui leur convient. Tout le monde ne voit pas les choses ainsi, bien sûr, mais ce que nous croyons et faisons subit l'influence de ce modèle fondamental de notre culture, qui définit et limite nos choix et les rend souvent absurdes parce que, en notre qualité d'êtres sociaux, nous avons du mal à totalement nous en libérer.

La femme seule   Notre société est faite pour des couples, et des couples hétéro-sexuels. Le ou la célibataire sont des gens bizarres. Les conditions de logement, les prêts ou les abonnements de train sont conçus pour un homme et une femme vivant ensemble, avec deux enfants le cas échéant. Si elle n'est pas associée à un homme, la femme est

14

socialement désavantagée. Et si elle l'est, dès qu'il part en voyage d'affaires ou s'il vient à mourir, elle se retrouve en situation irrégulière. Généralement les papiers sont signés par lui, la voiture assurée et imposée à son nom. Les plombiers, décorateurs et électriciens attendront une lettre signée de lui avant d'entreprendre quoi que ce soit. Les invitations sont adressées au couple ; quand elle ne peut s'y rendre, lui est accueilli à bras ouverts en sa qualité d'homme seul – une femme seule complique la composition de la table et l'invitation risque alors de sauter. Dans son cercle social, les femmes des autres couples verront en elle une éventuelle rivale. Elle peut même commencer à éprouver un sentiment de culpabilité quant aux activités qu'on ne manquera pas de lui proposer du simple fait qu'elle est seule. Elle sait qu'il peut être dangereux de rentrer seule dans la rue le soir, ou avec une autre femme, et cela restreint ses loisirs. Si elle part seule en vacances et peut se le permettre, elle doit payer un supplément pour ne pas être dans une chambre à deux.

Les femmes qui élèvent des enfants

Si elle travaille, la femme doit négocier tous les obstacles que met sur son chemin une société où il est entendu que les femmes sont vissées au foyer ou s'occupent des enfants. Les crèches manquent sur le lieu de travail, les autres sont pleines, et il est difficile de trouver « quelqu'un de bien » à qui confier les enfants. L'homme qui disait : « Tu fais ce que tu veux », déclare aujourd'hui : « Si j'étais toi, je laisserais tomber – tu as l'air crevée ! Tu en fais trop ! » (Il parle du travail à l'extérieur, pas des tâches ménagères, ni des enfants, ni de l'entretien de ses chemises.) Les tâches ménagères ne sont pas du « vrai » travail. Elles ne le sont pas *parce que* c'est un travail de femme, donc un travail déprécié. Pour beaucoup de femmes, le foyer devient un piège, et au bout de dix ans environ de mariage *est ressenti* comme un piège.

Tout ce qui est dit sur la sexualité entre un homme et une femme et sur nos sentiments à ce propos doit faire entrer cet élément en ligne de compte. Car il ne s'agit pas seulement de ce qui arrive quand deux corps se mêlent dans l'obscurité, mais de tout ce qui se passe pendant vingt-quatre heures et de tout ce que chacun des partenaires considère comme acquis au sujet de l'autre.

Les stéréotypes sexuels

Les femmes sont souvent, aussi, malheureuses et déçues, parce qu'il est sous-entendu que chacune tombera amoureuse d'un homme unique, l'épousera, aura des enfants et, comme dans les contes de fées, sera heureuse et vivra très longtemps. Notre société part du principe que la famille nucléaire, avec la mère, le père et deux, voire trois enfants, est la norme, tout le reste constituant plus ou moins une déviation par rapport à cette norme. Nous préparons nos filles à cette idée ; nous pensons peut-être qu'une phase d'expériences, d'essais avec divers partenaires est nécessaire, mais nous continuons à vouloir qu'elles « se casent » et remplissent le rôle féminin traditionnel d'épouse et de mère – même si notre propre expérience de la vie conjugale n'a pas été à la hauteur de cet idéal. Et beaucoup

15

d'entre nous ont si bien appris leur leçon que nous ne voyons même pas que l'idée que se fait un homme de ce que nous sommes et de la façon dont nous devons nous percevoir nous condamne à une vie rétrécie. Nous grandissons dans une société, et nous imposons à nos enfants des notions stéréotypées de ce que doivent être un homme et une femme. Nous avons beau nous croire « lucides » et chercher à fuir ces stéréotypes, ils sont tellement ancrés dans les mentalités que nous devons être constamment sur nos gardes pour les empêcher de régir notre vie.

Un homme apprend à

dominer la situation
« marquer des points », réussir
poursuivre des objectifs
commenter morceau par morceau le corps des femmes
assumer des fardeaux
travailler en équipe
se mener la vie dure
prendre des risques, relever des défis
fixer les règles du jeu
être viril
être un « homme », un adulte
décider
placer les femmes sur un piédestal
s'attendre à être servi par une femme
mépriser tout comportement « de fille »
assumer.

Une femme apprend à

faire ce qu'on lui demande / ce qu'on lui dit
plaire à un homme
ne blesser personne
avoir l'air sage
être prise en charge par un homme fort
rivaliser avec les autres femmes pour obtenir les attentions d'un homme
penser aux autres avant elle
ne pas causer d'ennuis, être « gentille »
suivre les règles
être docile, dire oui
trouver agréable de rester une « petite fille », éternellement immature
laisser les autres choisir pour elle
attendre d'un homme le bonheur
être amicale et serviable
être incapable
accepter sa position dans la société
attendre que quelqu'un d'autre « arrange » les choses.

(Adapté de Helen Seager, *Not for Fun, Not for Profit : Strategies for ending sexual harrassment on the job.*)

Ces stéréotypes ne sont pas seulement étouffants : ils exercent une influence profonde sur notre attitude à l'égard de la sexualité, car celle-ci est en grande partie définie en fonction de l'expérience qu'en a un homme. Elle est réduite à l'acte sexuel et l'orgasme est perçu comme le but de l'acte sexuel, le « coup dans le mille » en quelque sorte, tous les autres plaisirs sexuels n'en étant que les préliminaires. C'est d'ailleurs le mot qu'on emploie. La sexualité est également vue comme l'activité de deux organes du corps masculin et du corps féminin, le pénis et le vagin.

La masturbation est considérée comme une sorte d'ersatz des rapports sexuels avec un homme et, en grande partie à cause des travaux de Masters et Johnson et des sexologues modernes, comme une façon d'apprendre à faire des progrès. Ce que je veux faire ici, dans ce livre, c'est contester ces affirmations et explorer bien plus largement et en profondeur la sexualité des femmes.

C'est ainsi que je ne limiterai pas ma définition de la sexualité à l'activité hétérosexuelle : il est également question dans ce livre d'homosexualité féminine. C'est une autre façon d'aimer, qui apporte amour et plénitude à beaucoup de femmes, et pour certaines une façon de prendre position par rapport à notre société patriarcale et à la place qu'y occupent les femmes.

Je veux remettre en question le rôle central de l'orgasme dans l'expérience sexuelle. Bien qu'il constitue une exultante effusion d'énergie, les femmes ne le recherchent pas toujours et certaines s'en passent. Surtout – et c'est le plus important –, une femme peut avoir un orgasme, et même un orgasme multiple, sans pour autant être *affectivement* satisfaite. La sexualité ne se borne pas à l'orgasme.

Les émotions

Alex Comfort (*la Joie du sexe*) compare la sexualité à la nourriture et nous préconise de festoyer en gourmets ; mais c'est là une analogie limitée. Nous pouvons vivre sans sexualité, pas sans nourriture. Et même, en admettant que la sexualité soit comparable au fait de se nourrir, nous ne supporterions pas de la cuisine raffinée et des plats compliqués tous les jours. Il nous arrive de préférer un sandwich ou un déjeuner pris sur le pouce. Souvent nous sautons volontiers un repas, ou nous n'avons pas faim du tout, et souvent tout ce qu'il nous faut, c'est une alimentation simple et saine. Rien ne nous empêche de faire preuve, en matière de sexe, de l'esprit de sélection que nous jugeons aller de soi en matière de nourriture. Nous pouvons essayer de nous libérer des contraintes que les autres nous imposent en décrétant quand et comment nous devons aimer et exercer notre sexualité, et les sentiments que nous devons éprouver à cet égard. En devenant adultes, nous nous affranchissons bien des contraintes du même ordre imposées par nos parents sur ce que nous devons manger, et quand et comment nous devons le faire. Pourquoi ne pas essayer de savoir ce que nous voulons ?

Car si nous souhaitons vraiment prendre le contrôle de nos corps et de nos vies, nous devons commencer par voir comment on nous impose l'attitude des hommes à l'égard de la sexualité, comment on nous fait voir le monde par leur seul regard. C'est là un aspect de notre comportement personnel où se reflètent les valeurs sociales qui régissent notre façon de nous voir et de voir les autres, et ce que nous faisons. Tout au long des siècles les hommes ont attribué aux

femmes des rôles fondés sur la compassion et le service des autres. Et ils y ont trouvé leur avantage. Nous avons élevé les enfants, soigné les malades, veillé sur les personnes âgées, et nous avons été, leur vie durant, le repos de ces guerriers.

Le rôle de l'amour

Or c'est précisément de ces qualités traditionnellement associées au fait d'être femme que le monde a un besoin urgent. Refuser la tendresse, la compréhension, la « fonction nourricière » parce que ces qualités sont liées à la subordination des femmes dans la société, c'est renoncer à presque tout ce qui enrichit affectivement la vie et crée une société où l'indifférence n'a pas le dernier mot.

Et puis, je le dis sans honte, je parle aussi d'amour. Même si nous aimons, nous avons parfois du mal à *montrer* cet amour d'une façon qui ait un sens pour l'autre, et j'explore dans ces pages certaines des formes par lesquelles cet amour trouve à s'exprimer.

Décider de ma sexualité sous-entend que je réfléchis à ce que je suis en tant que femme, à ce que je veux recevoir et donner. Mes rapports avec ma mère, mon père, mon partenaire, mes enfants, avec d'autres hommes et d'autres femmes extérieurs à la famille, ont un retentissement intime sur ma vie sexuelle. Si je les exclus, je néglige tout le contexte dans lequel je m'inscris en tant que personne. Pour

18

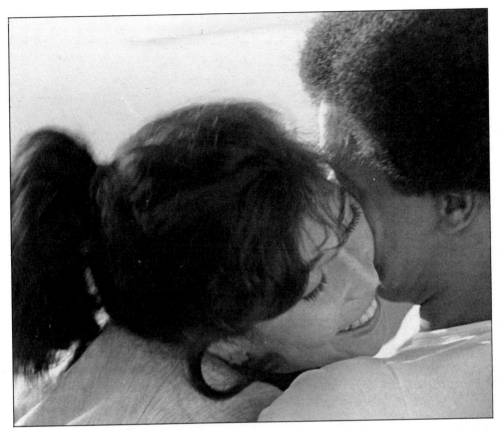

comprendre ce que signifie la sexualité pour une femme, nous devons en parler avec des mots empruntés à la vie de tous les jours, au réseau de relations dans lequel nous nous insérons, au flux de notre expérience vécue qui se modifie avec le temps ; nous devons prendre en compte la signification que revêtent nos relations personnelles pour le monde dans lequel nous vivons et pour la société dans laquelle vivront nos enfants.

... la sexualité ne se limite pas à l'acte sexuel, elle est une relation.

La sexualité, hier et aujourd'hui

La manière dont la sexualité des femmes s'est exprimée au cours des âges est un sujet énorme – qui couvre un champ bien trop vaste pour que j'essaie d'en faire le tour ici. Je peux seulement espérer fournir une sorte d'entrée en matière aux études historiques et anthropologiques qui donnent une idée beaucoup plus précise de ce domaine passionnant.

Tout au long de l'histoire, la sexualité des femmes a été tenue pour quantité négligeable et escamotée, ou bien jugée dangereuse, voire mortelle, pour les hommes. Les premiers auteurs chrétiens

19

Une femme apprend d'abord de sa mère ce qu'est l'amour...

enseignaient qu'il existait deux types de femme : les mères et les prostituées. Les mères n'avaient pas de désirs mais se soumettaient de bonne grâce à l'acte charnel afin de procréer. Les prostituées représentaient leur antithèse : elles vibraient d'une sexualité si intense que, mues par la luxure, elles perdaient les hommes, corps et âme. Cette vision de la sexualité, qui persista durant tout le Moyen Age, fut un des thèmes courants de l'Angleterre catholique aussi bien que protestante, et un des principes fondamentaux de l'éthique victorienne.

Notre prise de conscience des changements d'attitude à l'égard de la sexualité couvre, pour la plupart d'entre nous, une période très courte. Nous pouvons comparer nos idées avec celles de nos mères – remonter tout au plus à une ou deux générations. Et nous avons une idée assez précise des préjugés que nous associons au comportement victorien.

Il existait au XIXe siècle des idées et des *a priori* puissants sur ce qu'étaient les femmes et la sexualité, qui se répercutaient d'une façon ou d'une autre sur la vie de la grande majorité des femmes.

« Ferme les yeux et pense à l'Angleterre »

Il était entendu que les femmes n'étaient pas spontanément attirées par les choses du sexe mais pouvaient y être initiées avec tact par leur mari, ou alors que ces femmes immaculées avaient perdu cet état de grâce et chu du piédestal sur lequel les vénéraient leurs époux. La femme honnête endurait les rapports sexuels pour garantir la sécurité du mariage. Dans ses opuscules à fort tirage, *Wives of England, Women of England* et *Daughters of England* (« Tout mari devrait en acheter un à sa femme, tout frère à sa sœur, tout père à sa fille »), Sarah Ellis instruisait les femmes sur ce que devaient être leurs rapports avec leur mari. « Sans l'amour d'un homme, écrivait-elle, une femme est seule et perdue » ; elle insistait sur le fait que la gratitude est une composante importante de la nature féminine, nature qui demeure incomplète si elle ne l'exprime pas aux hommes qui la guident et la chérissent sa vie durant. Un autre livre donnait les conseils suivants :

Supportant au besoin la colère [de son mari] et sa mauvaise humeur de bonne grâce, elle doit apprendre ses goûts et s'y plier, adopter sa forme de caractère, bref, se soumettre à tous ses désirs avec cette reconnaissance empressée qui est, chez une épouse, le signe le plus sûr d'une compréhension profonde *(Woman as She is and Should be,* 1879, cité in Carol Adams, *Ordinary Lives : A hundred years ago).*

Le savoir souille l'innocence de la femme. Qu'elle fasse confiance à l'homme qu'elle aime : il lui dira ce qu'elle doit faire. La femme ne saurait chercher ni trouver égoïstement le bonheur. C'est à l'homme qu'il revient de le lui octroyer. Pourvoyeur de félicité, l'homme de bien s'apparente à la divinité : « Lui pour Dieu seul, elle pour Dieu en lui » (John Milton).

Dans le manuel de sexologie typique de l'époque victorienne, un chirurgien déclarait qu'attribuer des désirs sexuels aux femmes relevait de la « vile calomnie ». Un autre ouvrage de médecine de la même période qualifiait de « lascive » la femme qui répondait aux avances de son époux en manifestant le moindre plaisir physique.

Par ailleurs, une tendre affection entre deux femmes était non seulement tolérée, mais chaleureusement encouragée, peut-être parce qu'on refusait d'y voir la possibilité d'un élément physique (Lillian Faderman, *Surpassing the Love of Men*). Si bien que les lesbiennes avaient, sur bien des points, une liberté qui leur est déniée aujourd'hui. Des lettres d'amour entre femmes nous sont parvenues sans avoir été censurées et forment un contraste surprenant avec l'hostilité à laquelle se heurtent souvent les lesbiennes à l'heure actuelle.

Deux poids, deux mesures — Au XIXe siècle, deux normes étaient couramment admises. Les hommes « jetaient leur gourme » en toute liberté, mais les femmes devaient rester chastes. Le caractère sacré de la famille et les vertus des épouses et mères en tant que gardiennes de l'honneur de leur mari reposaient sur l'exploitation et l'avilissement d'un autre groupe de femmes : les prostituées. Les femmes vertueuses étaient censées ignorer jusqu'à l'existence de ces dernières, mais les hommes les acceptaient comme une désagréable « nécessité » qui garantissait la moralité de la famille. W.E.H. Lecky, dans son *History of European Morals from Augustus to Charlemagne*, décrit ainsi la prostituée :

... la plus vile de son sexe... condamnée... à la maladie, à la déchéance abjecte et à une mort précoce... symbole permanent de la dégradation et de la vocation de l'homme au péché. Image du vice suprême, elle est en dernier ressort le garant le plus efficace de la vertu. Si elle n'était là, l'intégrité non menacée d'innombrables foyers heureux serait souillée, et beaucoup de celles qui, fières de leur chasteté exempte de tentations, pensent à elle avec un haut-le-cœur d'indignation, auraient connu les tourments du remords et du désespoir. Sur cette forme avilie et ignoble se sont concentrées les passions qui auraient rempli de honte l'univers. Les credo et les civilisations naissent et disparaissent, mais elle demeure, immuable, prêtresse éternelle de l'humanité, maudite pour les péchés des hommes.

On recommandait aux hommes, en leur laissant entendre que leurs propres vices étaient entièrement dus aux sollicitations des filles déchues d'Ève, de ne surtout rien faire qui pût éveiller la concupiscence d'une épouse :

Il est une erreur dans laquelle tombe plus d'un homme jusque-là incontinent, c'est de croire qu'on lui demandera, dans sa nouvelle vie d'époux, d'avoir avec sa femme le comportement qu'il réservait à ses maîtresses. Aucune femme anglaise moderne ne le souhaiterait. Il ne doit pas redouter d'avoir à éveiller les sens de sa femme, ni qu'elle se comporte en aucune manière comme une courtisane (Lord Acton, cité *in* Steven Marcus, *The Other Victorians*).

Si une femme concevait hors du mariage, sa dépravation en était la cause. On comprenait que les hommes aient de fortes pulsions sexuelles qu'il leur fallait dominer ; chez une femme, ces pulsions, même ténues, étaient anormales. Autrement dit, une femme enceinte avait soit cédé à son séducteur par faiblesse morale, soit fait preuve de perversion en tentant et en séduisant l'homme.

Les femmes victoriennes passaient une bonne partie de leur existence à être enceintes, à allaiter et à se remettre de leurs fausses couches. Dans les romans de l'époque, nombre d'héroïnes mouraient en donnant le jour. Cette santé délicate, qualité innée de la femme ayant reçu une bonne éducation, résultait pour une bonne part des grossesses répétées. On échappait à tous ces maux en évitant les rapports sexuels.

Haro sur le contrôle des naissances

Dans la seconde moitié du XIXe siècle, les ouvrages sur la contraception se multiplièrent. Mais elle n'en était pas moins considérée par la grande majorité des gens comme une pratique répugnante, dangereuse pour la moralité et pour la santé, et cela par les médecins comme par les ecclésiastiques et autres gardiens de la morale publique. En 1869, la grande revue médicale anglaise *Lancet* écrivait d'une plume vengeresse :

Une femme sur laquelle le mari pratique ce qu'on appelle par euphémisme la « contraception préventive » est... nécessairement amenée à adopter la mentalité d'une prostituée... Seule l'absence totale d'orgasme lui permettra d'éviter une affection utérine.

La seule façon d'éviter les grossesses fréquentes était l'abstinence. Or les familles commençaient à être moins nombreuses et les journaux vantaient discrètement les mérites de « remèdes secrets ». Les médecins mettaient en garde contre « la fraude sexuelle et l'onanisme conjugal », et un certain Dr Routh énumérait les conséquences qui ne manquaient pas de s'ensuivre :

... la mort, ou une maladie grave – métrite aiguë et chronique, leucorrhée, ménorragie et hématocèle, hystéralgie et hyperesthésie des organes de reproduction, cancer, sous une forme aggravée, prenant dans ces exemples une forme galopante en raison de son développement accéléré... ovarite... Enfin l'on voit apparaître le délire maniaque conduisant au suicide et la nymphomanie la plus répugnante.

La publicité donnée au procès de Charles Bradlaugh et d'Annie Bessant pour la publication d'une brochure sur le contrôle des naissances, dont 277 000 exemplaires avaient été vendus en 1881, eut une action considérable en faisant comprendre aux femmes que la contraception était possible. Lorsqu'on aurait isolé la sexualité des constantes grossesses, fausses couches et maladies et blessures pelviennes qui y étaient associées, alors, et alors seulement, les femmes pourraient, dans leur majorité, commencer à considérer les rapports sexuels comme une source de plaisir.

Havelock Ellis, qui fit pourtant œuvre de pionnier en enseignant ce qu'était la sexualité dans ses *Études de psychologie sexuelle* (les divers tomes furent publiés de 1897 à 1928, mais légalement accessibles aux seuls médecins jusqu'en 1935), continuait à voir essentiellement

On redore les vieux mythes

dans les hommes les gardiens et les éducateurs de leurs épouses. On les encourageait à faire jaillir la minuscule étincelle amoureuse grâce à laquelle la femme accepterait l'étreinte conjugale. Là était l'objectif. La sexualité féminine n'existait pas, ne pouvait pas exister autrement.

La femme civilisée, sous l'influence conjuguée de la nature, de l'art, de la convention, de la moralité et de la religion, arrive souvent entre les mains de son mari, habituellement à un âge adulte assez avancé, dans un état ne la préparant pas à l'étreinte conjugale qui, si l'époux manque d'habileté ou de considération, peut la faire souffrir ou la dégoûter, ou simplement la laisser indifférente... Même sur le plan physique, les organes ne sont pas toujours prêts à assumer normalement l'exercice de leurs fonctions naturelles (Havelock Ellis, *Précis de psychologie sexuelle*).

Ses théories reflétaient la puissance du mythe de la Belle au Bois Dormant. La princesse dort et attend le baiser du prince qui, en s'approchant de la forêt, l'épée à la main, voit comme par enchantement les buissons s'entrouvrir et les fleurs remplacer les épines. Ce mythe résume l'attitude masculine à l'égard de la sexualité féminine. Non seulement la femme sera réveillée par l'homme, mais la victoire dépendra de son pénis-épée.

L'envie du pénis ? Les écrits de Sigmund Freud parurent d'abord en anglais, entre le début des années 1900 et les années trente. Freud sortit la sexualité de la clandestinité et déclara qu'elle constituait le fondement de la personnalité humaine et des rapports entre les êtres humains.

Selon lui, et toute la psychanalyse est construite sur cette théorie, la petite fille reçoit un choc en découvrant qu'elle n'a pas de pénis et croit qu'elle a dû en avoir un, mais qu'elle a été castrée. Cette castration est perçue comme une punition. Une fille est donc un garçon mutilé et un être biologiquement inférieur. Elle envie son pénis au garçon et se révèle incapable de surmonter son sentiment d'infériorité. Les expériences de la petite enfance modelant la personnalité de l'adulte, ce traumatisme précoce la rend narcissique, et elle essaie de rétablir l'équilibre en embellissant sa propre image. La castration symbolique crée un schéma qui se répète durant toute sa vie, de telle sorte qu'elle prend un plaisir masochiste à souffrir. Elle veut être un homme et cherche à se venger sur les hommes parce qu'ils ont quelque chose qui lui manque. Il en résulte que les hommes vivent dans la crainte des femmes. Trois possibilités s'offrent à la femme pour compenser son envie de pénis : elle veut un bébé pour remplacer le pénis perdu, elle devient névrosée, elle met en place un « complexe de masculinité » et nie qu'il lui manque quelque chose.

Freud souscrivait à une théorie de la supériorité masculine sur laquelle reposait la société dans laquelle il vivait. Son optique phallocratique était étroitement liée à une cellule bien précise, celle de la Vienne de l'Empire austro-hongrois. Depuis, les psychanalystes femmes, tout en reconnaissant la profondeur de ses intuitions, ont attaqué ses théories, entièrement fondées sur une clientèle féminine appartenant à la moyenne et haute bourgeoisie viennoise (Karen

Horney, « La fuite devant la féminité : le complexe de masculinité chez femmes vu par les hommes et les femmes », et « Le problème du masochisme féminin » ; Clara Thompson, « L'envie du pénis chez les femmes »). Si la société donne plus de valeur à la possession d'un pénis qu'à tout ce que pourrait posséder une femme, il est normal qu'une femme en veuille un. Rien de fondamentalement psychologique dans tout cela. On oblige les femmes à éprouver cette envie. L'« envie du pénis » freudien en dit sûrement bien davantage sur les hommes et leur système de valeurs que sur les femmes.

Bien qu'il existe toute une littérature masculine à la gloire du pénis, qui en célèbre les exploits avec une respectueuse admiration (D.H. Lawrence n'hésitait pas à faire s'agenouiller les femmes devant son « pénis pourpre » pour l'adorer), les femmes qui m'ont parlé dans leurs lettres de ce qui les excitait sexuellement ne m'ont jamais décrit en détail un pénis. Elles évoquent leurs émotions et les sensations qui s'éveillent dans leur corps tout entier. Une femme est excitée par la vue ou le contact du pénis érigé de son partenaire parce qu'elle y voit la preuve qu'il la désire et qu'elle a le pouvoir de l'émouvoir.

Et puis il y eut la Première Guerre mondiale, et dans les années vingt l'ordre ancien parut s'effondrer. La guerre avait violemment ébranlé les idées et les usages, il s'ensuivit une période que beaucoup jugèrent de plus grande liberté sexuelle. Il ne s'agissait pas de révolution sexuelle à proprement parler car, bien que la chasteté avant le mariage eût perdu de son importance, on connaissait les règles qu'on enfreignait. Alors que, dans la révolution sexuelle des années soixante, les règles elles-mêmes étaient remises en question.

Le cheveu court, libérée du corset, le corps et l'allure d'un adolescent, la « garçonne » régnait. Les femmes avaient travaillé dans les usines d'armement, dans les autobus et les tramways, elles avaient accompli des tâches dont les hommes les avaient toujours crues incapables. Elles exigeaient maintenant une autonomie et une franchise sexuelle nouvelles. Les danses de l'époque, dont le charleston constitue le plus bel exemple, donnent une idée de l'activité fébrile, de la frénésie de mouvement qui devinrent le modèle stylisé du comportement de cette belle jeunesse. Le ton était à l'ironie désabusée et à la quête effrénée de plaisir, comme on peut en juger par les chansons de Noël Coward et les romans de Scott Fitzgerald.

Un nombre croissant de femmes avaient désormais accès à la contraception. Mais les innovations techniques en la matière restaient inaccessibles à celles qui en avaient le plus besoin. Les femmes faisaient confiance aux vertus du retrait, guettaient chaque mois le calendrier d'un œil inquiet et continuaient à recourir aux bains chauds, au gin et aux pilules à base de plomb.

En 1921, la première clinique de contrôle des naissances créée par Marie Stopes s'ouvrait à Manchester, et le problème de la contraception fut porté sur la place publique. La presse accusa les directrices de ces cliniques d'être d'« effrontées salopes », « trop bien habillées » et « trop bien nourries », qui imposaient la contraception aux pauvres.

En 1923, le *Practitioner* consacra tout un numéro à la contraception. La revue médicale déclarait : « Le contrôle des naissances est devenu aujourd'hui un sujet de conversation courante dans les clubs féminins et autour des tables, à l'heure du thé où sont aussi présents les hommes » et « les femmes irréprochables épousent cette cause », bien qu'un éminent collaborateur avertît ses collègues que les hommes deviendraient stériles et fous s'ils utilisaient des contraceptifs. Certains estimaient que le contrôle des naissances était justifié dans les cas de démence incurable, mais étant donné que la fine fleur de la nation était morte à la guerre, il incombait aux classes instruites de repeupler le pays.

La modification des comportements à l'égard de la sexualité s'exprima de diverses façons dans les pays du monde occidental. En Allemagne, par exemple, la population masculine, dans les années vingt, était extrêmement réduite. Il ne restait à beaucoup de femmes que le souvenir de leurs amants et de leurs maris tués au combat. Les infirmes de guerre mendiaient dans les rues, et l'on manquait de tout : de travail, d'argent, de foyers. Les caricatures de Georges Grosz, les chansons de Kurt Weill nous restituent une dureté, une haine, une violence crue et une exploitation du pauvre par le riche et des impuissants par ceux qui ont le pouvoir, qui sont explicitement sexuelles. La sexualité, avec peut-être plus d'éclat et de provocation que jamais, devenait un moyen d'épiloguer sur l'injustice sociale.

La libération sexuelle

La première partie du rapport Kinsey, *le Comportement sexuel de l'homme,* fut publiée en 1948, la seconde, *le Comportement sexuel de la femme,* en 1953 ; l'ouvrage présentait un corpus monumental de recherches statistiques fondé sur les témoignages de 18 000 hommes et femmes à propos de leur vie sexuelle. Mais l'impact social de ces études ne se fit sans doute pleinement sentir que dans les années soixante, quand la « pilule » devint le moyen de communication le plus fiable qui eût jamais existé. Kinsey montra que le comportement sexuel variait énormément, et que beaucoup de pratiques qu'on avait jugées jusque-là anormales ne l'étaient pas le moins du monde, en cela que beaucoup de gens les utilisaient (Wardell B. Pomeroy, *Dr. Kinsey and the Institute for Sex Research*). On discuta masturbation, homosexualité et coït oral avec une franchise grandissante et nouvelle, bien qu'avec le *frisson* d'excitation que suscitaient des sujets de conversation jusque-là tabous.

La révolution sexuelle des années soixante n'aurait pas été possible sans la pilule contraceptive. Elle apparut sur le marché après avoir été testée en 1956 sur des paysannes portoricaines. On a calculé qu'en 1966 dix millions de femmes dans différents pays prenaient la pilule (Clive Wood et Beryl Suitters, *The Fight for Acceptance : A history of contraception*). La pilule promettait enfin, même si elle ne l'effectuait pas sur-le-champ, la dissociation entre la sexualité et la reproduction. Enfin les femmes pouvaient avoir des rapports sexuels sans craindre une grossesse non désirée.

En Californie, le mouvement hippie démarra quand les jeunes décidèrent de fusionner dans une même communion physique et affective, faisant l'amour et non la guerre et contestant avec force le monde de violence qu'avaient fait leurs parents, ainsi que les structures bureaucratiques et les institutions bourgeoises, comme le mariage, qui structuraient leur vie. Mais les *flower children*, qui s'épanouissaient dans la douceur et la lumière, allaient être absorbés par une autre culture hippie, plus radicale, axée sur la drogue, qui était souvent violente et traitait les femmes en objets sexuels à la pleine et entière disposition des hommes.

La *drug culture* des années soixante ajouta aussi une nouvelle dimension à la sexualité – on fait l'amour quand on est légèrement shooté, on rêve de le faire (mais on n'y arrive pas) quand on l'est complètement. Elle atteignit son apothéose avec le meurtre collectif de l'« affaire Manson » : Charles Manson dominait une « famille » de femmes qui le vénéraient dans une relation sado-masochiste de maître à esclaves.

Le mouvement d'Esalen marqua le point de départ d'une exploration plus générale des sensations physiques et des émotions, et d'une nouvelle « convivialité » entre les couples et au sein de groupes. Dans la communauté du bain, des corps luisants se caressaient avec un frisson d'extase mystique. Hommes et femmes, nus ou enveloppés de draps, exploraient les paumes de l'autre, se massaient respectivement le dos, s'enroulaient tels des serpents et se chevauchaient pour mieux communier.

Les experts introduisaient dans leurs livres toute une nouvelle gymnastique sexuelle et un répertoire de jeux à pratiquer en groupe, le tout destiné à garantir l'orgasme et à le rendre meilleur. La femme pouvait exciter son partenaire en enduisant de crème fouettée la pointe de ses seins, ou de miel le pénis de l'intéressé. Il fallait aimer le sucre à l'époque ! Être dans le vent, permuter, pratiquer l'échange entre couples procurait également un frisson d'un genre nouveau. Des clubs où les couples dans le coup allaient chercher des partenaires d'un soir fleurissaient un peu partout. Sous des lumières stroboscopiques les corps se tordaient dans une étreinte communautaire. L'union conjugale en sortait renforcée, affirmait-on (Duane Denfeld et Michael Gordon, « The sociology of mate swapping or the family that swings together clings together »).

En 1966, William Masters et Virginia Johnson publiaient leur premier livre, *les Réactions sexuelles*, résultat de onze années de recherches. Trois jours après sa parution, le premier tirage était épuisé (Fred Belliveau et Lin Ritcher, *Understanding Human Sexual Inadequacy*). A partir d'études sur la physiologie de l'orgasme, de films et de mesures diverses, ils arrivaient à la conclusion que les théories fondamentales sur l'excitation sexuelle et l'orgasme s'appliquaient à l'homme comme à la femme. Le clitoris, révélaient-ils, est à la fois la source et l'organe de transmission du plaisir.

Ce livre fut suivi par la publication d'un autre ouvrage, *les Mésententes sexuelles*, également de Masters et Johnson ; cette étude

27

décrivait une rapide thérapie sexuelle de deux semaines à Saint Louis, et le recours à des « partenaires suppléants » (si votre vrai partenaire refusait de venir, vous preniez quelqu'un d'autre). Du fait de leurs travaux, le traitement des mésententes sexuelles est désormais aussi banal que celui de l'astigmatisme ou des caries. D'après Masters, « une estimation modeste indiquerait que la moitié des mariages [aux États-Unis] présentent des mésententes ou en présenteront sans tarder ».

Les cures
sexuelles

Quand on affirme qu'un certain type de comportement est une maladie ou une incapacité, quand médecins et thérapeutes entreprennent de le traiter et que les hommes et les femmes cherchent à se faire soigner, une définition de la « maladie » en question s'impose. En médecine, ce qu'on entend par ce terme change constamment. Parfois, le champ couvert par la définition rétrécit : l'homosexualité n'est plus une maladie. Parfois, il s'élargit : un enfant peut être « hyperactif » et se voir prescrire un régime particulier ou des tranquillisants. La tension prémenstruelle est devenue aujourd'hui un syndrome. Fumer a toutes les chances d'être également considéré comme une maladie, et soigné comme les autres formes de dépendance à une drogue.

Le concept de
maladie

Non seulement la notion de maladie se modifie au fil de l'histoire, mais on définit celle-ci et on en évalue la gravité différemment selon les cultures. Le concept de maladie et de ce qu'elle recouvre fait entrer en jeu un jugement de valeur. Ce n'est pas une simple affaire médicale. Devons-nous, par exemple, partir d'une norme statistique et appeler « maladie » tout ce qui ne s'y conforme pas ? Dans ce cas, nous devons prendre pour acquis que la majorité des gens est en bonne santé. Un comportement moins habituel doit-il être « rectifié » ? Le « normal » est-il la conséquence de la création de stéréotypes ? Cela a toujours été un point important pour définir la maladie chez les femmes. Un comportement qui ne correspond pas à ce qu'on attend d'elles, compte tenu de leur contexte social, doit-il être catalogué comme maladie ? Les médecins soignent souvent les femmes malheureuses en ménage avec des tranquillisants. Ils seraient submergés, autrement, par le nombre de femmes qui viennent les consulter pour anxiété et dépression. La thérapie sexuelle n'est pas une simple affaire de technique. Elle soulève des points d'interrogation sur les valeurs d'une société.

On était convaincu que la masturbation rendait fou, et les médecins n'hésitaient pas à exciser une malade mentale pour tenter de la guérir. Grâce aux travaux de chercheurs comme Kinsey et Masters et Johnson, et au changement qui apparaît dans les attitudes de la société à l'égard des femmes ainsi que des maladies mentales, cette thérapeutique ne serait plus acceptée aujourd'hui.

Masters et Johnson soignent les « mésententes sexuelles ». La boucle est bouclée, et maintenant celui ou celle qui ne se masturbe pas, ou qui n'atteint pas l'orgasme en le faisant, peut croire qu'il doit aller se faire soigner. Une femme qui n'a pas d'orgasme en se masturbant est accusée de « dysfonctionnement orgasmique primaire », et ils ont conçu un traitement pour cette femme, même si elle peut « atteindre l'orgasme pendant le coït » (Masters et Johnson, *les Mésententes sexuelles*). Vous êtes en bonne santé, laissent-ils entendre, seulement si vous vous masturbez et avez des orgasmes. Si vous ne parvenez à l'orgasme qu'en faisant l'amour, quelque chose cloche. Le psychiatre de la contre-culture, Thomas Szasz, déclarait à ce propos :

La découverte de cette maladie est une inversion de la vieille théorie de la folie masturbatoire. Au XIXe siècle, se masturber était une maladie, ne pas se masturber un traitement ; aujourd'hui, ne pas se masturber est une maladie, se masturber un traitement (Thomas Szasz, *Sex : Facts, Frauds and Follies*).

Tout en affirmant que l'homosexualité n'est pas une maladie, mais simplement une expression naturelle de la sexualité, Masters et Johnson n'en offrent pas moins un « traitement » aux homosexuels qui souhaitent devenir hétérosexuels. Tout cela n'est pas très clair.

Virginia Johnson, qui travaillait avec William Masters et devint plus tard sa femme, a souligné tout au long de leur collaboration que la qualité de la relation à l'intérieur du couple est importante et qu'un traitement de problèmes sexuels qui n'en tiendrait pas compte risque d'échouer complètement (Belliveau et Richter, *Understanding Human Sexual Inadequacy*). D'autres thérapeutes ont souvent négligé ce point et se sont attachés au seul traitement des symptômes sans se préoccuper de qui présentait ces symptômes ou du contexte social dans lequel on estime qu'un comportement donné doit être soigné.

Bien qu'en Occident les médecins ne sectionnent plus le clitoris d'une femme pour modifier son état mental, on trouve des chirurgiens pour soutenir que l'ablation du capuchon ou la reconstruction d'une partie du vagin rend le clitoris plus accessible à la stimulation par le pénis pendant les rapports sexuels, et produit donc des orgasmes meilleurs et plus fréquents. D'après eux, cela rejoint les enseignements de Masters et Johnson sur l'orgasme féminin et découle en droite ligne de leurs travaux.

La chirurgie sexuelle

On a pu voir à la télévision un chirurgien américain qui avait pratiqué cette opération sur quatre ou cinq mille femmes désireuses d'améliorer leur vie sexuelle. Il s'était fait accompagner de sa femme, qu'il avait également opérée, afin qu'elle témoigne de l'efficacité de l'intervention. Jusque-là, pendant les rapports sexuels, ses orgasmes n'étaient pas « automatiques ». Désormais, ils étaient assurés.

Certaines femmes avec qui j'ai abordé le sujet se sont fait opérer parce qu'elles croyaient que leur vagin était laid, et les médecins ont effectué l'intervention pour égaliser et rendre bien nettes les petites lèvres et les grandes lèvres, et pour sortir le clitoris de son capuchon. L'épisiotomie – l'incision chirurgicale destinée à élargir le vagin pendant l'accouchement – a souvent été réalisée sous prétexte que le fait de recoudre le vagin après l'accouchement resserre celui-ci et rend les rapports sexuels plus excitants pour le partenaire masculin. Souvent le médecin en profite pour le rétrécir légèrement lorsqu'il effectue les points de suture. Aux États-Unis, les obstétriciens s'en vantent parfois auprès de leurs patients. Ils appellent même cette pratique *the husband stich,* le point de suture conjugal.

Une intervention chirurgicale se voit parce qu'elle mutile et remodèle. La thérapie sexuelle, qui intervient sur le psychisme et affecte les relations entre les personnes, peut être jugée relativement moins importante. Ses résultats sont plus difficiles à mesurer, sauf en ce qui concerne la fréquence de l'orgasme avant et après ; or, pratiquée à mauvais escient ou mal faite, elle peut être tout aussi nuisible, et éthiquement répréhensible, qu'un acte chirurgical inutile.

La sexualité comme remède

Alors que les victoriens traitaient la sexualité des femmes comme une maladie, la société moderne met un point d'honneur à y voir une thérapeutique. Non seulement l'activité sexuelle est signe de santé, mais c'est un traitement hautement recommandé.

Les thérapeutes disent souvent qu'une des grandes difficultés auxquelles ils se heurtent pour aider une personne est la présence de son partenaire sexuel. Aussi fait-on parfois appel à un partenaire de remplacement. « Pour les patients qui n'ont pas de partenaire, ou dont le partenaire refuse de collaborer à un programme de traitement ou ne convient pas, la participation d'un remplaçant est de toute évidence... de la plus grande importance », écrit Martin Cole. « Avec un nouveau partenaire, poursuit-il, des plateaux d'excitation élevés peuvent être plus facilement atteints », et il préconise les rapports sexuels avec un étranger, car « il ne s'établit pas de relation profonde, seulement parfois une "mini"-relation » (« Le recours à des partenaires sexuels de remplacement dans le traitement des dysfonctions sexuelles et des états annexes »).

Sexualité de groupe, sado-masochisme, fétichisme – tout fait l'affaire, semble-t-il, sauf le célibat. La personne qui apprécie cet état est une malade en puissance. Les individus anormaux ou étranges ne sont pas ceux qui pratiquent une sexualité inhabituelle, mais ceux qui ne sont pas spécialement attirés par le sexe ou qui n'ont pas d'activités sexuelles. Et cette attitude sous-entend qu'il suffit, si l'on est malheureux ou déprimé, de trouver un partenaire et d'avoir une relation sexuelle pour que tout aille bien. Bien que beaucoup de gens ne soient pas de cet avis, un grand nombre de femmes, et d'hommes aussi, se sentent obligés d'avoir des rapports sexuels fortuits. Des pressions sociales et internes font qu'on utilise la sexualité pour devenir « adulte » et se développer en tant que personne, et il est tacitement entendu que les chances d'y parvenir dans une relation monogame sont minces et qu'on y réussira sûrement davantage dans des relations multiples.

Les images actuelles de la sexualité

La « femme totale », nous dit-on, est imprégnée de sexualité, elle irradie la sexualité quel que soit son âge, elle respire la sexualité, elle pense en fonction d'elle. Et c'est ce qui la maintient jeune,

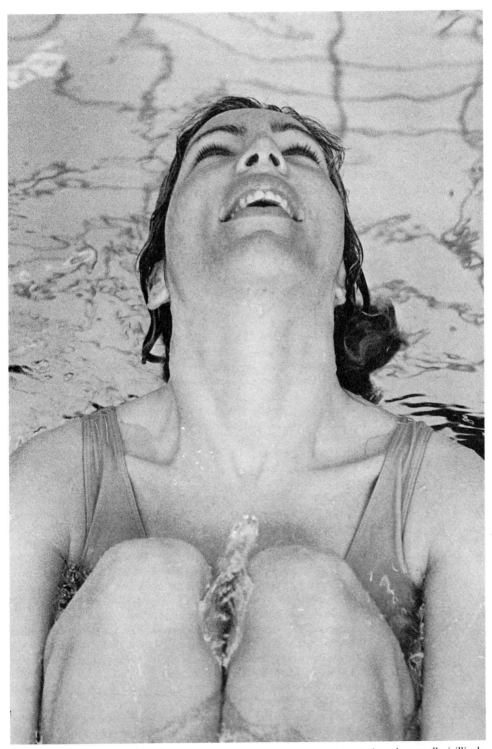

La sexualité est notre manière de nous exprimer avec notre corps... et notre énergie sexuelle jaillit de notre bien-être physique.

« éternellement féminine ». « La suppression de la ménopause (au moyen des hormones de remplacement) est peut-être le progrès technique le plus important auquel les femmes puissent recourir pour prolonger durablement leur rôle féminin dans la vie moderne » (Robert A. Wilson, *Féminine pour toujours*). La femme qui n'a pas d'orgasme est incomplète. Mais qu'elle n'aille surtout pas se croire frigide : elle est « pré-orgasmique ». Pour peu qu'elle s'en donne la peine, l'orgasme l'attend au coin de la rue, elle peut être guérie.

Les enfants grandissent-ils sans manifester d'intérêt particulier pour leur sexualité ? Une psychiatre conseille aux mères d'inventer pour leurs chers petits une éducation sexuelle stimulante. Puisqu'une femme qui n'éprouve aucun plaisir à regarder un pénis trahit « une inhibition de sa sexualité enracinée de longue date » (Alayne Yates, *Sex without Shame*), la mère doit, pour prévenir tout risque de ce genre, aider sa fille en admirant les pénis des statues grecques et les illustrations de *la Joie du sexe,* et l'abonner à *Playgirl*. L'adolescente qui manque d'une « solide base érotique » doit apprendre à se masturber. La mère donnera à sa fille un livre où l'on explique comment avoir un orgasme « et lui proposera d'en discuter, de lui fournir des produits lubrifiants et des accessoires techniques ». Tout se passe comme si nous avions fait de la sexualité une obligation.

On parle beaucoup aujourd'hui de notre liberté sexuelle, comparée au refoulement de l'époque victorienne. Michel Foucault estimait qu'au cours de ces trois derniers siècles nous nous sommes mis à parler de plus en plus de sexe. Nous racontons l'histoire du passé en insistant sur le refoulement et les déformations de la sexualité victorienne parce que cela légitime notre besoin actuel et pressant de produire le sexe au grand jour, dans toute sa nudité révélée.

La question que je voudrais poser n'est pas : pourquoi sommes-nous réprimés, mais pourquoi disons-nous, avec tant de passion, tant de rancœur contre notre passé le plus proche, contre notre présent et contre nous-mêmes, que nous sommes réprimés ? Par quelle spirale en sommes-nous arrivés à affirmer que le sexe est nié, à montrer ostensiblement que nous le cachons, à dire que nous le taisons... ? (Michel Foucault, *la Volonté de savoir,* p. 16.)

Nous devons examiner d'un œil critique la « liberté » et l'« honnêteté » sexuelles tant vantées de notre société en fonction de notre expérience personnelle de femmes. Car la sexualité d'une femme va bien au-delà d'une éventuelle relation sexuelle ou de la faculté d'éprouver des orgasmes. Elle est la façon dont la femme s'exprime avec tout son corps, le rapport qu'elle entretient avec les corps de ses enfants et de ses amies aussi bien que de ses amants. Elle émane de la perception que la femme a de son corps à mesure qu'il se modifie avec la puberté, le cycle ovarien, les maternités et la ménopause, avec les chagrins, les pertes, la vieillesse. Elle est inextricablement liée à la façon dont elle prodigue et reçoit l'amour.

L'amour purement génital n'est qu'une petite partie de cette vaste expérience. Réduire la sexualité à ce qui arrive à un clitoris, c'est retirer à la sexualité féminine beaucoup de ce qui la rend excitante, frémissante de désir, de tendresse et de passion – et de force. Il est temps que nous remettions en question des idées trop largement reçues sur l'importance primordiale des rapports sexuels dans notre vie.

Les idéologies sexuelles

Il glissa l'anneau à son doigt tout en la regardant dans les yeux avec un sourire. Sa main releva le visage ovale qui s'épanouissait au-dessus du chemisier d'un rose délicat : « Le marin a touché le port, le chasseur est redescendu de la montagne. » Il se pencha sur ses lèvres, et ce ne fut plus que silence et extase. (Essie Summers, *A Lamp for Jonathan.*)

Nous avons là une vision de la sexualité – la vision romanesque. Et elle est très populaire. La sexualité fait briller l'intrigue de mille feux. Quand les lèvres frémissantes de l'homme rencontrent celles de la femme, quand ses mains explorent son corps de liane, nous savons, ou plutôt cela va sans dire, qu'il y a quelque part hors du champ une énorme érection, et que cette grande brute tendre et brûlante est sur le point de satisfaire son désir. Car finalement il n'est question que de *possession* dans cette histoire à l'eau de rose : l'homme prend la femme et la possède – et pour de bon. Et dans ses bras la femme est à l'abri pour toujours.

Voilà pourquoi, dit le mythe, on se marie. Le but est atteint : la femme est tenue, maintenue, obtenue.

Ce que cache le mythe romanesque

Tomber amoureuse, et croire qu'on le restera éternellement, est un ingrédient essentiel d'une éthique romanesque indissociable de notre patrimoine culturel occidental. Elle est inculquée dès l'enfance, renforcée sous la forme du culte des idoles quand les filles grandissent, et prend un contour plus flou dans les livres d'amour de la fiction populaire, allant des récits publiés par la presse du cœur et écrits pour un public exclusivement féminin, en passant par ceux de Barbara Cartland où la Vertu est récompensée, aux innombrables autres romans qui s'achèvent sur l'image de la femme enlacée par les bras du héros masculin – y compris celle de Cathy et Heathcliff dans *les Hauts de Hurlevent.*

Cette vision romanesque de la sexualité s'impose avec une telle force que presque toutes les femmes qui m'ont décrit leur propre expérience m'ont déclaré qu'elles diraient à leur fille d'attendre l'homme de leur vie, qu'ensuite elles se marieraient et seraient heureuses pour le restant de leurs jours. En réalité, ce que ces femmes transmettaient à leurs filles n'était pas, habituellement, leur expérience personnelle, mais un vécu culturel. Un autre thème fréquent est celui de la rebelle, de la forte tête apprivoisée. Jo, dans *les Quatre Filles du docteur March,* figure parmi ces filles qui apprennent la grâce et la douceur, qui développent leurs « qualités féminines » et s'en remettent à la sagesse d'un homme.

Tandis que les femmes lisent des romans roses, les hommes se plongent dans des livres ou des revues pornographiques. Les romans mettent dans le même sac sexualité, amour, fidélité et mariage, la pornographie associe le sexe à la violence, à la passion, à la promiscuité. Autrement dit, les femmes et les hommes ont souvent une vision très différente de la sexualité et de ce qu'elle recouvre.

Le romanesque et la monogamie marchent main dans la main. Beaucoup de gens ont beau tomber amoureux, se marier, divorcer et recommencer, l'idéal demeure intact. En fait, cette monogamie en série avalise le mythe. Chaque fois, « c'est pour de bon » ; chaque fois, « c'est enfin *le* bon ! ».

La codification des rapports sexuels

La tradition veut que la notion de fidélité de la femme à un homme unique trouve sa raison d'être dans l'organisation des relations assurant le contrôle de la propriété dans une société patrilinéaire. Un homme a besoin de savoir qu'il est le père de ses enfants pour que ses fils puissent hériter de ses terres et de ses autres biens. C'est seulement en restreignant les rapports sexuels à une relation dûment sanctionnée entre un homme et une femme ou, dans certains pays, entre un homme et un groupe de femmes, qu'on garantira que l'héritage n'ira pas au fils d'un autre homme. Les femmes sont la propriété de groupes sociaux régis par les hommes, et leur valeur est liée aux possibilités de leur utérus. L'idéologie de l'amour romanesque masque et légitimise un système politique et économique dirigé par les hommes, dans lequel, comme dans la majorité des systèmes de parenté du monde entier, une femme est donnée par son père en mariage à un mari, qui devient alors le possesseur de son corps et est en droit d'attendre que ses talents de reproductrice assurent sa descendance. C'est ce que sous-entendent les photos de presse et les contes de fées sur papier glacé de ces femmes apparemment gâtées par le sort, Lady Di, les vedettes de cinéma ou les femmes de milliardaires, dont les médias nous citent l'exemple.

Les hommes existent en fonction du travail qu'ils font et de ce qu'ils réalisent. Les femmes ont une identité et un rôle social simplement du fait de leur relation à ces hommes, et le lien sexuel est une des clés essentielles pour définir ce qu'est la femme.

La femme en quête de définition

Les hommes à la disposition desquels sont mises les fonctions sexuelles et reproductives d'une femme dictent ce que sera son rôle dans la société. Elle est la femme ou la mère de quelqu'un. Sinon, elle est une prostituée, ou une « femme facile » qui a des relations sexuelles avec de nombreux hommes. A moins qu'elle ne soit religieuse et l'épouse du Christ. Malgré l'évolution des mœurs, on continue à attendre toujours d'une femme qu'elle finisse par « se caser » et avoir un lien sexuel clairement défini avec un homme unique. La « Cosmo girl » ou la « femme libérée » mènera pendant quelques années une vie de bâton de chaise, mais, la trentaine approchant, elle aussi devra prendre garde à ne pas devenir une « vieille fille aigrie ».

Les limites de l'idéologie romanesque

L'idéologie romanesque constitue pour beaucoup de femmes un poids qui soumet le mariage et les autres associations sexuelles à une tension insupportable et empêche les couples de se reconnaître réciproquement en tant qu'êtres humains. L'excitation des contacts sexuels, les instants romantiques volés à la réalité routinière sont censés compenser l'impression de s'être fait piéger et, dans le cas de la femme, d'avoir abdiqué son autonomie, voire sa véritable identité. A la longue, le romanesque et les rapports sexuels ne servent plus que de baume ou de béquilles. Il vient un temps, dans la plupart des couples, où il faut plus que cela, et même plus que de la loyauté, s'ils veulent être capables d'évoluer ensemble.

L'idéologie romanesque contraint aussi certaines femmes, qui ne souhaitent pas vraiment être monogames, à s'expliquer et à s'excuser parce qu'elles ne sont pas liées à un homme unique. Elles disent qu'elles « cherchent l'âme sœur », ou qu'elles « veulent le grand amour ». Certaines croient devoir justifier des rapports sexuels occasionnels en se disant « amoureuses » et se persuadent qu'elles vivent à chaque rencontre éphémère une grande passion. C'est ce qu'on a appelé *love at first sex*, par opposition à *love at first sight* – le coup de foudre (Jill Johnston, *Lesbian Nation : The feminist solution*). Cela signifie qu'on ne peut jamais aimer la sexualité pour elle-même, tout simplement parce qu'elle procure du plaisir ou parce qu'elle est une composante de l'amitié, mais qu'on doit obligatoirement la sublimer en faisant d'elle le sceau de l'amour. Le prix à payer pour vivre sa sexualité n'est rien de moins qu'une vie entière de dévotion à l'autre.

La révolution sexuelle des années soixante et soixante-dix fut une réaction et un défi à l'amour-roman. Les deux ouvrages d'Alfred Kinsey (1948 et 1953) suscitèrent dans le public une réaction qui s'inscrivait dans le cadre d'une transformation plus générale des attitudes à l'égard de la sexualité, qui se propageait soudain avec la rapidité d'un incendie. *La libération sexuelle*

Dans la philosophie de la libération sexuelle, la sexualité est une pulsion qui demande à s'exprimer normalement si l'on veut mener une vie saine et épanouissante. C'est aussi une activité – importante – de loisirs. Nous nous devons de nous comporter en allumeuses, d'être dans le coup, de tourner le dos à la société de consommation, d'avoir les cheveux longs, d'explorer notre sexualité, de vivre nos fantasmes les plus osés et de chercher des orgasmes plus forts et meilleurs. Le sexologue Albert Ellis écrivait en 1969 : « Je dirais de la virginité préservée qu'elle est l'affirmation non déguisée d'un foutu masochisme » *(The Journal of Sex Research)*. Aux termes de la libération sexuelle, les considérations morales, religieuses ou éthiques sur le sexe révèlent l'inadaptation ou le refoulement sexuels. On demande aux femmes peu portées sur le sexe ou célibataires : « Que refoulez-vous ? » Celles qui refusent l'image de la « bonne baiseuse » sont accusées de frigidité, de puritanisme et de pudibonderie.

La Joie du sexe, d'Alex Comfort, arrivait en tête des best-sellers. Toute une série de manuels pratiques tirant leur inspiration des recherches de Masters et Johnson fleurissaient aux devantures des librairies. On eut le *Rapport Hite* et le *Rapport Cosmo,* et une pléthore de guides montrant aux femmes comment avoir des orgasmes plus réussis et plus fréquents. La sexualité devenait la meilleure façon de connaître quelqu'un et de se sentir bien dans sa peau, et vous réussissiez sur la scène sociale en vous entourant de gens chaleureux et sexy qui partageaient votre capacité de s'exprimer et de s'accomplir sur le plan sexuel sans inhibition. Pour les femmes, on avait souvent l'impression que sortir et avoir des rapports sexuels équivalait à une affirmation d'indépendance, que c'était un grand pas vers la conquête de la liberté et de l'égalité avec les hommes. Engagement, promesses, fidélité, toutes ces notions sous-entendaient qu'on était « juste une épouse et une mère », au sens où les femmes estimaient que leurs mères avaient été ainsi cataloguées par leurs maris. Des liaisons en série, sans attaches définitives, sans illusions, constituaient pour elles une façon de proclamer qu'elles étaient libérées.

Pour beaucoup, la pilule et le stérilet garantissaient la « sécurité » des rapports sexuels. Soudain on avait fait sauter les vieux tabous, et du moment qu'on ne se retrouvait pas enceinte, tout était pour le mieux dans le meilleur des mondes. Cette contraception plus fiable présentait néanmoins un inconvénient majeur : une femme n'avait plus le droit de dire « non ». On comprenait que la peur d'une grossesse accidentelle ait empêché jusque-là beaucoup de femmes d'avoir des rapports sexuels. Mais maintenant, une femme devait carrément dire à un homme qu'il ne l'intéressait pas, ou être suffisamment sûre d'elle pour déclarer qu'elle n'avait pas envie de faire l'amour, au risque de se faire taxer d'« étroitesse d'esprit », voire de « frigidité ».

Ce ne sont pas les seuls problèmes de la contraception. D'abord progressivement, puis avec une rapidité étonnante, les preuves s'accumulèrent pour démontrer les dangereux effets secondaires de la pilule et du stérilet (certains sont abordés p. 215-218). La pilule permet sans doute à une femme d'éviter d'être enceinte, mais elle peut aussi abréger sa vie. Le stérilet empêche peut-être les cellules de s'implanter dans l'utérus, mais il risque aussi de provoquer une infection pelvienne, et certaines femmes constatent qu'après l'avoir utilisé elles ne peuvent plus avoir d'enfant du tout.

Si le contrôle de la fécondité était considéré jusque-là comme le problème par excellence auquel se heurtait le comportement hétérosexuel, il était loin d'être le seul obstacle à des relations libres de toute entrave et spontanées. Les hommes et les femmes, dans ce brassage grandissant, véhiculaient des infections qui, souvent latentes au début, devinrent virulentes et produisirent des irritations, des inflammations, ou encore des lésions. On diagnostiqua de nouvelles maladies et, pour éviter tout rappel de la vieille notion biblique de rétribution du péché, les maladies vénériennes, dûment rebaptisées, devinrent les « maladies sexuelles transmissibles » (MST). C'est seulement maintenant que nous en subissons pleinement les conséquences. Et le trichomonas, le virus de l'herpès et autres agents constituent de puissants antiaphrodisiaques.

a sexualité est inextricablement liée à notre façon d'aimer et d'être aimée.

La libération sexuelle se révélait une mine de problèmes. Elle négligeait (avec un ricanement narquois) la place centrale occupée par la morale ou la religion dans la vie de beaucoup de personnes ; les femmes qui n'avaient pas de vie sexuelle étaient qualifiées de malades, exactement comme on avait traité autrefois de malades, de « nymphomanes » ou de personnes « émotionnellement immatures » celles qui en avaient. Et parce qu'elle était en fait la révolution sexuelle *des hommes* et donnait à ceux-ci plus facilement accès au corps des femmes, cette prétendue libération légitimait la promiscuité masculine, la démarcation masculine entre le corps et les émotions, le hiatus entre les rapports sexuels et la tendresse. Pour beaucoup de femmes, ce fut un miroir aux alouettes et une escroquerie. Comme le déclarait l'une d'elles : « Je me suis sentie utilisée et vraiment baisée. »

Un des legs de cette période est qu'aujourd'hui les femmes commencent à s'interroger en profondeur sur la place des relations sexuelles dans leur vie. Elles se demandent aussi si elles veulent continuer ce qui a peut-être été une bonne chose dans le passé, mais qui s'est vidé de toute vie. Pourquoi fais-je cela ? En ai-je vraiment envie ? N'attend-on rien d'autre de moi ?

Le féminisme

Le féminisme commence à partir du moment où l'on explore et où l'on remet en question toutes les théories sur lesquelles se sont fondées les relations entre les hommes et les femmes. Il examine, par exemple, ce que notre culture estime être la sexualité masculine : le désir de dominer. Pour les féministes, celui-ci n'est pas plus « naturel » que le désir de soumission passive qu'on attribue souvent aux femmes.

Les féministes analysent la sexualité dans son contexte historique et idéologique, elles examinent tout ce que les femmes ont été conditionnées à penser sur la sexualité, ainsi que les rôles traditionnels de l'homme et de la femme dans la société. Elles ont le sentiment que les femmes ont besoin de se regarder, elles, et de déterminer ce qu'elles veulent vraiment de la vie et ce qu'elles sont vraiment. Ce qui les intéresse, c'est d'abattre les barrières qui séparent les femmes et de les amener à se sentir des sœurs.

La sexualité vue par les féministes

Parce qu'elles contestent les normes couramment acceptées, on assimile souvent les féministes à celles qui se sont faites les championnes de la libération sexuelle. Si elles sont hostiles à une relation unique avec un homme, on les taxe automatiquement de promiscuité. Si elles s'opposent à l'institution du mariage, on en conclut qu'elles préconisent une sexualité ouverte. L'expression « femme libérée » désigne aujourd'hui à la fois les féministes et la femme que les hommes qualifient de « facile ».

Les féministes *radicales* disent en fait quelque chose de très différent de celles qui défendent la libération sexuelle. L'expression de notre sexualité constitue, pour beaucoup d'entre nous, un élément essentiel grâce auquel nous pouvons nous affranchir des contraintes d'une société phallocrate. La psychiatre Carmen Kerr déclarait, à propos

de l'orgasme féminin : « Chez certaines femmes, vaincre les inhibitions sexuelles est le premier pas, indispensable, qui les conduira à revendiquer le pouvoir par rapport aux hommes, et finalement par rapport au monde » (cité *in* Eleanor Stevens, « The moon within your reach »).

Mais la sexualité n'est pas l'objectif. Et quand les théoriciennes de la libération des femmes déclarent que la vie sexuelle a une importance phénoménale pour la santé du corps et de l'esprit et l'accomplissement de la personne, les féministes, elles, croient qu'il doit être possible d'inclure la sexualité dans l'amitié, plutôt que de la restreindre à un être unique dont on est « tombé amoureuse ». Mieux vaudrait considérer la sexualité simplement comme une façon parmi d'autres d'avoir une relation avec les gens. Ainsi, l'amitié sexuelle prend la place de l'amour-passion et de l'exploitation (bien que dans la pratique tout ne soit pas aussi simple). La sexualité est une composante des relations tendres et durables. Elle ne s'approprie pas la vie d'une femme, elle n'est pas le leurre qui la piège dans le mariage : elle est l'expression de l'amitié.

Les féministes soulignent l'importance de l'amitié avec les autres femmes. Beaucoup critiquent la relation de couple « exclusive » qui risque de tourner à la claustrophobie et dans laquelle un des partenaires devient parfois très dépendant de l'autre. Ce type de relation peut former un obstacle entre les femmes et les aliéner les unes aux autres. Le féminisme crée un lien solide entre notre façon de penser et de nous comporter, entre ce qui est personnel et ce qui est politique. Nos pensées et nos actions les plus intimes sont autant d'affirmations sur la société et sur l'idée que nous nous faisons des relations entre les hommes et les femmes. Vous verrez (p. 94-97) que les fantasmes sexuels, par exemple, traduisent avec souvent beaucoup de précision le pouvoir de l'homme et la soumission de la femme.

D'après certaines féministes, une femme ne peut pas être vraiment féministe si elle continue à avoir des relations sexuelles avec des hommes. La seule féministe « authentique » est la lesbienne. Ces femmes combattent « aux premières lignes » (Linda Hurcombe, auteur de *Dispossessed Daughters of Eve,* communication personnelle) et leur engagement ne doit pas être envié par celles d'entre nous qui savent, par expérience, que le mariage peut être une relation aimante et enrichissante. Il est parfois difficile à une féministe convaincue de justifier sa décision de se marier ou d'avoir une relation sexuelle avec des hommes. Et au sein même du mouvement des femmes, ce sont maintenant celles qui vivent avec des hommes qui « sortent de l'ombre » et défendent la validité de leur choix.

Il ne nous semble guère exister, pour la plupart d'entre nous, d'autre solution que l'hétérosexualité, étant donné que nous nous adaptons à la culture dominante et aux valeurs auxquelles nous avons été conditionnées dès l'enfance. Mais il est important que nous examinions les structures sociales qui nous privent de notre humanité de femmes et d'hommes, et que nous nous efforcions de créer des relations à l'intérieur desquelles les êtres humains puissent vivre et évoluer, des relations dont se nourrit la vie.

Sexualité et langage

Les mots que nous utilisons pour parler de sexualité, et ceux que nous écartons, révèlent notre attitude à cet égard. Nous ne pouvons éviter d'exprimer des valeurs sociales dans notre langage.

Il y a parfois des années-lumière entre la définition que donne d'un mot le dictionnaire et les valeurs qui s'attachent à ce même mot, utilisé dans la vie de tous les jours. Par exemple, presque tous les dictionnaires nous rappellent que « masturbation » vient du latin signifiant « souiller à l'aide de la main ».

Langage et contrôle de la société

Tout langage est un puissant élément de contrôle social. Il ne se borne pas à colorer nos pensées, il les modèle. Les mots que nous entendons à la télévision ou lisons dans les journaux, les mots utilisés naturellement dans la conversation et d'autres que nous n'exprimons pas toujours à haute voix, façonnent nos pensées, nos sentiments et notre attitude à l'égard de ce qui nous entoure. Un « terroriste » et un « combattant pour la liberté » sont deux choses perçues différemment, alors qu'il peut s'agir d'une seule et même personne. Nous exprimons des valeurs différentes quand nous qualifions quelqu'un de « pédé » ou bien d'« homosexuel », de « nègre » ou bien de « noir ».

Quand un sujet nous met mal à l'aise, nous disposons en général de toute une série de termes pour éviter d'utiliser le vocabulaire agressif ou problématique qui s'y rattache. Parce que nous ne voulons pas parler de la mort d'une façon qui nous dérange ou peine les autres, nous recourons à de nombreux euphémismes. Il suffit, pour s'en persuader, de jeter un coup d'œil aux inscriptions des tombes. Nous parlons de nos excrétions d'une façon tout aussi détournée : nous allons nous « laver les mains », « au fond de l'appartement », « là où le roi va seul », etc. Beaucoup de jurons ou d'insultes font directement allusion à la mort ou aux excrétions, « merde ! » par exemple.

Comme tous les thèmes à forte charge émotive, le sexe est un sujet tabou qui attire, comme l'aimant attire la limaille de fer, une quantité d'euphémismes et de mots injurieux. Et de même qu'avec la mort et les excrétions, la seule solution si l'on ne veut pas utiliser de termes pudiques ou inexacts, ni recourir au langage ordurier, est de se tourner vers la terminologie médicale. Trois options qui laissent beaucoup d'entre nous insatisfaites. Les termes détournés prêtent à confusion. Parler des rapports sexuels en disant « dormir avec », « coucher avec » est assez inoffensif, mais cette imprécision même risque de dérouter l'interlocuteur, qui se demandera de quoi nous parlons vraiment. Une femme me disait que son mari, pour lui dire qu'il voulait avoir des rapports sexuels, annonçait : « Je prends une douche ce soir. » La communication, sur le plan sexuel, s'arrêtait là.

Beaucoup de femmes n'aiment pas les mots « vulgaires » qui qualifient les rapports sexuels. Souvent utilisés comme insultes, ils semblent peu faits pour décrire la chaleur, l'amour, la tendresse d'une relation sexuelle. Mais il y a plus. Ces mots montrent aussi les rapports sexuels comme un acte agressif accompli par l'homme sur la femme passive. Ces mots, souvent violents, sous-entendent que l'on fait du mal à la femme. Il ne nous reste donc que les termes médicaux. Et parce qu'ils sont essentiellement des outils destinés à décrire l'anatomie et la physiologie, ils ne sauraient exprimer l'abondance des sentiments et des sensations qui entrent en jeu dans la sexualité. Ce sont souvent des termes lourds, encombrants, faits pour la salle de dissection ou le laboratoire, et jamais ils ne réussiront à être autre chose qu'un écho lointain des vraies émotions et relations humaines.

Nous pouvons parfois mieux connaître notre façon de penser la sexualité en examinant l'usage que nous faisons des mots et les associations qu'ils font naître en nous. Afin de découvrir certains sens qu'ont pour nous les termes liés à la sexualité, prenez une grande feuille de papier et tracez un trait vertical au milieu. Dans la colonne de gauche, inscrivez, bien espacés, les mots suivants : sexe, amour, clitoris, jouir, femme, orgasme, pénis, coupable, mari, besoin, tampon, coït buccal, mamelon.

Le jeu des associations

Puis très vite, sans réfléchir, écrivez dans la colonne de droite les premiers mots ou phrases qui vous viennent à l'esprit en face de chaque mot de la colonne de gauche.

Et maintenant, examinez le résultat. Les mots que vous avez employés vous étonnent-ils ? Demandez-vous *pourquoi* vous avez répondu ainsi. Quel rapport ont ces réponses avec la façon dont vous percevez votre corps, votre sexualité et les personnes qui vous sont le plus proches ?

Certaines femmes découvrent qu'elles ont chaque fois écrit le mot inverse : « mari » en face de « femme », « haine » en face d'« amour », etc. Si c'est votre cas, peut-être que ces mots ne vous inspiraient rien, ou que vous évitiez de penser à ce qu'ils signifient pour vous. D'autres femmes ont eu l'impression que leurs réponses étaient très révélatrices. Pam écrivit « masturber » en face du mot cible « coupable » et parla ensuite d'« amour de soi » parce que son corps lui procurait du plaisir. La signification profonde de ce que vous avez écrit ne vous apparaîtra pas toujours immédiatement, mais notez quels mots ont entraîné des associations vraiment positives ou négatives. Demandez-vous ensuite pourquoi, en face du mot cible « clitoris », certaines femmes ont écrit « perle », « rose », « chaud », « humide », « doux », « langue », « caresse », et d'autres « rien ». Quelques-unes ont inscrit des mots neutres ou « médicaux », comme « pubis » ou « vulve ». Vous pouvez aussi réagir différemment à ces mots cibles selon le jour et l'humeur.

Pénétration :
le thème
dominant

Il est une chose que tous les mots concernant la sexualité ont en commun, qu'ils soient grossiers ou médicaux, ou encore des euphémismes : ils comportent l'idée de la pénétration d'un vagin par un pénis. Vous n'avez pas vraiment « fait l'amour » autrement. Des rapports sexuels sans pénétration sont des « préliminaires » ou du « pelotage ». Ces contacts ont beau être excitants et la femme multiplier les orgasmes : le processus reste incomplet s'il n'y a pas intromission. L'utilisation du langage reflète en la renforçant l'idée que tout contact sexuel mature doit avoir pour objectif la pénétration et l'orgasme. C'est ainsi que beaucoup de gens imaginent mal ce que peuvent faire les lesbiennes au lit sans l'aide d'un objet se substituant au pénis.

Si beaucoup de femmes aiment éprouver dans leur vagin une sensation de plénitude et la présence d'un pénis, d'un doigt ou de quelque autre objet pendant l'acte sexuel, d'autres s'en passent volontiers. Si les femmes étaient libres de choisir, beaucoup pourraient aimer avoir des rapports sexuels avec une stimulation vaginale à certains moments et pas à d'autres. Mais les possibilités de choix sont limitées, car les hommes comme les femmes s'attendent à ce qu'il y ait pénétration.

La femme qui ne veut pas vraiment « aller jusqu'au bout » sera qualifiée d'« allumeuse » (notez au passage qu'il n'existe pas de mot pour désigner la même attitude chez un homme). Un homme qui éjacule avant la pénétration fait preuve d'« éjaculation précoce ». Une femme qui aura eu toutes les expériences sexuelles possibles, orgasmes compris, avec une autre personne, reste « vierge » tant qu'elle n'a pas été pénétrée. Le langage s'articule ainsi autour de l'idée que chaque fois qu'un homme et une femme ont une relation sexuelle complète, il doit y avoir coït. Autrement, sous-entend-on, quelque chose ne va pas dans le couple.

Cette affirmation est à prendre avec circonspection. La pénétration obligatoire, but de tout contact sexuel, peut être aussi ennuyeuse et limitée que le seraient des rapports sexuels comportant automatiquement le coït buccal, ou qu'on jugerait incomplets parce qu'ils ne se seraient pas assortis d'un massage du dos. Il existe d'autres expressions pour décrire le comportement sexuel – on « fait minette » ou on se « branle » –, mais ces activités sont habituellement jugées « accessoires », comparées à la grande affaire : la pénétration.

Ainsi, le langage constitue un important instrument de contrôle social sur la façon dont nous pensons notre sexualité. Il est fait par les hommes et exprime les opinions des hommes sur le corps et la sexualité des femmes. Ce qui signifie que les sentiments et l'expérience profonde des femmes restent des non-dits, parce qu'ils sont, au sens littéral, indicibles.

Les corps étiquetés

Il existe en réalité très peu de mots pour désigner les organes génitaux de la femme (vous avez un synonyme de clitoris ?), alors que pour le pénis les termes abondent – « bite », « outil », « sabre », « dard », « Popol », « verge », j'en passe.

Le clitoris est un organe si petit chez la femme adolescente qu'il lui faut parfois se fier aux manuels pour s'en faire une idée visuelle. Pourtant on ne lui propose le plus souvent que des dessins sur lesquels le clitoris n'est pas désigné, ni même dessiné. Les organes de la reproduction – trompes, ovaires et utérus – se taillent en revanche la part du lion. Ce qu'on lui montre, ce n'est pas son corps de femme, d'être sexuel : c'est son corps de reproductrice. En général, elle entend parler bien plus tard de son clitoris que le garçon de son pénis. Et quand elle voudra exprimer ce qu'elle ressent, elle constatera la pauvreté du langage qui décrit les sensations clitoridiennes. Les livres sur la sexualité, quand ils en viennent au vif du sujet, décrivent presque invariablement les modifications du pénis et les sensations qu'éprouve l'homme pendant la période d'excitation et l'éjaculation. Le corps masculin et les sensations masculines sont la norme à laquelle sont confrontés le corps féminin et les sensations féminines. La femme est jugée en fonction du critère masculin. Parce qu'il peut être stimulé, le clitoris a, nous dit Freud, « un caractère masculin ». Il qualifiait même le vagin d'« asile du pénis ».

Quand le sang afflue au pénis, on dit de celui-ci qu'il est en érection. Mais quand les vaisseaux sanguins du clitoris se remplissent de sang, il est « congestionné », mot auquel sont liées des connotations non seulement de passivité, mais de blessure. La chaude humidité d'une femme sexuellement excitée est appelée « émission vaginale » ou « glaire » – deux termes qui peuvent indiquer un écoulement

43

infectieux –, ou bien on parle de « lubrification » permettant l'introduction du pénis, comme s'il s'agissait d'une mécanique.

Le terme « vagin » vient d'un mot latin signifiant « gaine » ou « fourreau ». Cette nomenclature masculine présente le vagin comme un réceptacle passif attendant la pénétration de la même façon que le fourreau attend l'épée. Si les femmes avaient le pouvoir de donner des noms et des définitions, les images associées au vagin seraient sans doute plus actives, plus créatrices et fortes.

Le langage et le corps féminin

Même le langage que nous utilisons pour parler d'une réalité exclusivement féminine, la menstruation, repose soit sur la façon dont les hommes la perçoivent, soit sur notre propre réaction à cette perception (P. Shuttle et P. Redgrove, *The Wise Wound*). Le mot le plus couramment employé en anglais, *the curse* (la malédiction), reflète la conception médiévale de ce processus, qui faisait de la menstruation la malédiction d'Ève, son châtiment ultime pour avoir mangé le fruit défendu.

Dans de nombreuses cultures, les hommes voient dans le sang menstruel une menace contre leur virilité, leur puissance, leur santé, leur réussite dans leurs travaux ou au combat, voire contre leur vie. Les hommes doivent donc se protéger en se tenant à l'écart des femmes pendant la menstruation. On pourrait croire notre comportement d'Occidentaux très éloigné de tout cela ; pourtant je me rappelle que j'arrivais avec « un mot » à l'école – deux ou trois fois par mois quand je me débrouillais bien – disant que j'étais « indisposée » et demandant à ce que je sois dispensée de gymnastique. Ce qui sous-entendait que les filles, pendant ces jours-là, devaient se tenir à l'écart des activités normales parce qu'elles étaient à la fois vulnérables et impures. Et il n'y avait pas de pire honte qu'une tache de sang accidentelle et révélatrice. La menstruation était secrète, sale et débilitante.

Nous manquons aussi de mots pour décrire les sensations physiques et émotionnelles de l'accouchement. Il nous faut utiliser le langage d'autres réalités, et cette expérience est souvent définie en termes presque exclusivement médicaux parce que nous n'avons rien d'autre à notre disposition. Les trompes de Fallope tirent leur nom de l'homme qui les découvrit, et les contractions qui resserrent l'utérus à la fin de la grossesse sont dites de Braxton-Hicks, perpétuant ainsi le nom d'un autre médecin.

Le corps comme objet sexuel

Bien que les femmes n'aient pas de langage pour décrire leur corps ou leur réalité sexuelle, les points de leur anatomie que les hommes aiment regarder et manipuler sont constamment évoqués dans la définition sociale du corps féminin et constituent des éléments importants de cette définition. Les hommes font l'éloge du corps des femmes et commentent leur aspect physique : « Allons, un petit sourire, ma belle ! », « T'as vu un peu ces nichons ! ». Rien d'étonnant si nous sommes obsédées par notre allure ! Les magazines nous disent comment nous habiller pour mettre le grappin sur un homme et la publicité souligne encore plus clairement le message :

« Le désir dans la peau », « Tu es lisse, tu te glisses, je succombe à ta CX ». Les hommes et les médias font constamment barrage, par voie de publicité, pour nous rappeler à chaque instant que nos corps sont des objets de consommation destinés aux hommes.

On nous décrira même comme des amuse-gueule ou des mets délicats offerts aux hommes, des platées de nourriture – « mon chou », « mon trognon », « mon petit bout en sucre », « ma caille ».

Les insultes font souvent référence aux noms argotiques de nos organes – « con », par exemple – ou à une activité sexuelle à laquelle se livre la femme. Pour insulter un homme, on utilise une femme, habituellement sa mère. « Enfant de putain » vise moins l'homme que la mère qui l'a porté. L'insulte « bâtard » renvoie, dans son sens originel, à la mère qui s'est « mise dans une situation intéressante » en concevant un enfant « illégitime ». Pour insulter une femme, en revanche, inutile de passer par un homme. On laisse simplement entendre qu'elle est une prostituée. Il existe toute une gamme de mots pour désigner une femme qui a de multiples relations sexuelles : salope, pute, radasse, roulure, traînée, garce, etc. Il y en a infiniment moins pour désigner les hommes qui utilisent les prostituées, et ils renvoient en général à ceux qui les exploitent, maquereau par exemple. On ne dispose d'aucun mot pour décrire une femme qui a un comportement sexuel sain et vigoureux, tout au plus dira-t-on qu'elle a « de la santé ». Si une femme a une vie sexuelle plus intense qu'on ne le juge convenable, elle est « nymphomane ». Si cette activité est moins intense qu'on ne l'estime normal, elle est « frigide ». Mais les mots « viril » ou « puissant » n'ont aucun équivalent chez les femmes.

Ainsi, lorsqu'il s'agit du corps et de la sexualité des femmes, le langage reste, par bien des aspects, silencieux ou les condamne. Non seulement nos corps sont des amuse-gueule pour les papilles masculines et l'on se tait sur notre propre organe du plaisir, mais les termes qui servent à désigner l'acte sexuel en font une agression perpétrée contre une femme passive. Le langage est catégorique : une femme veut la pénétration à chaque rapport sexuel, elle en a besoin. Il nous est pratiquement impossible de nous libérer des idées préconçues et des préjudices dont le langage nous encombre. Et il est parfois même difficile de voir que ces idées préconçues existent, parce qu'elles sont enracinées dans notre culture et notre pensée.

2. Nos corps

Géographie génitale

Chez les femmes, le vagin, le dessin des lèvres du vagin et la forme et la taille du clitoris sont aussi différents que peuvent l'être les visages. Le vagin « idéal » n'existe pas.

Vous pouvez explorer avec le doigt vos organes génitaux, et les regarder aussi avec un miroir. Nous regardons bien notre visage tous les jours – plusieurs fois par jour. Pensez aux heures qu'une femme passe à inspecter son image dans une glace et le peu de temps qu'elle consacre à connaître, par la vue et le toucher, son sexe.

Si vous avez un peu de temps devant vous, en étant sûre de ne pas être dérangée, installez-vous confortablement avec une glace et une lampe de chevet ou une lampe électrique, et profitez de l'occasion pour comprendre comment vous êtes faite, la configuration exacte des plis de la chair et les rapports qui existent entre les divers organes et leur dimension. Vous pouvez faire deux choses : d'abord voir exactement de quoi il retourne, ensuite analyser les différentes sensations que vous éprouvez quand vous touchez un endroit précis.

La partie bombée située à l'avant du sexe, plus ou moins recouverte de poils suivant les femmes, est parfois appelée mont de Vénus, réminiscence classique qui ne manque pas de charme. Les poils peuvent remonter assez haut sur le ventre ou descendre à l'intérieur des cuisses. Après la ménopause ces poils, de même que ceux des aisselles, deviennent plus clairsemés.

Vous pouvez voir et toucher

Au bas de cet arrondi, bien protégée, vous sentez l'arête du pubis qui forme le devant du bassin. Descendez encore un peu la main, et vous arrivez aux grandes lèvres, ou labia, couvertes de poils ; elles ont une forme très irrégulière et ressemblent un peu aux pétales charnus d'une fleur tropicale. Et elles n'ont absolument pas le dessin régulier que nous présentent automatiquement les croquis de nombreux livres d'anatomie.

Les grandes lèvres

Si vous écartez les grandes lèvres, vous trouverez d'autres lèvres à l'intérieur des premières. Elles sont plus fines, douces et soyeuses, et luisantes d'humidité, surtout si vous êtes sexuellement excitée. En regardant bien, vous distinguez un réseau de veines sous la peau.

Les petites lèvres

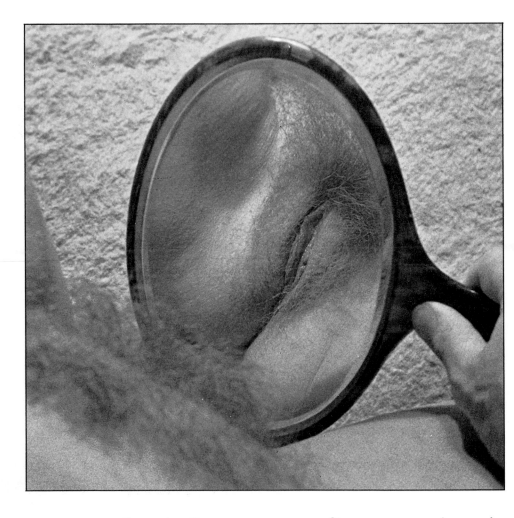

Les petites lèvres sont souvent gonflées et recouvrent les grandes lèvres, projetant un liseré de peau légèrement plus sombre sur celles-ci et faisant penser à un coquillage.

Le dessin de ces lèvres, comme notre bouche, n'a pas un tracé standard. Vous risquez même de les trouver affreuses. Il est peut-être révélateur qu'une femme passe autant de temps à rectifier l'arc de sa bouche avec un crayon et du rouge à lèvres dans l'espoir de le rendre conforme aux canons d'une beauté régulière. Avec les lèvres du vagin, c'est impossible. Vues dans un miroir, elles paraîtront parfois très « primitives », voire sauvages, comparées à la régularité que nous imposons à notre visage « public » dûment maquillé. Mais si vous pensez aux autres formes présentes dans la nature, vous vous apercevez qu'on trouve souvent ces circonvolutions compliquées dans les orchidées et autres fleurs.

Regardez la couleur des lèvres externes et internes, ces tons de violet, de rose sombre, de cramoisi, de brun cuivré, d'or bruni et

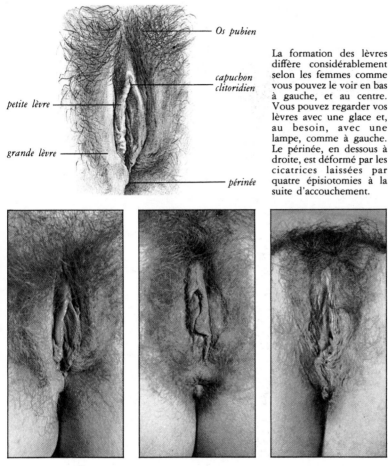

Os pubien

capuchon
clitoridien

petite lèvre

grande lèvre

périnée

La formation des lèvres diffère considérablement selon les femmes comme vous pouvez le voir en bas à gauche, et au centre. Vous pouvez regarder vos lèvres avec une glace et, au besoin, avec une lampe, comme à gauche. Le périnée, en dessous à droite, est déformé par les cicatrices laissées par quatre épisiotomies à la suite d'accouchement.

de bleu. Les grandes lèvres externes sont plus foncées que les petites lèvres. Elles seront d'un brun profond, ou noires, alors que les petites lèvres ont les tonalités rose et rouge du spectre. Pendant la grossesse, l'afflux du sang dans la région pelvienne intensifie ces nuances, accentue les rouges. Après l'accouchement, elles changent de nouveau, avec une accentuation du bleu. Et après la ménopause, de nouveau les teintes pâlissent et les petites lèvres s'adoucissent, deviennent d'un gris rosé – des teintes qu'on retrouve souvent sur la gorge des pigeons.

Pendant l'enfance, l'hymen, une fine membrane, ferme en partie ou complètement l'entrée du vagin. Chez certaines femmes, il est solide et résistant et rend difficile la pénétration. Il faudra parfois, mais c'est rare, le rompre sous anesthésie locale. Habituellement, l'hymen est déchiré facilement la première fois qu'une femme utilise un tampon, quand elle introduit son doigt dans son vagin, ou

L'hymen

49

C'est dans le calme, avec du temps à soi, sans être dérangée, qu'on apprend à se connaître...

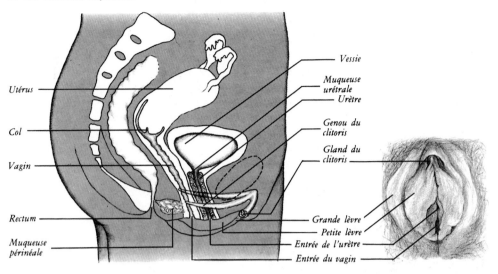

Utérus

Col

Vagin

Rectum

Muqueuse
périnéale

Vessie

Muqueuse
urétrale
Urètre

Genou du
clitoris

Gland du
clitoris

Grande lèvre
Petite lèvre
Entrée de l'urètre
Entrée du vagin

lorsqu'elle pratique des sports qui sollicitent cette partie du corps. Il peut y avoir quelques gouttes de sang lorsque cela se produit. La plupart des femmes ne s'en aperçoivent même pas, et il n'y a aucune raison pour que ce soit douloureux. Si vous regardez bien, vous pouvez parfois distinguer les bords effrangés du résidu de l'hymen. La présence ou l'absence d'hymen n'a rien à voir avec la virginité. Bien que dans certaines communautés rurales méditerranéennes on exhibe le drap taché de sang à la suite de la nuit de noces, c'est là un acte purement rituel, qui ne reflète pas la réalité physiologique. (On tue souvent un poulet pour avoir ce témoignage sanglant.)

Organe d'une sensibilité extrême, le clitoris est situé à l'extré- *Le clitoris* mité supérieure du vagin, entre les plis des lèvres ; il présente une extrémité tendre et arrondie, le gland, en relief, de la grosseur d'un pois, qui ressemble un peu à la gomme rose qu'on trouve parfois au bout d'un crayon. Souvent, un pli de peau assez épais, comme un capuchon ou une collerette, recouvre le clitoris, et vous ne pouvez le voir qu'en écartant les petites lèvres internes de vos doigts.

Beaucoup de femmes qui n'ont encore jamais vu de clitoris pourraient croire qu'au moins les hommes sauraient à quoi il ressemble. Mais ceux-ci sont nombreux à déclarer qu'ils n'en ont jamais vu non plus. Shere Hite, dans son rapport sur la sexualité masculine, disait que la plupart en apprenaient l'existence dans les livres et que l'idée qu'ils s'en faisaient venait des illustrations trouvées dans des manuels de sexologie ou de biologie. Ceux qui en avaient vu, en revanche, en donnaient une description imagée et souvent pleine de tendresse : « une petite perle », « un tout petit haricot

L'orifice situé au centre du col, le canal cervical, est fermé avant l'ovulation.

Le canal se dilate progressivement tandis qu'augmente la production de glaire cervicale.

La production de glaire est à son maximum d'intensité, et le canal cervical complètement ouvert avant l'ovulation.

tendre », « un petit pois sortant de sa cosse », « un bébé moule – bien à point et appétissant », « une jeune pousse tendre », « quelque chose qui tient de la crevette et d'un pénis en miniature avec un bout très sensible », et même « une sorte de cornet de glace au beau milieu de la tempête ».

En glissant votre doigt un peu plus bas jusqu'à l'entrée du vagin et en appuyant vers l'intérieur, vous sentirez la base – ou genou – du clitoris au-dessous du gland, qui en constitue la partie visible. Si vous opérez une pression répétée, vous observerez que cette stimulation fait gonfler le gland.

Descendez encore votre doigt et appuyez vers l'avant ; vous sentez comme un coussin de tissu épais et spongieux entre l'os pubien et l'urètre (l'éponge urétrale). Appuyez ensuite vers le bas, et vous découvrez un autre amas de tissus entre votre vagin et votre anus (l'éponge périnéale). Ces tissus qui entourent le vagin sont visiblement là pour le protéger, et, quand vous êtes excitée, le sang y afflue et les rend encore plus épais. Agenouillez-vous maintenant, et insérez un doigt au fond du vagin ; vous sentirez peut-être la partie inférieure de l'utérus, le col. Si vous n'avez pas encore eu d'enfant, il ressemble un peu au bout du nez, sauf en période d'ovulation où il devient plus mou. Si vous avez eu des enfants, il fait plutôt songer à un menton marqué d'une fossette profonde, et quand vous ovulez, cette fossette ressemble à une bouche épanouie et détendue.

Cette fossette est en fait un petit orifice, ou fente, situé au centre du col : le canal cervical. Au moment de l'ovulation, le canal s'ouvre et la glaire provenant du col descend dans le vagin qu'elle nettoie et maintient légèrement acide. Cette glaire, habituellement blanche, se modifie pour prendre, quand un ovule attend d'être fécondé, une consistance moins opaque, glissante, qui aide les spermatozoïdes à remonter dans les trompes où se produit la fécondation. La production de mucosités augmente, et, le jour qui précède l'ovulation, vous vous sentirez vraiment humide. Après l'ovulation, la quantité de glaire diminue. Pendant les règles, la production de glaire cervicale est à son point le plus bas, et immédiatement après les règles vous vous sentez sèche.

Certaines femmes utilisent un spéculum pour examiner leur col et savoir à quoi il ressemble quand il est sain et aux différentes périodes de leur cycle, et pour s'assurer que tout va bien. Si vous en avez envie, vous pouvez en acheter un pour pratiquer cet examen. Les spéculums en plastique sont préférables à ceux en métal. Ils sont beaucoup plus faciles à utiliser, plus légers et plus agréables au contact ; ils sont aussi moins chers. Le spéculum est une sorte de « bec » en plastique que vous insérez, fermé, dans votre vagin. Une fois en place, vous l'ouvrez, et les deux moitiés écartent les parois du vagin, ce qui vous permet d'en voir l'intérieur en vous aidant d'un miroir. Vous y parviendrez plus facilement avec une lampe de poche, mais dirigez-la sur le miroir et non sur le col.

L'utérus

Vous ne pourrez pas toucher l'utérus proprement dit. Celui-ci a la forme d'une poire, ou d'une figue, dont l'extrémité la plus effilée

Les muscles du
bassin forment un
8 autour du vagin,
de l'urètre et de
l'anus. Quand la
boucle supérieure
du 8, environ à
mi-hauteur du va-
gin, est contractée,
le cercle de fibres
prend une forme
allongée, en
amande. Des cou-
ches de muscles
plus profondes
soutiennent la ves-
sie et l'utérus, et,
quand elles sont
contractées, vous
sentez la pression
contre la vessie et
le col. Ces muscles
possèdent de nom-
breuses termina-
sons nerveuses qui
enregistrent les
sensations de plai-
sir, et le seul fait
de les contracter et
de les relâcher
produit une excita-
tion.

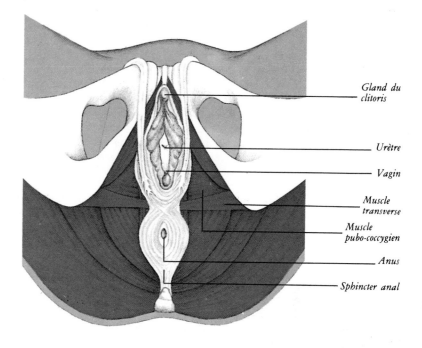

Gland du
clitoris

Urètre

Vagin

Muscle
transverse

Muscle
pubo-coccygien

Anus

Sphincter anal

aboutit au vagin. Cette extrémité est inclinée vers l'avant ou l'arrière selon les femmes. On dit souvent qu'un utérus dirigé vers l'arrière rend la conception plus difficile, mais c'est faux. L'utérus est un organe actif, qui se contracte dès les premières règles et continue à le faire au moins jusqu'à la ménopause ; beaucoup de femmes ménopausées savent par expérience qu'il lui arrive de le faire encore par la suite.

L'utérus n'est pas une simple poche située à cet endroit précis, mais un réseau vivant de fibres musculaires qui, bien que de façon indépendante de notre volonté, se resserrent et se relâchent régulièrement en réponse à certains stimuli et à certaines périodes du cycle œstral. Les douleurs que l'on ressent souvent pendant les règles sont simplement des contractions de l'utérus. Il est probable également que l'utérus se contracte pendant l'orgasme. Il peut continuer à le faire après l'orgasme, ce qui provoque parfois une crispation pénible de l'abdomen. Pendant la grossesse, l'utérus se contracte également quand les seins, et surtout les mamelons, sont stimulés. Il existe un lien entre l'utérus et les mamelons, et les femmes qui allaitent savent que lorsque le bébé commence à téter régulièrement pendant les jours qui suivent la naissance, on dirait presque que sa bouche tire une corde invisible reliée à l'utérus, produisant des « tranchées utérines ». Ces contractions postérieures à l'accouchement raffermissent l'utérus et l'aident à reprendre rapidement sa forme et sa taille habituelles.

Si vous insérez vos doigts dans votre vagin, vous constatez que vous pouvez les serrer avec les muscles qui entourent celui-ci, jusqu'à

*Les muscles
du périnée*

mi-hauteur environ ; cela vous indique la position des muscles de votre périnée. Si vous n'êtes pas sûre de bien les avoir localisés, vous pouvez les sentir bouger en vous contractant, comme si vous vouliez vous empêcher d'uriner. Les muscles qui serrent vos doigts sont ceux qui se trouvent le plus près du bord. Vous ne pouvez pas sentir les autres, situés plus haut et plus en profondeur. Pendant l'orgasme, ces muscles se contractent toutes les 0,8 secondes, exerçant une pression sur le clitoris, les tissus vaginaux et les couches internes de muscles qui soutiennent la vessie et l'utérus. Vous pouvez aussi resserrer volontairement ces muscles, sur un rythme régulier, pour augmenter votre excitation.

Les muscles du périnée sont disposés en forme de 8 autour du vagin et de l'anus. Ils soutiennent toute la ceinture pelvienne osseuse et, pratiquement, tout ce qui se trouve dans la cavité abdominale. Ce sont sans doute les muscles les plus importants du corps d'une femme. Le muscle le plus gros, le pubo-coccygien, va de l'os qui forme le devant du bassin à celui situé à la base même de la colonne vertébrale. Plusieurs couches de muscles entourent, comme des ressorts au repos, l'urètre (le canal qui part de la vessie) ainsi que le vagin et l'anus.

Des modifications de forme et de dimension

La structure de l'appareil génital de la femme ressemble toutefois à un théâtre où se déroule un cycle de transformation régulier et spectaculaire, qui démarre juste avant les premières règles et se prolonge jusqu'à la fin de la ménopause. Et même après, le vagin et l'utérus connaissent des modifications tout aussi spectaculaires quand la femme est excitée et a des orgasmes.

Cela tient en grande partie au fait que ces organes ont beaucoup de « jeu » dans leur construction, comme un tissage très lâche ou une robe de mousseline plissée, et aussi à la quantité des vaisseaux sanguins qui, tels des fleuves dotés d'innombrables affluents, délimitent une large section tout autour des organes génitaux.

Les plis des tissus qui entourent le vagin peuvent, en réaction à des pensées et à des sentiments, se déployer et s'ouvrir, et totalement en modifier la configuration. Une des caractéristiques les plus importantes de l'appareil génital féminin est sa capacité d'adaptation, qui lui permet de changer de taille et de forme.

Grâce à l'abondant réseau de vaisseaux sanguins qui s'entrecroisent dans toute la partie externe du vagin, de l'utérus, des trompes et des ovaires, l'afflux plus ou moins important du sang dans ces organes se traduit instantanément par une modification de leur forme et de leur dimension.

Quand le sang nous monte au visage, quand nous sommes gênées et que nous rougissons, notre visage ne change pas vraiment de forme. Mais le même afflux de sang dans le vagin le fait se gonfler et s'ouvrir avec l'exubérance d'un bouton de fleur s'épanouissant.

L'examen des structures anatomiques ne donne qu'une très petite idée des immenses variations et changements dont sont capables les organes génitaux de la femme. Tout au long de sa vie, le même

MODIFICATIONS DE L'UTÉRUS ET DU VAGIN

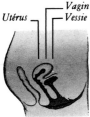

Utérus — — Vagin — Vessie

Sans stimulation

Avec stimulation

processus de flux et de reflux, d'enroulement et de déploiement, d'ouverture et de fermeture, se répétera.

Ces modifications évidentes n'affectent pas seulement les zones où vous pouvez les constater avec le doigt – les lèvres, le vagin et le clitoris – ; elles surviennent aussi en profondeur – dans l'utérus, les trompes et les ovaires. Il n'existe pas, dans notre corps, d'autres endroits où des changements aussi extrêmes n'entraîneraient pas de dégâts.

On peut comparer les ovaires à une usine de production d'œufs. *Les ovaires* Chaque ovaire a, à peu près, la taille et la forme d'une amande dans sa coque. Quand l'un ne fonctionne pas, l'autre prend habituellement le relais. Pendant la partie de sa vie où elle a un cycle œstral, une femme produit un œuf parvenu à maturité, un ovule, chaque mois – en général quinze jours avant ses prochaines règles. Le plus extraordinaire dans ce processus, c'est que, bien que l'ovule soit expulsé de l'ovaire par une protubérance de 1,5 cm de diamètre (en gros la taille d'une noisette), l'ovulation ne produit aucune lésion, ne laisse aucune cicatrice, et que cela recommence indéfiniment sans causer de blessure. Dans le cycle de reproduction moyen d'une femme, ce processus peut se produire plus de 300 fois.

Les possibilités du périnée

Le tonus et la vitalité des muscles du périnée ont énormément d'importance dans la vie sexuelle de la femme. S'ils sont relâchés et si vous ne savez pas les utiliser, toute une partie des sensations liées à l'activité sexuelle vous échappe – celles qui mettent en jeu les muscles profonds entourant le vagin et le rectum, et compressant l'utérus et la vessie.

Un test simple vous permettra de vérifier la force des muscles de votre périnée. Lorsque vous urinez, arrêtez-vous et voyez si vous êtes capable de complètement stopper le flot d'urine. Recommencez plusieurs fois. Si vous y arrivez, c'est qu'ils fonctionnent parfaitement bien. Mais même dans ce cas, vous pouvez apprendre, à partir de cet exercice, à les utiliser plus activement. Il existe certaines façons d'exercer ces muscles, qui accroîtront votre plaisir, et peut-être aussi celui de votre partenaire.

Le premier mouvement est très simple. C'est le « baiser vaginal ». *Des* Imaginez que vous avez, à mi-hauteur de votre vagin, un anneau *mouvements* de fibres musculaires, et serrez-le. Sa forme en « O » se modifiera *pour* et prendra celle d'une amande plus petite. Tenez ainsi quelques *accroître* secondes, puis relâchez. C'est un mouvement que nous faisons *le plaisir* souvent spontanément en faisant l'amour. Pendant l'orgasme, il est effectué à intervalles très rapprochés – des moitiés de seconde –, comme une série de baisers rapides donnés par le vagin. Maintenant imaginez un petit fruit tendre – de la taille d'une cerise – à l'intérieur de cet anneau de muscles et serrez ceux-ci comme si vous vouliez mâcher et manger le fruit. Vous vous apercevrez sans doute que vous en faites autant, au même moment, avec votre bouche. Puis « avalez » le fruit d'un mouvement doux et continu, comme si vous vouliez l'attirer dans votre utérus. Reposez-vous quelques secondes, puis « mangez » un autre morceau de fruit. Et reposez-vous de nouveau. Au début, cela peut vous paraître fatigant ; ménagez-vous des plages de repos à intervalles réguliers.

Et puis imaginez un fruit moelleux beaucoup plus grand – une pêche ou un abricot, par exemple – avec une peau veloutée, duveteuse. Avec les muscles du périnée, « explorez » d'un mouvement caressant et enveloppant toute la surface courbe de ce fruit imaginaire. C'est un mouvement beaucoup plus lent et plus ample que le précédent.

Et maintenant imaginez que le fruit est écrasé et que son jus en soit exprimé. Aspirez lentement ce jus avec vos muscles. Là encore, vous constaterez peut-être que vous faites le même mouvement avec vos lèvres, votre bouche et votre gorge. Et reposez-vous.

Pendant tout ce temps, vous vous serez rendue compte que vous contractiez non seulement les muscles du vagin, mais aussi ceux qui entourent le rectum, l'anus et l'urètre. Quand vous contractez les muscles du vagin, les autres en font autant. C'est normal. Les fibres musculaires sont toutes liées entre elles, et quand vous contractez fermement n'importe quelle partie du périnée, toutes les autres parties suivent le mouvement.

Un travail en douceur   Quand un muscle n'est pas assez fort pour supporter une contraction soutenue, il se met à trembler. Cela vous est peut-être arrivé quand vous avez pratiqué la seconde série de mouvements. C'est pourquoi, si vos muscles manquent de tonus, il est indiqué de commencer plutôt par de petites contractions courtes, et de les amplifier peu à peu. Quand un muscle est fortement contracté, moins de sang y circule, donc moins d'oxygène. Quand il se relâche, le sang circule plus vite. Autrement dit, quand vous contractez et relâchez volontairement vos muscles dans cette danse improvisée, vous augmentez l'apport en oxygène au muscle et il ne se crispe pas.

Dans l'activité amoureuse, d'autres muscles travaillent avec le périnée et sont pris dans le même jeu de mouvements. Les muscles qui participent à la respiration sont stimulés, et quand vous contracterez et relâcherez le périnée, vous serez parfois légèrement haletante. Vous pouvez spontanément serrer les cuisses ou les fesses, ce qui a pour résultat de mieux agripper la main ou le pénis.

Quand vous êtes très excitée, les mouvements du périnée affectent tous les mouvements du corps. Le plus caractéristique de ces mouvements consiste à bouger le bassin d'avant en arrière. Quand le périnée se contracte, vous avez tendance à opérer une bascule du bassin et à rentrer les muscles abdominaux. Quand les muscles du périnée se relâchent, le bas du dos se creuse au contraire légèrement et les muscles abdominaux se relâchent.

Allongez-vous sur le dos, les genoux pliés et les pieds bien à plat, *La danse* serrez les muscles du périnée, les fesses, appuyez bien le bas du dos *du bassin* contre le sol, puis détendez le périnée et tous les muscles du bas du dos et de l'abdomen. Répétez ce mouvement une dizaine de fois en laissant l'alternance contraction-détente s'opérer naturellement dans toute la région pelvienne.

Vous aurez peut-être remarqué que d'autres muscles participent à ce mouvement : les épaules, les mains, les muscles du visage et des pieds, par exemple. Laissez maintenant tous ces autres muscles participer à l'action et *exagérez* le mouvement. Contractez les muscles du bassin et tout ce que vous avez envie de contracter. Puis relâchez ; contractez, relâchez, et ainsi de suite. Mais en même temps, laissez l'activité du bassin modeler tout ce qui se passe dans votre corps. Laissez-la régler votre rythme général. Et puis détendez-vous pendant quelques instants et imaginez votre vagin, doux et chaud.

C'est là une des façons de « réveiller » un bassin trop paresseux.

Mais le meilleur exercice pour tonifier les muscles du plancher *L'ascenseur* pelvien reste encore l'« ascenseur ». Imaginez que vos muscles sont un ascenseur dans un immeuble de cinq étages. Vous allez progressivement contracter vos muscles comme si l'ascenseur montait du rez-de-chaussée au premier (n'oubliez pas de respirer !), puis au second. Quand vous atteindrez le troisième étage, vous sentirez déjà une pression importante s'exercer sur votre vessie. Contractez et serrez vos muscles vers le haut encore plus fort. (Ne crispez pas les épaules.)

Contractez encore vos muscles et continuez ainsi jusqu'au cinquième étage. Tenez pendant quatre ou cinq secondes, puis redescendez progressivement jusqu'à vous retrouver au rez-de-chaussée. Et terminez en repartant au premier pour finir l'exercice sur une note tonique.

C'est un exercice à faire quotidiennement et qui est surtout efficace chaque fois que vous montez ou descendez un escalier, ou prenez l'ascenseur, quand vous attendez à la caisse d'un supermarché ou que le feu passe au vert, bref, chaque fois que vous avez un temps mort dans la journée. Si vous faites régulièrement cet exercice pendant six semaines, vous obtiendrez une remise en forme générale des muscles du bassin et votre vitalité naturelle s'en trouvera accrue.

Les hormones

Messagers chimiques présents dans la circulation sanguine, les hormones jouent un rôle considérable dans la maturité sexuelle, dans le plaisir et les modifications physiques qui l'accompagnent, et dans la reproduction. Mais les hormones ont un rôle encore bien plus fondamental. Comme le système nerveux, et en association avec lui, elles ont pour tâche d'assurer que l'organisme se développe et fonctionne comme une entité tout au long de notre vie. Avec le système nerveux, elles relient les différentes parties du corps, le coordonnent en un tout et font de nous un individu, et non une juxtaposition d'organes isolés. Elles jettent un pont sur l'espace invisible qui sépare l'esprit et le corps, et sans elles aucune activité ne pourrait être organisée.

Le système endocrinien

Les hormones sont sécrétées par les glandes endocrines. Ces glandes assurent que notre corps fonctionne à un rythme normal, et avec une intensité normale elle aussi. Certaines sont seulement constituées de quelques cellules. D'autres, comme la thyroïde et l'hypophyse, sont visibles sans microscope. Les glandes peuvent fonctionner notre vie durant ou n'avoir qu'une existence temporaire. Le follicule de l'ovaire, par exemple, et le placenta, qui est l'arbre de vie à partir duquel se développe le fœtus, sont des glandes endocrines temporaires, tandis que l'hypophyse, située à la base du cerveau, est une glande permanente.

Certaines hormones, comme celles sécrétées par la thyroïde, dans le cou, affectent chaque cellule du corps. D'autres desservent des organes spécifiques. Les ovaires sécrètent les œstrogènes, qui ont une action bien précise sur le système génital de la femme et sur ses seins, tout en assurant également la santé de la peau, des muqueuses et d'autres tissus.

Comment fonctionnent les ovaires

Les ovaires fabriquent les œstrogènes et la progestérone. Ce sont des stéroïdes, c'est-à-dire des hormones dérivées du cholestérol. Tous les stéroïdes peuvent être modifiés, et devenir interchangeables, par l'action des enzymes – les protéines solubles produites par les cellules et qui agissent comme catalyseurs. Les œstrogènes jouent un rôle capital dans le corps d'une femme tout au long des modifications physiques de la puberté, de la menstruation et de la grossesse. Ils sont produits chaque mois par la maturation des follicules ovariens et leur taux varie suivant la période du cycle.

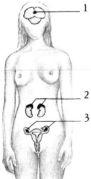

La progestérone est elle aussi sécrétée chaque mois. Elle joue un rôle important dans l'ovulation, dans la reconstruction des tissus de l'utérus après les règles et dans l'enrichissement de la muqueuse utérine qui doit pouvoir offrir à l'ovule fécondé de quoi se nourrir.

A la fin des règles, le taux d'œstrogènes augmente. Il atteint sa concentration maximale juste avant l'ovulation. Les œstrogènes stimulent la production, par le col, d'une glaire d'abord épaisse, collante et opaque, mais qui devient progressivement mince, glissante, claire et filante, comme un blanc d'œuf. Elle permet ainsi aux spermatozoïdes de remonter facilement jusqu'au col et de passer dans l'utérus et dans les trompes.

Après l'ovulation, le taux d'œstrogènes chute brutalement. La progestérone épaissit de nouveau la glaire cervicale, qui forme un bouchon dans le col jusqu'au début des nouvelles règles. Avec la menstruation, les taux d'œstrogènes et de progestérone diminuent. Privée d'hormones, la surface de la muqueuse utérine se désintègre et est évacuée avec les menstrues.

1 Hypophyse

2 Glandes surrénales

3 Ovaires

1 Les follicules apparaissent en saillie sur l'ovaire. Certaines de ces protubérances grossissent et la paroi externe de chaque follicule s'épaissit.

2 Un des follicules grossit encore et se rompt, libérant l'ovule.

3 L'extrémité frangée de la trompe s'enroule autour de l'ovaire et pousse l'ovule dans le conduit.

4 Les parois du follicule éclaté s'affaissent et les cellules accumulent un pigment jaune, la lutéine. Celui-ci devient le corps lutéique, ou corps jaune, qui produit des hormones.

5 Les contractions musculaires du conduit font progresser l'ovule et des poils fins, les cils, l'acheminent vers l'utérus.

6 L'ovule s'immobilise pendant quelques jours dans le conduit. Là, il peut être rejoint par le sperme.

7 Fécondé ou non, l'ovule est alors propulsé dans l'utérus. S'il est fécondé, les cellules s'implantent dans la paroi utérine. Sinon, ce tissu se déchire et l'ovule est expulsé de l'utérus avec la menstruation.

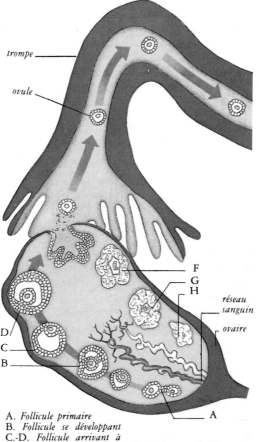

trompe

ovule

F
G
H

réseau sanguin

ovaire

D
C
B

A

A. *Follicule primaire*
B. *Follicule se développant*
C.-D. *Follicule arrivant à maturité*
E. *Rupture du follicule libérant l'ovule*

F.-G. *Le corps lutéique remplace le follicule éclaté*
H. *Corps lutéique dégénéré*

La pilule contraceptive exerce une triple action. Elle supprime l'ovulation. Elle empêche le passage des spermatozoïdes dans l'utérus en épaississant la glaire cervicale et elle empêche l'implantation de l'amas cellulaire en modifiant la muqueuse utérine. La pilule œstrogène-progestérone (voir p. 217) agit principalement en supprimant l'ovulation, la mini-pilule en modifiant la glaire cervicale pour empêcher la pénétration des spermatozoïdes ainsi que l'implantation.

Les livres de médecine prennent habituellement pour base un cycle de vingt-huit jours. Mais vous pouvez jouir d'une parfaite santé et avoir un cycle qui ne corresponde pas du tout à cette norme. Si vous êtes en état de stress psychologique ou de malnutrition, votre cycle peut changer du tout au tout. Quand vous cessez de prendre la pilule, il peut s'écouler un an, et même davantage, avant que votre cycle ne retrouve un schéma normal.

LE CYCLE MENSTRUEL

Le cycle menstruel est contrôlé par les hormones dont la production dépend d'une partie spéciale du cerveau, l'hypothalamus. Un message chimique est ainsi envoyé à l'hypophyse, la glande qui règle la croissance et le métabolisme.

Du 1er au 4e jour

La FSH *(follicule stimulating hormone)* va de l'hypophyse aux ovaires, où elle crée une modification chimique dans les follicules qui font les ovocytes. En se développant, ceux-ci fabriquent des œstrogènes.

Œstrogène — Progestérone — FSH — LH

5e jour

Les œstrogènes des follicules passent dans le sang et vont à l'hypophyse. Une fois atteint un certain taux d'œstrogènes, l'hypophyse sécrète moins de FSH et commence à produire la *luteinizing hormone,* ou LH.

14e jour

La LH est libérée dans le sang et acheminée jusqu'à l'ovaire où elle stimule le développement d'un follicule. En arrivant à maturité, le follicule libère un ovule. Celui-ci est expulsé du follicule comme un pois hors de sa cosse et aspiré dans la trompe. C'est l'ovulation. Le follicule vide se transforme en corps lutéique ou « corps jaune » et commence à fabriquer une autre hormone, la progestérone, tout en continuant à produire des œstrogènes.

28e jour

Au bout de sept jours, l'ovule a atteint l'utérus. Quand l'hypophyse enregistre un taux élevé de progestérone dans le corps, elle déclenche un mécanisme qui bloque la production de LH. En l'absence de LH, le corps jaune dégénère et se désintègre. La concentration de progestérone étant alors à son plus bas, la menstruation se produit. Après deux jours de saignement, l'hypophyse sécrète de nouveau la FSH, et un nouveau cycle menstruel commence.

Les sécrétions naturelles protègent le vagin et en assurent l'humidité, et vous pouvez savoir où vous en êtes de votre cycle en apprenant à connaître les différentes consistances de cette glaire. Dans les jours qui suivent immédiatement les règles, elle sera parfois très peu abondante et vous aurez l'impression que votre vagin est sec. Cela dure environ de cinq à sept jours. Puis une glaire épaisse et non élastique commence à être émise par le col.

Les modifications de la glaire vaginale

A mesure que le taux d'œstrogènes augmente, la glaire devient plus aqueuse et élastique. Le vagin est humide et glissant. Vous observerez peut-être des traces luisantes sur votre lingerie. Si l'on prend cette glaire entre le pouce et l'index, elle peut s'étirer jusqu'à 10 centimètres. Elle est parfois rose à cause de la présence d'un peu de sang. C'est une glaire hautement fertile. L'ovulation se produit quand une quantité importante de ce type de glaire est émise.

La glaire devient ensuite épaisse et collante pendant un jour ou deux, puis on observe une période plus sèche jusqu'aux règles suivantes. Chez certaines femmes, la glaire s'épaissit juste avant l'arrivée des règles. Vous pouvez avoir des cycles où vous n'ovulez pas, ou bien plusieurs ovulations dans un même cycle. Mais, d'une façon générale, un ovule arrive à maturité toutes les trois à six semaines.

Les réactions génitales au toucher

Nous finissons par nous faire une idée assez nette de ce que nous aimons ou n'aimons pas manger et nous n'hésitons pas à dire que nous détestons les huîtres, les poires ou le riz au lait, mais que nous ferions des folies pour des fraises à la crème. Nos goûts sont sans doute aussi tranchés en matière de sexualité, mais beaucoup d'entre nous ne parviennent pas à les exprimer ou à les mettre en mots, ou bien ont une idée d'ensemble de leurs sensations mais ne réussissent pas à les cerner avec précision.

Vous savez donc comment vous êtes faite ; partez de là pour explorer les sensations que vous procure un contact dans les différentes parties de votre sexe. Cherchez un endroit où vous serez seule et tranquille. Utilisez de nouveau une lampe électrique et un miroir pour vous aider au besoin, mais ce n'est pas vraiment indispensable.

Commencez par le pubis et parcourez légèrement toute cette zone avec un ou deux doigts. Recommencez en exerçant une pression plus marquée. Alternez ensuite effleurements et caresses plus appuyées. Déterminez les endroits où vous préférez un contact léger et ceux où une caresse plus insistante vous plaît davantage. Quand vous vous caressez, le sens de la caresse modifie-t-il la sensation ? Prenez votre temps.

Le pubis

Les grandes lèvres

Maintenant, procédez exactement de même avec les grandes lèvres, en variant le toucher, en modifiant la direction de la caresse. Observez vos sensations selon que vous caressez un point précis ou une surface plus grande. Modifiez aussi le rythme des mouvements, leur intensité, leur durée. Examinez la différence selon que vous utilisez toute votre main ou encore le côté de la main, plutôt que les doigts.

Le clitoris

Maintenant, glissez un doigt sur le clitoris et observez vos sensations selon l'endroit que vous touchez, la différence selon que vous caressez la base ou l'extrémité. Le clitoris possède une quantité de terminaisons nerveuses. Il devient parfois *trop* sensible et une caresse prolongée peut être désagréable. Notez ce qui arrive quand vous bougez vos doigts dans un sens ou dans un autre, essayez différents types de caresses et observez la différence de sensation quand vous le frottez ou que vous le caressez. Observez aussi la différence entre une caresse continue et une caresse intermittente. Comment décrivez-vous ce que vient de vous apprendre cette exploration ?

Pour les hommes, souvent, le clitoris est un « bouton magique » qu'il suffit de presser ou de frotter pour stimuler aussitôt leur partenaire. Or, chez la plupart des femmes, c'est loin d'être suffisant. Le clitoris peut aussi être indirectement stimulé par un contact ou une pression exercée sur les lèvres internes. Cela fait bouger la partie des lèvres qui est rattachée au capuchon et à la base du clitoris. Touchez les petites lèvres et observez l'endroit et le genre de caresse qui suscitent une réaction du clitoris.

Une autre idée fausse est que la technique la plus efficace consiste à frotter l'extrémité du clitoris. Cela peut devenir douloureux. Parfois, c'est simplement ennuyeux, et votre partenaire pourrait tout aussi bien astiquer l'argenterie. Si vous constatez que la base de votre clitoris réagit davantage, dites-le. La stimulation indirecte est parfois une stratégie plus efficace que l'attaque.

Les fesses et l'anus

Caressez maintenant vos fesses, explorez-les, essayez divers types de contacts. Glissez un doigt entre elles et écartez-les. Observez l'effet produit autour de l'anus et sur l'anus quand vous appuyez.

Le périnée

Le périnée est la partie située entre l'anus et le vagin. Là encore, étudiez vos sensations. Si vous avez eu un enfant, disons, l'année précédente, surtout si on vous a fait une épisiotomie (si l'on a incisé le périnée), il peut y avoir une région plus sensible qui semble particulièrement fragile et peut être douloureuse. Cela aussi, votre partenaire doit le savoir. Quand vous insérez un doigt dans votre vagin, exercez une pression pour voir où et comment elle modifie les sensations dans cette zone sensible. Si c'est désagréable, modifiez le sens de la pression jusqu'à ce qu'elle ne s'exerce plus sur ces tissus. Et faites-en part à votre partenaire.

Vous pouvez examiner vos réactions sans l'aide de la main, en contractant et relâchant les muscles qui entourent le vagin, l'urètre (le canal venant de la vessie) et le rectum pour produire différents types de pression sur ces parties de votre corps.

L'exploration de la sexualité commence par le toucher et par l'attention profonde aux sensations qu'il fait naître...

La muqueuse   La muqueuse urétrale est située entre la paroi antérieure du vagin
urétale   et l'urètre et se gonfle de sang lorsqu'il y a stimulation sexuelle. C'est
Ernst Graffenburg qui l'a le premier décrite, mais sans lui donner
ce nom. C'est une de ces parties anonymes du corps féminin que
nous ignorons souvent, parce qu'il n'y a tout simplement pas de mot
pour en parler. Elle connaît aujourd'hui une certaine célébrité sous
le nom de point G. (Alice Kahn Ladas, Beverly Whipple et John
D. Perry, *le Point G. et autres découvertes récentes sur la sexualité humaine*).
Certaines femmes cherchent en vain ce point magique, mais il s'agit
en fait de ce petit coussin de chair situé sur la paroi antérieure du
vagin. Et que possèdent toutes les femmes.

Graffenburg la décrivait lui-même comme une région particulièrement sensible située « le long de l'urètre... entourée de tissu
érectile », et continuait ainsi : « La partie la plus stimulante se trouve
à l'arrière de l'urètre, là où il part du col de la vessie » (Ernst
Graffenburg, « The role of the urethra in female orgasm »).

Cette muqueuse est particulièrement gonflée pendant l'orgasme
et immédiatement après. Kinsey et son équipe n'avaient découvert
que des zones érotiques qui réagissaient à des contacts non appuyés
en des points très circonscrits parce que, pour tester les réactions
sexuelles, ils utilisaient des tiges à bouts doux et arrondis, comme
des flocons de coton. Or ce coussinet réclame une pression appuyée.
Mais même dans ces conditions, Kinsey observait l'existence, « sur
le haut de la paroi vaginale, juste à l'intérieur de l'entrée du vagin »,
d'une zone qu'il considérait très sensible chez certaines femmes
(Kinsey *et al., le Comportement sexuel de la femme*).

La grande affaire du point G., ce qui incita les femmes à y chercher
la clé de la jouissance, c'est que la femme pouvait elle aussi,
affirmait-on, éjaculer pendant l'orgasme, que ce processus était
déclenché par la pression exercée sur le point G., mais que seule
une minorité en était capable. Le liquide ainsi émis – quelques gouttes
à peine – n'est pas de l'urine ; il peut être incolore ou blanc laiteux,
et sa consistance paraît varier selon le moment du cycle. Certains
gynécologues sont convaincus que c'est de l'urine, ce que redoutent
également les femmes à qui cela arrive. D'autres soutiennent qu'il
s'agit simplement de la lubrification vaginale normale chez une
femme sexuellement excitée. Comme ce liquide est émis pendant
l'orgasme, les auteurs du *Point G.* affirment le contraire. Mais ils
ajoutent aussi avoir observé que « l'éjaculation féminine se produit
essentiellement chez les femmes ayant des muscles pubo-coccygiens
toniques ». Une des explications à cette éjaculation féminine pourrait
donc être qu'une femme sexuellement stimulée dont le vagin est
copieusement lubrifié, émet son propre lubrifiant à la suite des
contractions puissantes et rythmées des muscles du bassin.

La muqueuse   Le coussin situé entre le vagin et le rectum se dilate de la même
périnéale   façon quand une femme est excitée. Le fait de se concentrer sur le
point G., comme si sa localisation garantissait l'extase, risquerait de
masquer l'importance, chez certaines femmes, de cette autre

muqueuse. Beaucoup de femmes éprouvent du plaisir lorsque leur anus est stimulé et qu'une pression est exercée sur la paroi postérieure du vagin et la partie inférieure du rectum pendant l'acte sexuel. Peut-être nous signalera-t-on avec enthousiasme ce point « magique » dans un autre ouvrage en y voyant la clé de la jouissance féminine !

Quand les doigts, la langue ou le pénis sont introduits dans le vagin pendant l'acte sexuel, la pression s'exerce habituellement à la fois sur la muqueuse urétrale et la muqueuse périnéale. Ce qui explique, entre autres, pourquoi les femmes apprécient la pénétration. La sexualité des femmes n'est pas plus concentrée « dans » le clitoris ni « sur » le point G. que sur la nuque. Une femme paralysée à partir de la taille peut continuer à éprouver un plaisir intense. Une femme soudanaise qui aura été mutilée par clitoridectomie et infibulation (dont le clitoris aura été excisé et les lèvres cousues ensemble de façon à ne laisser subsister qu'un petit orifice pour l'urine et les menstrues) pourra toujours être stimulée et – aussi incroyable que cela paraisse, compte tenu de l'importance du clitoris – connaîtra l'orgasme.

Les femmes ayant subi des mutilations génitales, qui ont eu des rapports sexuels avant le mariage, me disent avoir eu parfois des rapports anaux avant la défloraison rituelle. Dans de tels cas, l'excitation sexuelle se concentre sur la muqueuse périnéale. Il semble que les femmes qui ont subi la clitoridectomie et l'infibulation ne sont excitées que si cette zone est stimulée. Ce qui peut nous conduire à repenser l'immense importance accordée aujourd'hui, en Occident, au clitoris, seul organe d'excitation sexuelle et seul moyen d'atteindre l'orgasme.

Il semble, en réalité, que ces femmes aient d'extraordinaires capacités d'adaptation et que, aussi terrible que soit l'ablation du clitoris chez une fillette, d'autres parties de l'appareil génital puissent atteindre un degré de sensibilité qui permette à une femme de connaître une excitation sexuelle intense et le plaisir.

Dire à une femme que tout dépend d'un clitoris en bon état de fonctionnement et que celui-ci est la source de tout plaisir peut être aussi restrictif que de lui mettre dans la tête, comme on le faisait autrefois, que le seul orgasme « authentique » était l'orgasme vaginal. Nous devons explorer nos sensations et apprendre par nous-mêmes de quoi nous sommes capables, au lieu de borner la compréhension de notre sexualité aux décrets de la science.

3. Émotions

Les rythmes sexuels

Bien que beaucoup de femmes s'attendent à être plus sensuelles en période d'ovulation, parce qu'on le leur a dit, celles qui m'ont décrit la courbe de leurs rythmes sexuels m'ont précisé que leur désir culminait juste avant ou pendant les règles, et aussi, mais avec une intensité moins prononcée, au moment de l'ovulation.

La menstruation

Pendant les règles, beaucoup de femmes acceptent mal cette intensification de leur sexualité. « Je suis bien plus facilement excitée, dit Annie, et pas seulement par les caresses. Je suis excitée toute la journée, et mon amant n'y est pour rien. » Elle commence à se sentir « tendue et pleine de désir » dans les quelques jours qui précèdent les règles et ne pense « à rien d'autre » jusqu'à ce qu'elles se terminent.

Les femmes disent souvent être étonnées par cette augmentation de leur libido pendant la période de menstruation. « Ça me paraît complètement absurde d'avoir envie de faire l'amour juste à ce moment-là », dit l'une d'elles. Et une autre : « Je me demande où est la "logique biologique" là-dedans. » Nous sommes tellement conditionnées à expliquer le désir sexuel par la reproduction que certaines femmes n'ont même pas conscience de cette bouffée de sensualité, jusqu'au jour où elles prennent le temps d'y réfléchir ; et c'est seulement quand on les questionne sur leurs rythmes sexuels qu'elles constatent l'existence de cette courbe.

Une femme qui a des règles très abondantes sera moins facilement stimulée, sans doute parce qu'elle ne se sent pas à l'aise et craint de tacher ses vêtements ou les draps. Mais même les femmes qui perdent beaucoup de sang apprécient davantage les rapports sexuels au début et à la fin des règles, peut-être parce qu'elles se trouvent ainsi naturellement lubrifiées, avant même d'être localement stimulées.

Le sentiment qu'elles ne devraient pas avoir de rapports sexuels pendant cette période accroît le désir chez certaines femmes. « J'ai envie de faire l'amour parce que je sais que c'est impossible. » Il existe chez beaucoup de femmes un interdit qui a force de tabou : pas de rapports sexuels pendant les règles. D'autres disent simplement que « ça fait trop de dégâts » ou qu'elles ne « trouvent pas ça bien ». Beaucoup affirment que leur partenaire est rebuté par la menstruation, que faire l'amour à ce moment-là le « dégoûte », l'« écœure ». Bien qu'elle se sente « très amoureuse » pendant tout le temps que durent ses règles, dit l'une d'elles, son mari « a toujours été écœuré par le sang », si bien qu'elle se masturbe. Les femmes qui utilisent un diaphragme semblent plus à l'aise, car celui-ci empêche le sang de couler et peut être retiré après les rapports sexuels. Beaucoup de couples identifient l'acte sexuel à la pénétration, et, pour eux, ne pas avoir de rapports signifie qu'on s'abstient de toute manifestation de tendresse amoureuse pendant les règles.

Si la femme se sent particulièrement sensuelle pendant ses règles mais a l'impression qu'elle ne doit pas avoir de contacts physiques, une tension s'installe en elle, et elle répondra en général plus vite aux stimulations pendant la semaine *suivante :* « Je suis vraiment excitée après les règles. C'est à cause de cette abstinence forcée. » « Je sais que je n'aime pas faire l'amour pendant cette période, parce que j'ai peur de tout tacher. L'idée de ne pas avoir de rapports sexuels pendant quatre jours est un supplice et je passe mon temps à penser au moment où je recommencerai. »

La tension prémens- truelle   Bien que la période d'excitation sexuelle commence deux ou trois jours avant les règles, une forte tension prémenstruelle diminue le désir, et une femme a souvent l'impression de ne pas supporter l'idée d'être caressée cette semaine-là. Les femmes disent qu'elles sont alors d'une « humeur de chien », odieuses, qu'elles ont mal à la tête, qu'elles se sentent ballonnées, et si elles ont des rapports sexuels, ceux-ci peuvent être douloureux. Certaines sont particulièrement conscientes d'avoir le ventre gonflé ou les seins plus gros et plus sensibles. D'autres trouveront qu'il leur est plus difficile de se détendre et de prendre plaisir à faire l'amour pendant cette période. L'absorption de vitamine B6 peut vous aider à vous sentir mieux et changer du tout au tout non seulement votre impression générale de bien-être, mais aussi vos réactions amoureuses. Car une tension prémenstruelle *légère* produit l'effet inverse, et elle s'accompagne d'une sensualité accrue et d'une augmentation de la sensibilité de la peau au toucher, surtout celle des seins, qui réagissent au moindre contact. Certaines femmes ont également une sensibilité vaginale plus grande à cette période. Le partenaire doit adapter sa technique et en tenir compte. Les poussées du pénis avant ou pendant les règles peuvent être douloureuses. Le col de l'utérus est parfois particulièrement irritable, et certaines femmes disent que, tout en éprouvant du plaisir, elles « se retiennent » ou voudraient « faire les choses plus doucement ». Nous prenons souvent pour acquis que les femmes se comprennent entre elles et que ces remarques ne sauraient s'appliquer aux couples de lesbiennes. C'est faux. Les femmes aussi doivent tenir compte des rythmes ovariens de chacune et comprendre qu'une partenaire ne souhaitera pas toujours le même type ou la même intensité de stimulation. La frontière entre le fait de se sentir d'humeur irritable et de réagir excessivement aux stimuli – se disputer pour un rien, gifler les enfants – et d'être extrêmement sensible à la stimulation sexuelle est très mince.

D'autres femmes se sentent voluptueuses, rêveuses, et passeraient leur temps au lit à faire l'amour si elles le pouvaient. Une femme dit qu'elle a envie de manger davantage de sucre à ce moment-là, qu'elle est « complètement apathique » mais très sensuelle, et elle organise son travail en fonction de son cycle. Si vous éprouvez ce type d'excitation psychosexuelle, les jours qui précèdent les règles peuvent constituer une période particulièrement intéressante, pour peu que le décor s'y prête et que le ou la partenaire soit tendre et attentif.

Le second clocher de la courbe, soit seize jours environ après le début des règles suivantes, coïncide avec l'ovulation et le moment où la fécondité est à son point le plus haut. Souvent, l'intensité du désir sexuel croît jusqu'au jour de l'ovulation, puis décline progressivement. Certaines femmes peuvent ne pas se sentir sensuelles du tout pendant la menstruation et n'être sensibles qu'à ce seul clocher. C'est le cas notamment, semble-t-il, des femmes juives qui observent les interdits religieux et s'abstiennent de tout contact avec un homme pendant la menstruation et immédiatement après. Une femme juive pratiquante me disait, le visage illuminé rien que d'y penser, qu'après le bain rituel de purification elle se sentait envahie de désir pour son mari : « Chaque fois, j'ai l'impression d'être une jeune mariée », déclarait-elle. Il en ira de même pour la femme qui veut un enfant, et l'idée qu'elle est en train de le faire procurera une intensité particulière à l'acte amoureux. Chez d'autres femmes, cette courbe se traduira surtout par une diminution du désir pendant les autres périodes du mois. « Je n'ai envie de faire l'amour que pendant ces quelques jours. Ça ne me dit vraiment rien quand je ne suis pas féconde ; quand je le suis, en revanche, je ne pense qu'à ça. » Et une autre femme : « Pendant un an, j'ai essayé désespérément d'être enceinte et j'ai pratiquement obligé mon mari à me suivre au lit pour faire ce bébé. Je me sentais toujours complètement déprimée pendant la semaine qui précédait les règles parce que je savais que c'était encore un mois de fichu. » Il n'est guère étonnant qu'une femme qui veuille à tout prix un enfant n'éprouve pas de désir physique pendant la menstruation, qu'elle ressent chaque fois un peu comme une mort.

Les femmes qui évitent les rapports sexuels pendant et immédiatement après l'ovulation, parce qu'elles ne font pas confiance à leur méthode de contraception ou se fient à leurs rythmes, seront parfois agacées et frustrées de ne pas pouvoir avoir de rapports sexuels précisément lorsqu'elles en ont le plus envie. Mais cette courbe de la sensualité s'adapte souvent aux exigences de la situation, ce qui prouve que tout ou presque se passe dans la tête, et non dans les organes génitaux. « Pour moi, toute la différence vient du fait qu'on risque ou non d'être enceinte », me disait une femme. « S'il n'y a aucun danger, tous les coups sont permis ! »

Pendant l'ovulation, certaines femmes ressentent des douleurs qui

L'ovulation

LA LIBIDO ET LE CYCLE MENSTRUEL

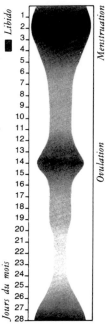

Libido

Jours du mois

1
2
3
4
5
6
7
8
9
10
11
12
13
14
15
16
17
18
19
20
21
22
23
24
25
26
27
28

Menstruation

Ovulation

diminuent leur désir. C'est ce qu'on appelle, dans certains manuels de médecine, le *mittelschmerz*. Cela peut être très passager et simplement déconcertant, mais celles qui en font l'expérience ont tendance à dire que leur plaisir en pâtit.

Comprendre ses rythmes

Toutes les femmes ne ressentent pas ces fluctuations mensuelles. Si vous prenez la pilule, vous pourrez ne remarquer aucune différence dans votre désir, quoique, là encore, les femmes disent souvent qu'elles se sentent plus amoureuses les jours où elles ne la prennent pas et où elles ont leurs règles. Une femme qui allaite n'ovule pas et n'a pas de règles, et elle aussi ne remarquera aucune différence. Même après ses couches, elle peut noter quelques modifications des phases de désir dans son cycle, et beaucoup de femmes disent en éprouver moins pendant tout le temps où elles allaitent (voir p. 266).

La connaissance de votre rythme sexuel et de ses fluctuations pendant le cycle non seulement vous aide à mieux comprendre votre corps, mais vous rend aussi plus consciente de ce dont vous avez envie et de quand vous en avez envie. Bien que chez certaines d'entre nous l'envie de faire l'amour, ou de ne pas le faire, soit presque tout le temps la même, nous passons en général par des variations d'humeur et de sentiments, et le déroulement de notre cycle fait alterner des pointes de désir ardent et des plages calmes et paisibles. A certains moments une stimulation intense nous comble de délice, à d'autres le moindre effleurement suffit. Une fois que nous avons conscience de ces variations, nous pouvons en faire part à notre partenaire. La compréhension s'en trouve accrue et la relation renforcée.

La masturbation

Presque toutes les femmes se sont masturbées à un moment ou à un autre – se sont donné du plaisir en se caressant ou en bougeant d'une certaine façon –, et, bien que ce ne soit pas le cas pour toutes, nous parvenons en général à l'orgasme parce que nous savons ce que nous aimons.

Beaucoup d'entre nous apprennent à guider un partenaire pour qu'il nous conduise à l'orgasme en comprenant ce que nous faisons quand nous nous donnons nous-mêmes du plaisir. En examinant nos mouvements et le genre de caresses auxquelles nous sommes le plus sensibles quand nous nous masturbons, nous pouvons savoir quelles indications donner à notre partenaire quand nous faisons l'amour – surtout dans le cas des nombreuses femmes qui ont un orgasme quand elles se masturbent, mais rarement quand elles font l'amour.

La masturbation ne doit pas pour autant être justifiée par son « utilité » dans une relation à deux. Même si la masturbation n'entre pas en ligne de compte quant à la valeur d'une relation sexuelle, une femme a le droit d'y prendre plaisir, et cela peut l'aider à mieux s'entendre avec son propre corps et à mieux prendre conscience de son identité sexuelle.

Joyce Brothers, une doctoresse américaine auteur d'ouvrages de sexologie bien connus, enseigne aux femmes que la sexualité est « la façon dont la Nature retient un homme au foyer » *(Ce que toute femme doit savoir sur les hommes),* et elle recourt à une métaphore bizarre pour leur affirmer qu'« une once de prévention vaut mieux que de verrouiller la porte de l'écurie une fois que le cheval s'est échappé ». L'orgasme de la femme est, selon elle, la « marque d'approbation » dont ont besoin la plupart des hommes. Ils « adorent qu'une femme halète, gémisse et pousse de petits cris, et qu'elle leur dise qu'ils sont fantastiques ». Le comportement sexuel de la femme est axé sur le bonheur de l'homme et a peu de chose à voir, sinon rien, avec sa satisfaction personnelle. Si elle parvient au plaisir, celui-ci découlera automatiquement du fait qu'elle aura contenté l'homme. La femme doit inventer et innover pour retenir l'intérêt de l'homme, mais en dosant ses innovations « comme on introduit des aliments solides dans l'alimentation du bébé » – progressivement.

Dans cette conception de la sexualité féminine, les rapports sexuels sont essentiellement une façon de préserver le mariage. (« Plus le couple fera souvent l'amour, soutient le Dr Brothers, moins il risquera de se retrouver devant le juge, en train de divorcer. ») Pour peu que nous soyons suffisamment douées, l'orgasme est l'assurance qui nous garantit d'avoir de quoi subsister la vie durant. Et la masturbation n'a rien à voir dans tout cela.

Les femmes ont souvent l'impression de ne pas avoir droit à d'autres plaisirs sexuels que ceux donnés par l'homme. La sexualité est un présent que nous devons recevoir de ses mains, et non quelque chose qui émane de nous et que nous faisons pour nous-mêmes. Nous nous attendons à vibrer au travers de *sa* sexualité. Nous avons souvent beaucoup de mal à accepter que les « plaisirs solitaires » éprouvés par une femme soient aussi légitimes que ceux partagés avec un partenaire. Nous avons tendance à dénigrer nos activités sexuelles les plus intimes pour privilégier la bonne partenaire que nous croyons *devoir* être.

La femme imagine souvent son corps comme un réceptacle. Elle écarte les jambes pour recevoir le sperme. Elle porte le fœtus, l'enfant, le lait dont elle nourrit le bébé. Elle enveloppe ses petits de ses bras. Elle fait les courses, charrie celles-ci jusqu'à la maison, prépare les repas et les sert, nettoie et range, et recommence. On dirait que la responsabilité de nourrir, de sustenter, de satisfaire les besoins des autres la cloue au sol. Épouse et mère, elle ressemble à une commode ouverte, dont les tiroirs débordent de tout ce dont ont besoin les siens pour se débrouiller sur terre. Et quand ils seront partis, elle se sentira vide, un meuble au rebut.

Beaucoup de femmes se sentent aliénées de leur corps. Non parce que, souvent, elles ne savent pas comment parvenir à la plénitude sexuelle, mais parce qu'elles détestent et méprisent activement leur corps. Ce qui me frappe le plus quand je discute avec des femmes de leur vie sexuelle, c'est leur manière de s'excuser de leur corps, de tout ce qui ne correspond pas à quelque norme extérieure de beauté féminine. Beaucoup semblent perpétuellement en lutte contre la graisse, les boutons, les odeurs importunes, les muscles relâchés, les cuisses flasques et les seins mous, les poils des aisselles, d'autres poils fâcheux (sur les seins ou le visage, par exemple), les pertes blanches – mais surtout la graisse. Et tout cela pour les beaux yeux des hommes. Elles travaillent sans relâche à désodoriser, adoucir, arranger et enjoliver, à déguiser leurs « points faibles » et mettre en valeur leurs « atouts », bref à se pomponner, elles et leur corps, comme des boîtes de chocolats et des pièces montées réservées à la consommation masculine.

Un sentiment de culpabilité

Le sentiment de culpabilité engendré par la masturbation est souvent lié à un autre sentiment du même ordre quant à la sexualité féminine et à une image corporelle négative. Une femme qui dit : « Sincèrement, je crois avoir un joli visage et de beaux yeux, mais c'est mon corps qui me déprime », se sent « coupable et dégoûtée » quand elle se masturbe, surtout si elle se permet d'aller jusqu'à l'orgasme. Elle essaie aussi de « contrôler » sa jouissance pendant les rapports, « parce que cela m'a toujours un peu gênée... On m'a appris quand j'étais petite à ne pas parler de ces choses-là... même maintenant, je ne pourrais pas parler de mes règles à ma mère. Il ne vous viendrait pas à l'idée de le faire, ni de lui parler de sexe ». Elle détesterait que son mari la trouve en train de se masturber, mais elle le fait invariablement quand elle a ses règles parce qu'elle se sent particulièrement sensuelle : « Je ne voudrais surtout pas faire l'amour à ce moment-là parce que je trouve que c'est sale. En fait, je suis gênée de dire à mon mari que je les ai. » Bien qu'extrême, cet exemple montre l'anxiété généralisée que tendent à exprimer, lorsqu'il s'agit des fonctions du corps féminin et de la sexualité, les femmes qui culpabilisent le plus la masturbation.

« J'ai terriblement honte de moi ensuite. J'ai beau me dire que c'est normal et naturel, je me sens sale. »

La sexualité féminine, ainsi que ce que produit notre corps – sang menstruel, sueur, lochies après l'accouchement, mucosités vaginales –, a toujours été considérée comme « déplacée » (Mary Douglas, *De la souillure. Essai sur les notions de pollution et de tabous*), et, parce qu'elle est déplacée et indue dans les rapports entre hommes et femmes, on y a vu aussi quelque chose de sale et de dangereux. Au plan des structures sociales et de la tâche de reproduction prescrite aux femmes par la société, la sexualité solitaire empiète sur la vitalité réservée à l'accomplissement de nos principaux devoirs : satisfaire les hommes et élever les enfants.

J'ai surtout l'impression que les femmes non seulement culpabilisent la masturbation, mais culpabilisent aussi maintenant d'éprouver ce sentiment de culpabilité. Les psychothérapeutes nous pressent d'être libres, de connaître et de comprendre nos corps et nos réactions sexuelles. Nous avons, pour la plupart, l'impression d'avoir résolu nos hésitations en matière de masturbation et d'y voir une composante normale de la vie sexuelle. Mais certaines butent encore contre cette dée, et le fait de s'entendre prôner la liberté les rend plus mal à l'aise que jamais.

Carol, par exemple, a vingt-sept ans et se rappelle qu'à trois ans on lui a dit de ne pas se masturber. Bien qu'elle se rende compte que son mari se masturbe et soit capable d'accepter ce besoin, elle dit culpabiliser à mort quand elle en fait autant. Il lui arrive de se masturber pour dénouer sa propre tension, mais elle attribue ensuite tout ce qui ne va pas les jours suivants au fait qu'elle se soit masturbée. Elle se punit ainsi systématiquement d'avoir pris plaisir à une activité parfaitement naturelle.

Bien qu'en ce XXe siècle nous parlions beaucoup plus ouvertement de la sexualité et que tous les journaux de femmes aient leur contingent d'articles sur le cunnilinctus et la fellation ou sur la façon de parvenir à l'orgasme, la masturbation en tant qu'expérience personnelle est rarement abordée, et le sujet ne vient, en général, sur le tapis que comme thérapeutique en cas de dysfonctionnement sexuel. Dans ce contexte, à la suite des travaux de William Masters et de Virginia Johnson *(les Mésententes sexuelles)* et d'Helen Singer Kaplan *(The New Sex Therapy),* elle s'est acquis une respectabilité nouvelle. Elle fait même partie aujourd'hui des *devoirs* de la femme qui veut être une bonne partenaire sexuelle. Peut-être devrions-nous faire preuve d'un peu plus d'esprit critique.

Les craintes à propos de la masturbation sont parfois puissantes : « Que se passera-t-il si je finis par tellement aimer me masturber que je n'arrive plus à avoir de plaisir avec un partenaire ? » ou « Et si je deviens si dépendante que je ne puisse m'en empêcher et que je sois obligée de me masturber encore plus et plus souvent ? ».

Les craintes à propos de la masturbation

Examinons d'un peu plus près ces craintes. Certaines femmes disent avoir peur d'« épuiser » leur énergie sexuelle. Louise, par exemple : « J'ai l'impression que ce serait de la complaisance envers moi-même, et que je n'arriverais plus à me donner vraiment en faisant l'amour. » Disons d'abord et avant tout que les réserves d'une femme en matière de plaisir ne sont pas limitées en quantité, et que si la masturbation vous en donne, vous ne serez pas épuisée au point de ne plus répondre à votre partenaire. Bien qu'un homme ne puisse éjaculer qu'un certain nombre de fois au cours d'une certaine période et qu'il s'arrête ensuite, chez les femmes, il en va tout autrement. Vous pouvez continuer à éprouver du plaisir et à avoir des orgasmes répétés *si vous êtes suffisamment stimulée.* Le fait de sentir votre corps plus vivant en vous masturbant peut accentuer au contraire votre désir.

Les femmes qui ne comprennent pas comment sont faits les organes génitaux des autres femmes et que nos sexes ont tous une forme particulière et un peu irrégulière, avec les petites lèvres se retournant sur les grandes lèvres – un peu comme le centre d'un quatre-quarts qui aurait levé au milieu et débordé sur les côtés –, croient parfois qu'elles se déforment en se masturbant et qu'un médecin ou une infirmière s'en apercevra aussitôt. Une femme me disait qu'elle ne réussissait pas à surmonter le sentiment de honte qu'elle avait éprouvé lors d'un accouchement, quand la sage-femme avait « regardé fixement » son sexe et s'était « visiblement » rendue compte qu'elle se masturbait. Elle m'avait contactée parce qu'elle voulait trouver une gynécologue pour réduire, par voie chirurgicale, la taille de ses petites lèvres et la rendre « normale ». Il est évident qu'on aura peur et qu'on se sentira coupable si l'on croit que ce qu'on fait va provoquer des dégâts physiques irréparables. Mais la masturbation n'agrandit ni ne déforme les organes génitaux. Le pire qu'elle puisse faire est de causer le gonflement momentané des lèvres et du clitoris qui, compte tenu de l'élasticité des tissus composant les organes génitaux, reprennent leur dimension habituelle une fois la phase d'excitation passée.

Il est triste qu'une femme ignore comment sont faites les autres femmes au point de souffrir d'un pareil sentiment de culpabilité. Les croquis des livres de biologie et des manuels de sexologie donnent une idée fausse du sexe de la femme, du fait de leur netteté et de l'impression tout à fait incorrecte de similitude et de régularité qu'on en retire. L'homme voit et manipule facilement son sexe, et voit également ceux des autres quand il est sous la douche ou dans les vestiaires. Il est plus rare que les femmes voient le sexe d'autres femmes, et sur ce point nous sommes désavantagées.

Qu'éprouvent les femmes en se masturbant ?

La plupart des femmes qui se masturbent éprouvent l'orgasme. Elles sont plus nombreuses à y parvenir en se masturbant qu'en ayant des rapports avec un partenaire, et ces orgasmes sont souvent plus puissants que ceux éprouvés en faisant l'amour (Masters et Johnson, *les Réactions sexuelles*). Certaines femmes qui auront des orgasmes multiples quand elles se masturbent n'y parviendront parfois jamais avec un partenaire. Souvent, les femmes trouvent aussi plus facile de fantasmer en se masturbant qu'en faisant l'amour. L'urgence du désir de quelqu'un d'autre les empêche d'exprimer et de satisfaire le leur. D'autres disent encore qu'elles ont besoin d'imaginer que la personne qui leur fait l'amour n'est pas celle qu'elles connaissent si bien.

La masturbation chez les femmes couvre une vaste gamme d'expériences. Certaines se masturbent uniquement lorsqu'elles n'ont pas d'autre forme de plaisir à leur disposition, quand leur partenaire est absent, ou quand la relation de couple se dégrade. D'autres le font aux périodes de leur vie où la pulsion sexuelle est particulièrement forte, avant d'avoir un partenaire régulier, après une rupture, ou après la mort de la personne aimée. Certaines se masturbent pendant les phases de leur cycle où elles sont spécialement « amoureuses », et quand le partenaire ne l'est pas autant. Pour beaucoup de femmes, ce sera pendant les règles, parce qu'elles-mêmes ou leur partenaire masculin sont dégoûtés à l'idée d'avoir des rapports sexuels à ce moment-là, ou même de se caresser. L'excitation sexuelle qu'elles éprouvent pendant les règles résulte de l'afflux de sang dans la région pelvienne, qui cause un engorgement, une pression et la stimulation qui en résulte.

Beaucoup de femmes se masturbent aussi pendant les derniers mois ou semaines de la grossesse, quand les rapports sexuels dans les positions classiques sont inconfortables, si leur partenaire craint de faire du mal à l'enfant ou de déclencher le travail, et quand certains éprouvent une certaine répugnance devant les modifications physiques dues à une grossesse avancée.

Certaines femmes ne se masturbent que lorsqu'elles sont particulièrement tristes, seules ou tendues, parfois en dernier recours et en faisant en sorte que cela aille le plus vite possible. Un bon nombre se masturbent pour s'endormir (« C'est plus agréable qu'un somnifère ») et pour atténuer les douleurs menstruelles. Certaines se masturbent parce qu'elles sont en colère contre leur partenaire. Anne dit qu'elle le fait parce que « quand nous essayions d'avoir des enfants, il ne pensait qu'à faire l'amour et cela me rendait furieuse ». Elle est maintenant complètement indifférente et se masturbe pour se soulager de sa frustration et « pour lui rendre la monnaie de sa pièce ». Mais en général, nous nous masturbons tout simplement parce que nous aimons ça, bien que nous soyons souvent partagées quant à cette pratique. Quand elles écrivent à ce sujet, les femmes ajoutent souvent des phrases comme : « J'ai l'impression de tricher » ; « C'est juste une soupape de sécurité » ; « Je ne me sens pas coupable, il n'y a vraiment aucune raison », ou « Jamais je ne supporterais que mon mari le sache ».

Un orgasme obtenu par masturbation se produit habituellement plus vite que pendant des rapports sexuels, et vous pouvez jouir au bout de quarante secondes alors qu'il vous faudra deux heures avec un partenaire. Ce qui ne rend pas, naturellement, l'orgasme « meilleur », étant donné que le plaisir qui conduit à l'orgasme a autant d'importance dans la sexualité d'une femme que l'orgasme proprement dit, et c'est pour cette raison que certaines disent qu'elles « ne se sentent pas aussi satisfaites ». « Cela me donne un frisson, dit une femme, mais très rapide. » Il vous semblera peut-être que quelque chose manque quand vous vous faites l'amour, et qu'une jouissance physique moins forte avec un partenaire a plus de signification et produit une satisfaction plus profonde. Comme l'a dit une femme : « Avec la masturbation, c'est entièrement physique, le sentiment de satisfaction est moins profond ou durable, bien que beaucoup plus fort sur le plan physique. » Une autre déclare que, lorsqu'elle et son mari font l'amour, cela produit « une pulsation exquise non seulement du clitoris et du vagin, mais aussi de l'esprit », ce qu'elle ne ressent pas quand elle se masturbe.

Un nombre considérable de femmes ne se satisfont pas d'une masturbation trop prolongée qui ne s'accompagne pas de la possibilité de rapports amoureux ; il leur manque la relation à un autre être humain. Parfois, cet autre est très profondément aimé et désiré. Parfois, c'est le désir pressant d'un phallus. Leonie dit que, lorsqu'elle se caresse, elle devient très excitée, éprouve « une sorte » d'orgasme, mais voudrait ardemment qu'un homme la pénètre. Si bien que le fait de se masturber accroît encore sa frustration.

« Je ne connais rien de meilleur que la masturbation contre les douleurs menstruelles, mais de plus, c'est une façon de me faire l'amour toute seule. »

« J'ai découvert les joies de la masturbation après la mort de mon mari. D'abord pour me consoler, me détendre et m'aider à m'endormir, et maintenant pour le plaisir. »

Le plaisir que vous vous donnez peut vous aider à mieux accepter votre corps et à vous rendre plus consciente de votre identité sexuelle...

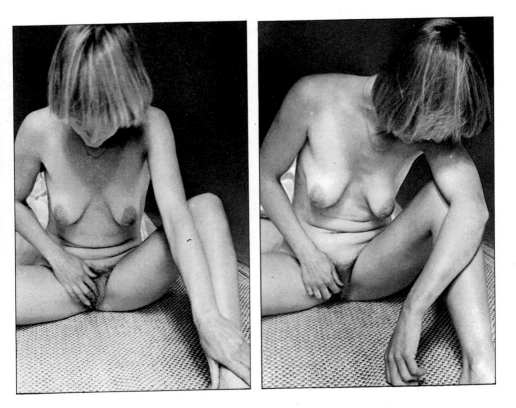

Les femmes qui semblent tirer le plus de plaisir de la masturbation sont celles qui ont utilisé l'expérience qu'elles avaient de ce plaisir pour enrichir leur relation sexuelle avec un partenaire aimé. Chacun peut montrer à l'autre les caresses qui lui procurent du plaisir. Pour certaines femmes, cela peut être une découverte étonnante. Elles se masturbent depuis l'enfance, mais sans avoir jamais incorporé cette expérience agréable aux rapports amoureux. Si elles ont le courage de le faire, tout un éventail de possibilités s'ouvrent à elles quand elles font l'amour. Lucy : « Nous le faisons face à face pour être encore plus excités. » Et Sarah : « Je lui dis que je me masturbe. Cela l'excite. Nous nous masturbons ensuite quand nous faisons l'amour et nous nous regardons. Cela nous excite beaucoup, surtout mon mari quand il me regarde. Et ça m'excite parce que je sais que je le mets dans un état terrible. Il peut jouir rien qu'à me regarder ! »

Une des grandes difficultés de l'acte sexuel est que le clitoris n'est pas situé à l'endroit où il serait automatiquement stimulé pendant la pénétration et l'éjaculation. Le partenaire doit apporter la stimulation nécessaire avec les mains ou la bouche. L'homme peut le faire avant ou après avoir joui, ou au lieu de jouir. Mais beaucoup d'hommes n'apprennent jamais à le faire. C'est à la femme de montrer à son partenaire comment déclencher son plaisir, et elle ne peut le faire que si elle-même sait comment son propre corps réagit. Ainsi, par la masturbation, une femme peut apprendre à son partenaire à

La masturbation à deux

77

éveiller sa sensualité. Au début d'une relation, le couple croira qu'il n'a rien à apprendre sur le corps de l'autre ou sur ses sensations : tous deux sont de toute façon si excités qu'ils négligent les travaux d'approche. Mais vient un temps où il leur faut apprendre ces choses, explorer ensemble un art amoureux qui remplacera la passion tumultueuse des premières rencontres. Or beaucoup de couples négligent de le faire, et les femmes repensent avec nostalgie aux jours où il y avait le sel de la nouveauté et où elles étaient invinciblement entraînées dans les jeux amoureux par l'excitation de la poursuite et l'émerveillement de la conquête, par la surprise de découvrir qu'une autre personne existait, les désirait, avait besoin d'elles – et ces jeux étaient nouveaux et exquis, et d'une intensité inoubliable.

*Aider
une relation*   Quand une femme connaît sa réalité profonde, quand elle est sûre de recevoir et de donner, tout ce qu'elle apprend sur sa sexualité en se procurant elle-même du plaisir ajoute aux relations amoureuses qu'elle aura avec les autres, sans rien leur retirer. A mesure qu'elle prend conscience de ce qu'elle est, elle est à la fois capable de donner à son partenaire et de recevoir ce qu'il lui donne.

Quand Rebecca commença à vivre avec Peter, elle décida de renoncer à se masturber maintenant qu'elle avait, comme elle disait, tout ce qu'il lui fallait. Mais comme ils voulaient ne rien se cacher, elle lui dit qu'elle avait l'habitude de se masturber et qu'elle ne jouissait que les jambes fermées. Il apprécia son initiative, car cette précision lui permettait de mieux lui faire l'amour. Mais, ajoute-t-elle, « Peter m'a aussi fait comprendre que ce n'est pas un ersatz mais simplement quelque chose de différent ». La masturbation fait maintenant partie de leurs rapports sexuels, et ils l'utilisent pour mieux découvrir leur corps et leurs réactions.

Rosemarie s'est toujours masturbée, aussi loin que remontent ses souvenirs. A l'âge de quatre ans, elle se mettait sur le ventre et frottait les couvertures entre ses jambes jusqu'au moment où elle parvenait au plaisir. Elle s'imaginait nageant nue dans des « cuves de crème, de confiture et autres douceurs ». Cela lui semblait si bizarre d'en parler à quelqu'un d'autre, et la masturbation un acte si « amoureux, alors que je ne m'aime pas », qu'elle évitait le sujet même quand Richard l'aborda lui-même le jour où ils essayèrent de résoudre les problèmes sexuels qui étaient apparus très vite après leur mariage. Elle avait pris plaisir à faire l'amour avec lui avant le mariage, en plein air, sur le siège arrière de leur voiture, ou sur le grand canapé du salon quand les parents de Rebecca étaient sortis et qu'ils risquaient toujours de « se faire prendre » ; mais, cet élément d'excitation disparu, c'était vite devenu une « corvée », et elle parvenait rarement à l'orgasme. Elle avait l'impression qu'elle ne devait pas lui en parler, car il serait « bouleversé et se croirait nul ». C'est seulement quand elle devint vraiment malheureuse et chercha l'aide de la psychothérapie et du conseil conjugal qu'elle commença à pouvoir en discuter avec Richard. Et à sa grande surprise elle constata qu'il était intéressé, ne portait aucun jugement sur elle et appréciait sincèrement qu'elle lui fasse part de ses réactions profondes. « Je connais mon corps, dit Rosemarie, et je sais exactement ce qu'il faut que je caresse, et Richard aussi. »

Pam a deux enfants et un mari qu'elle qualifie de « bûche ». Elle est trop grosse et déteste son corps, dont elle se sent prisonnière. Son mari ne lui parle jamais en faisant l'amour, jamais il ne la caresse ni ne la stimule avant ou après la pénétration. Il n'y a plus rien entre eux, et ils restent ensemble seulement « à cause des enfants ». Elle ignorait complètement ce qu'était l'orgasme jusqu'à une période récente, où elle a joui en se masturbant. « On n'est plus sur terre. C'est comme un volcan qui explose ! »

Découverte de soi

Pour elle, apprendre à se masturber fait partie d'un processus de découverte de soi ; elle commence à exister en tant qu'individu. A partir de là, elle améliorera peut-être sa relation de couple ou choisira un autre genre de vie ou de partenaire. Mais de toute façon, elle n'est plus désespérée comme avant et elle sait maintenant ce qu'elle veut.

Si vous voulez que la masturbation vous apprenne à vous connaître et vous procure du plaisir, il vous faut d'abord et avant tout vous ménager une petite plage de temps libre pendant lequel vous pourrez faire ce que vous voulez sans que personne ne vienne vous déranger, et en toute intimité. Même si vous êtes très occupée, vous avez droit à ce moment de solitude.

Ce qu'on apprend en se masturbant

Si vous avez des enfants, ils doivent apprendre que les adultes ont besoin d'un coin à eux, et que cela ne veut pas dire que vous les aimiez moins. Nous avons tous besoin d'un peu de solitude, les adultes comme les enfants. C'est difficile quand on est accaparée par des enfants de moins de trois ans, qui ont passé l'époque de périodes de sommeil à peu près régulières. Mais une fois que votre petite fille est douillettement installée dans son lit, vous avez le choix entre continuer à repasser, faire un gâteau ou passer un moment agréable rien que pour vous. Ce sont ces interludes qu'on peut utiliser pour explorer sa sensualité et apprendre quelque chose de la masturbation. Au début, vous culpabiliserez certainement. Mais vous n'avez aucune raison de vous comporter comme une enfant qui fait quelque chose de mal. Vous êtes assez grande pour faire ce qui vous plaît.

Peut-être hésiterez-vous parce que vous avez peur, parce que, quelque part au fond de vous, vous craignez de perdre le contrôle de vous-même. C'est une crainte souvent très diffuse et vous aurez peut-être du mal à savoir exactement ce que vous redoutez. Certaines de nous craignent, si elles « s'éclatent », de perdre toute leur maîtrise d'elles-mêmes, de dire et de faire des choses horribles ; si elles se laissent aller, de perdre leur identité, de ne plus être le genre de personne qu'elles ont appris, avec tant de soin et de conscience, à être.

On apprend aux filles, quand elles grandissent, à ne pas perdre la tête et à empêcher les garçons d'aller « trop loin ». On leur enseigne à être gentilles, attentives, douces, tendres et aimantes, à s'occuper des animaux et des enfants, et à faire preuve de qualités qu'on juge essentiellement « féminines ». « On m'a appris, dit une femme, que c'est à la fille de refréner la nature animale du garçon, que les hommes ne pensent qu'au sexe et qu'une fille doit se tenir constamment sur ses gardes. » Si vous avez bien retenu votre leçon, il n'est guère surprenant que vous continuiez à être sur la défensive, alors que vous êtes censée commencer à prendre plaisir à la sexualité.

Le sentiment de ne pas être capables de se laisser aller est familier aux femmes que leur propre stimulation excite quand elles se masturbent, mais qui ne réussissent jamais à sauter dans l'inconnu de la jouissance. Elles sont au bord de l'orgasme, mais ne l'éprouvent jamais tout à fait. De même que nous n'apprendrons jamais à nager en restant sur le bord, nous ne nous autoriserons jamais à aller jusqu'au bout de notre jouissance tant que nous ne nous laisserons pas submerger par nos sensations. Mais la première tâche qui s'impose est d'apprendre les mouvements qui nous permettront d'avoir vraiment confiance dans l'eau.

En nous abandonnant aux remous des sensations physiques et aux émotions puissantes qui culminent en orgasme, nous devons être capables de nous concentrer entièrement sur nos sensations, de ne pas nous laisser distraire par d'autres pensées ou inquiétudes, ou par les besoins du partenaire. Si vous devez songer à votre technique, prouver que vous êtes capable de jouir, si vous vous inquiétez de plaire à votre partenaire, vous ne réussirez jamais à vous concentrer correctement.

Explorer ses sensations   Ainsi, dès que vous en avez l'occasion, trouvez un moment de calme et un endroit où personne ne vous dérangera, et cherchez avec vos doigts où et comment vous obtenez les sensations les plus agréables. Vous vous apercevrez peut-être que ces sensations sont meilleures quand vos doigts sont humides. Si vous êtes déjà excitée, vous pouvez utiliser les sécrétions du vagin pour faire glisser votre doigt sur les lèvres et le clitoris. Vous pouvez aussi vous aider d'un peu d'huile tiède, de gel ou de lotion. N'utilisez aucun produit parfumé pour ne pas irriter les tissus. Cela peut être très excitant, mais au bout d'un certain temps les tissus deviendront douloureux et gonflés.

La pression du jet pas trop appuyé d'une douche à main peut être agréable. Parfois, quelque chose de très froid, un glaçon par exemple, déclenchera une brusque sensation de plaisir ; vous pouvez aussi avoir envie d'essayer plusieurs types de contacts stimulants.

Explorez aussi l'effet produit par le contact de certaines étoffes sur vos seins ou vos cuisses. Il vous arrivera d'aimer quelque chose de doux et de soyeux, comme du velours, de la soie ou du satin. A d'autres moments, vous préférerez un contact dur et ferme. Certaines femmes aiment introduire dans leur vagin un objet qui appuie sur le clitoris. N'introduisez jamais dans votre vagin quelque chose dont vous ne voudriez pas dans votre bouche. Ce sont des tissus délicats et fragiles.

Vous pouvez rythmer ces attouchements par des mouvements du bassin comme ceux décrits aux p. 56-57. Quand vous sentez que vous en avez assez, que vous soyez allée ou non jusqu'à l'orgasme, arrêtez-vous. Personne ne vous oblige à transformer cela en séance d'entraînement intensif ni à faire vos preuves. Une des difficultés auxquelles se heurtent certaines femmes résolues à jouir à tout prix est qu'elles sont axées sur ce seul but et en oublient le plaisir qui précède.

S'offrir une série d'interludes de ce genre n'est pas du narcissisme. C'est un élément de ce voyage à la découverte de vous-même, de régions de votre corps peut-être négligées, qui vous permettra de mieux comprendre vos sensations et d'en être plus consciente.

D'autres stimuli

Après deux ou trois séances comme celle-ci, cherchez ce qui peut vous procurer encore plus de plaisir. Vous savez sûrement que certaines choses éveillent votre désir : lire un roman érotique, danser sur une musique sensuelle, ou simplement l'écouter en pensant à une scène de film, en vous remémorant une folle nuit, en fantasmant à propos de ce qui vous fait vous sentir bien (mais sans faire naître aucun sentiment de culpabilité), comme je le décris aux p. 92-105. Consacrez quelque temps, la séance suivante, à suivre une ou deux de ces suggestions.

Les sexologues parlent souvent de « déclencheurs de l'orgasme ». Ils consistent en différents types de contractions musculaires, de mouvements et de respirations, et certains peuvent vous être utiles.

Vous pouvez vous regarder dans un miroir pendant que vous vous masturbez. Si vous trouvez cela inconfortable, imaginez qu'il y a un miroir, cette seule idée peut être déjà excitante. Ou bien imaginez que quelqu'un vous regarde, et observez et apprenez attentivement vos sensations. Vous verrez au chapitre des fantasmes que beaucoup de femmes trouvent excitant de penser qu'elles sont en quelque sorte hors de leur corps en train de se regarder, ou que quelqu'un d'autre les regarde.

Si jusque-là vous étiez assise ou allongée, choisissez une autre position. Si vous étiez sur le dos, essayez sur le ventre, peut-être avec un coussin ou deux pour soulever le bassin. Ou allongez-vous sur le dos en surélevant uniquement vos hanches au moyen de coussins fermes.

Il est parfois utile de changer de position une fois que vous commencez à être excitée, par exemple rejeter la tête en arrière pour qu'elle soit moins haute que le bassin. Mettez-vous en travers du lit, en laissant pendre la tête en arrière, par exemple. Si vous avez posé un coussin par terre et que votre lit soit bas, installez-vous avec les hanches soulevées sur le lit, la tête et les épaules au sol. Il existe des coussins remplis de petites boules de polystyrène qui prennent n'importe quelle forme. Vous pouvez en utiliser également quand vous êtes avec votre partenaire.

Contractez les muscles des jambes, de l'abdomen et des bras et voyez ce que cela donne. Des sexologues américains pensent que, puisqu'une certaine tension corporelle (étirer les orteils ou serrer les mains) intervient automatiquement dans l'acte sexuel, le fait d'augmenter cette tension peut déclencher l'orgasme (Julie Heiman, Leslie et Joseph LoPiccolo, *Becoming Orgasmic : A sexual growth program for women*).

Ils suggèrent aussi d'essayer de retenir sa respiration un instant, ou bien de haleter fort ou doucement. Vous pouvez aussi vous « agacer ». Après avoir stimulé votre clitoris, explorez vos aisselles ou vos seins, puis revenez à votre clitoris et, à mesure que l'excitation augmente, reportez de nouveau vos doigts sur une autre région du corps.

Malgré ce qualificatif de « déclencheur de l'orgasme », qui donne une impression de rapidité, de détonation, dites-vous que vous cherchez à prolonger votre plaisir aussi longtemps que possible. Vous verrez vite que vous y arrivez très bien.

Il ne s'agit pas, en découvrant une multiplicité de façons de vous procurer du plaisir et de retarder le moment où vous approchez de l'orgasme, de faire barrage aux sensations physiques locales. Tout votre corps est en jeu, votre esprit, vous en tant que personne. Vous pouvez faire appel à des images visuelles intenses, à la musique, à la poésie, à tout ce qui a été dit et pensé de plus beau sur les aspirations humaines et le désir sexuel. Vous vous engagez dans une aventure des sens où vous aurez l'impression de suivre les détours d'un long sentier dans la forêt, qui révèle des paysages nouveaux et passionnants. C'est comme si vous découvriez soudain une clairière diaprée, de l'herbe moelleuse et de hautes fougères, une cascade, la fraîcheur saisissante d'un cours d'eau, la volupté d'un chaud soleil inondant votre peau, des oiseaux au plumage éblouissant et l'obscurité veloutée de la nuit, avec les étoiles prises dans les branches des arbres.

L'orgasme

L'orgasme n'est pas simplement une sensation diffuse. Masters et Johnson *(les Réactions sexuelles)* ont montré qu'il existe un enchaînement bien précis de phénomènes physiologiques conduisant à l'orgasme, qui doivent automatiquement se produire pour que le point culminant de la jouissance soit atteint.

Ils divisent ce processus physiologique en quatre phases : la phase d'excitation, la phase en plateau, la phase orgasmique et la phase de résolution.

La phase d'excitation   Dans la phase d'excitation, qui est d'une durée très variable – quelques minutes ou plusieurs heures –, le rythme cardiaque et la tension artérielle de la femme augmentent, ses mamelons durcissent et s'érigent, ses seins se gonflent ainsi que l'aréole (le cercle de couleur plus sombre qui entoure les mamelons). La peau de son abdomen rougit et se couvre de plaques rouges et cette rougeur peut gagner ses seins. Sa respiration devient plus forte. Dix à trente secondes après

Vous vous concentre-
rez mieux sur vos sen-
sations en étant allon-
gée sur le dos, avec un
coussin sous les han-
ches.

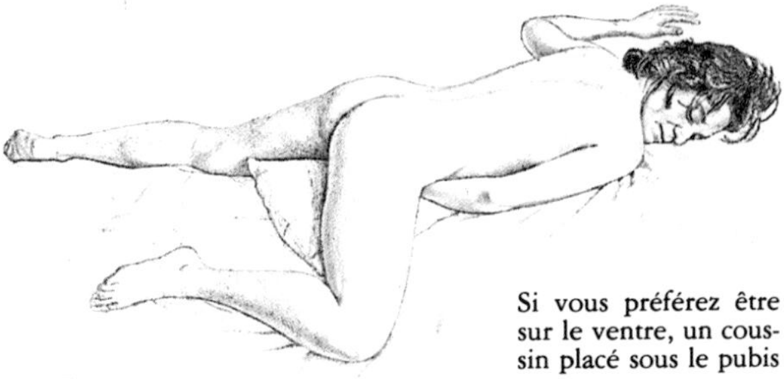

Une position inhabi-
tuelle, comme celle-ci,
en extension et la tête
rejetée en arrière,
peut être stimulante.

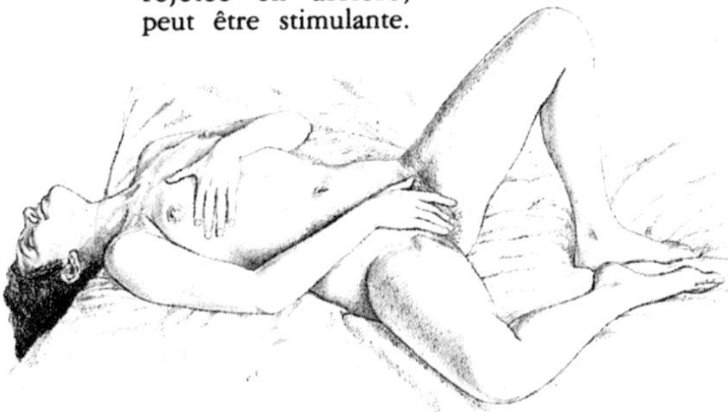

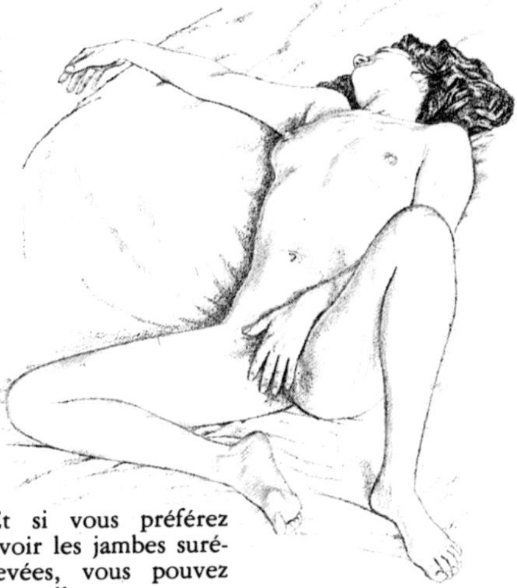

Si vous préférez être
sur le ventre, un cous-
sin placé sous le pubis
apportera une pres-
sion supplémentaire
sur toute la région et
sur le clitoris.

Si vous aimez être re-
dressée, installez-vous
sur un coussin par
terre, en vous ap-
puyant confortable-
ment contre le lit.

Et si vous préférez
avoir les jambes suré-
levées, vous pouvez
vous allonger par terre
sur une couverture et
les poser sur un ca-
napé ou un coussin.

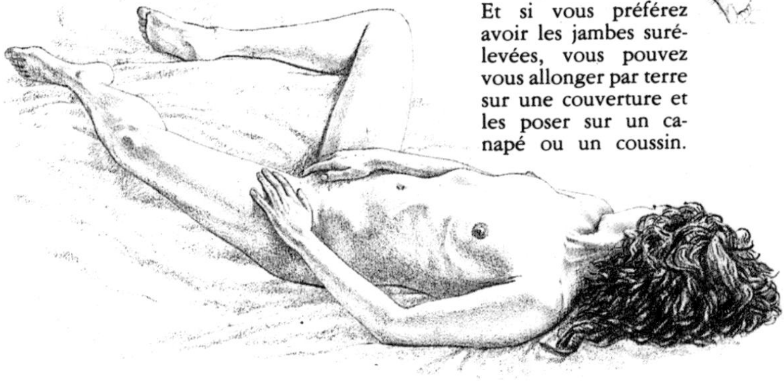

le début d'une stimulation efficace, son vagin est humecté par le lubrifiant naturel produit par les vaisseaux sanguins des tissus. Ces vaisseaux se dilatent sous l'effet de l'afflux de sang. La partie supérieure du vagin, dont les parois reposent habituellement l'une contre l'autre, se déploie, un peu comme une tente. Les grandes lèvres s'écartent, du fait de l'afflux de sang. Les petites lèvres se gonflent. Chez certaines femmes, le clitoris s'érige, mais pas chez toutes. Cet afflux sanguin affecte également l'utérus, qui se dilate, commence à se relever à partir des muscles pelviens et bascule vers l'avant.

La phase de plateau

La phase de plateau précède immédiatement l'orgasme. Les seins, les mamelons et les aréoles se dilatent encore, et le corps de la femme est maintenant, pas toujours, chaud et coloré. Le tonus musculaire augmente et elle peut frissonner involontairement ou avoir de petits mouvements saccadés. Le rythme cardiaque et la tension artérielle augmentent, la respiration s'accélère et peut devenir irrégulière ou se transformer en halètement. Les petites lèvres sont congestionnées et virent à l'écarlate ou au lie-de-vin, et l'entrée du vagin se gonfle encore pour former ce que Masters et Johnson appellent une « plate-forme orgasmique ». La description qu'ils en donnent fait penser à une sorte de rampe de lancement, ce qui n'est pas si éloigné de la réalité. On a parfois l'impression que les petites lèvres se sont tellement développées qu'elles sont capables de saisir et d'entourer ce qui les pénètre. A ce moment-là, le tiers inférieur du vagin se resserre, ce qui en rétrécit l'entrée. En même temps, les deux autres tiers du vagin s'ouvrent et les plis de la muqueuse qui couvre les parois s'ouvrent de plus en plus, comme un ballon. L'utérus achève de se dilater. Le capuchon du clitoris se gonfle, ainsi que les lèvres qui l'entourent, ce qui fait qu'en général il n'est plus visible.

L'orgasme

Il est difficile de parler de l'orgasme sans décrire des émotions. C'est en effet une vue très unilatérale de ce phénomène que de le définir comme quelque chose qui arrive à notre corps et non à *nous*. Mais on ne peut nier la part de modifications physiologiques. La peau est de plus en plus colorée, les seins, les mamelons et l'aréole plus fermes et plus gros, et une série de contractions involontaires se produisent au niveau du bassin. Ces contractions vont directement des anneaux de muscles situés près de la base de l'épine dorsale et autour du rectum aux muscles voisins de l'utérus, en passant par ceux qui forment un cercle à mi-hauteur environ du vagin. Ces contractions sont rythmiques et très rapides – chacune dure environ un huitième de seconde. Les muscles de la partie basse de l'abdomen se contractent également et tout le périnée se contracte et se relâche, comme dans une série d'étreintes très brèves. L'utérus se contracte, chaque mouvement partant de la partie supérieure de l'utérus et se prolongeant dans le vagin. La tension artérielle, le rythme cardiaque et la respiration sont à leur intensité maximale.

L'orgasme féminin, à la différence de l'éjaculation masculine, n'est pas obligatoirement un phénomène unique. La femme est capable d'avoir un nombre illimité d'orgasmes si la stimulation continue. Bien qu'on ait tendance à affirmer que le premier orgasme est toujours le meilleur et que les autres sont moins excitants, c'est loin d'être toujours le cas. Parfois les orgasmes semblent aller chaque fois plus haut, ou bien atteindre un sommet et perdre progressivement de leur intensité. Mais ce qu'il faut savoir, c'est que beaucoup de femmes ont des orgasmes multiples et que si la stimulation s'interrompt brutalement, on a parfois l'impression que l'acte sexuel est incomplet. (J'y reviendrai dans les paragraphes traitant de nos sensations pendant l'acte sexuel, p. 162-163.)

Cette phase est la dernière. Le clitoris reprend sa position habituelle et la plate-forme orgasmique retrouve ses proportions normales. La couleur des petites lèvres devient moins intense. La tension artérielle, le rythme cardiaque et la respiration se modèrent dans les minutes qui suivent l'orgasme. Toutefois, la partie inférieure de l'utérus, le col qui se projette dans le vagin un peu comme un battant de cloche, reste ouverte pendant une demi-heure environ. C'est seulement lorsqu'elle est refermée que l'utérus reprend sa position normale.

La phase de résolution

D'après Masters et Johnson, l'orgasme féminin commence toujours au niveau du clitoris, bien que les principales sensations soient ressenties en profondeur, dans le vagin. Le clitoris et les structures sous-jacentes sont pris dans tout un réseau de nerfs et de vaisseaux sanguins qui jouent un rôle capital dans la sensibilisation sexuelle et l'orgasme. Quand vous êtes excitée, les nerfs enregistrent le contact et la pression, et les vaisseaux sanguins se gonflent sous l'effet de l'afflux de sang dans cette région, si bien que le clitoris externe – la partie visible – et tout le système clitoridien sont congestionnés. Cela se produit souvent sans qu'aucune pression directe ne s'exerce sur le clitoris, surtout si nous sommes déjà sensibilisées par nos émotions, étant donné que la pression sur les lèvres et le pubis stimulent le clitoris placé au-dessous.

Orgasme clitoridien ou orgasme vaginal ?

La stimulation du clitoris entraîne l'érection des tissus. Quand une femme est particulièrement excitée et que tout le système clitoridien est congestionné, le clitoris, en même temps que le réseau de veines et d'artères qui le dessert, est environ trente fois plus gros que le gland proprement dit – la partie qu'on en voit parce qu'elle est située à l'extérieur du corps.

L'action du clitoris

On dit souvent que le clitoris « déclenche » l'orgasme. Dans un sens, oui, mais il est étrange que nous devions recourir à l'image masculine d'une décharge de fusil pour décrire un processus sexuel féminin. La notion de « déclencheur », par ailleurs, n'indique qu'une partie de ce qui arrive. Les stimuli agissant sur le clitoris et les structures sous-jacentes sont véhiculés jusqu'au vagin et à toute la région pelvienne, comportant notamment les muscles entourant l'anus, le rectum, l'urètre et le vagin, qui soutiennent la base de la vessie et l'utérus. En réalité, le clitoris, en enregistrant le contact, émet des ondes de plaisir qui se diffusent dans tous ces organes indissociables les uns des autres. Ce processus ressemble davantage à une inondation qui rompt les digues, envahit tout et submerge les organes génitaux de sensations érotiques, qu'à une détonation de fusil. Chaque organe entrant en jeu est envahi de sensations qui déclenchent dans chacun une réaction physiologique.

Quand toutes les diverses parties des organes génitaux sont prises dans une même activité, organisées en un tout harmonieux, les muscles formant un 8 autour de l'anus, de l'urètre et du vagin commencent à se contracter en rythme. La femme aura l'impression d'éprouver dans son vagin ou plus profondément encore dans son corps l'orgasme qui en résulte. Mais, en l'absence de stimulation clitoridienne, le flux de sensations ne serait jamais aussi puissamment libéré.

La complexité de l'orgasme

La source de l'orgasme est donc clitoridienne. Mais une femme peut *éprouver* l'orgasme principalement au niveau du clitoris ou dans la région située au-dessous, ou dans son vagin, ou dans les deux, ou dans toute la région pelvienne, dont l'utérus, ou encore dans son corps tout entier. Il est évident que l'orgasme ne saurait être clitoridien pour les femmes de nombreuses parties du monde où le clitoris est excisé pendant l'enfance ou à la puberté – or beaucoup de ces femmes éprouvent l'orgasme. Parce que leurs recherches se sont limitées aux États-Unis, Masters et Johnson n'ont peut-être pas réussi à comprendre des réactions sexuelles féminines bien plus complexes encore.

Parler de l'orgasme comme s'il était uniquement localisé au niveau du clitoris est déconcertant et frustrant pour celles d'entre nous qui éprouvent des sensations beaucoup plus généralisées. Nous risquons de croire que l'expérience que nous en avons est imparfaite et qu'elle ne rejoint pas ce plaisir aigu, intense et extrême, centré au niveau du clitoris que d'autres femmes disent éprouver. De la même façon, si la sensation est concentrée sur la base du clitoris et les structures sous-jacentes immédiates, nous aurons l'impression que nous ne correspondons à aucun critère parce que nous ne sentirons strictement rien dans notre utérus, par exemple. C'est pourquoi demander si l'orgasme se produit au niveau du clitoris ou du vagin est vraiment une fausse question. Et une chose est certaine : aucune forme d'orgasme ne prime sur une autre.

Ce que nous pensons et sentons

Les orgasmes varient chez les femmes en général, et chez une même femme en particulier. Nous éprouvons des orgasmes de qualité différente, selon le degré de stimulation que nous recevons, et aussi selon ce qui se passe dans notre *esprit*. L'orgasme est inextricablement lié à l'idée que nous avons de nous, de notre corps, de notre sexualité. En isolant un processus psychosexuel unique du reste de notre vie, nous le faussons et le vidons de sa signification.

Qu'éprouve-t-on pendant l'orgasme ?

Il est difficile de décrire avec précision ce qu'on éprouve pendant l'orgasme, car cela diffère suivant les femmes, et beaucoup aussi suivant les occasions. Deux baisers n'ont pas besoin d'être identiques, deux orgasmes non plus.

On a comparé l'orgasme à l'éternuement. Vous savez qu'il vient, que vous ne pouvez l'arrêter, et vous vous sentez soulagée une fois que vous avez éternué. Mais, bien que cette comparaison tienne compte de la pression grandissante qui s'installe juste avant l'acte libérateur, du caractère inévitable de l'action une fois qu'elle est déclenchée et de la façon dont elle met en jeu le corps tout entier et pas seulement l'organe intéressé, beaucoup de femmes trouveront qu'elle décrit mal l'orgasme. Ne serait-ce que pour une raison majeure : l'excitation qui précède celui-ci est habituellement plus intense que dans un éternuement !

Mais il y a plus. Chez beaucoup de femmes, l'orgasme est une expérience très diffuse. Il n'a pas cette fin brutale, abrupte, spectaculaire que présente l'éjaculation masculine. La femme a davantage la sensation d'être envahie par le plaisir, de baigner dans un univers de sensations.

Une femme qui s'attendra à ce que l'orgasme soit un peu comme escalader une colline avant de sauter sera terriblement déçue d'éprouver une houle de sensations arrivant par vagues intenses jusqu'au moment où elle aura l'impression d'être remplie de lumière liquide et vibrante. Cela ne signifie pas qu'elle est passée à côté de l'orgasme. C'est simplement que la culmination du plaisir chez l'homme est différente de l'orgasme que décrivent beaucoup de femmes.

Simuler l'orgasme

Pour rassurer l'homme, les femmes simulent souvent ce qu'elles croient représenter un orgasme. Elles le font parce que l'homme s'impatiente ou même se met en colère si elles n'ont pas l'air d'éprouver du plaisir. Une femme me dit, par exemple, que son mari finit par s'irriter quand elle n'a pas d'orgasme et marmonne : « Mais jouis donc, bon sang, jouis ! »

D'après certains sexologues, la femme qui n'éprouve pas d'orgasme clairement identifiable par l'homme doit faire semblant de parvenir au plaisir. Un thérapeute, Hans Giese, prétend que le fait de *faire comme si* on avait un orgasme conduit en fait à l'orgasme et que cette simulation est donc des plus utiles à la femme. « La femme qui simule a plus de chance que celle qui s'y refuse de trouver et d'atteindre » – non l'« orgasme », continue-t-il, mais « la position "correcte" qu'*exige l'imagination de son partenaire* * » (Hans Giese, Paul H. Gebhard, Jan Raboch, *The Sexuality of Women*). C'est une bonne technique, estime-t-il, parce que l'orgasme ne vient pas naturellement aux femmes et qu'« on pourrait penser que, dans l'espèce humaine, les orgasmes de la femelle étaient en quelque sorte une invention du mâle, c'est-à-dire une capacité spécialement développée chez la femme *pour qu'elle puisse coopérer* * ». Il n'explique pas pourquoi les femmes seraient tenues de jouer ce jeu compliqué de duperie qui permet à l'homme d'utiliser la femme à sa convenance.

Ces théories et d'autres du même ordre touchant à la sexualité des femmes découlent d'une psychothérapie orientée et dominée par

* Les italiques sont de moi.

les hommes, pour qui le vécu psychosexuel des femmes provient essentiellement du modèle sexuel masculin et en est une déformation. Elles sont l'expression d'un système social dans lequel les femmes sont subordonnées aux hommes et conditionnées pour servir leurs besoins.

Qu'éprouvent les femmes pendant l'orgasme ?

Les femmes qui parlent de ce qu'elles éprouvent pendant l'orgasme insistent sur le fait que ce n'est jamais deux fois la même chose et que tout dépend de la personne avec qui elles sont, de ce qu'elles font, et de l'humeur du moment : « C'est suivant les circonstances. Si j'y arrive vite, c'est juste un petit spasme physique dans lequel je ne contrôle pas les muscles qui entrent en jeu. S'il me faut du temps, que mon mari s'occupe vraiment de moi pendant un bon moment et que je suis à deux doigts de jouir mais sans y parvenir, cela me procure en général beaucoup de plaisir et j'éprouve une impression de bien-être dans tout le corps. »

L'orgasme peut varier du tout au tout selon que vous êtes détendue et reposée, ou épuisée. Certaines femmes ont de bons orgasmes quand elles se masturbent et des orgasmes moins satisfaisants avec leurs partenaires. Ce sont ces différences qui expliquent les incertitudes de certaines quant au plaisir qu'elles éprouvent : « Cela paraît idiot, mais je ne suis pas sûre d'avoir jamais eu d'orgasme. Tout de même, je le saurais, non ? Pourquoi n'y a-t-il pas cette explosion, cette pure extase dont il est question dans ce que je lis ? » « Ce n'est jamais aussi bouleversant que ce que me décrivent mes amies. » Il est normal que vous vous sentiez déçue, que vous éprouviez un sentiment de rancune, voire d'échec, si vous n'avez pas ressenti ce dont on vous parle dans les livres et que toutes les autres femmes, croyez-vous, éprouvent. Certaines femmes en sont même à se demander si l'orgasme existe. Il est indiscutable qu'une femme peut éprouver, quand elle fait l'amour, un sentiment de bien-être et de chaleur qu'elle prend pour l'orgasme, jusqu'au jour où elle s'aperçoit soudain qu'elle est réellement parvenue à l'orgasme et que c'est une expérience tout à fait différente.

L'orgasme s'accompagne toujours d'une contraction des muscles du bassin. Si cette contraction est absente, vous n'avez pas d'orgasme. Chez la plupart d'entre nous, il se produit également une augmentation de la température du corps. Nous nous sentons envahies d'une onde de chaleur dans tout notre corps. Cela peut être une sensation agréable de chaleur ou l'impression de brûler. Certaines femmes se mettent à trembler et ressentent parfois ce qu'une femme décrit comme « une énorme vibration » ou un « frémissement continu », mais cette réaction n'est pas automatique.

Il se produit souvent aussi une modification du niveau de conscience, une impression de vertige ou d'engourdissement. Certaines femmes perdent réellement conscience quand elles ont un orgasme très puissant. Mais vous pouvez aussi vous sentir, comme le dit une autre, « à la limite d'un délicieux évanouissement ».

Ce vertige, ainsi que l'impression d'engourdissement à la surface du corps qui l'accompagne tandis que vous vous concentrez sur l'intensité de cette explosion intérieure de sensations, est lié à la façon dont vous respirez quand vous êtes excitée. A mesure que vous vous rapprochez de l'orgasme, vous respirez sans doute très fort et très vite, ce qui produit une hyperventilation, c'est-à-dire un état dans lequel le dioxyde de carbone afflue massivement dans le sang. Lorsque cela se produit, vous éprouvez une sorte d'anesthésie périphérique, les mains et les pieds, et parfois le tour de la bouche, perdent toute sensibilité, et vous pouvez être prise d'une sensation de vertige intense et même perdre conscience. On a souvent aussi l'impression que le corps est soudain devenu plus léger et flotte : « C'est comme si mes hanches décollaient du lit. » « On dirait qu'on est enveloppée dans un nuage de coton extrêmement doux et qu'on flotte. »

Les femmes décrivent aussi toute une autre gamme de sensations. Certaines ont une impression de légers battements intérieurs, « comme un vol de papillons », dit une femme. D'autres éprouvent des sensations très fortes au niveau du rectum et de l'anus. « On retrouve la même impression de bien-être qu'après être allée à la selle », déclare une femme. Une autre précise : « C'est un peu comme aller aux toilettes, ou avoir envie d'y aller, sans réussir à se contrôler ni vouloir le faire. »

L'orgasme peut éveiller également des sensations dans d'autres parties du corps, et il existe souvent un lien entre ce qui se passe dans le vagin et les sensations éprouvées autour de la bouche et dans celle-ci. Pour certaines femmes, l'orgasme ressemble à un bâillement. Vous ne pouvez pas vous en empêcher et vous vous retrouvez grande ouverte : « Cette·impression s'intensifie jusqu'à une jouissance très agréable et prolongée qu'il faut maintenir aussi longtemps que possible. » Une femme dit que ses orgasmes « ressemblent à de longs bâillements de satisfaction », et aussi qu'ils sont « en couleur ».

Attendre un orgasme qui ne vient pas peut être extrêmement irritant. C'est peut-être pourquoi certaines femmes comparent le plaisir éprouvé dans l'orgasme à celui qu'on ressent en grattant un point qui vous démange, encore que cette façon de décrire quelque chose qui leur procure néanmoins un plaisir intense soit des plus terre à terre. Elles indiquent ainsi la tension, voire la douleur, que l'on ressent lorsqu'on désire ardemment quelque chose et que l'on doit attendre : « C'est une délicieuse démangeaison quelque part dans le corps, qu'on ne peut gratter. » « Une démangeaison vibrante qu'on voudrait à tout prix arrêter, comme s'empêcher de gratter une piqûre de moustique aussi longtemps qu'on peut jusqu'à ce que cela devienne insupportable, et puis se gratter un bon coup », dit une autre.

Les femmes qui ont eu des enfants comparent souvent l'orgasme à l'accouchement : « C'est comme lorsqu'on a un bébé : la sensation (le travail) s'intensifie jusqu'à un point culminant, puis on pousse la tête du bébé à l'extérieur. C'est le sentiment le plus délicieux qui existe. Évidemment, cela ne fait pas "mal", mais l'impression qu'on ressent à la fin est identique. » Une autre femme déclare que le soulagement qu'elle éprouve ne peut être

L'ORGASME

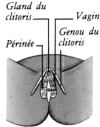

Phase de non-érection

Phase d'excitation

Phase de plateau

Orgasme

comparé qu'à ce qu'elle a ressenti quand elle a perdu les eaux et mis son fils au monde.

Plaisir et douleur

L'orgasme peut éveiller en vous une sensation délicieusement *douloureuse*. « L'orgasme ressemble à une douleur, une douleur très douce qui s'amplifie et vous envahit totalement. Et en disparaissant, elle vous laisse satisfaite et palpitante. » Selon une femme, c'est un « plaisir presque intenable », et une autre : « Parfois le plaisir est si aigu que c'est presque insupportable, presque douloureux. » Chez beaucoup de femmes, la démarcation entre le plaisir intense et la douleur aiguë est extrêmement ténue.

L'orgasme est un paradoxe : « Une douleur indolore, une extase insupportable, un mouvement paralysé. » Quand les femmes parlent de l'orgasme en des termes autres que physiologiques, elles introduisent presque toujours une idée de tension montant jusqu'à une « explosion » – mot que beaucoup utilisent pour décrire la culmination de l'orgasme –, suivie d'une détente et d'un sentiment de fatigue ou de lourdeur. L'orgasme est un ballon qui éclate, un élastique qui vibre, une bombe qui explose ou un volcan en éruption. Les images de vagues déferlant sur la plage reviennent constamment.

Pour beaucoup de femmes, l'orgasme est essentiellement un don et un flux : « C'est comme presser le jus d'un citron. » Chez certaines, c'est une sorte d'épanouissement rythmique : « Une fleur qui s'ouvre. » D'autres encore le ressentent comme un mouvement, un point d'aboutissement, une béatitude : « C'est comme danser sur une sorte de ressort – on rebondit de plus en plus haut, on revient un peu en arrière – on va encore plus haut, jusqu'à ce qu'on arrive au "sommet" – cette explosion, cette libération – c'est comme un pot de miel brisé dont le contenu se répand dans tout le corps. C'est délicieux ! »

Un sentiment de danger

Certaines femmes perçoivent un danger à demi dissimulé dans les sensations et les sentiments qu'elles éprouvent. « Un orgasme se met lentement en place, il couve et bouillonne avant de finalement exploser et de recommencer à frémir. Je comparerais cela à de l'eau sur le feu. » L'une dit, par exemple, que « c'est une accumulation de charge électrique. Quand vous jouissez, c'est comme un plomb qui va sauter », et beaucoup éprouvent un sentiment d'urgence, de quelque chose qu'il faut arranger, « c'est comme une voiture quand il faut changer de vitesse ». L'orgasme est parfois associé à une impression grandissante de crispation – l'anxiété croissante, ou la peur d'être perdue ou aveugle, par exemple – et puis le sentiment soudain de s'être libérée de cette anxiété, d'avoir retrouvé son chemin, d'être capable de voir avec une remarquable acuité, de planer, ou de tomber, dans le vide. Une femme traduit ce sentiment d'anxiété en disant que, pour elle, l'orgasme est « comme un train roulant dans un tunnel et qui émerge soudain au grand jour ».

L'orgasme est un phénomène naturel, mais pour beaucoup d'entre nous, l'acte sexuel ne constitue pas la façon la plus facile d'y parvenir. Si l'homme est trop pressé, si son seul but est la pénétration, ou s'il bâcle les préliminaires pour en venir à cette chose nettement plus importante qu'est son éjaculation, la femme risque de ne jamais parvenir à un stade d'excitation suffisante pour éprouver l'orgasme pendant l'acte sexuel. Ou bien elle sera excitée, mais constatera qu'elle reste sur son attente parce que le théâtre des opérations est désormais le vagin, et que le clitoris, en tant que source de stimulation, est isolé et abandonné. C'est pourquoi beaucoup de femmes jouissent mieux en se masturbant, par exemple, qu'en faisant l'amour. Elles peuvent prendre tout leur temps. Elles savent exactement quelle région doit être stimulée, et elles procèdent avec un maximum d'efficacité. Elles peuvent se concentrer sur leurs sensations sans avoir à indiquer ce qu'elles aimeraient ou à changer de position pour avoir leur part de plaisir.

Si vous n'avez pas d'orgasme

« Les meilleurs orgasmes sont de loin ceux provoqués par la masturbation – le plaisir total qu'on se donne. »

Les femmes qui font l'amour entre elles s'aperçoivent fréquemment qu'elles parviennent plus souvent à l'orgasme que lorsqu'elles ont des rapports avec les hommes. Angie : « Avec les hommes, c'était sans espoir. Ils n'ont qu'une idée : vous pénétrer et vous besogner, et quand c'est fini, ils se fichent complètement du reste. Je n'ai presque jamais joui avec des hommes. Avec Sue, c'est bien plus détendu, chaleureux, doux, et incroyablement excitant. Nous faisons l'amour plus longtemps et je jouis presque toujours avec elle, et même plusieurs fois de suite. »

Si vous parvenez à l'orgasme quand vous vous masturbez, vous êtes de toute évidence capable d'y arriver aussi durant les rapports amoureux. Il peut suffire de changer de rythme, de caresses, de position, et d'éviter de faire ce qui ne vous est pas agréable ou qui vous rebute. (Parfois, naturellement, cela signifie aussi changer de partenaire.) Mais vous n'êtes pas « frigide ». Ni même « pré-orgasmique ». Vous êtes un être sexuel qui n'a pas été stimulé comme il le fallait.

Découvrir ce dont vous avez besoin

Une bonne moitié des femmes qui m'ont parlé de leur sexualité disent qu'elles parviennent habituellement à l'orgasme pendant l'acte sexuel. Les autres n'en ont pas, ou n'en ont que lorsqu'elles se masturbent.

Notre culture a défini l'orgasme comme quelque chose que les femmes doivent rechercher activement, comme un cadeau que les hommes doivent faire aux femmes, et la preuve de la réussite sexuelle pour les deux partenaires. Les chercheurs – Kinsey et son équipe, Masters et Johnson, par exemple – affirment tous que l'orgasme est le critère de la satisfaction sexuelle. Même Shere Hite, qui présente une nouvelle approche de la sexualité des femmes, accepte malgré tout l'orgasme comme seul indicateur de la sexualité.

Or, chez la plupart des femmes, l'orgasme ne joue pas le rôle central qu'on lui attribue. Et dans le cas contraire, il ne le fait en général que dans une période limitée de leur vie, et il se fond souvent dans le contexte plus général d'autres réalités importantes

et d'autres expressions de leur sexualité. Quand on persuade une femme qu'elle doit désirer l'orgasme, ou qu'elle peut avoir des orgasmes meilleurs ou plus nombreux, la pression due à cette nécessité de faire ses preuves sur le plan sexuel, de réussir, d'exceller, n'est souvent qu'une tension supplémentaire dans une vie où il lui est déjà difficile de définir ses relations, de servir les autres et de trouver un coin à elle. Certaines femmes ne se satisferont pas de rapports sexuels dont l'orgasme sera absent. D'autres estimeront au contraire que le voyage ne se limite pas à cet objectif, mais offre bien d'autres richesses. Pour d'autres encore, l'amour qu'elles éprouveront pour un autre être humain s'accompagne d'une satisfaction bien plus profonde que l'orgasme. Chaque femme a le droit de définir sa propre identité sexuelle et comment elle parviendra à la plénitude dans ce domaine.

Les fantasmes sexuels

« La sexualité est faite de *frottements et de fantasmes* » (Helen Singer Kaplan, *The New Sex Therapy*).

Que nous adhérions ou non à cette définition, le fait est que beaucoup de femmes aiment fantasmer. Le rapport Kinsey (A. Kinsey *et al., le Comportement sexuel de la femme*) montre qu'environ deux tiers des femmes disent avoir des fantasmes sexuels. Ceux qui analysent les fantasmes des femmes le font comme s'ils consistaient uniquement en scènes et récits explicites. Nancy Friday, dans *Mon jardin secret. Les femmes et leurs fantasmes,* rapporte ces fantasmes comme s'il s'agissait, par définition, d'anecdotes aux détails précis, concernant ce qui est fait aux seuls organes sexuels de la femme. C'est le beau et ténébreux vendeur d'aspirateurs qui sonne à la porte et montre ce qu'il peut également proposer ; le médecin aux yeux noisette dont le reste du visage est caché par le masque, qui immobilise les pieds de la femme dans les étriers de la table gynécologique et la stimule jusqu'à la plonger dans un abîme de volupté ; la blonde femme de chambre en tablier à volants qui fait l'amour avec un énorme Noir dans une chambre d'hôtel de style Louis XV ; le chien affectueux qui lèche lentement de sa langue râpeuse les fesses et le sexe de la femme. Beaucoup de femmes imaginent des scènes de ce genre, c'est exact. Et quoi que nous pensions de ces fantasmes, il est évident que la sexualité ne se limite pas, pour la plupart d'entre nous, à un simple frottement des corps, mais qu'elle met en jeu notre imagination, et que celle-ci nous joue parfois des tours inattendus et fait souvent affleurer à notre esprit des thèmes et des images qui nous agacent ou nous choquent. Chaque fois que nous faisons l'amour, notre esprit est de la partie. Il lui arrive d'être encombré d'une foule de pensées qui distraient notre attention : les courses à faire, les problèmes de travail, les difficultés avec la famille, les soucis d'argent. Ou bien notre concentration peut soudain être compromise parce qu'un enfant

Le fantasme peut être la poésie de la sexualité.

pleure, que quelqu'un tousse dans la pièce voisine ou qu'un adolescent rentre tard à la maison.

Faire de la place au fantasme

Même si nous voulons laisser libre cours à notre imagination, nous aurons du mal à y parvenir si nous sommes fatiguées ou inquiètes. Au début d'une relation, quand nous en sommes au stade de la découverte de l'autre et de l'excitation créée par la nouveauté, il peut très bien n'y avoir aucune place pour les fantasmes. Certaines femmes disent ne jamais en avoir. Elles se demandent même parfois si elles sont inhibées ou normales.

Les femmes se livrent souvent volontiers à leurs fantasmes lorsqu'elles se masturbent, mais pas quand elles font l'amour. Il est parfois plus facile pour une femme de les laisser librement affleurer quand elle est seule, car la proximité du désir de l'autre empiète sur le sien, et c'est souvent le cas, semble-t-il, parce que des rapports trop rapides ou une stimulation clitoridienne inadéquate ne lui laissent aucune possibilité de faire appel à son imagination. Les femmes disent, par exemple, qu'elles voudraient jouer avec leurs fantasmes, mais n'ont guère de chances de le faire car leur compagnon expédie si vite les choses qu'elles n'en ont pas « le temps ». La femme risque alors de se sentir utilisée pour le plaisir de l'homme en tant qu'objet sexuel passif. Laura dit que pendant l'acte amoureux elle fait sa liste de courses et organise sa journée du lendemain. Son mari l'ennuie et elle lui en veut ; j'aimerais, dit-elle, « qu'il me parle, qu'il me caresse davantage, qu'il fasse durer le plaisir ». Jeanne essaie de se détendre et de laisser des rêveries érotiques affluer à son esprit, mais son partenaire est tout de suite excité, la pénètre, éjacule très vite et se désintéresse ensuite d'elle.

Certaines femmes estiment que ces jeux de l'imagination sont répréhensibles. Elles se les interdisent délibérément parce qu'elles y voient une tromperie et pensent que ce n'est pas honnête pour leur partenaire. Maggie : « Jamais je n'irais inventer quoi que ce soit. Cela reviendrait à tromper mon mari. » La femme peut dire aussi que, puisqu'elle n'aimerait pas que son partenaire pense à une autre femme en faisant l'amour, elle-même ne songerait pas à lui substituer en imagination quelqu'un d'autre. « Quand je fais l'amour avec quelqu'un, c'est avec la personne en question et pas avec une création de mon esprit », dit Barbara.

Fantasme et réalité

Certains fantasmes nous éloignent de ce qui est vraiment en train de se passer et constituent parfois une tentative délibérée pour gommer la réalité du partenaire. Une femme rêvera du vendeur d'aspirateurs parce qu'elle trouve son amant brutal, grossier, maladroit ou préoccupé de son seul plaisir. Elle laissera son imagination remplacer une réalité sans joie ou perturbée, un peu comme un plombage dans une dent creuse, pour ne pas souffrir. Beaucoup de femmes semblent utiliser les fantasmes pour se plier au désir du partenaire et préserver leur union.

Les fantasmes peuvent gommer la réalité, mais d'une tout autre manière, et être utilisés pour renforcer une relation en modifiant son décor et pour vous aider à vous concentrer sur vos sensations. Une femme qui veut oublier ses problèmes de travail, par exemple, peut imaginer qu'elle est étendue sur de la mousse au cœur de la forêt – ou, pour ne plus entendre la chaîne stéréo du voisin, qu'elle est dans un champ inondé de soleil, à mille lieues de là, en train d'écouter un concert. Utilisé ainsi, le fantasme ne traduit aucune perturbation de la vie sexuelle. Personne ne vit une passion intense vingt-quatre heures sur vingt-quatre, mais la ligne de démarcation entre le fantasme utilisé comme anesthésiant pour vous empêcher d'essayer de modifier la situation et le fantasme utilisé pour enrichir la réalité est des plus incertaines, et vos sentiments à cet égard dépendront beaucoup de l'idée que vous vous en ferez.

« Comment peut-elle dire qu'elle fait l'amour avec *moi* alors qu'elle pense à tout autre chose ? »

Beaucoup de femmes ont des fantasmes qu'elles trouvent excitants sur le moment, mais qui leur laissent ensuite un sentiment de honte et de culpabilité parce qu'ils dégradent le corps féminin et font des femmes les victimes de la brutalité masculine. Ce sont les fantasmes d'asservissement, de cruauté, de viol. Elles disent souvent avoir l'impression d'être « obsédées » ou « perverses » et se sentent à la merci de leur imagination, comme si le fantasme lui-même constituait un viol de leur esprit.

Il existe un abîme entre le fantasme lui-même et ce qu'une femme cherche réellement dans une relation sexuelle, et cela peut la gêner considérablement. Les femmes soulignent notamment que, tout en imaginant volontiers qu'elles font l'amour en groupe ou avec le meilleur ami de leur mari, elles détesteraient que cela se produise, et, parce qu'elles sont souvent stupéfaites de ces fantasmes qui affluent sans avoir été sollicités, ces pensées qu'elles jugent licencieuses, exhibitionnistes ou « sales » les démoralisent. Isabelle : « J'aime imaginer que je me promène dans un bois et qu'une bande de blousons noirs m'agresse. Qu'ils m'obligent à faire les choses les plus dégradantes et les plus perverses, mais que je n'ai pas le droit de jouir tant que ce n'est pas au tour de leur chef... mais je ne voudrais vraiment pas que cela arrive ! » Une autre femme s'imagine nue, posant pour un photographe qui lui fait prendre diverses positions, l'oblige à se pencher sur un tabouret et, dans cette position où elle ne peut pas le voir, la pénètre de derrière. Ce fantasme la déconcertait et même la dégoûtait, alors qu'il est courant, sous des formes variées, chez un grand nombre de femmes.

« C'est juste un fantasme – nous avons toutes besoin de rêver. »

Fantasmes de domination

Une composante importante de nombreux fantasmes sexuels est qu'on vous fait quelque chose dont vous ne pouvez être tenue pour responsable parce que vous ne voyiez rien, que vous étiez maintenue, impuissante, ou que cela survenait « à l'improviste ». C'est ainsi que, dans notre imaginaire, nous essayons de faire la paix avec notre conscience et notre pudeur. Cela explique peut-être pourquoi la violence joue un si grand rôle dans la vie rêvée des femmes. Elles imaginent qu'on les oblige à faire l'amour avec un autre homme que leur mari ou qu'elles sont « attachées, un bandeau sur les yeux, aux barreaux d'un lit en cuivre et violées ». Cela ne signifie pas que la femme veut être brutalisée par son partenaire. Vous imaginerez bien plus facilement que vous aimez être prise de force quand votre partenaire est attentif, doux, subtil et qu'il vous donne tout le temps d'imaginer la scène !

Un fantasme de viol peut partir de l'idée que vous êtes irrésistible, et votre partenaire en proie à une passion qu'il ne domine plus. Une femme, que gênaient et écœuraient les fantasmes de viol qui s'insinuaient dans son esprit quand elle faisait l'amour, constatait que, pour elle, ce qui avait le plus d'importance était que son amant, totalement investi par la passion et dominé par une force plus puissante que lui, perdait toute retenue. Elle élabora un nouveau fantasme dans lequel elle imaginait de façon très précise l'orgasme de son partenaire et conserva délibérément cette image à l'esprit en faisant l'amour, substituant ainsi une image beaucoup plus satisfaisante pour elle que celle de viol, et qui ne lui laissait aucun arrière-goût déplaisant.

En général, les fantasmes de violence et d'asservissement nous dérangent parce que nous sommes conscientes que, comme les rêves, ils reflètent et traduisent notre vision du monde. Si nous avions des fantasmes récurrents d'animaux torturés ou d'enfants battus, par exemple, cela nous inquiéterait. Nos fantasmes ne sont pas des images fortuites, coupées du reste de la vie. Nos rêves les plus intimes reflètent, en la déformant et en la caricaturant, la réalité sociale. Ils découlent des critères de la société dans laquelle nous vivons, sont influencés par elle et reflètent notre attitude à l'égard de ces critères. Même si cela ne sert à rien que nous soyons horrifiées par notre imagination, nous devrions nous interroger sur ce que sous-entendent ces fantasmes dans le monde dans lequel nous vivons.

Le fait que les femmes semblent avoir beaucoup plus de fantasmes de soumission et de brutalité subie que les hommes est révélateur des rapports entre les sexes dans notre société. Les revues pornographiques présentées dans les kiosques et destinées aux hommes montrent régulièrement ceux-ci dominant des femmes qui sont des vierges (« nymphettes », écolières ou religieuses) ou des putains (prostituées et « nymphomanes »), et des magazines comme *Playboy* parlent de la sexualité en termes guerriers – de reddition, de domination, d'assujettissement. Les images pornographiques montrent une femme avec les jambes et la vulve vues de bas en haut, la tête et la taille prises dans un hachoir, ou encore un ouvrier enfonçant son marteau-piqueur dans le vagin d'une femme. Les sex-shops vendent des fouets, des chaînes et des verrous, des camisoles de force, des « tenailles à tétons », des masques de bourreau (des cagoules avec seulement des fentes pour les yeux et une bouche marquée par une fermeture à glissière) et même un « attendrisseur » (un harnais pourvu de clous saillants, que l'homme enfile et qui frotte contre la femme pendant l'acte sexuel).

Les hommes ont des fantasmes de viol et de domination. Les femmes imaginent qu'elles sont violées et dominées. Parce que nous vivons dans un monde violent dans lequel des femmes sont réellement violées et maltraitées par les hommes, il est compréhensible que nos fantasmes masochistes laissent à certaines d'entre nous un goût amer. Andrea : « Les fantasmes de viol sont de l'obscénité pure et simple. Comment peut-on lire dans les journaux les détails sordides d'une affaire de viol et éprouver ensuite du plaisir à s'imaginer violée ? Cela me trouble beaucoup. Je me demande, par exemple, si cela a une influence sur mon comportement et mes sentiments à l'égard des femmes violées. Je n'ai pas le droit de prendre plaisir à ce genre de fantasmes. Je les chasse dès qu'ils se présentent à mon esprit, mais ils m'excitent et cela me dégoûte. »

On retrouve souvent, dans les fantasmes, l'image de la fille innocente, de la vierge séduite par un homme ou une femme plus âgés. Il est frappant que ce type de fantasme masochiste soit, aussi, directement lié au matériel qui sert de support à la masturbation masculine. C'est comme si les femmes, prises dans leur ensemble, jouaient à un jeu dont les règles ont été fixées par les hommes et où ceux-ci ont imprimé en elles leur vision du monde. Mais ce genre de fantasme a également une autre fonction. Nous ne sommes plus responsables de ce qui nous arrive : « Je suis une adolescente qui ignore tout des "choses de la vie" et mon oncle pervers entend bien m'en apprendre une ou deux », ou « Je suis très jeune et innocente, et cet homme ne fait que passer ». Certaines femmes essaient également de retrouver ainsi l'excitation de leurs premières expériences sexuelles, et ce fantasme est fréquent chez celles qui sont engluées dans les tâches ménagères, pourvues de jeunes enfants et pour qui l'acte sexuel a perdu tout son sel.

Beaucoup de femmes se trouvent doublement partagées entre des fantasmes qui les excitent sexuellement et la conscience qu'elles ont que ces fantasmes sont une parodie malsaine des rapports entre les hommes et les femmes dans notre société. Elles se rendent compte que, en nourrissant ces pensées de viol et d'asservissement, elles se glissent délibérément dans les rôles que leur assignent les hommes.

Une façon, pour les femmes, de s'autoriser les fantasmes consiste à les lier étroitement au rôle social traditionnel de la ménagère, en les incluant dans les tâches qu'on attend d'elles. Les débordements les plus voluptueux sont marqués au sceau du quotidien domestique. Marge dit que son fantasme préféré est de s'imaginer les jambes autour de son mari « enfilé jusqu'à la garde » en elle ; alors qu'à lire cette déclaration on pourrait croire que la porte est ouverte à toutes les voluptés, elle continue : « et qu'il me porte ainsi partout [toujours profondément en elle] pendant que je m'occupe de la maison et que je fais les courses ». Peut-être le contraste incongru entre la passion sexuelle et les occupations culinaires et ménagères ajoute-t-il du piquant à ce type de fantasme. Les contraintes du devoir peuvent en fait se superposer à l'activité sexuelle. Une femme, expliquant que son partenaire et elle ont très peu d'argent, dit qu'elle s'imagine volontiers avec « un homme qui passe juste à la maison pour vendre ou réparer quelque chose. J'imagine que je fais l'amour avec lui au lieu de payer la facture ».

Les fantasmes domestiques

Avoir des rapports sexuels avec le réparateur est un prolongement de ses tâches ménagères.

Dans beaucoup de fantasmes, le mari joue un rôle important, en autorisant en quelque sorte ce qui se passe. La femme est maintenue pendant qu'il dirige les opérations : « D'autres hommes me regardent et me caressent, et mon mari leur montre mon sexe et ce que j'aime qu'on me fasse. » Même s'il n'est pas physiquement présent, il peut avoir organisé la scène. Dans le fantasme favori de Sharon, son mari revient à la maison avec une invitation à une « partouze ». Elle s'y rend en robe moulante et lingerie provocante, boit un peu, danse : « Et puis, comme nous sommes des nouveaux, on nous initie. Les autres femmes entraînent mon mari dans une autre pièce. Je danse avec un des hommes et il me déshabille. Et puis chacun fait à son tour l'amour avec moi. » Il arrive que le fantasme soit avalisé par un spécialiste : c'est le médecin qui fait l'amour à la femme sur son divan, avec la bénédiction du mari.

Le modèle du photographe

Les femmes aiment les fantasmes dans lesquels elles s'imaginent sous un jour professionnel. Parfois, elles ont un besoin pressant d'argent et acceptent de se plier à ce qu'elles jugeraient autrement inacceptable. Les femmes se verront dans le rôle de prostituées (« de haute volée », ajoutent-elles souvent) ou imagineront qu'on les paie pour présenter leur corps sous des angles divers ou subir ce que leur font des hommes, des femmes et parfois des animaux. La « séance de pose chez le photographe » ou le tournage d'un film « porno » est un fantasme décrit par beaucoup de femmes et qu'elles peuvent souvent, puisqu'il s'adapte si bien à la façon dont les hommes perçoivent le corps des femmes, partager avec leur partenaire : « On est en train de me photographier parce que j'ai tellement d'imagination qu'il faut absolument en faire un livre », dit Susan. Beaucoup des femmes qui décrivent ces scènes idéalisent un corps qu'elles fuient, en se transformant en mannequin ou en cover-girl. L'idée d'un étranger soudain enflammé de désir au point de chercher une satisfaction immédiate est excitante et souvent liée au fantasme de la séance de pose : « J'adorerais être la photo du mois d'une revue masculine et penser que les hommes se masturbent en me regardant », dit une femme.

En tant que femmes, nous sommes habituées à devenir ce que les hommes veulent que nous soyons, à accepter *leur* façon de nous voir et à coller à cette vision. C'est un peu comme si nous devenions la sémillante bunny de *Playboy* avec sa petite queue floconneuse, la poupée gonflable, passive et disponible, la fille de la page du milieu dans son T-shirt mouillé, la main sur son sein gonflé de silicones et son expression stupéfaite et extasiée, comme si elle découvrait ça pour la première fois. Beaucoup de femmes sont elles-mêmes excitées par ces images masculines de ce que sont les femmes, et le plaisir qu'elles éprouvent vient de ce qu'elles se mettent à la disposition des hommes exactement comme les hommes le leur imposent dans les revues et les films porno.

Dans les fantasmes, le partenaire masculin peut lui aussi se transformer en héros de l'écran. Certaines femmes recherchent des images d'acteurs et de chanteurs dotés de la personnalité qu'ont plaquée sur eux les médias – les Beatles, Steve McQueen, Jeremy Irons, Oliver Reed trouvent un rôle dans ces fantasmes. D'autres (beaucoup moins nombreuses) s'imaginent dans les bras d'un héros de roman – on retrouve notamment Darcy, d'*Orgueil et Préjugé,* dans la vie rêvée d'une femme, ce qui surprendrait peut-être Jane Austen. Une des caractéristiques récurrentes de ces amants imaginaires est leur côté « étranger sans visage » – silhouettes masculines floues, symboliques, qui n'ont aucune prise sur vous et disparaissent de nouveau dans l'obscurité dès que vous les avez utilisées pour votre plaisir. Avec eux, pas de lit à retaper, de bain à faire couler, ni de repas à préparer et de vaisselle à débarrasser !

Les idoles du fantasme

On voit souvent arriver aussi ces partenaires imaginaires par groupes de deux, de trois ou plus, hommes nus d'un vestiaire dont on pousse la porte par mégarde, par exemple, « bandant comme des fous et prêts à baiser » et, malgré leur état, prêts à se concentrer chacun sur la zone érogène qui lui est assignée pour opérer ainsi une stimulation prolongée de tout le corps. C'est souvent une stimulation très différente de celle que la femme reçoit de son partenaire réel, car l'une des choses que les femmes reprochent le plus à l'homme dans ses rapports amoureux est qu'il ne s'occupe que des seins ou du vagin et néglige les autres parties sensibles du corps. Il en va autrement dans les fantasmes. Le problème est résolu par la multiplicité des partenaires. Les deux seins peuvent être happés à la fois, le vagin, l'anus, la bouche, les cuisses stimulés simultanément.
Beaucoup de femmes imaginent des situations dans lesquelles on les surprendra, où elles seront exposées à des regards scandalisés mais admiratifs. Cela se produira dans des transports en commun – un train ou un avion –, au cinéma, ou « dans une voiture où l'on risque de se faire surprendre ».

Le fantasme à partenaires multiples

Les fantasmes de masturbation pendant l'acte sexuel introduisent également un peu de la culpabilité qui s'attache à cette pratique et semblent ainsi renforcer le plaisir. Beaucoup de femmes qui parviennent difficilement à l'orgasme avec un partenaire, mais savent exactement comment s'y prendre lorsqu'elles sont seules, constatent qu'elles y arrivent mieux si elles imaginent une scène de masturbation. « J'utilise un pénis en plastique tandis qu'on me regarde », disent-elles par exemple.
Certaines femmes disent aussi qu'elles imaginent volontiers leur partenaire en train de se masturber, généralement à cause de l'excitation insupportable que leur procure une femme qui montre son corps. Dans ces fantasmes, l'homme est souvent imaginé jeune et inexpérimenté, et initié par la femme, un peu comme

La masturbation dans les fantasmes

« Un homme me regarde me masturber. »

Les images présentes dans notre esprit sont parfois tout aussi importantes que nos sensations.

si celle-ci ne pouvait exprimer sa propre sexualité qu'avec un partenaire moins sûr de lui et moins agressif. La femme qui imagine l'homme sous les traits d'un « puceau de seize ans » a en général un partenaire qui est exactement l'inverse. Elle semble souvent être une femme qui se sent dominée par un homme et par le rythme qu'il lui impose, et dans son imagination elle transforme la scène et devient l'initiatrice. Un élément important de ces scènes est qu'elle les visualise du dehors, comme si elle n'en faisait pas partie et n'était là qu'en observatrice de son plaisir. « J'imagine son pénis quand il me pénètre », dit une femme qui se voit en train de regarder le couple faire l'amour. Les partenaires sont parfois les intéressés, ou bien ils sont idéalisés et autres. Dans les fantasmes de « voyeur », la femme peut être là en spectatrice ou se glisser dans la peau d'un autre personnage imaginaire qui devient ce voyeur. C'est le cas, semble-t-il, des fantasmes où un public joue un rôle important. La femme est en quelque sorte détachée de son corps, devient en même temps actrice et spectatrice, et toute une gamme d'émotions trouvent à s'exprimer dans les réactions du public. Certaines femmes sont stimulées en pensant qu'elles regardent leurs partenaires de dos tandis qu'ils font l'amour à une autre femme. Dans certains fantasmes, d'autres femmes jouent le rôle principal : « On tient une femme (pas moi) pendant qu'un homme explore son vagin avec ses doigts et la pénètre avec un vibromasseur. » Les fantasmes de « voyeur » sont largement inspirés par les images pornographiques.

« Je nous regarde faire l'amour. Je suis à la fois en dehors de l'action et j'y participe. »

Les fantasmes faisant intervenir d'autres femmes sont fréquents, passifs ou actifs, et il s'y ajoute souvent la présence d'un homme qui regarde l'action et en tire du plaisir ou la contrôle. Les femmes parlent souvent du plaisir éprouvé au niveau des seins quand elles évoquent ces fantasmes, et celles qui ont peu de poitrine rêvent de femmes opulentes. Souvent, elles s'imaginent posséder un pénis : « Quand je jouis, j'imagine que c'est moi qui pénètre l'autre. » « Je suis l'homme, avec un pénis imposant, et c'est moi qui éjacule dans mon partenaire. » Jeanne aime imaginer que son partenaire masculin a un vagin et elle glisse un doigt dans son anus au moment où il la pénètre pour accentuer ce fantasme : « Son pénis est un vibromasseur inséré dans nos deux vagins. »

Les femmes qui déclarent avoir recours, comme les hommes, à des photos pour être excitées, sont peu nombreuses, bien que certaines me disent qu'elles aimeraient le faire. Une femme peu heureuse en ménage et qui s'excuse de son « blocage » dit qu'elle prévoit les menus du lendemain, tandis que son partenaire fait de son mieux mais saute les préliminaires – « on se couche et il file droit au but ». Elle se masturbe pour relâcher sa tension en regardant les revues porno de son mari et imagine qu'elle est la photo du mois.

Un autre scénario pratiquement absent de ces fantasmes est celui qui met en scène des animaux. A la différence des fantasmes recueillis par Nancy Friday *(Mon jardin secret)* et parmi lesquels on trouve de nombreux chiens, les animaux domestiques se signalent par leur

Les images pornographiques

absence. On peut s'en étonner alors que les Anglaises sont censées adorer les chiens ! Une femme seulement, sur les trois cent quarante qui m'ont raconté leurs fantasmes, m'a dit imaginer faire l'amour avec un chien, mais certaines se voient transformées en chattes ou en tigresses quand elles sont excitées.

Les expériences vécues de l'enfance

Si certains fantasmes nous arrivent bien nets et bien enveloppés, avec tous leurs accessoires, inspirés d'images pornographiques commercialisées, d'autres s'élaborent progressivement au fil des mois et des ans. Ils comportent des éléments inconscients qui trouvent leur origine dans l'enfance. Les nombreuses allusions à la peau lisse et à la douceur confortable d'un amant sont peut-être de cet ordre. On dirait que la femme adulte cherche les bras et la poitrine de sa mère. Des expériences plus tardives tout aussi excitantes peuvent se mêler à ces premières sensations. Pour Annie, les fantasmes d'asservissement et de domination qui sont associés chez elle à la masturbation ont commencé à l'âge de huit ans. Elle imaginait qu'elle était la proie d'un ravisseur et elle adorait les livres d'Enid Blyton parce que les héros et les héroïnes étaient souvent attachés et prisonniers. Une autre femme raconte que ses premiers fantasmes érotiques, avant l'âge de six ans, avaient pour protagonistes Peter Pan et Tinkerbell. Les ailes de Tinkerbell se prenaient dans un tiroir alors qu'elle voletait désespérément en cherchant à s'enfuir. D'abord furieuse et agressive, elle en était réduite à implorer qu'on la libère.

Si vous réfléchissez à vos fantasmes, en vous en rappelant peut-être certains dont vous n'aviez que vaguement conscience parce qu'ils étaient présents à l'état latent ou parce que vous les refusiez en les trouvant peu normaux ou inesthétiques, vous commencerez à distinguer les sources auxquelles puise votre imagination. Il est tout aussi important d'observer les images que vous jugez érotiques que de savoir ce qui déclenche en vous une excitation physique. Cette prise de conscience vous aide à mieux vous connaître. La sexualité se situe davantage dans la tête qu'au niveau du sexe.

Nous n'avons pas toujours envie d'accepter sans discrimination tout ce qui affleure à notre esprit, surtout si cela nous heurte en notre qualité de femmes. Le problème posé par beaucoup de fantasmes est qu'ils véhiculent des images masochistes de pouvoir masculin sur les femmes. Ces fantasmes déclenchent chez la plupart des femmes qui m'en ont parlé une excitation intense inséparable du mépris et du dégoût qu'elles éprouvent pour elles-mêmes. Peut-être l'hostilité à l'égard de l'agresseur est-elle en fait dirigée *contre nous*, et peut-être qu'au lieu de nous en prendre à cette vision pornographique des femmes et à leur exploitation sexuelle, nous ne nous en détestons et méprisons que plus. En trouvant du plaisir à ces images, nous devenons complices de ce jeu sordide.

Nous avons le pouvoir de créer et de façonner nos fantasmes si nous le souhaitons, afin qu'ils expriment notre réalité et ne soient pas un simple reflet de la pornographie masculine.

Une relation étroite et aimante entre deux partenaires prend, grâce aux souvenirs, une saveur toute particulière. Il suffit d'un mot, d'une phrase prononcée au hasard pour que surgissent chez l'un comme chez l'autre la même association d'idées, et il ne sera pas toujours nécessaire d'achever la phrase. Ils rient des mêmes choses, non parce qu'elles sont du plus haut comique à ce moment précis, mais parce qu'elles activent le souvenir d'autres choses qui l'étaient à un autre moment. On dirait que dans cette expérience partagée s'établit une communication instantanée entre les esprits qui ne dépend pas des seuls mots. Les sons, les odeurs et les goûts activent ces associations. L'orchestre entame un morceau qui fait revivre aussitôt un autre lieu et un autre instant. C'est l'odeur d'un chaud soleil sur l'herbe haute ou le goût d'un mets ou d'un vin, et dans leur esprit la scène, son décor et son climat surgissent immédiatement. Cela arrive surtout s'ils sont ensemble depuis longtemps, même chez celui qui survit à l'autre, avec une intensité qui peut être à la fois poignante et érotique.

Les fantasmes appartiennent à la vie de l'imagination pour évoquer quelque chose qui s'est déjà passé, les fantasmes peuvent n'avoir jamais eu de réalité et n'en auront probablement jamais, mais ils ont le même pouvoir sur les émotions. Des images sensuelles peuvent faire appel à une débauche de formes, de couleurs, de rythmes, de saveurs capables de nous submerger, en une seconde, de désir. Les fantasmes peuvent être la poésie de la sexualité. Ils fournissent les images qui lui donnent sa profusion de saveurs. Parfois, cette poésie est lyrique, parfois elle a le rythme lancinant du jazz ou du blues, ou encore la cadence insistante du rock.

Les fantasmes sont souvent perçus, de toute évidence, comme des scènes épisodiques de contacts sexuels. C'est la définition qu'en donne Nancy Friday. Mais cette vision très limitée de cet univers rêvé ne me satisfait guère, car j'ai l'impression que nous disposons de ressources bien plus considérables et que nous devons utiliser notre imagination autrement que ne le fait la pornographie masculine. Nancy Friday mentionne uniquement des fantasmes qui ressemblent à une bande dessinée porno. Les femmes ont ce genre de fantasmes, mais ce ne sont pas les seuls, et en limitant leur définition nous passons à côté de tous les autres types de fantasmes qui, sans être explicitement sexuels, n'en présentent pas moins une forte charge érotique.

Quand deux partenaires disposent d'un passé commun, ils peuvent, s'ils le souhaitent, développer ensemble ces fantasmes. Ils ne sont pas obligés, pour cela, de parler de ce qu'ils éprouvent. Les femmes disent souvent que leur partenaire fait l'amour en silence et qu'une manière très efficace d'activer les fantasmes est ainsi négligée. « Si seulement il parlait, s'il me disait ce qu'il va faire, ce qu'il fait, s'il me décrivait mon corps, s'il me parlait du plaisir qu'il éprouve », ne cessent-elles de répéter. Léonie, par exemple, dit qu'elle se repasse en mémoire le passage d'un livre ou d'une revue qu'elle a trouvé excitant pour combler le silence de son mari. Le langage de l'acte amoureux n'a pas besoin d'être de la littérature. Il suffit de quelques mots ou de quelques phrases pour stimuler l'imagination.

Une des façons d'utiliser votre imagination consiste à modifier le décor dans lequel vous faites l'amour. Imaginez que vous êtes allongée sous un ciel bleu dans l'herbe épaisse, près d'une rivière dont les contours sont adoucis par des buissons d'aubépine, ou bien sur le sable blanc d'une île tropicale belle à vous couper le souffle, baignée d'une eau couleur d'aigue-marine. A moins que vous ne préfériez un hôtel de rêve ; Zoé imagine « des draps de satin noir, des tapis de peaux de bête sur le sol et de grands miroirs au plafond ». Francesca et son partenaire se voient sur « un grand lit recouvert de fourrure, avec du champagne et de la musique douce », un autre couple est « dans une salle de bains toute en glaces, velours rouge et robinets en or ». Sue imagine qu'elle fait l'amour avec Katie sous l'eau, « dans un de ces merveilleux récifs de corail pleins de poissons et de coquillages aux couleurs éclatantes, et nous nous déplaçons sans poids et sans effort dans les eaux vertes et tièdes, comme dans un film de Cousteau ».

« C'est un jeu entre nous... J'imagine que je dois choisir entre plusieurs amants et que je les mets à l'épreuve. »

Les fantasmes sont souvent drôles, et il se glisse une bonne part d'humour dans beaucoup de ceux que nous affectionnons. Prenez-les pour ce qu'ils sont : un jeu, une mise en scène. Une scène des *Mille et Une Nuits* où la reine se choisit un amant parmi ses esclaves et où le prince jette son dévolu sur une jeune captive est de toute évidence un faux-semblant paré de la splendeur et de l'exotisme du conte. Vous savez très bien, l'un comme l'autre, que vous ne voudriez pour rien au monde affronter un amant au pénis gigantesque ou être étendue, les bras chargés de bracelets d'esclave, sur un dallage en marbre humide et glissant près de l'eau jaillissante d'une fontaine.

Nos fantasmes préférés peuvent évoluer à mesure que nous changeons. On se lasse des fantasmes comme des vieilles blagues, on les connaît trop. Notre vision de nous-mêmes change elle aussi, et avec elle ce que nous aimons imaginer. Et, toujours comme les plaisanteries, beaucoup de fantasmes mettent en jeu des stéréotypes qui ne coïncideront pas toujours avec notre manière de voir le monde et notre sens du bien et du mal. Il y a des plaisanteries que nous n'aimons pas raconter, sur les Juifs, sur les belles-mères, les Belges ou « la nana avec des seins comme des ballons de rugby », par exemple. Vous pouvez éprouver exactement les mêmes sentiments à l'égard des fantasmes.

En lisant les fantasmes décrits par des femmes dans ces pages, vous en avez sans doute rencontré certains qui vous ont stimulée bien que vous les jugiez détestables. Vous vous êtes peut-être rendu compte d'une coupure entre vos réactions physiques et vos émotions, comme si vous éprouviez quelque chose *malgré* vous. Vous auriez meilleure conscience s'il n'y avait pas cette contradiction entre vos réactions sexuelles et les valeurs qui sont les vôtres. Il faut que nous dépassions cette contradiction. Car elle a été créée dans une large mesure par la représentation impersonnelle, médiatisée, réservée à la consommation de masse, du corps des femmes en tant que simples objets dotés de réactions sexuelles qu'on peut déclencher à volonté, et non de personnes ayant des réactions émotionnelles. Nous devons d'abord décider qui nous sommes avant de savoir vraiment quels fantasmes nous conviennent.

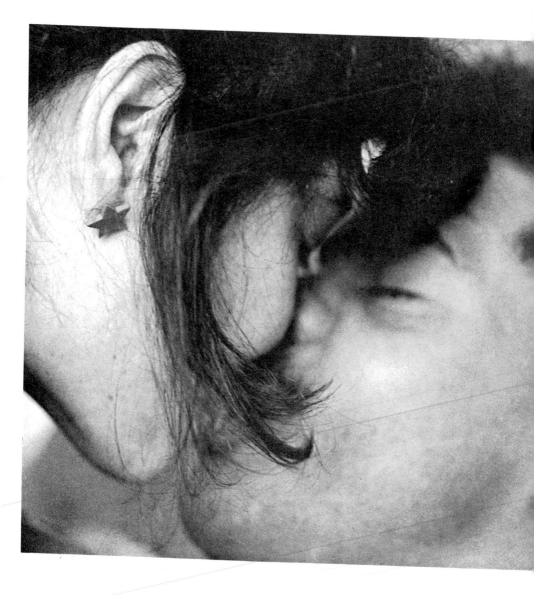

4. Les styles de vie sexuelle

Aimer des hommes

Il est difficile d'écrire sur l'hétérosexualité, car, pour beaucoup d'entre nous, elle constitue la base évidente et tacite de notre sexualité. Nous pensons que nous tomberons amoureuses d'un homme ou de plusieurs hommes successifs. Cela va de soi. C'est « normal ». C'est une conception de la sexualité fondée sur la reproduction. Et comme le bébé qui naîtra devra être élevé, nous prenons aussi pour acquis que l'homme et la femme restent ensemble pour s'occuper de leur progéniture, et que chaque enfant a une mère et un père. Pour nous, la famille repose sur l'engagement monogame des éléments du couple l'un envers l'autre.

Si la réalité s'écarte de ce modèle, nous y voyons la conséquence de quelque aberration sexuelle et pensons que les individus en cause doivent être punis, soignés ou protégés parce qu'ils sont vulnérables. La mère célibataire, les femmes qui ont des relations sexuelles multiples, les hommes qui battent leur femme ou se livrent à des voies de fait sur leurs enfants, les gens qui restent célibataires et ceux qui sont séparés ou divorcés : autant d'exceptions semblant prouver que, en règle générale, l'association la plus épanouissante est celle d'un homme et d'une femme qui s'unissent pour vivre ensemble et avoir des enfants.

L'idéal monogame

Nous avons déjà vu que beaucoup de femmes remettent en question cette conception des rapports entre les hommes et les femmes et la fonction de la sexualité, et, en tout état de cause, refusent de voir dans la monogamie un décret divin. Si nous devons nous engager à vivre avec un homme, notre décision doit être fondée. Certaines justifieront leur choix en invoquant l'idéologie romanesque : « Je suis amoureuse. » D'autres, l'idéologie de la libération sexuelle : « Il est formidable au lit. » D'autres encore s'en tiendront aux simples critères sociaux : « Tout le monde a envie de se marier, non ? » Mais celles d'entre nous qui trouveront insuffisantes ces explications pour justifier qu'on passe sa vie entière avec un homme doivent reconsidérer le problème.

La réalité   L'attirance qu'on éprouve pour un homme tient pour une part à des caractéristiques physiques et à des traits de caractère différents, qui semblent, à première vue, se situer aux antipodes de ceux de la femme. Il y a l'affection, les idées qu'on partage, des intérêts communs, mais tout le sel est dans la différence. Quand un homme et une femme s'éprennent l'un de l'autre, l'air semble chargé de l'électricité qu'engendre précisément cette différence. Une fois la relation mise en place, cette différence semble souvent disparaître. Un peu comme si les deux personnalités s'étaient mélangées et avaient fusionné. L'un comme l'autre se connaissent si bien que beaucoup de choses n'ont jamais besoin d'être dites. Bien qu'il ne faille pas y voir une règle générale, dans ce qu'on estime habituellement être un « bon ménage » les conflits sont minimes. L'amour submerge les différences, les divergences, les incompatibilités.

Mais il y a un prix à payer pour cette fusion. Et c'est presque invariablement la femme qui le paie. Car, dans la culture occidentale actuelle, il est entendu que c'est elle qui s'adapte à lui. Elle est happée dans son orbite, souvent détournée de ses propres intérêts et de sa vie sociale, et cela aux dépens de ses objectifs personnels. Elle peut être obligée de déménager pour le suivre là où son travail l'appelle et passer une partie de son temps à recevoir ses amis et ses relations d'affaires à lui, en renonçant souvent aux siens. Beaucoup de femmes se sentent engagées sur des rails orientés vers les buts et les intérêts de l'homme qui partage leur vie.

Le couple idéal ?   Dans le « couple idéal », tous les conflits disparaissent et l'homme et la femme voient tout avec les mêmes yeux. Mais dans l'intimité profonde du couple, écrit Simone de Beauvoir *(le Deuxième Sexe)*, il n'y a plus d'échange possible. Il y a harmonie – mais il peut aussi y avoir une monotonie fastidieuse. Et, pis que tout, il arrive que la femme ne puisse jamais prendre de recul et voir qui elle est et ce qu'elle veut vraiment dans la vie.

Ainsi, le « bon mariage » a ses chausse-trappes. Quand un couple sait que sa relation se dégrade, quand un conflit le fait voler en éclats, la femme n'a pas le choix et doit examiner ce que cette relation signifie pour elle.

Un bon mariage comporte des éléments de satisfaction et peut être gratifiant pour la femme si elle sait s'adapter. Elle se sent en sécurité, protégée, sa vie matérielle est assurée, elle est aimée, entourée d'une famille affectionnée et son statut reflète celui de son mari. Le couple alimente réciproquement ses échanges affectifs, et l'un comme l'autre est satisfait du rôle qui lui est dévolu. Elle peut croire ne rien désirer de plus.

Nous avons hérité du système matrimonial judéo-chrétien, dans lequel l'homme est le chef de famille et la femme sa compagne et son aide, la mère de ses enfants et la gardienne de ses biens. Traditionnellement, les femmes sont puissantes à l'intérieur du foyer, mais n'ont aucun pouvoir à l'extérieur de celui-ci. Le contrôle exercé par la femme sur le territoire domestique est important parce qu'il

permet de régler la vie de la famille d'une façon qui ajoute encore
à l'estime dont jouit l'homme. C'est la « famille modèle ». Il en
est « fier » et on l'admire.

Ce système est particulièrement bien mis en évidence dans la
famille méditerranéenne traditionnelle, où l'on juge l'homme au
caractère et à la réputation de sa femme. Elle, et les enfants qu'elle
lui donne, l'embellissent lui. Il est récompensé ou déshonoré par eux.
Ils sont en quelque sorte son prolongement.

Dans beaucoup de ménages actuels, les femmes sont souvent
complètement coupées les unes des autres – à la différence des réseaux
d'amitié qui existent dans les sociétés paysannes, les communautés
rurales et les communautés défavorisées des villes. La vie dans les
banlieues et dans les grands ensembles peut isoler hermétiquement
une femme d'autres amitiés féminines. La porte est fermée, les volets
aussi, au soutien affectif que celles-ci pourraient lui apporter. Elle
est seule avec ses problèmes et a l'impression que si elle est
insatisfaite, c'est de sa faute.

Quand elle ne supporte plus cette situation, elle va consulter un
médecin parce qu'elle est déprimée ou anxieuse, et on lui prescrit
des antidépresseurs ou des tranquillisants pour l'aider à mieux

Une femme qui
conserve son
identité donne de
sa force à la
relation du
couple.

109

surmonter ses difficultés. Mais rien ne change. Le jour où son mari a une liaison avec une autre femme ou que ses enfants sont perturbés ou tombent dans la délinquance, elle se reproche de ne pas les avoir suffisamment aimés ou de ne pas s'en être assez bien occupée.

Le mariage dans une société en mutation

Beaucoup de femmes, qui veulent conserver leur autonomie, se demandent si le mariage peut s'adapter aujourd'hui aux nouveaux rôles des femmes et des hommes. Peut-on aimer un homme, entamer une relation de couple avec lui, peut-être avoir des enfants et les élever, sans accepter pour autant l'ensemble du système tel qu'il existe ?

Nous voulons développer ce qu'il y a de bon dans le mariage et écarter tout ce qui nous empêche de nous voir en tant qu'êtres humains à part entière. Nous savons que nous avons besoin de nous dégager un espace, afin de ne pas être totalement envahies par les exigences que font peser sur nous tous ceux dont nous satisfaisons les besoins. Il est vital que nous ne nous laissions pas submerger par eux, que nous conservions le sentiment de nous-mêmes, la conscience de nos propres besoins et de nos buts. Cela semblera parfois presque impossible, sauf si nous pouvons nous offrir le luxe de payer quelqu'un pour faire les choses à notre place ou s'il existe une association et un partage des tâches réels entre l'homme et la femme.

Dans beaucoup de ménages, la femme travaille à l'extérieur ; or c'est elle qui assume la plus grande partie des tâches domestiques et de l'éducation des enfants. Elle a deux emplois à plein temps. Son mari peut « aider », mais il n'a guère l'initiative ou la responsabilité des décisions domestiques. Il élude parfois certaines tâches en disant que, de toute façon, il n'a jamais été très doué pour le repassage, ou qu'on ne lui a pas appris à faire ce genre de chose. Ou il met la main à la pâte mais sans enthousiasme, ou alors en faisant tant d'histoires que la femme déclare : « Autant m'en charger, ça ira plus vite et ça sera plus facile », et qu'elle le laisse s'esquiver sans insister.

Le problème auquel est confronté le mariage aujourd'hui est de savoir si les couples peuvent mettre en place une relation dans laquelle chacun accepte à égalité la responsabilité des tâches domestiques et de l'éducation des enfants et a des chances égales de travailler et de réussir hors de la maison et dans des sphères indépendantes. Cela va bien plus loin qu'une simple répartition équitable de l'effort. C'est l'identité de la femme qui est en jeu, sa conviction d'avoir une valeur en tant qu'être humain, et la manière dont elle veut être perçue, par opposition à la manière dont la société voudrait la glisser dans un rôle stéréotypé.

Les femmes, à de rares exceptions près, sont restées invisibles, même à leurs propres yeux, sauf en leur qualité d'épouses et de mères. Quand elles ont essayé de se rendre visibles, elles ont mené le plus souvent un combat solitaire.

Le mariage et la maternité ne doivent pas détruire obligatoirement l'autonomie de la femme. Il peut s'établir entre un homme et une femme une relation dans laquelle l'un comme l'autre s'aident et s'encouragent, s'aiment, et où chacun laisse à l'autre l'espace nécessaire à son développement. Mais une telle relation est rarement le fruit du hasard. Elle demande qu'on en discute franchement, qu'on y travaille. Elle exige l'effort des deux personnes en cause et souvent beaucoup d'initiative de la part de la femme, et jamais on ne peut laisser aller les choses en espérant que tout continuera à fonctionner harmonieusement. A mesure que le contexte se modifie – la femme peut s'arrêter de travailler à l'extérieur, avoir un bébé, ou, quand arrive un deuxième enfant, quand tous vont à l'école et que le couple vieillit –, il est important de faire le point ensemble, et que chacun rappelle à l'autre qu'il a besoin de s'exprimer et d'avoir un espace personnel. Il est tellement facile de laisser les rôles masculin-féminin traditionnels s'insinuer dans nos rapports et de glisser insensiblement dans un style de vie dans lequel nous acceptons les normes culturelles parce que nous jugeons plus simple de ne pas les remettre en question.

Nous insérons toujours dans le mariage les idées dont nous avons été imprégnées, souvent sans nous en rendre compte, par nos parents et leur façon de vivre. Parfois, nous sommes fermement résolues à avoir une vie de couple totalement différente de la leur. Mais souvent nous reproduisons un schéma très voisin, non parce que nous le souhaitons – il nous arrivera de ne même pas en avoir conscience –, mais parce que nous ne voulons pas être dérangées ou n'avons pas le courage de créer autre chose qui nous conviendrait mieux.

Rompre avec le passé

Aimer un homme n'est pas simplement une expérience intime, personnelle. Pour parler d'une relation hétérosexuelle, nous devons envisager dans sa totalité la structure qui donne sa forme aux interactions entre les hommes et les femmes. Bien que le mariage se situe au cœur de celles-ci, même dans les relations sexuelles les moins contraignantes ou l'association la plus détachée en apparence, cette structure constitue la toile de fond sur laquelle s'inscrit la plus grande partie des rapports homme-femme. La sexualité n'existe jamais dans le vide. Dans n'importe quel type d'association sexuelle, nous prenons implicitement position sur la société et sur notre place dans celle-ci en tant que femmes, à la fois dans le présent et dans ce que nous voulons qu'elle soit dans le futur.

Aimer des femmes

Dans les pages qui vont suivre, ma fille Celia Kitzinger, *qui est psychologue, conduit des recherches sur les femmes lesbiennes, a travaillé dans un organisme de conseil homosexuel et est elle-même lesbienne, raconte ce que représente, au plan émotionnel, le fait d'être lesbienne et le processus par lequel différentes femmes peuvent être amenées à se considérer lesbiennes. Nous sommes l'une comme l'autre convaincues qu'une femme doit avoir le droit de choisir qui elle aime et comment elle aime. La relation homosexuelle révèle une*

111

facette de l'amour dans laquelle des femmes partagent la joie et la plénitude. Elles peuvent constituer une puissante source d'appréciation d'une société organisée au seul bénéfice des hommes. Et une amitié passionnée entre des femmes peut nous apprendre à mieux comprendre la nature de l'amour.

Une lesbienne est une femme qui aime des femmes. Dans une société où l'on attend des femmes qu'elles consacrent leur énergie affective et leur aide active essentiellement aux hommes et à leurs enfants, le seul fait d'être lesbienne est une prise de position politique, car les lesbiennes montrent que les relations entre femmes sont importantes.

« *Évacuer* » *le lesbianisme*

Beaucoup de gens essaient d'éviter les problèmes soulevés par l'amour entre femmes. On nous rejette sous prétexte que nous sommes de faux hommes, pourvues de gènes bizarres et affligées d'un déséquilibre hormonal, on nous décrit sous les traits du couple « mec-poupée », caricature du couple hétérosexuel, ou dans une relation mère-fille. C'est ainsi que nous ont montrées les psychiatres, et beaucoup de gens – dont les lesbiennes – les croient.

En réalité, les lesbiennes ne présentent aucune différence biologique (gènes, chromosomes, hormones, organes génitaux ou aspect physique en général) avec les autres femmes, et les divers spécialistes n'ont jamais pu prouver que les lesbiennes ont des antécédents familiaux, une éducation, des rapports avec leurs parents, des expériences vécues dans l'enfance ou un profil psychologique différents de ceux des femmes hétérosexuelles. Simplement, cela arrange les gens de le croire, car ils peuvent ainsi « évacuer » les problèmes que leur posent les lesbiennes, en voyant en elles une autre catégorie d'êtres humains, dont on ne saurait envisager sérieusement que le style de vie puisse convenir à n'importe quelle femme.

Aussi bien intentionnées qu'elles soient, les « explications » de cet ordre ont pour résultat de nier toute validité au lesbianisme, et elles expriment une notion largement admise : l'hétérosexualité, en tant qu'état normal pour la plupart des femmes, est « naturelle ». En le croyant, nous oublions que l'élaboration de relations et la sexualité vécue sont des activités sociales dans un monde social. Nous ne vivons pas en nous laissant mener aveuglément par des pulsions biologiques innées, ni conduire obligatoirement par des gènes, des hormones ou par les forces obscures de notre subconscient le long de voies prédéterminées. Nous opérons des choix ; nous créons de nouvelles possibilités pour nous-mêmes ; nous définissons qui nous sommes et décidons de ce que nous voulons être.

Devenir lesbienne

Dans toute société, certains choix sont encouragés et facilités, tandis que d'autres ne le sont pas. Quand nous étions petites, on nous a donné des poupées avec des robes de mariée ou des maisons en carton où nous jouions au papa et à la maman, on nous a lu des histoires dans lesquelles le prince et la princesse finissaient toujours par se marier et être très heureux ensemble. Chaque fois que nous allumons la télévision, ouvrons un journal ou simplement nous promenons dans

L'attrait exercé par un homme tient en partie à des aptitudes et à des caractéristiques différentes des nôtres.

la rue, nous sommes confrontées à des êtres dont l'hétérosexualité est flagrante et active. Il est entendu que nous tomberons un jour amoureuses d'un homme, que nous aurons des amis et des maris ; la possibilité de choisir d'autres femmes comme amies de corps et de cœur nous est systématiquement refusée. Compte tenu de ce conditionnement massif à l'hétérosexualité, beaucoup de femmes ressentent celle-ci comme « naturelle » ; elles pourront éprouver du dégoût pour le corps des autres femmes, ou rejeter les femmes parce que ce sont des « garces », des « commères » ou des « idiotes ». Un grand nombre d'autres femmes acceptent un style de vie hétérosexuel mais conservent des relations importantes et aimantes avec des amies. Et d'autres encore choisissent l'identité et le style de vie homosexuels.

C'est un choix parfois très douloureux. Rachel, qui a commencé à se considérer lesbienne à l'âge de quatorze ans, déclare : « J'en ai eu conscience comme d'un terrible problème que j'avais intérêt à résoudre au plus vite si je ne voulais pas gâcher ma vie. J'allais voir un film et je ressortais bien plus séduite par les femmes que par les hommes, et je me disais : "Non, il n'en est pas question, pense à autre chose." C'était l'enfer sur terre. »

Penny avait la trentaine, deux enfants et un mari, quand un rêve l'amena à se poser des questions : « J'ai fait un rêve une nuit, je me suis réveillée juste après et je m'en suis souvenu, et dans ce rêve je faisais l'amour à Jillian et c'était merveilleux. C'était un rêve fantastique, splendide – un des meilleurs que j'aie eus depuis des années ! Et quand je me suis réveillée, deux pensées me sont venues en même temps : "Ah ! que c'est bien !" et "Oh ! non, je n'en suis pas !". Je veux dire que rien dans mon éducation ne m'y avait préparée, mais rien non plus ne m'avait appris à y voir une déviation. Si bien que penser que j'étais toujours moi et que je pouvais accepter mes sentiments à l'égard de Jillian n'a pas été facile. »

Quand vous commencez à vous considérer comme lesbienne, vous vous sentez parfois très isolée, comme si vous étiez la seule à être dans ce cas, alors qu'en fait nous connaissons toutes des lesbiennes, des amies, des collègues, des voisines, des professeurs, des vendeuses, des employées, des doctoresses, des secrétaires, des sœurs, des filles et des mères. Les lesbiennes qui portent des badges comme « Lesbiennes, unissez-vous » ou « Je suis homosexuelle, et après ? » essaient de se faire connaître des lesbiennes isolées qui sont souvent coupées des autres, seules et sans espoir de rencontrer d'autres femmes homosexuelles.

Tina : « Avant l'âge de dix-neuf ans, je ne savais même pas que ça existait – que c'était possible. Je devais sans doute savoir que c'était le genre de chose qui pouvait exister ailleurs, à Paris ou à New York, mais pas chez des femmes qu'on connaissait, pas chez des gens "comme nous". Je me sentais très, très seule, ne sachant pas comment j'arriverais à rencontrer d'autres lesbiennes. J'avais l'impression qu'elles devaient être incroyablement bizarres. »

Alison : « On a l'impression d'être vraiment un drôle d'oiseau, un phénomène, et on se dit : "Non, je n'entre pas dans cette catégorie." J'ai passé un an à être malheureuse comme les pierres et à me sentir complètement isolée. »

Rencontrer les autres

Beaucoup de femmes commencent par rencontrer d'autres femmes qu'elles savent être lesbiennes en téléphonant à un service de répondeuses et en se joignant à un groupe de lesbiennes. Le premier pas peut être éprouvant parce qu'il signifie que vous admettez que vous êtes, ou pouvez être, homosexuelle, et il est difficile de se risquer dans un monde dont on vous a sans doute dit qu'il était peuplé de ces monstres en complet-veston jaloux, agressifs et fumant la pipe décrits dans les manuels de psychologie et les films grand public. La lesbienne qui répond à votre appel saura combien cette démarche est parfois malaisée, car elle-même sera certainement passée par là. Elle ne vous forcera pas à parler ni à en dire plus que vous ne le souhaitez ; elle est là pour vous écouter et pour vous aider à démêler vos sentiments.

June a téléphoné à un de ces services après avoir vu dans un train un autocollant indiquant son numéro. « J'ai d'abord pensé : "Non, je ne les appelle pas. J'ignore si je suis vraiment homosexuelle et je déteste le mot 'lesbienne'." Mais je me sentais vraiment seule. Je pleurais tout le temps. J'ai gardé le numéro sur un bout de papier

dans mon porte-monnaie pendant six bonnes semaines. Tous les jours, je sortais et me disais : "Non, je ne peux pas." Et puis j'ai appelé deux fois, je tremblais tellement que je pouvais à peine tenir le récepteur, et cette femme a dit : "Bonjour, ici les répondeuses", et je suis restée muette. Impossible de trouver quelque chose à dire, de sortir un mot. Alors j'ai raccroché. La troisième fois, j'ai réussi à dire d'une petite voix : "Je crois que je suis peut-être lesbienne", et on a discuté un bon moment. Et après lui avoir parlé plusieurs fois, je me suis senti assez de courage pour aller à une réunion, et j'ai vraiment eu un choc. Je croyais que je verrais immédiatement qu'elles étaient homosexuelles, mais pas du tout. Elles avaient l'air comme tout le monde. Et je me suis dit : *"N'importe qui peut être lesbienne."* »

Les problèmes ne disparaissent pas comme par miracle sous prétexte que vous avez contacté d'autres lesbiennes, mais cela aide considérablement de faire part de ses difficultés à d'autres femmes qui sont passées par les mêmes incertitudes et de découvrir comment elles les ont résolues. Les groupes de lesbiennes peuvent offrir une structure d'accueil chaleureuse et réconfortante.

Vous vous heurterez à de réels problèmes quand vous ferez savoir que vous êtes lesbienne. Jamila préfère ne rien dire, car cela scandaliserait sa communauté indienne : « La sexualité est taboue. Une femme qui parle de ces choses-là ou qui veut avoir une relation en dehors du mariage est considérée comme une femme facile et immorale, et ayant une mauvaise influence. Si ma famille était au courant, les gens parleraient, mes parents seraient déconsidérés, et les perspectives d'avenir en souffriraient. Je risquerais de gâcher les possibilités de mariage des autres enfants. Si bien que je me tais et que je ne rencontre personne. »

Le père d'une femme juive a lu le « Kaddish », la prière des morts, après qu'elle eut refusé de renoncer à son amour des femmes ; aujourd'hui, elle est morte pour sa famille, qui ne veut même pas lui parler quand elle essaie de téléphoner (cité in Sasha Gregory Lewis, *Sunday's Women : A report on lesbian life today*).

Le père de Mandy l'a envoyée se faire « soigner » chez un psychiatre ; Sally a été mise à la porte du couvent où elle faisait ses études ; Liz a été violée par l'ami de sa sœur qui lui a dit : « Tu as simplement besoin d'être bien baisée. » D'autres femmes ont perdu leur emploi ou se sont vu refuser une promotion. Certaines se sentent mises au banc d'infamie par la société, et les gens qu'elles croyaient leurs amis les ont ridiculisées, raillées ou complètement ignorées.

Les lesbiennes qui ont, ou voudraient avoir, des enfants se heurtent à une foule de préjugés, car il est entendu qu'elles ne sauraient être de bonnes mères. Toutes les études qui ont été faites sur des enfants de lesbiennes montrent que ceux-ci sont terriblement normaux. Ils choisissent les jouets, les jeux et les vêtements qu'on attend du sexe auquel ils appartiennent et deviennent rarement homosexuels. Mais, comme le souligne Susan Hemmings, elle-même mère lesbienne :

On part, naturellement, du principe que nous ne voulons pas, nous, que nos enfants soient différents. Eh bien si, nous le voulons. Le monde tel qu'il est ne nous emballe pas trop, et nous aimerions que nos garçons ne grandissent pas pour devenir des pilotes de bombardiers ni nos filles pour se transformer en tabliers ambulants. La grande communauté des « garçons et filles américains » ne nous tente pas (« Horrific practices : how lesbians were presented in the newspapers of 1978 »).

Dawn et Katy ont chacune deux enfants, mais le mari de Dawn s'est vu attribuer la garde des siens parce qu'elle est lesbienne, et l'ex-mari de Katy préfère payer pour que ses filles soient pensionnaires plutôt que de les laisser vivre avec elles. Katy : « J'ai l'impression que c'est eux qu'on punit pour ma façon de vivre, mais si je proteste, mon mari demandera à en avoir la garde et je sais que je perdrai, si bien que je m'écrase. Je les vois pendant les vacances. »

Nous devons être conscientes des risques que comporte le fait de vivre son homosexualité.

Mais il est beaucoup trop facile de nous laisser effrayer et de croire que nous nous heurterons inévitablement à ce genre de réactions

Garder le secret

si nous laissons soupçonner que nous sommes lesbiennes ; et nous oublions aussi que le fait de le cacher ne va pas sans problèmes ni dégâts. La sauvegarde des apparences exige une dépense de temps et d'énergie parfois épuisante. Vous vous apercevrez que vous perdez toute spontanéité, que vous êtes constamment sur vos gardes de crainte de laisser transparaître quoi que ce soit ; vous pouvez renier en public la femme que vous aimez, mentionner vaguement une relation avec un homme, transporter ses affaires dans la chambre d'amis quand votre mère vient vous voir, surveiller tout ce que vous lui dites au téléphone, ne jamais la toucher en public ni même l'effleurer, ne jamais dire avec cette assurance facile des femmes hétérosexuelles : « *Nous* avons fait ceci... » ou « *Nous* sommes allées là... ». Et vous vous demandez toujours : « Tu crois qu'ils ont deviné ? » Renoncer aux apparences n'est pas « s'afficher », « jeter sa sexualité à la tête des autres » ; c'est estimer que vous avez les mêmes droits que les femmes hétérosexuelles et affirmer que vous aussi, vous êtes O. K.

Des mots pour le dire

Il n'y a pas de « bonne » façon de dire à quelqu'un d'important pour vous que vous êtes lesbienne, rien qui puisse *garantir* que la personne en question comprendra. Les gens qui voudront vous rejeter trouveront toujours moyen de le faire, quoi que vous disiez et aussi bien que vous vous exprimiez. Mais vous avez plus de chances de rencontrer des réactions positives si l'on vous sent réellement heureuse d'être lesbienne et si vous êtes capable de le faire comprendre à la personne à qui vous en parlez. Si vous annoncez la chose avec un sentiment de culpabilité manifeste ou le visage ruisselant de larmes, avec des phrases commençant par « Ça ne va pas te faire plaisir, mais... » ou « J'ai quelque chose de terrible à te dire... », ne soyez pas étonnée que l'autre personne soit malheureuse à son tour. Lâcher au beau milieu d'une dispute familiale : « Je me fiche de ce que vous pouvez dire, et de toute façon vous ne m'avez jamais vraiment aimée et c'est à cause de vous que je suis lesbienne », ou conjugale : « D'ailleurs je n'ai plus besoin de toi, j'ai une liaison avec Jane », vous garantit d'être rejetée et traumatisée. Vous serez peut-être tentée par une stratégie moins directe, comme laisser « accidentellement » traîner des lettres d'amour ou un journal intime là où on est sûre que quelqu'un les lira, ou ne pas fermer « par erreur » la porte de la chambre. Vous n'avez plus, en effet, la responsabilité de dire ouvertement les choses et vous pouvez vous permettre, en toute honnêteté, d'être vous-même, mais c'est une méthode brutale, qui entraîne souvent des récriminations et des reproches.

Si vous faites preuve d'une attitude positive à l'égard de votre homosexualité, vous aurez envie d'en parler aux personnes que vous aimez d'une façon qui leur fasse comprendre que vous êtes heureuse, et dans des conditions qui leur permettent de poser des questions et d'exprimer leurs propres incertitudes et hésitations. Debbie dit que son fils de dix-sept ans, Michael, « a beaucoup de mal à s'y faire, surtout parce qu'il est soumis, de la part de son père, à une forte pression ». « Je lui ai dit : "Écoute, Michael, essaie de te rappeler les dix-sept années passées, ce que j'ai été pour toi et qui j'étais. Le fait que, maintenant, j'aime Linda ne modifie strictement en rien nos rapports à tous les deux. Ce n'est pas parce que je suis lesbienne que j'ai changé. Je suis toujours la même personne." »

Sarah est contente d'en avoir parlé à sa mère : « J'avais trente ans environ à l'époque, et je lui ai dit qu'à mon âge elle était mariée et avait deux enfants, et que ma vie devait lui paraître très différente de la sienne. Elle a répondu que oui, qu'elle pensait que je faisais des choses, un métier qu'elle n'avait jamais eu la possibilité de faire. C'était une vraie conversation entre femmes, comme je n'en avais jamais eu jusque-là avec elle. Et puis je lui ai dit que Kathy était une femme avec qui je voulais vivre et que j'aimais beaucoup, que ce choix me rendait heureuse, et que j'espérais qu'elle réussirait à le comprendre. Et elle a compris, semble-t-il. J'ai vu ma mère sous un tout autre jour quand elle m'a raconté ses sentiments de jeune femme et les choix qu'elle avait faits, et c'était merveilleux. Vraiment merveilleux. »

Quand Jenny a dit à son père qu'elle était lesbienne, « c'était un an environ avant sa mort et il était très malade. Cet après-midi-là, je le gardais pendant que ma mère était sortie, et il s'est mis à parler de ma sœur. Elle était mariée et installée dans la vie, elle avait des enfants. Et moi, où en étais-je ? Je lui ai dit. A cette époque, je vivais avec Hélène et j'étais très heureuse, et je pense que je le lui ai dit surtout parce que j'en avais toujours eu envie, mais aussi parce qu'il s'inquiétait à mon sujet. Et il a répondu : "C'est bien, du moment que tu as quelqu'un pour s'occuper de toi." Il n'y a eu aucun problème ».

Penny raconte comment elle a parlé à sa fille de cinq ans de son amour pour Jillian, à un moment où leur rupture la rendait très malheureuse : « J'étais tellement effondrée, perdue, que je ne pouvais m'arrêter de pleurer. Cela perturbait considérablement ma fille, et je lui ai expliqué que j'aimais beaucoup quelqu'un, mais que je n'étais pas capable de l'aimer comme je voulais et que cela me rendait très malheureuse. Je lui ai parlé de la couverture qu'elle prenait pour dormir, une petite couverture qu'elle transporte partout ; si elle la perd, c'est une catastrophe. Je lui ai dit : "C'est exactement pareil pour moi. J'ai perdu quelqu'un qui me manque beaucoup et je suis très triste, et c'est pour cela que je pleure." Elle a compris. Elle était capable de comprendre parce que cela fait partie de la vie d'une famille : on perd sa couverture et le monde s'écroule ! »

Ces femmes ne se sont pas *excusées* d'être lesbiennes, et elles ont effectué un rapprochement entre leur expérience et celle de leur interlocuteur. Elles lui ont fait comprendre leurs sentiments en reliant ceux-ci à ce que cette autre personne connaissait (la maternité, le désir de liberté, de sécurité, la couverture d'un enfant) – une prise de conscience quotidienne, humaine, intelligible, difficile à traduire dans les manuels de pathologie. Elles ont communiqué leur expérience vécue au lieu d'utiliser l'étiquette « lesbienne » comme une punition, une menace, une excuse, ou même une explication.

Si une femme vous dit qu'elle est lesbienne – cela peut être une sœur, une fille, une amie –, essayez de l'écouter vraiment. Ne croyez pas que vous savez d'avance ce que cela signifie pour elle, et ne vous précipitez pas avec des conseils, des suggestions ou des renseignements. Elle sait mieux que vous ce que signifie son homosexualité : elle la vit. Ne cherchez pas à la faire taire en disant, par exemple : « Ce que tu fais au lit ne regarde que toi », ou en lui assurant, trop vite, que vous savez exactement ce qu'elle éprouve, que vous êtes dénuée de préjugés et qu'elle n'a pas besoin de continuer. Il est important que la discussion reste ouverte, car vous pouvez beaucoup apprendre de cette femme. Si l'homosexualité vous exaspère, vous dérange ou vous dégoûte, demandez-vous pourquoi et essayez d'être honnête avec vous-même. Virginia écrivit à sa mère quand elle était à l'université pour lui dire qu'elle était lesbienne. Voici un extrait de la réponse de sa mère :

Merci pour ta lettre – elle n'a pas dû être facile à écrire et je suis heureuse et fière que tu me fasses confiance et que tu tiennes suffisamment à la franchise qui existe entre nous pour t'être jetée à l'eau. Je t'aime – je t'aimerai toujours – et je crois que je peux, sincèrement et n'importe quand, t'accepter telle que tu es.
Ce ne serait pas honnête de ma part si je te disais que, même si je n'ai pas poussé les hauts cris, la situation que tu m'as décrite me satisfait. Tout ce que je peux t'affirmer, c'est que j'essaie de comprendre. J'ai l'impression que tout ce que je dirai maintenant sera sans doute mal trouvé, mais tu sais, si nous voulons être honnêtes, toi et moi, il faut que tu aies une idée de ce que je pense... Quoi qu'il en soit, j'essaierai vraiment d'être *avec* toi, de comprendre (Virginia Hoeffding, « Dear Mom »).

S'interposer ?   Parce que l'homosexualité les dérange, les gens ont inventé une définition extrêmement étroite et rigide de la lesbienne, de sorte que le moins de femmes possible puissent correspondre à ces critères et être qualifiées de « vraies » lesbiennes. Presque toutes les femmes à qui j'ai parlé se sont entendu dire qu'elles n'étaient pas de « vraies » lesbiennes. On leur affirme, surtout aux plus jeunes, que c'est juste une phase, qu'elles la dépasseront. On dira à des femmes d'âge moyen, comme le répète Jessica : « C'était seulement parce que mon mariage était raté et c'était lamentable que je n'aie pas encore rencontré l'homme qu'il me fallait. »

Des femmes plus âgées se sont heurtées aux mêmes réactions que Debbie : « D'après mon mari, c'était la ménopause. Il a même rapporté de la bibliothèque des livres où l'on décrivait le cas de femmes qui s'étaient crues lesbiennes au moment de la ménopause et avaient compris ensuite qu'elles ne l'étaient pas, après avoir complètement saboté leur vie. »

On a dit à Sharon qu'elle n'était pas une vraie lesbienne parce qu'elle n'a jamais eu de rapports avec un homme et qu'elle ne peut donc savoir si c'est mieux avec une femme. On dit à Lucy, qui a eu des rapports avec des hommes et y a pris plaisir, qu'elle est « vraiment » bisexuelle. Josie, elle, n'a jamais eu de rapports sexuels avec une femme : « Vous n'iriez pas dire à une femme hétérosexuelle : "Comment sais-tu que tu es hétérosexuelle si tu n'as pas couché avec un homme ?" ou, dans le cas présent : "Comment sais-tu que tu es hétérosexuelle puisque tu n'as jamais fait l'amour avec une femme et que tu n'as pas de point de comparaison ?" On est obligée de se comporter autrement pour *prouver* qu'on est lesbienne. »

Nathalie n'a pas d'orgasme avec des femmes et tient à le souligner : « Le lesbianisme n'a rien à voir avec le sexe ou l'orgasme. Cela concerne la façon dont on veut vivre, et moi je veux vivre entourée de femmes, connaître étroitement les femmes et chercher auprès d'elles ma satisfaction sexuelle et émotionnelle ainsi que mon bien-être. Je pense qu'au cœur du lesbianisme il y a un fort attachement *émotionnel* aux femmes. »

Quand les gens nient que nous soyons vraiment lesbiennes, quand ils disent que nous « passons par une phase », que nous sommes trop jolies et trop « féminines » pour être lesbiennes, que nous devons être bisexuelles, ou déprimées, ou paumées, ou que nous disons cela par provocation, nous devrions comprendre qu'ils essaient, en réalité, de nier l'existence d'autres possibilités que l'hétérosexualité. Ces affirmations sont des défenses contre notre homosexualité et elles constituent des pressions insidieuses pour nous obliger à nous conformer à la norme. Et comme nous avons nous-mêmes du mal à accepter notre homosexualité, nous nous posons les mêmes questions.

En choisissant d'être lesbiennes, nous prenons une décision que pourraient prendre aussi d'autres femmes, et beaucoup d'entre elles se sentent menacées par cette possibilité. Elles essaient de se démarquer autant que possible de nous. C'est de là que viennent toutes les théories sur les gènes, les hormones et les expériences de la petite enfance ; elles tracent une ligne de démarcation entre les lesbiennes (« le troisième sexe ») et les autres femmes.

Une affaire de choix

Beaucoup de lesbiennes croient, elles aussi, qu'elles ont toujours été différentes des autres. En analysant leur passé elles se rappellent des jeux sexuels avec une petite fille du jardin d'enfants ou avec une amie de cœur à l'école primaire, ou encore une passion d'adolescente pour une femme. Jackie se souvient avoir rêvé de femmes quand elle avait trois ans. Andrea dit : « Je me suis toujours sentie différente des autres filles. Je n'ai jamais eu envie de jouer à la poupée ou de sauter à la corde. Je jouais au foot avec les garçons. » Sarah se souvient de son premier orgasme avec une amie, à la pension, quand elles avaient toutes les deux onze ans. On pourrait croire, à les entendre, que toute leur vie de femme n'a été en réalité que la réalisation inconsciente de ce destin de lesbiennes, seulement compris comme tel maintenant. Mais, en réalité, les relations aimantes et érotiques entre des filles et des femmes font partie de l'expérience vécue de presque toutes les femmes. Celles qui se reconnaissent par la suite hétérosexuelles ont appris à oublier ou à ignorer ces sentiments, à les replacer dans une perspective différente en les alignant sur leurs sentiments pour les hommes, ou à n'y voir que

la préparation, à l'adolescence, de cette affaire nettement plus sérieuse qu'est l'hétérosexualité : leur relation avec un homme signifie qu'elles sont enfin adultes.

Beaucoup de femmes qui se reconnaissent comme lesbiennes, cependant, ont de bonnes raisons politiques de donner cette version de leur passé. Certaines jugent importants les détails autobiographiques qui prouvent l'existence de leur homosexualité dès la petite enfance, parce qu'ils « prouvent » aux autres, et à elles-mêmes, qu'on a beau leur dire le contraire, elles sont de « vraies » lesbiennes, et que, pour elles, c'est « naturel » ou « normal ». Debbie : « Je ne crois pas que ce soit un choix. D'accord, certaines sont capables de choisir, mais, dans mon cas, c'est plutôt l'homosexualité qui m'a choisie. Pendant vingt ans, j'ai refusé l'évidence, mais j'ai bien fini par être obligée de m'y faire. Si j'avais eu la possibilité de choisir, croyez-moi, j'aurais fait des pieds et des mains plutôt que de chambouler ma vie et tout remettre en question. Je travaillais avec mon mari, et nous avions une maison dont nous étions tous les deux propriétaires. J'étais un pilier de la communauté locale, je faisais partie du centre de planning familial et j'étais pratiquante. Il a fallu que je compromette tout cela – c'était tout un ensemble de choses que je mettais dans la balance. »

Et Diana : « Quelle femme un tant soit peu sensée irait *choisir* d'être

lesbienne ? C'est tellement plus simple de correspondre à la norme, d'être acceptée et de ne pas avoir tout le temps à se cacher et à faire semblant. Je pense que cela tient plus ou moins au fait que mon père était souvent en voyage quand j'étais petite, et que je n'ai pas appris à me situer par rapport à un homme. Maintenant c'est trop tard, et je ne veux pas m'empêcher d'être lesbienne. Je n'y peux rien. »

Être lesbienne, c'est savoir comment on veut vivre sa vie... trouver la plénitude sexuelle et affective avec une autre femme.

Debbie et Diana sont incapables d'expliquer pourquoi une femme est amenée à renoncer à un style de vie offrant la sécurité et l'assurance d'être acceptée, mais c'est néanmoins ce qu'elles ont fait. Elles ont donc été amenées à penser qu'elles n'avaient pas le choix, que leur homosexualité leur avait été imposée. C'est une idée qui ressemble au sentiment qu'on éprouve souvent après avoir pris une décision difficile (surtout si l'on n'est pas sûre que ce soit la bonne), quand nous disons, par exemple : « Je n'avais pas le choix », « On a décidé pour moi », « J'étais forcée de le faire », ou « Il n'y avait vraiment pas d'autre solution ». Le désir d'avoir une relation de couple avec des femmes, d'aimer des femmes et de vivre avec des femmes peut paraître, face à la formidable pression qui s'exerce pour vous en dissuader, absolument accablant et contraignant. Au lieu de donner de longues explications et justifications aux gens qui veulent savoir *pourquoi* nous sommes lesbiennes, il est plus facile de dire, à eux et à nous-mêmes : « Je suis comme ça depuis l'âge de deux ans. »

La définition que donne la société de la lesbienne concerne essentiellement sa sexualité. Beaucoup de femmes voient leur homosexualité d'abord comme une préférence sexuelle ; or c'est exactement l'idée que s'en font la plupart des gens. Pour eux, souvent, la lesbienne est une femme qui préfère faire l'amour avec les femmes plutôt qu'avec les hommes, de la même façon que certains préfèrent la glace à la vanille plutôt que la mousse au chocolat. Il existe une quantité de mythes sur les rapports sexuels entre les femmes. On les considère parfois comme un refuge contre les mauvais traitements que leur font subir les hommes – deux pitoyables créatures qui se glissent dans les bras l'une de l'autre pour se consoler. Ou bien les lesbiennes sont présentées dans la littérature pornographique comme des superwomen du sexe – qui s'adonnent, jour et nuit, à des orgasmes plus intenses et meilleurs. Et parce que beaucoup de gens limitent la sexualité aux rapports hétérosexuels, certaines lesbiennes elles-mêmes croient souvent que l'une doit jouer le rôle de l'« homme » et l'autre celui de la « femme », afin d'être en mesure de singer une relation hétérosexuelle. Ces mythes déforment et caricaturent nos vies de femmes dans leur relation aux autres femmes. Les rapports amoureux entre femmes peuvent être intenses, passionnés et aimants, chaleureux, tendres et amicaux, et aussi décevants et destructeurs. Mais le lesbianisme *n'est pas,* pour la plupart des femmes, axé sur le sexe. Le lesbianisme est une façon de vivre la réalité, une façon d'être dans le monde.

Nous avons toutes la possibilité d'aimer et d'être sexuellement attirées vers les hommes et vers les femmes. Mais la société décide habituellement *à notre place* et dirige l'adolescente vers les garçons, c'est-à-dire vers les objets qu'il convient d'aimer. Elle nous dit qu'aimer un membre du même sexe est simplement une « phase ». Si vous êtes bisexuelle, c'est que vous refusez, de toute évidence, d'être ainsi piégée, et vous pouvez y voir une façon de vous libérer.

On dit souvent aux femmes qui se disent bisexuelles qu'elles sont en réalité des lesbiennes incapables de s'accepter, ou des hétérosexuelles en quête d'expériences marginales. La femme constate parfois que ses amis homo- et hétérosexuels la pressent d'arrêter d'être « à voile et à vapeur » ; ils peuvent insister pour qu'elle « assume » sa sexualité, quelle qu'elle soit, et la pousser à « se décider ». Or c'est moins une affaire de décision que de façon de se percevoir.

Les femmes qui se disent bisexuelles déclarent souvent, par exemple : « C'est la personne qui m'intéresse, et non le sexe auquel elle appartient. Je peux tomber amoureuse d'un homme aussi bien que d'une femme. » Ainsi, le concept de bisexualité s'applique à quelqu'un qui est capable d'expériences plus subtiles et variées que celles qui se limitent à n'aimer que des hommes ou que des femmes.

Les femmes bisexuelles font apparaître que les catégories rigides « hétérosexuelles » et « lesbiennes » sont beaucoup plus fluides qu'il ne le paraît à première vue. Les gens ne sont pas si facilement réductibles à l'une ou à l'autre. Comme les lesbiennes, les femmes bisexuelles refusent une hétérosexualité exclusive, et il leur arrive de préférer mettre l'accent sur leur homosexualité. Alison : « Je disais que j'étais bisexuelle parce que cela me rendait aussi heureuse de faire l'amour avec un homme qu'avec une femme. Mais je dis habituellement que je suis lesbienne parce que c'est l'homosexualité qui est attaquée, et s'il faut être dans un camp, je préfère celui-là. »

La bisexualité peut s'accompagner d'une foule de problèmes. Selon certaines femmes, on risque d'*utiliser* les gens : utiliser les hommes comme des tickets-repas, comme des maris et des pères pour leurs enfants, avoir tous les avantages liés à l'hétérosexualité dans une société hétérosexuelle, et utiliser les femmes pour la tendresse, le confort et la gratification sensuelle – tous les avantages de l'homosexualité sans la discrimination sociale qui s'y attache. D'autres femmes ont l'impression qu'elles emploient parfois le mot « bisexuelle » pour justifier une liaison : « Je t'aime énormément, Sarah, mais il faut que je couche avec Michael parce que j'ai toujours eu autant besoin d'un homme que d'une femme – je suis faite comme ça. » Il serait plus honnête, dans ce cas, de parler du rôle de la monogamie et d'une relation de couple exclusive, au lieu de recourir à la notion de « penchant sexuel » pour évacuer la question.

La bisexualité n'est pas la réponse à tous les maux, libérée, dénuée de problèmes qu'on présente parfois. Nous sommes toutes des bisexuelles en puissance, mais nous devons analyser de très près les raisons qui nous poussent à adopter cette étiquette, la façon dont nous le faisons, et la signification qu'elle revêt dans un contexte social. C'est presque comme si le fait de nous qualifier de bisexuelles servait à justifier toutes les occasions de rencontre et nous donnait le feu vert pour nous embarquer dans des aventures sexuelles juste pour l'excitation qu'elles apportent. Cela devient alors une des façons par lesquelles une philosophie de la libération sexuelle trouve à s'exprimer. Nous devons nous demander si c'est vraiment ce que nous croyons et voulons.

Célébration du célibat

« Tu peux dire "je n'ai pas une bonne oreille" ou "la danse ne m'intéresse pas particulièrement". Mais tu ne peux pas parler ainsi de la sexualité. »
« Les mordus de planche à voile font ça debout. »
« Les pilotes de planeurs font ça en douceur. »
« Les jeunes cultivateurs font ça en gardant leurs bottes. »

Nous vivons dans une société axée sur la sexualité. Alors que dans le passé les femmes se voyaient nier tout sentiment sexuel et étaient considérées comme des déviantes si elles voulaient être heureuses

Vivre seule peut être une expérience totale et satisfaisante...

sexuellement, nous sommes aujourd'hui considérées déviantes si nous ne le souhaitons pas. Une pression considérable s'exerce sur nous non seulement pour que nous ayons une avidité sexuelle, mais pour qu'elle soit la meilleure possible et que nous prouvions que nous réussissons sur ce plan. Pour beaucoup d'entre nous, c'est comme si l'activité sexuelle prouvait que nous sommes vivantes, comme si nous devions prouver que nous existons, que nous sommes capables de sensations et que nous menons une vie saine, en étant sexuellement stimulées et en faisant fonctionner nos organes génitaux.

On écrit des livres recommandant l'activité sexuelle dans la vieillesse pour retarder le vieillissement et même différer la mort. On nous encourage à poursuivre cette activité au même titre que le jogging, de peur que nos intérieurs ne se dégradent. On dit aux femmes que si elles n'ont pas de rapports sexuels ou si elles ne se masturbent pas, elles risquent de s'atrophier.

La sexualité obligatoire

Les publicités vantant une large gamme de médicaments, d'aliments et d'apports vitaminés allant de la vodka au ginseng sous-entendent que leur absorption stimule la libido. On découvre de nouvelles sources de plaisir, voire de nouveaux organes. Après l'orgasme clitoridien et le vibromasseur, c'est l'avènement du point G. situé sur la paroi antérieure du vagin, et la femme qui n'est pas capable d'éjaculer se sent en état d'infériorité. On repart, comme le note Shere Hite, à la quête du Graal. Et le plus difficile, dans tout ce bain de sexualité, est de dire : « Non merci, ce n'est pas ce dont j'ai envie » et de choisir de faire quelque chose d'autre. On peut avouer pratiquement tout le reste en pouvant compter sur une oreille compatissante, quelqu'un qui comprenne telle ou telle préférence en matière de sexualité, qu'il s'agisse de petits garçons ou de dogues allemands. Mais admettre que vous n'avez pas envie de faire l'amour, que vous ne vous souciez pas de vivre avec quelqu'un, que vous n'avez pas particulièrement envie de vous masturber : voilà qui prouve que vous êtes vraiment bizarre. Une femme qui racontait comment elle avait perdu sa virginité à l'âge de vingt-quatre ans disait avoir été « tellement soulagée ». Enfin, elle ne se sentait plus anormale. Notre société a imposé aux jeunes un nouveau et dangereux fardeau, celui de la réussite sexuelle permanente et d'une sexualité de plus en plus fréquente et meilleure.

Mais, par certains aspects, celles qui étaient jeunes pendant la révolution sexuelle des années soixante et qui maintenant vieillissent, qui se sentent abandonnées par leurs amants, ou qui repensent à la trépidation de cette époque et constatent qu'elle n'est plus que poussière, ont surtout souffert de cette pression qui leur imposait des expériences sexuelles chaque fois que l'occasion s'en présentait, et du sentiment terrifiant que, si elles n'ont pas de rapports sexuels, elles vont se « dessécher ». Le célibat volontaire est, bien sûr, très différent du célibat imposé à une femme parce qu'il n'y a pas de solutions de rechange ou parce que, s'il y en a, elles sont détestables.

Rowena a quarante-quatre ans et pour elle, jusque-là, l'activité sexuelle constituait l'expression habituelle de l'amitié et des rencontres sans importance. Elle rencontrait un homme, ils couchaient ensemble, il partait : « C'était juste de l'exercice ! Cela ne signifiait absolument rien pour lui. » Mais maintenant elle est seule, et ce qui la trouble le plus dans sa vie actuelle est ce qu'elle considère comme un comportement personnel désordonné et égocentrique, assorti d'une dépression profonde et d'une solitude intense : « Je vis d'une façon bizarre. Je ne me déshabille pas pour dormir. Je travaille n'importe quand et n'importe comment. Quand j'arrête de travailler, je suis dans le brouillard. Je n'*exige* rien de moi-même. Je ne nettoie pas la baignoire.

« Mon amie Sophie dit : "Pourquoi ne te trouves-tu pas un copain ? On irait tous faire une virée pendant le week-end." Ça me fait vraiment mal ! Je n'ai personne à qui demander. Je vais à l'opéra et je n'ai personne à qui le raconter. Je n'ai personne avec qui discuter de la *continuité* de la vie. C'est une des choses dont on a envie en vieillissant. Cela m'inquiète. »

Rowena se sent prise au piège d'un célibat qui lui est imposé. Mais on *peut* choisir de vivre seule pour se faire un espace personnel, pour mettre de l'ordre dans sa vie, pour faire ce qu'on a vraiment envie de faire et en y mettant toute son énergie.

Si nous voulons être vraiment libres sur le plan sexuel, et refuser d'être amenées à faire des choses dont nous n'avons pas envie, nous devons avoir le droit d'être célibataires, soit tout le temps, soit pendant une partie de notre vie, sans penser pour autant que nous sommes des ratées ou que nous ayons à nous justifier. Karen : « Je suppose que je suis une femme célibataire, mais ce n'est pas ainsi que je me décrirais. Je sais que, maintenant, c'est l'appellation officielle des féministes, mais ça ne me ressemble pas du tout ! Cela fait penser à ce que ces ermites excentriques et obsédés par le sacrifice étaient censés être sous leur cilice. On dirait une pénitence, mais pour moi, c'est simplement mon état naturel en ce moment. J'ai mes amis, et j'ai Becky [sa fille] – j'ai besoin qu'on me câline de temps en temps, mais je n'ai pas un besoin irrépressible de faire l'amour. »

La révolution sexuelle des années soixante ne s'est pas contentée de libérer beaucoup de gens qui purent exprimer et éprouver ce qu'ils souhaitaient : elle a rendu l'activité sexuelle obligatoire. Et pour les femmes, elle a imposé quelque chose de très éloigné de la liberté sexuelle : elle a mis leur corps à l'encan. Pour beaucoup, cette foire d'empoigne sexuelle s'est traduite par une sorte d'engourdissement, d'incapacité d'éprouver quoi que ce soit, un peu comme lorsqu'on avale toute une boîte de chocolats et qu'on est ensuite incapable de sentir le goût d'autre chose que du sucré. Les femmes se sont senties contraintes à l'activité sexuelle, et souvent par des exigences qu'*elles-mêmes* s'imposaient au nom de

et la décision d'être indépendante apporte parfois une liberté et une force nouvelles.

valeurs sociales touchant à la sexualité qu'elles avaient absorbées et faites leurs.

Nous définir par la sexualité

Sentir qu'on est sexuellement désirable, que quelqu'un a envie de notre corps et que, de ce fait, on est appréciée est important pour beaucoup d'entre nous, parce que la société donne aux femmes des possibilités très limitées d'estime de soi. Alors que les hommes acquièrent un sentiment de pouvoir et d'importance dans les affaires, l'industrie et la politique, pour beaucoup de femmes le sentiment de leur propre valeur naît du désir qu'ont les hommes de leur corps. Et même si nous n'y prenons pas vraiment plaisir, le jeu sexuel peut conserver son importance à nos yeux et nous rassurer considérablement.

En donnant leur corps, les femmes peuvent obtenir des hommes, pour elles-mêmes et pour leurs enfants, le soutien matériel, un foyer, la sécurité. Cela ne se passe pas toujours ainsi, bien sûr. Mais notre société conditionne les filles à utiliser leur corps de cette façon. Une femme qui ne le fait pas sera plainte, tournée en ridicule ou méprisée. On la dira « femme célibataire » jusqu'à la trentaine, mais après quoi les gens commenceront à se demander ce qui « cloche » chez elle. Déteste-t-elle les hommes ? Est-elle frigide, dominatrice, ou simplement « laissée pour compte » ? Autrefois, le qualificatif de « vieille fille » décrivait bien cet état. Alors que, pour un homme, le terme de « célibataire » s'accompagne d'une certaine aura de séduction, pour une femme il est loin d'évoquer la même insouciance et le même goût du plaisir.

Au Moyen Age, les femmes célibataires et les veuves – des femmes sans partenaires sexuels masculins et qui étaient une anomalie dans la société – constituaient la cible principale de la chasse aux sorcières. Une étude consacrée à la chasse aux sorcières en Allemagne y voit l'expression du « seuil d'excentricité que peut tolérer la société » (H.C. Erik Midelfort, « Witch hunting in South Western Germany ») et, dans son emprise psychologique, la « peur d'un groupe socialement inassimilable : les femmes non mariées ». Les femmes seules, dit cet auteur, constituaient un « élément de perturbation sociale », et la chasse aux sorcières une tentative pour purifier la société de leur influence.

Préjugé et incrédulité

Aujourd'hui, les femmes continuent à avoir une double utilité : en tant qu'objets sexuels, et en tant que reproductrices. Les femmes qui ne s'insèrent pas dans ces deux catégories sexuelles constituent une aberration. L'homme n'arrive pas à comprendre qu'une femme *n'ait pas besoin* des hommes. Nicky a quitté son mari parce qu'elle était très malheureuse avec lui : « Quand je suis partie, j'ai décidé de ne jamais plus coucher avec un homme. Tant que j'ai été seule, il refusait de croire que c'était définitif. Il passait voir si "j'allais bien" et essayait de me convaincre de revenir. Il était très paternel et très gentil, il m'apportait mon courrier, mais il ne parvenait pas à croire que c'était fini. Il voyait ça comme une sorte de défaillance de ma part, momentanée, regrettable.

« J'ai fini par en avoir assez et j'ai couché avec un autre homme – juste pour écarter mon mari. Mais j'ai eu autant de mal à me débarrasser de *celui-là* ! Là où j'ai vraiment flippé, c'est quand il est allé voir mon mari pour lui dire que nous avions rompu et qu'en fait je n'avais qu'une envie : revenir ! J'ai l'impression qu'ils ont longuement parlé de moi. J'ai fini par les retrouver sur le pas de ma porte : ils venaient me demander de choisir... Je leur ai répondu d'aller tous les deux au diable. Et j'ai déménagé sans laisser d'adresse. »

Il est visiblement difficile d'être célibataire et prise au sérieux. Seule une vocation religieuse paraît, à beaucoup de gens, une excuse valable pour qu'une femme choisisse le célibat, et même cette démarche est suspecte. Nous devons accepter qu'une femme puisse vivre une vie totale, satisfaisante et féconde, incluant l'*amour* mais non l'*activité sexuelle.* Le fait que nous options en général pour le contraire exprime davantage l'impact qu'a sur nous la société qu'une conviction intellectuelle ou une pulsion sexuelle intense. Peut-être est-ce dû à la peur insidieuse qui nous fait croire qu'en nous abstenant d'activité sexuelle il nous manque quelque chose sur le plan amour et que personne ne nous désire.

Or, pour beaucoup de femmes, le célibat offre de nombreux avantages, au moins pendant certaines périodes de leur vie. Certaines mettent en avant la peur d'une grossesse non voulue et les contraintes de la contraception. Elles trouvent qu'elles ont plus de temps et qu'elles peuvent organiser ce temps comme elles l'entendent. Elles ont ainsi l'occasion de faire des choses différentes et, une fois qu'elles ont surmonté les fortes émotions que peut avoir activées leur décision de vivre seules – après une rupture, par exemple, ou après la mort de l'autre élément du couple –, elles s'aperçoivent souvent qu'une nouvelle énergie est libérée. C'est en partie parce qu'elles peuvent commencer à faire ce qu'*elles* veulent au lieu d'être perpétuellement au service de quelqu'un ou, si le partenaire était un homme ou une femme, d'empiéter sur le sentiment de leur identité pour soutenir cette association. C'est comme si vous étiez devenue « Jean-et-Marie », comme si vous étiez la moitié d'un couple et non une femme à part entière. La rupture de ce modèle, aussi douloureuse soit-elle, signifie que la femme peut commencer à se sentir exister en tant qu'individu, et non comme un être moulé dans une identité composite.

Une autre conséquence de cette autonomie est qu'une femme peut nouer des amitiés qui auraient été, sinon, subordonnées à une association sexuelle. Car, en règle générale, la société attend de vous que vous passiez votre temps libre avec votre partenaire sexuel.

Des relations nouvelles et variées donnent l'occasion de découvrir de nouveaux aspects de soi, et l'on éprouve un sentiment étonnant, bien qu'inquiétant parfois au début, d'espace personnel. Ce sentiment nouveau, ou retrouvé, peut poser des problèmes. Une femme, veuve depuis peu, dit : « Il n'est pas toujours facile d'être libre – décider

Les avantages

Se faire à la liberté

de ce qu'on va manger, de repartir en Inde ou d'accepter une invitation à partager une villa pour les vacances n'est pas toujours aisé. Jongler avec les amitiés, savoir ce qu'on attend de chacune et rassembler toutes les pièces du puzzle pour être totalement moi constitue un processus continu. »

Janet, mère célibataire, trois enfants, n'a pas de partenaire depuis presque un an. Elle a renoncé à une association sexuelle dans laquelle elle se sentait complètement envahie par un homme « qui a besoin, pour sa propre sécurité, d'avoir la haute main sur tout ». Elle ne veut pas, dit-elle, être « sauvée » parce qu'elle est mère célibataire, bien que lui voie les choses ainsi. « Pendant quatre ans, j'ai constaté qu'on n'était pas si mal quand on vit seule. La vie devient une lutte. On sombre ou on surnage. On découvre et on utilise ses ressources personnelles. Mais je me suis trouvée. » Une fois, elle a rompu avec son amant : « De nouveau je me suis retrouvée. Je me suis rendu compte que je n'avais pas *besoin* de vivre par personne interposée. Je sens en moi une force qui me donne confiance, le sentiment d'appartenir de nouveau au monde, de faire que les choses arrivent. Je sais que je peux en faire autant pour les autres. Je suis capable d'engendrer une énergie qui déclenche des événements en chaîne, et j'en suis devenue plus consciente depuis que je suis seule. » Bien qu'une femme puisse trouver très difficile au début de se faire au célibat – et même avoir peur d'être seule –, le fait de décider qu'elle ne veut pas de partenaire sexuel constitue parfois une source de force. En constatant qu'elle n'a besoin de personne, elle éprouve souvent un surprenant sentiment de puissance. Être indépendante, solidement plantée sur ses deux pieds et faire face à la vie en tant que personne et non comme moitié d'une association, peut apporter une nouvelle liberté et énergie créatrice.

5. Les relations de couple

Parler de sexualité à un homme

Beaucoup de femmes trouvent très difficile de parler de sexualité à leur partenaire masculin. Plus d'un quart des femmes avec qui j'ai abordé le sujet m'ont déclaré ne jamais donner la moindre indication à leur partenaire pour améliorer sa technique amoureuse. Ou elles ont l'impression que cela n'arrangerait rien. Ou elles estiment que c'est « complètement de leur faute » à elles. Ou encore, le contexte social dans lequel se déroulent les rapports sexuels – habiter chez les beaux-parents, par exemple, ou devoir s'accommoder d'autres problèmes familiaux – paraît empêcher tout espoir de résoudre les problèmes en la matière. Une femme dit avoir renoncé à essayer de régler son insatisfaction sexuelle à cause de son bébé âgé de dix mois : « Juste au moment où les choses semblent vouloir devenir intéressantes, il se réveille. Vous avez déjà essayé de faire l'amour quand un bébé braille ? » Parfois, l'idée que se fait la femme du comportement sexuel qui doit être le sien lui interdit pratiquement d'aborder ce genre de discussion. Une femme, à qui son mari faisait mal chaque fois qu'ils avaient des rapports, disait : « Je me fais une raison parce que ce n'est pas à *moi* de lui dire comment s'y prendre. Ce n'est pas le rôle de la femme, et je ne me sentirais pas féminine. »

La frustration

Les femmes qui décrivent leurs sentiments de frustration sexuelle ou leur totale absence de plaisir disent éprouver des émotions complexes et mêlées, qui vont de la tristesse et du regret à l'anxiété et à la détresse intense, en passant par la rancune de se sentir utilisées pour le plaisir de quelqu'un d'autre. Mais presque toutes sont convaincues d'être *elles* responsables de cet échec. Une femme qui n'a jamais éprouvé d'orgasme en faisant l'amour déclare : « Tout ce que je voudrais, c'est me détendre, prendre du plaisir et avoir de temps à autre un orgasme qui me libérerait de cette tension. La plupart du temps, je n'éprouve rien du tout, ou je m'endors frustrée parce qu'il m'a fallu un temps fou pour éprouver une sensation quelconque. » Et elle rejette la faute sur elle.

Si la majorité des femmes n'ont jamais abordé la question avec leur partenaire, c'est, disent-elles, parce qu'elles se sentent trop timides, gênées ou inhibées, parce qu'elles ne veulent pas en faire une montagne et compromettre en quoi que ce soit leur relation de couple en se plaignant de la technique de l'autre, ou bien parce qu'elles craignent qu'il se sente « visé ». Elles ont souvent le sentiment qu'il sera blessé ou furieux. « J'ai peur qu'il remette en question sa masculinité. » « Je n'aime pas parler de ces choses-là, j'ai peur qu'il prenne ça trop à cœur et ne se sente pas à la hauteur. » « Je n'arrive pas à trouver une façon délicate, qui ne le blesse pas, d'y faire allusion sur le moment, et l'occasion de le faire dans d'autres circonstances ne se présente guère. » « Je ne veux pas le froisser. Il croit qu'il est un amant hors pair. »

Dans une relation hétérosexuelle, la vieille image de l'homme prenant l'initiative et de la femme subissant passivement ses ardeurs a la vie dure. Aussi, beaucoup d'hommes ne se rendent pas compte que leur technique sexuelle laisse à désirer et continuent à faire ce qu'ils ont toujours fait, en étant convaincus que ce qui a donné de bons résultats au début d'une relation continue à le faire, ou que les techniques qui réussissaient avec d'autres femmes doivent également exciter leur partenaire présente. Si nous voulons que les hommes reçoivent les informations précises dont ils ont besoin, nous devons avoir le courage de sortir de notre rôle traditionnel de Belle au Bois Dormant attendant l'extase qui naîtra du baiser du Prince Charmant.

Par ailleurs, il est exact que certaines femmes qui essaient de parler pour améliorer les rapports sexuels se heurtent à la réaction d'hommes sur la défensive, qui s'irritent ou refusent la discussion : « Il a énormément de mal à parler de nos problèmes de façon positive, et il contre-attaque en critiquant la manière dont je tiens la maison, mon style de vie ou mes liaisons antérieures. » « Ça l'agace que je lui demande de modifier sa technique. Et nous évitons l'un comme l'autre d'en parler quand nous en avons l'occasion à un autre moment. » « Il refuse d'en discuter et change de sujet. »

Certaines femmes disent aussi que lorsqu'elles se risquent à suggérer des améliorations, l'homme est souvent incapable de comprendre ce qu'on lui dit. « Il y met de la bonne volonté et arrive à savoir *un peu mieux* ce que j'aime. » « Quand nous en discutons, il essaie. Mais il ne saisit pas très bien et je renonce à lui expliquer. » Beaucoup disent que leurs suggestions discrètes n'ont guère amélioré les choses, et la plupart semblent se résigner. Et, de la même façon qu'elles s'estiment responsables de ne pas avoir d'orgasme, les femmes attribuent cet échec de la communication à une insuffisance de leur part : « J'ai dû le prendre à rebrousse-poil. »

Souvent, les femmes aimeraient discuter de ce qu'on appelle les « préliminaires », et de leur besoin d'être mieux stimulées, dans la totalité de leur corps, avant la pénétration. Parce que « avoir des rapports » est souvent défini en termes de pénétration et d'éjaculation, quand nous demandons à notre partenaire masculin

La crainte de le blesser dans ses sentiments

« Je ne voudrais surtout pas que mon mari y voie une critique. »

« C'est impossible de parler avec mon mari de nos rapports sexuels. Il croit que j'essaie de lui dire comment faire son boulot. »

135

de faire l'amour à notre corps tout entier et non à une portion de ce corps, on y voit habituellement un « extra », une faveur que l'homme nous fera s'il est assez attentionné et peut se contrôler suffisamment longtemps.

Le « système
des encoura-
gements »

Quand les femmes expliquent aux hommes qu'elles aimeraient qu'ils procèdent autrement, on voit souvent dans cette démarche un risque d'« atteinte à leur masculinité » ou d'« offense à leur virilité ». Et parce qu'elles ont l'impression que leur partenaire masculin serait irrité si elles essayaient de lui en parler ou perdrait toute confiance en lui, beaucoup de femmes recourent à ce que l'une d'elles appelle le « système des encouragements » : « Il est parfois maladroit et me fait mal. Je n'en ai jamais fait un problème parce qu'il essaie d'être un bon amant et que je suppose que les lèvres d'un sexe de femme sont assez compliquées. Quand il procédait avec douceur, je lui disais comme c'était bon, que cela m'excitait, et la méthode semble avoir donné de bons résultats. Mais quelquefois, quand il me caresse le clitoris, il me tire les poils du pubis. J'attends qu'il ait fini, puis je lui dis le plus grand bien de ce qu'il fait ensuite. Ça, c'est ma dernière trouvaille. Mon mari ne supporte pas qu'on lui dise comment faire l'amour. Un jour, nous avons eu une discussion sanglante à ce sujet. Il a l'impression que je le critique, même si j'y vais avec des gants, et c'est pourquoi j'ai mis au point mon "système d'encouragements", qui donne des résultats positifs, mais pas vraiment rapides ! » Une autre femme : « J'essaie de lui faire comprendre, par le son, par les mouvements, je mets ses mains là où j'ai envie qu'elles soient, je fais de petits bruits de plaisir, je dis "Mmmm, c'est bon" quand il fait ce que j'aime. »

D'après les femmes qui ont le mieux su dire aux hommes ce qu'elles voulaient, il vaut mieux ne pas suggérer de changement au plus fort de la passion. Interrompre son partenaire par une discussion technique est un peu comme parler de régime au milieu d'un repas gastronomique, et c'est la chute garantie du plaisir. Il est important de trouver un moment où vous êtes bien ensemble, où vous vous câlinez, où vous vous sentez proches. (Encore que ce soit précisément de ce genre de contact non sexuel et de tendresse que les femmes insatisfaites disent manquer.) La femme peut dire : « J'aimerais qu'on parle un peu de ce que je ressens quand je fais l'amour », ou : « Si nous parlions un jour de nos rapports sexuels ? » Elle peut aussi profiter de la proximité d'un bras ou d'une jambe, ou d'une caresse amicale, pour dire : « J'adore que tu fasses ça quand nous faisons l'amour, surtout quand tu... » et continuer en indiquant le genre de caresse qui lui procure du plaisir. Ou elle peut caresser l'homme d'une manière qu'il apprécie particulièrement, attirer son attention sur le plaisir qu'il éprouve en soulignant qu'elle aimerait qu'il lui fasse la même chose.

On conseille souvent à celles qui s'adressent aux rubriques spécialisées des journaux féminins de recourir aux encouragements. Le Dr Philip Cauthery, qui répond aux questions des lectrices de l'édition anglaise de *Parents,* par exemple, recommande à une femme

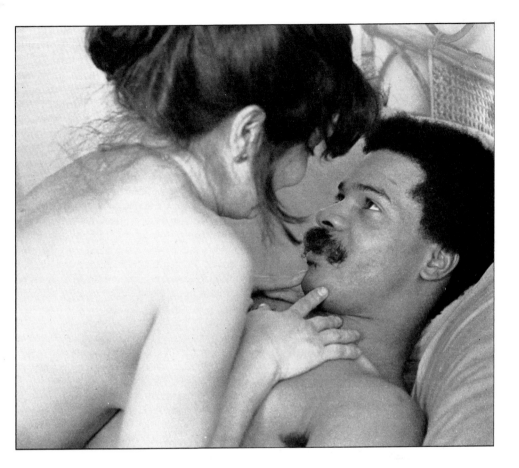

qui écrit que son mari veut seulement se masturber devant elle, qu'elle doit « s'inclure » dans cette masturbation, découvrir les pensées qui excitent son mari et essayer ensuite d'y répondre : « Réagissez en manifestant du plaisir, afin de l'encourager. Soyez patiente, aimante, compréhensive et subtile, flattez-le, séduisez-le. » Une fois qu'elle l'aura amené à la pénétrer, on lui conseille de se placer au-dessus de lui au moment où il ne s'y attend pas, on lui dit de l'« encourager », et un élément important de ces encouragements consiste à éprouver l'orgasme quand le pénis est dans le vagin. On l'invite à « poursuivre ses efforts et éviter tout sentiment de rancune ». Le Dr Cauthery ne révèle pas ce que la femme doit faire pour être sûre de jouir pendant qu'elle est pénétrée, mais il lui recommande d'« amener son mari à l'orgasme et à l'éjaculation avant que l'anxiété ait eu le temps de se mettre en place ». Peut-être laisse-t-il entendre qu'elle doit faire semblant de jouir si elle n'y parvient pas spontanément. Et il y a de fortes chances que, si son mari trouve la chose à son gré, elle, en revanche, n'ait pas résolu pour autant son problème.

Trouver le bon moment pour lui parler de ce que vous éprouvez peut faire toute la différence.

137

*Confrontation
ou
manipulation ?*

D'autre part, certaines femmes trouvent dégradant pour l'homme d'être traité « comme un chien à qui on apprend à être propre en lui donnant un sucre ». Elles estiment que cette façon de procéder « féminine », traditionnellement approuvée, est par trop manipulatrice. Les hommes doivent être traités en égaux, ce qui impose une attitude franche et ouverte en matière de sexualité. Beaucoup de femmes hostiles à ce genre de manœuvres ont parfois l'impression que la seule solution consiste à attaquer de front le problème et à formuler leurs critiques. Or, quand il existe un échange de sentiments et d'idées dans ce domaine, il est très important de mettre l'accent sur les aspects positifs si l'on ne veut pas avoir en face de soi un partenaire stupéfait et blessé. Les hommes sont vulnérables dès qu'on touche à la sexualité. Dès l'enfance, on leur apprend à croire que la performance sexuelle est un critère de masculinité. Critiquer leurs performances, c'est mettre en cause le sentiment qu'ils ont d'eux-mêmes. D'autre part, quand la femme ne fait état que de ses frustrations, quand elle a trop de délicatesse pour sortir de sa réserve et ne réussit pas à dire explicitement ce qu'elle veut, l'homme n'apprend jamais à la satisfaire.

*Insistez sur
vos sensations*

La solution consiste à toujours insister sur *vos sensations,* et non sur sa technique à lui. Une fois que vous sentez que le message est passé, vous le renforcerez pendant les rapports amoureux en abordant des points plus spécifiques.

Bien sûr, il n'en va pas toujours ainsi. Certains couples ont du mal à parler et à communiquer, à explorer diverses manières de faire l'amour et à découvrir ce que désire l'autre. Les femmes qui décrivent ce type de relation la présentent souvent comme un tout et ne s'arrêtent pas à sa seule composante physique. Elles disent pouvoir facilement parler de n'importe quoi avec leur partenaire. Les améliorations qui peuvent être apportées aux relations sexuelles ne sont qu'un aspect de cet échange.

C'est peut-être la clé si l'on ne veut pas transformer les rapports sexuels en terrain d'affrontement sur ce champ de bataille plus vaste qu'est une relation de couple. Parler ensemble d'autre chose, découvrir ou redécouvrir l'autre en tant que personne et non comme protagoniste sexuel ou dispensateur d'orgasmes en puissance est vital si le couple veut pouvoir parler spontanément et facilement de sa sexualité. Quand les relations sexuelles battent de l'aile, l'un ou l'autre des partenaires, ou les deux, aura l'impression que tout le problème est là, alors qu'il s'inscrit invariablement dans une situation conflictuelle plus générale. Apprendre de nouvelles techniques pour déclencher l'orgasme ne résoudra pas ces difficultés, encore que cela puisse faciliter les choses.

Une fois passé l'ardeur et l'excitation du début, la plupart des couples ont besoin de définir le répertoire sexuel qui leur convient. Il ne s'agit pas, pour eux, de simplement découvrir ce qui « marche » et de s'y tenir leur vie durant. Ils changent, ou ils ont besoin de nouvelles sources de stimulation, et ils continuent à construire leur

Il y a toujours des tensions à un moment ou l'autre dans une relation sexuelle, et il est important de les résoudre.

relation à partir de ce que chacun sait déjà de l'autre et à élaborer de nouvelles techniques. Le fait de parler de ce qu'ils éprouvent, de discuter, de s'essayer à ces innovations renforce le désir. Parler ensemble de sexualité peut faire partie intégrante de l'excitation physique et donner de meilleurs résultats que ce bulletin scolaire décourageant dans lequel vous lui dites qu'il « ne se donne pas assez de mal » ou « pourrait faire mieux ». Tout homme a été marqué, dans sa vie, par des femmes puissantes – mère, professeurs, d'autres femmes parfois –, et quand il se sent réprimandé ou qu'il reçoit des instructions, il réagit exactement comme s'il était à nouveau pris dans ces relations initiales. Il réagit comme un petit garçon, comme si la partenaire sexuelle était devenue la mère contrôlant les fonctions de ses intestins et de sa vessie, ou la maîtresse d'école critiquant ses additions et son orthographe. Tout au long de leur vie, les hommes, et aussi les femmes, régressent à ces premiers schémas de réaction lorsqu'ils sont confrontés à des situations de stress.

La répercussion des expériences antérieures
Les femmes insèrent souvent dans une relation sexuelle un conditionnement antérieur qui les amène à ne pas se sentir vraiment des femmes si elles expriment leurs désirs et veulent diriger les opérations. C'est pourquoi il est parfois important pour les deux partenaires de discerner les éventuels effets à longue portée des expériences vécues de l'enfance, de parler ensemble de cette enfance et d'apprendre à se connaître non seulement tels qu'ils sont, mais tels qu'ils étaient. C'est une connaissance qui va presque de soi pour les gens vivant dans les communautés villageoises, non seulement parce que le passé s'est continué dans le présent sans rupture, mais parce que tout le monde se connaît. Dans la culture occidentale moderne, nous nous trouvons de plus en plus coupées de la vie qui a été celle de notre partenaire, et nous devons donc essayer d'apprendre qui il est et de le comprendre.

Le cas de Maureen
Prenons le cas de Maureen. Elle vient d'une famille irlandaise catholique. Pendant toute son adolescence, elle était partagée entre une curiosité intense de la sexualité et la terreur de ce qui pouvait arriver si elle « perdait la tête ». On lui avait appris que les garçons ont des « besoins insatiables ». C'était à la fille de « garder la tête froide ». « On nous parlait du "point de non-retour", que j'imaginais comme un film projeté en accéléré. » Toute son adolescence, l'idée de plaire aux hommes et de se laisser aller la terrifia.

Elle n'eut pas de rapports sexuels avant le mariage et découvrit ensuite que, au lieu du septième ciel auquel elle s'attendait, l'amour physique était monotone et sans joie. Elle n'était pas indifférente et il lui arrivait de se masturber, mais même alors, elle ne réussissait jamais à se laisser complètement aller et elle s'arrêtait avant l'orgasme. « Je me sentais si coupable et sale après ! » Pendant sa première grossesse, elle éprouva plusieurs fois l'orgasme pendant les rapports amoureux. Cela, expliquait-elle, parce que la peur d'être enceinte avait disparu et qu'elle pouvait se détendre et prendre plaisir à faire l'amour. Elle commença à élaborer des fantasmes dans lesquels elle se voyait contrainte par une bande de blousons noirs à coucher avec eux ou s'imaginait en train de faire l'amour dans un lieu public où on pouvait la « surprendre », mais elle ne parlait jamais à Geoff, son mari, de ces fantasmes et faisait attention à ne pas lui montrer qu'elle était excitée : « J'aurais eu honte qu'il me voie jouir. » Compte tenu de cette totale absence d'échanges, et aucun des partenaires ne sachant ce que l'autre éprouvait, les rapports sexuels devinrent routiniers et mécaniques. Geoff ne variait jamais de technique et s'en tenait uniquement à la « position du missionnaire », et il en vint, avec les années, à limiter leurs rapports sexuels au samedi soir, avec une régularité d'horloge. Aujourd'hui, Maureen a trois enfants, et elle se sent frustrée et malheureuse. Elle dit que Geoff se comporte avec elle comme si elle n'éprouvait strictement rien, mais qu'elle se sent incapable de lui en parler parce que ce ne serait pas « féminin ». Bien qu'il lui masse consciencieusement le clitoris pendant quelques minutes avant de la pénétrer, elle a l'impression qu'elle ne peut pas lui dire comment l'amener à l'orgasme, car il saurait alors qu'elle se masturbait. Pendant l'année qui vient de s'écouler, leurs rapports se sont encore espacés et elle se demande s'il y a une autre femme dans la vie de son mari. D'ailleurs, « je n'irais pas le lui reprocher », dit-elle. C'est là un exemple, parmi d'autres, de partenaires incapables de résoudre leur problème actuel tant qu'ils ne l'auront pas replacé d'abord dans le contexte de leur vie passée et avec le désir de l'aborder ouvertement.

Mais, après cette première démarche, ils devront dépasser cette seule prise de conscience et comprendre que ce que nous avons appris de nos parents découle d'un système de valeurs sociales plus vaste et qui nous a été imposé. Les parents sont le médium par lequel les idéologies sociales sont inculquées aux jeunes. Les mères sont souvent tenues pour responsables des problèmes de leurs enfants. Or les choses sont beaucoup plus complexes.

Quand une femme n'est pas heureuse dans sa vie sexuelle, ce n'est pas vraiment la « faute » de sa mère, et pas davantage celle de la mère de Geoff s'il ne sait pas procurer de plaisir à sa femme. Nos mères ont elles aussi été prises au piège de la culture qu'elles nous ont transmise et modelées par elle, et nous éludons tout simplement nos difficultés en essayant d'en rejeter la faute sur elles. C'est à nous d'assumer notre passé et de résoudre nos problèmes.

Le couple a besoin d'examiner sa relation dans sa totalité, ainsi que son attitude par rapport aux rôles de l'homme et de la femme.

Il ressort, lorsque les femmes évoquent leurs problèmes sexuels, qu'un couple qui a du mal à communiquer *en général* sera incapable de parler de sa relation sexuelle. Et si cette communication est impossible, la femme aura plus de mal à parvenir à l'orgasme, ou, si elle y réussit, à éprouver autre chose qu'une réaction purement physique qui la laissera *affectivement* insatisfaite.

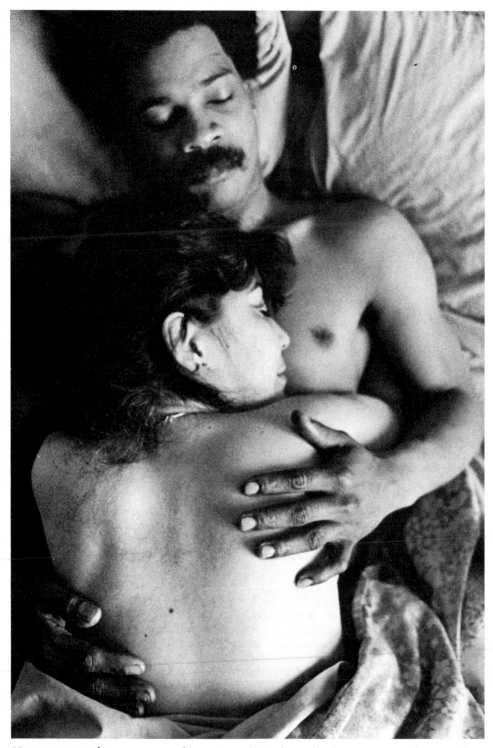

Nous prenons confiance en nous en devenant conscientes de nos besoins... et en osant les reconnaître.

Avoir confiance en soi

La confiance en soi est la meilleure base sur laquelle une relation de couple trouve à se développer et à s'épanouir, tout en laissant à la femme l'espace nécessaire pour être elle-même. Nous manquons habituellement d'assurance lorsqu'il s'agit de sexualité. Quelques femmes, peu, sont sûres d'elles-mêmes dès le début, mais cette assurance ne nous vient le plus souvent qu'après plusieurs expériences positives.

Dans un rapport de couple, la femme exprime souvent la composante passive de la sexualité ; elle sert l'homme et répond à ses besoins. Quand nous aimons quelqu'un, nous voulons nous donner totalement. Ce don de soi est beau, et nous nous perdons pour nous trouver. Ou nous voudrions qu'il en soit ainsi...

Or ce n'est pas toujours le cas. Souvent, une femme se donne mais est incapable de prendre ensuite du recul pour savoir qui *elle* est et ce que sont *ses* besoins. Elle peut se voir dans divers rôles : épouse et mère aimante, ménagère efficace, cordon bleu de génie, courtisane habile, éminence grise, jardinière, délicieuse hôtesse, « chatte », chauffeur, décoratrice pleine d'invention, psychologue, consommatrice avisée – pour ne citer que ceux-ci –, mais ce faisant elle s'est perdue *elle*. Une femme, dans cette situation, se sent frustrée et éprouve de la rancune ; elle se sent également coupable parce qu'elle croit qu'avec une jolie maison, un mari aimant et des enfants merveilleux elle devrait être heureuse. Seulement, elle a été mise d'office dans des rôles stéréotypés qui risquent de devenir ennuyeux et répétitifs. Le scénario varie suivant les femmes, bien sûr. Mais on retrouve un schéma commun dans la plupart de nos vies : nous nous consacrons aux autres et nous négligeons de définir ce que nous voulons vraiment pour nous-mêmes (Anne Dickson, *A Woman in Your Own Right*).

Définir ce que nous voulons

Le sentiment que nous éprouvons du fait d'exister seulement à travers ceux que nous aimons et auxquels nous consacrons tous nos soins est bien plus dangereux et envahissant que l'insatisfaction qui peut naître de nos difficultés sexuelles. Changer de technique ne résout rien quand la raison sous-jacente à ce malaise profond vient de ce que nous nous sentons complètement utilisées par les besoins des autres.

Mais même si elles souffrent de cette absence d'identité, les femmes sont souvent, aussi, prisonnières de leur propre désir d'être prises en considération par ceux qu'elles servent et de leur être indispensables. Elles croiront sincèrement que leur mari et leurs enfants sont incapables de se débrouiller sans elles (ils y arriveraient, bien sûr, mais autrement) ; or, si l'on creuse plus avant, on s'aperçoit que ces femmes tirent une satisfaction de la dépendance des autres à leur égard. Et elles craignent bien trop souvent de s'effondrer et de perdre toute identité si cette dépendance venait à disparaître.

143

Lorsque cela se produit, ce n'est pas seulement la femme qui est piégée. Tous ceux dont elle sert les besoins le sont *avec elle.* Ils commencent à lui en vouloir, et plus elle s'efforce de les rendre heureux, plus leurs rapports risquent de devenir étouffants.

C'est alors que le *zipless fuck* (une expression utilisée par Erica Jong dans *le Complexe d'Icare*) peut paraître une solution de rechange excitante aux liens étroits et paralysants du mariage et de la famille. Or, comme non seulement l'estime de soi, mais aussi les quelques lambeaux d'identité qui subsistent encore dépendent de la manière dont elles continueront à répondre aux attentes de ceux avec qui elles sont prises au piège, beaucoup de femmes ne peuvent se permettre des rencontres sexuelles fortuites. Beaucoup, également, se sentent peu séduisantes et manquent de la confiance en soi ou du brio nécessaires pour se lancer dans ce genre d'aventures.

Pour résoudre son problème, en fait, la femme doit changer la nature du groupe social dans lequel elle est quotidiennement prise. Cela signifie que, bien qu'elle puisse ne pas vouloir changer les *personnes* qui constituent ce groupe, les rapports entre les membres du groupe et son rôle dans celui-ci doivent être modifiés. Et elle n'y parviendra que si elle commence par définir quels sont *ses* propres besoins et par développer sa confiance en elle-même en découvrant qu'elle peut changer sa vie pour y répondre. C'est seulement alors qu'elle est capable de décider comment elle peut s'affirmer et exprimer ce qu'elle veut.

Il n'est pas toujours facile pour une femme d'opérer ce changement quand ses enfants sont encore petits. Mais à mesure qu'ils grandissent et savent attacher leurs lacets tout seuls et se préparer un goûter en piochant dans le réfrigérateur, il devient vital pour elle de se faire un coin personnel et de refuser que les autres comptent tout le temps sur elle. Il faut de l'énergie pour déboulonner cette « mère-courage ». L'idéalisation des femmes-mères a été habilement utilisée au fil des siècles pour les empêcher de définir leur identité. Mais il n'est pas bon d'ériger une femme en statue alors qu'elle essaie de se trouver.

La femme a souvent du mal à accepter l'idée qu'elle est, en dernier recours, responsable de sa vie. Une société conçue essentiellement pour le confort des hommes soumet les femmes à une pression telle que la seule soupape affective dont nous disposions est la colère que nous retournons contre nous et qui nous permet de nous apitoyer sur notre sort. Être piégée peut signifier aussi que nous sommes paralysées et incapables de changer non seulement les grandes options de notre vie, mais également les petites choses de la vie quotidienne. Vous n'aurez pas tous les jours envie de planter là mari et enfants, de changer de travail, de ne plus faire la cuisine, de partir seule en vacances ou de refuser d'aller récupérer sous le lit les chaussettes sales de votre époux. Mais l'important est de voir que cette *possibilité de choix* existe. L'important, c'est de parvenir au stade de la décision. Sinon vous risquez de vous enliser définitivement dans les sables mouvants de l'apitoiement sur soi.

Choisissez une seule chose que vous voudriez modifier dans votre vie et définissez une stratégie de changement. Décidez de la méthode qui saura le mieux faire comprendre à tous les vôtres que cette chose va changer et leur rappeler que ce changement s'est produit quand ils auront tendance à l'oublier – et ne l'oubliez pas non plus.

Comment allez-*vous* réagir sur le plan *affectif* quand vous ne recueillerez pas l'approbation des gens qui ont vraiment de l'importance pour vous, de ceux « qui comptent » ? Ce n'est pas en vous déchaînant contre eux, en vous faisant horreur ou en vous effondrant, le cœur brisé, en pensant à eux que vous attaquerez rationnellement le problème. Pour éviter ces faux pas, préparez une stratégie simple sur ce que vous allez dire et faire pour répondre à leurs objections et à leurs critiques. Dites-vous bien que votre initiative ne suscitera pas leur approbation. Pour certaines femmes, ce sera peut-être la première fois de leur vie qu'elles devront renoncer à dépendre des souhaits ou de l'estime des autres.

Bien sûr, des personnes différentes adopteront des tactiques différentes pour obtenir un peu d'indépendance et, du même coup, d'assurance. C'est ainsi qu'une femme a décidé de consacrer chaque semaine plusieurs heures à un travail bénévole. Une autre a pris un emploi à mi-temps. Ce qui signifiait dans les deux cas une réorganisation de la vie de la famille et l'acceptation, par les autres membres, de nouvelles responsabilités. Une troisième est parvenue à la conclusion qu'il lui fallait deux semaines de vacances chaque année – simplement pour être seule avec elle-même.

Le mari de Josie n'aime pas les manifestations politiques. Ce sont toujours, dit-il, « des incitations à la violence et il est normal que la police n'y aille pas de main morte pour préserver l'ordre public et que des gens prennent des coups ». Ce fut donc une décision difficile pour Josie d'aller manifester contre un site nucléaire.

Quoi que vous décidiez de faire, rappelez-vous que vous faites *pour vous* quelque chose que *vous voulez*. Et vous n'avez pas d'autre justification à donner – ni aux autres ni à vous-même.

A mesure que vous définissez vos choix, observez vos réactions affectives. Vos sentiments peuvent vous aider à identifier et à comprendre certains des principaux obstacles à abattre – ceux qui viennent de vous. Nous nous interdisons souvent de nous affirmer dans notre vie sexuelle, de la même façon que nous nous interdisons de nous affirmer dans nos autres relations. Quels blocages, parmi ceux qui vont être évoqués, s'appliquent à vous et vous empêchent de vous affirmer sexuellement ?

Une grande partie de l'incapacité des femmes à s'affirmer dans leur vie sexuelle tient au peu d'estime qu'elles ont d'elles-mêmes. Félicité, par exemple, a honte de son corps et s'en excuse, et elle éprouve un tel sentiment de reconnaissance quand un homme lui manifeste de l'intérêt qu'elle lui tombe dans les bras. Elle se retrouve habituellement au lit avec des hommes plus âgés, de style « macho », qui parlent bien et la font se sentir désirable et féminine.

Le fait de ne pas reconnaître qu'on a le droit de décider de son identité sexuelle est souvent lié à cette estime de soi limitée. Certaines femmes acceptent l'idée que leurs partenaires se font d'elles et de la façon dont il faut les traiter, sans jamais remettre les choses en question ni se rendre compte qu'elles ont, comme les nombreuses femmes qui portent aujourd'hui un regard critique sur les vieilles relations phallocrates, la capacité de changer ce qui ne leur plaît pas.

Dire, comme je l'ai entendu de la bouche d'une femme : « On ne changera jamais les hommes, n'est-ce pas ? », c'est se résigner non au fait qu'on ne peut pas changer les hommes, mais au fait qu'on n'est pas prête à essayer.

La passivité de la femme dévalue aussi le partenaire, car elle sous-entend qu'on ne prend pas le risque de s'engager sans réserves, et à égalité. La femme qui dit : « Je ne peux pas vraiment dire que j'aime ça. J'attends simplement qu'il ait fini. Il est très compréhensif et me demande si j'aime ce qu'il fait, et en général je réponds "oui" ou n'importe quoi du même genre pour lui faire plaisir » est une femme passive. Elle ne joue pas franc jeu non plus avec elle-même, et il suffirait qu'elle s'affirme un peu en disant ce qui pourrait être amélioré, pour que sa relation de couple devienne plus satisfaisante.

Chez beaucoup de femmes, le manque d'affirmation de soi s'explique par le désir de « ne pas vouloir faire d'histoires » et la conviction qu'avec un peu de patience le problème disparaîtra ou que les choses s'arrangeront d'elles-mêmes. Certaines femmes continueront à feindre l'orgasme parce qu'elles le font depuis des années ; elles ne supportent pas l'idée que leur partenaire puisse savoir qu'elles n'ont pratiquement jamais éprouvé de plaisir, mais seulement monté toute cette mise en scène. Si la femme a convaincu l'homme que ce qu'il fait la conduit à l'orgasme, il n'aura aucune raison de modifier une méthode qu'il croit efficace. Il ne le fera que si elle ose être franche et honnête. Vivre d'espoir, c'est seulement ancrer le partenaire dans une technique habituellement peu satisfaisante.

La crainte de s'affirmer

Au centre des nombreuses raisons qui empêchent les femmes de s'affirmer au plan sexuel, il y a parfois la peur d'être « punies » – directement par la mauvaise humeur du partenaire, ou indirectement par d'autres problèmes qui découleront de leur attitude. Il est exact que la société punit souvent les gens qui osent sortir de la voie tracée, mais si les femmes se comportent comme des enfants attendant d'être punies, elles ne font que renforcer une situation dans laquelle les hommes édictent les lois et punissent, et où les femmes deviennent tout simplement des victimes.

Cette anxiété est parfois fondée sur une triste réalité. La femme battue aura de bonnes raisons de croire qu'en s'affirmant sexuellement, elle s'attirera des ennuis. Mais souvent, cette crainte est plus axée sur les réactions de l'autre si l'on fait ou dit quoi que ce soit qui risque de casser le modèle sur lequel fonctionne la relation.

Le manque d'affirmation de soi peut venir d'un sentiment de gêne

ou de honte : « Jamais je ne pourrai lui demander de faire ça...
Je n'aime pas parler de ces choses-là. » Une femme peut éprouver
beaucoup de réticences à demander à son partenaire de modifier sa
technique, de laisser la lumière allumée ou de lui faire l'amour devant
un miroir, même si elle y prend un plaisir intense, parce qu'elle a
l'impression que ces rapports sont déjà en eux-mêmes légèrement
indécents, et cela explique son hésitation à exprimer ses goûts en
matière de sexualité.

Vous pouvez commencer à vous affirmer simplement en disant ce que vous voulez.

Nous pouvons essayer de résoudre de diverses façons ce problème
d'affirmation de soi. La connaissance de nos réactions nous permet
parfois de prendre conscience des occasions manquées. Si vous
constatez, par exemple, que vous critiquez votre partenaire, que vous
êtes très en colère ou physiquement indifférente, vous pouvez
prendre un peu de recul et voir que vous avez laissé passer l'occasion
de vous affirmer et que, de ce fait, une tension s'est établie dans votre
relation.

Prendre la mesure de ses propres réactions

Vous savez que vous pouvez opérer quelques changements, aussi
minimes soient-ils, dans votre vie de tous les jours en décidant ce
que vous voulez et en vous tenant à ces décisions ; demandez-vous
maintenant quels sont vos besoins en matière de sexualité. Les
hommes prennent habituellement pour acquis qu'ils ont le droit,

Affirmer sa sexualité

S'affirmer en matière de sexualité c'est entrer dans une relation à deux et exprimer ce qu'on éprouve d'une façon constructive...

voire la responsabilité, de s'affirmer dans ce domaine. Les femmes doivent apprendre à en faire autant. Et vous y parviendrez en sachant que vous avez le droit de dire que vous n'aimez pas ce qui plaît à votre partenaire ou que quelque chose vous dérange – il est important que vous soyez consciente de vos sensations et honnête. Après tout, personne ne sait mieux que vous ce que vous éprouvez et ce que vous souhaitez.

Comme précédemment, réfléchissez à ce que vous voudriez changer dans votre vie sexuelle. Ne choisissez que ce qui peut être modifié par une participation active de votre part. Par exemple, votre partenaire sait-il vraiment que ce qu'il croit particulièrement excitant vous coupe en fait toute inspiration ? Que pourrait-il faire qui vous procure un plaisir accru ? Pensez à la façon dont vous aborderez le sujet ou l'amènerez à le faire. Y a-t-il quelque chose que vous aimeriez et que votre partenaire ne fait que rarement ou jamais ? Comment allez-vous préparer le terrain ? Si vous décidez d'attaquer un problème de technique sexuelle, l'important est de le faire de façon positive et de ne pas vous en tenir à de simples critiques.

S'affirmer n'est pas agresser. La femme qui s'écrie : « Tu es vraiment nul au lit ! Je n'ai jamais joui. Je passe mon temps à faire semblant, juste pour ménager ta fichue fierté ! » ouvre les hostilités, elle ne s'affirme pas. Le choc peut être salutaire pour le partenaire, mais elle ne lui dit pas comment il pourrait y remédier ; il se sentira, c'est certain, humilié et furieux, et la confrontation n'a guère de chances d'aboutir à des résultats positifs.

Vous n'avez pas besoin de devenir une « femme castratrice », qui ne cesse de faire des remarques ou est incapable de prendre plaisir à l'acte sexuel. L'affirmation de soi, c'est le refus de la passivité, et cela implique que vous apprenez à exprimer vos sentiments et vos sensations de manière constructive. L'agressivité ne peut entraîner que l'hostilité du partenaire et une réaction de défense ou de contre-attaque. Vous affirmer sur le plan sexuel signifie que vous entamez une relation de couple dans laquelle vous aurez, l'un comme l'autre, la possibilité de faire en sorte qu'elle soit satisfaisante, ou de décider qu'elle ne vous convient pas et d'y mettre fin. Dire honnêtement ce que vous *éprouvez* est un bon point de départ. La validité de vos sentiments ne peut être mise en cause. La femme qui dit : « Attends encore un peu avant de me pénétrer. Je commence à me sentir bien, surtout quand tu fais *cela...* », ou qui prend la main de son amant pour la guider à un endroit précis, fait preuve d'affirmation de soi.

Une échelle d'affirmation de soi

S'affirmer est plus ou moins difficile suivant le contexte. Si vous essayez d'emblée de le faire dans une situation qui présente un réel danger, vous risquez d'abandonner après la première tentative. Mieux vaut procéder par paliers. Devenir sûre de soi en matière de sexualité, c'est mieux dominer ce que vous faites et ce que vous êtes. Vous n'acquerrez pas cette confiance en vous du jour au lendemain. Commencez donc par de petites choses que vous jugez peu importantes, et progressez à partir de là, comme si vous gravissiez

150

17 Suggérer que nous utilisions
un adjuvant sexuel

16 Suggérer à mon partenaire que je lui montre en me
masturbant comment j'éprouve le plus facilement du plaisir

15 Dire que je veux faire l'amour
sans avoir de rapports sexuels

14 Dire à mon partenaire que j'ai souvent
fait semblant d'avoir un orgasme

13 Demander à mon partenaire
de ne pas me pénétrer tout de suite

12 Dire à mon partenaire que je n'éprouve pas d'orgasme
et que je n'y tiens pas pour le moment

11 Demander à mon partenaire
de parler en faisant l'amour

10 Dire à mon partenaire que ce qu'il me
fait est franchement désagréable

9 Dire que je n'ai pas envie
de faire l'amour

8 Suggérer à mon partenaire de modifier
sa technique

7 Dire à mon partenaire que je n'aime pas
une chose qu'il me fait

6 Faire comprendre à mon partenaire combien je me déconcentre
quand un des enfants se réveille et pleure

5 Décrire les effets
de ce que nous sommes en train de faire

4 Dire à mon partenaire
ce que j'aimerais qu'il me fasse

3 Décrire mes sentiments
et mes sensations

2 Expliquer à mon partenaire que mon désir
change suivant la période du mois

1 Dire que j'aime une chose
que fait mon partenaire

une échelle d'affirmation de soi. Vous prendrez confiance en vous au fur et à mesure que vous réussirez à résoudre des situations relativement simples et peu dangereuses, et vous améliorerez votre stratégie.

Attaquez-vous ensuite à des problèmes qui vous paraissent plus épineux et procédez de même. Ce sera, en quelque sorte, le deuxième barreau de votre échelle. Prenons comme exemple celle que s'est définie une femme imaginaire que nous appellerons Deborah.

Une fois que vous avez déterminé votre échelle personnelle d'affirmation de vous-même, considérez de nouveau les points que vous avez notés au bas de celle-ci et réfléchissez à la façon dont vous exprimerez votre assurance – les mots que vous pourriez utiliser, les initiatives que vous pourriez prendre – en commençant par les situations les plus simples.

Prenons donc le cas de Deborah. Elle voulait pouvoir dire à son *Deborah* partenaire : « J'aime bien que tu me caresses très légèrement le bas du dos. » Ce n'était pas très compliqué, mais souvent elle préférait ne pas demander à son partenaire de faire quelque chose qu'elle appréciait particulièrement de peur de le gêner dans son plaisir. Alors qu'en fait cela l'excitait qu'elle lui dise ce qu'elle aimait. Lorsqu'elle commença à réfléchir à la manière dont elle pouvait lui décrire ses sensations, elle eut d'abord du mal à trouver ses mots, puis elle se jeta à l'eau : « Quand tu me caresses de cette façon, on dirait des centaines de petites flammes qui partent de mon clitoris et m'irradient, un peu comme les vibrations du soleil. » Elle craignait de blesser son partenaire en lui disant que quelque chose ne lui plaisait pas, mais plusieurs fois certaines caresses avaient interrompu la montée de son plaisir et elle voulait simplement lui dire : « Je n'aime pas que tu m'embrasses trop fort dans l'oreille ni que tu me tires les cheveux. »

Deborah se demanda ensuite comment elle lui dirait qu'elle n'avait pas envie d'aller jusqu'au bout de l'acte sexuel. « Je ne veux pas que tu viennes en moi ce soir, lui déclara-t-elle, mais j'aimerais beaucoup que tu me caresses et me câlines. » Et un jour où elle n'avait envie d'aucun contact, elle résolut de lui dire : « Je n'ai pas envie de faire l'amour, mon chéri. J'ai besoin d'un peu d'espace, je n'ai même pas envie que tu me prennes dans les bras. » Il peut vous sembler risqué d'expliquer à votre partenaire qu'une de ses caresses vous est pénible, surtout si vous hésitez depuis longtemps à le faire. Il fallut à Deborah tout son courage pour dire à son amant, quand l'occasion s'en présenta : « Tu me fais mal quand tu me mords. S'il te plaît, ne fais pas ça. »

Supposons maintenant que, comme tant d'hommes, l'amant de Deborah fasse l'amour avec un peu trop d'énergie et en silence. Deborah décida d'attaquer le problème de façon positive : « J'ai envie que tu me décrives ce que *toi* tu ressens quand nous faisons l'amour, que tu me dises des mots tendres et ce que nous allons faire. » Un homme ne comprendra pas toujours qu'une femme ne recherche pas l'orgasme mais soit néanmoins satisfaite. « Je n'ai pas toujours envie de jouir. Parfois, j'aime bien faire l'amour sans avoir d'orgasme. Je me sens pleine de chaleur et d'énergie, et pour l'instant je ne demande rien d'autre. »

Peut-être son partenaire croyait-il que dès qu'elle avait commencé à émettre des sécrétions, il pouvait la pénétrer. Or Deborah souhaitait lui dire : « Non, attends encore un peu. Continue à faire cela. C'est merveilleux. Ce serait dommage que tu me pénètres tout de suite. J'aime quand ça dure. » Il lui paraissait encore plus risqué de demander à son partenaire d'innover, mais elle voulait lui dire : « J'aimerais que tu me lèches doucement le clitoris. » Deborah avait simulé l'orgasme et ne savait comment aborder le sujet. Elle voulait expliquer à son amant que c'était pour lui faire plaisir : « Je veux te rendre heureux, et je me rends compte que tu l'es si tu sais que je jouis. C'est pour cela que je faisais semblant. Ce n'est pas facile de te le dire, mais je n'ai jamais eu d'orgasme en faisant l'amour, seulement quelquefois en me masturbant. C'est pourquoi je veux changer notre façon de faire. Je voudrais que tu m'aides à trouver comment jouir. » Et sa démarche suivante fut de montrer à son partenaire, en guidant sa main, comment elle voulait être caressée : « J'aime des caresses douces et légères, comme ceci. J'ai besoin que tes doigts me caressent longtemps et sans changer de rythme. » Le plus difficile de tout fut de lui dire qu'elle avait envie d'utiliser un adjuvant sexuel : « Je pense que ce serait excitant d'essayer un vibromasseur que tu tiendrais entre mes jambes pendant que tu m'embrasses. »

Votre échelle personnelle d'affirmation de vous-même peut être très différente, de même que votre façon d'exprimer vos préférences. Vous ne devez pas voir dans cet exemple un modèle à suivre à la lettre, mais simplement comment on travaille à cette affirmation de soi. Et même quand vous avez défini une stratégie et que vous savez ce que vous voulez dire, il n'est pas si facile de passer à l'acte. Vous devez être résolue et persévérante. La première fois que vous exprimerez vos désirs, vous constaterez peut-être qu'on les ignore. Faites donc appel à tout votre courage et répétez ce que vous souhaitez. Il arrive qu'une femme doive s'y reprendre à plusieurs fois avant que son partenaire entende vraiment ce qu'elle dit. C'est ce qu'on a appelé la technique du « disque rayé » (Pamela Butler, *Self-Assertion for Women*). Elle consiste à dire ce que vous éprouvez et ce que vous voulez, doucement mais fermement, et jusqu'à ce que le message soit enregistré.

Si vous comprenez bien votre partenaire, vous avez certainement une idée assez précise de la manière dont il réagira. Cela variera de toute évidence suivant le contexte et l'humeur du moment. Il peut être utile d'imaginer sa réaction probable et de prévoir ce que vous ferez et direz. Comment affronter des réactions négatives tout en vous affirmant ? Imaginons que Deborah, qui vient de suggérer l'usage d'un vibromasseur, s'entende répondre : « Tu plaisantes ! »

Prévoir les difficultés

La conversation pourrait se poursuivre ainsi : « Je sais bien que c'est plutôt inattendu, mais franchement, j'aimerais bien essayer.

– Je ne te suffis pas ?

– Tu es un amant merveilleux, tu le sais très bien. Et c'est pour ça que j'aimerais faire autre chose en même temps – utiliser un vibromasseur. »

A moins qu'elle n'ait décidé de lui dire : « J'aime que tu me fasses l'amour très lentement et que tu me caresses très doucement – comme ceci.

– Chut... tais-toi. C'est *moi* qui m'occupe de toi.

– Il n'y a pas que ça. J'aime bien pouvoir te demander de me faire certaines choses. J'aime te dire ce qui me fait du bien.

– Ça y est, je débande.

– Pas pour longtemps, je te connais ! D'ailleurs c'est plutôt agréable parce que, comme cela, tu me feras l'amour bien plus longtemps et plus lentement. J'adore quand tu fais l'amour vraiment lentement.

– Reste donc tranquille et jouis.

– Mais j'ai envie de bouger, d'être active, pas passive, je ne veux pas toujours recevoir. J'éprouve davantage de plaisir quand je te montre où et comment il faut que tu me caresses, et c'est très excitant quand tu me caresses comme ça. »

Il est parfois utile de réfléchir avant coup à la façon dont vous répondrez à des réactions négatives qui se traduiront soit par de l'agressivité, soit par une fuite. Souvent, il n'est pas trop difficile de formuler ce qu'on a à dire, mais vous risquez de vous énerver en constatant que la conversation calme et raisonnable que vous aviez imaginée dans un climat chaleureux et réceptif se transforme en dispute, ou qu'il vaut mieux renoncer à vouloir changer quoi que ce soit.

Avec un peu d'imagination, vous réfléchirez aussi au *moment* où vous déciderez d'exprimer vos désirs. Si vous annoncez vos projets à votre partenaire au petit déjeuner, dans le feu de la passion ou quand il tombe de sommeil après une journée épuisante, vous n'obtiendrez pas les mêmes réactions que si vous le faites tendrement enlacés au coin du feu, en prenant le soleil au jardin ou en traînant au lit un dimanche matin. Les choses seront plus faciles, pour l'un comme pour l'autre, si votre partenaire est détendu mais attentif.

Affirmer votre sexualité, c'est d'abord prendre la mesure de vos besoins à vous, explorer votre propre sensualité et mieux vous entendre avec votre corps, et partir de là pour trouver les mots avec lesquels vous exprimerez ce que vous ressentez, ce que vous voulez et quels changements vous aimeriez dans vos rapports amoureux. Et il en résultera pour le couple une meilleure communication et une compréhension plus profonde.

Le temps des caresses

En quelques secondes, il eut fini... Il se retira, s'assit, avala la moitié d'une bière et alluma une cigarette...
« Peut-être qu'un jour, si nous sommes toujours ensemble, tu apprendras même à baiser, murmura-t-elle.
– Tu n'aimes pas la façon dont je m'y prends ?
– Ce n'est pas une question d'aimer ou de ne pas aimer.
– Explique-toi. » Il était toujours le premier à éjaculer quand ils faisaient des concours de masturbation au lycée. Il avait la plus grosse bite de toute l'école. Que lui fallait-il ? Un poteau télégraphique ?
« Tu es trop rapide. Une fille aime que ça dure, qu'on la caresse et qu'on l'embrasse » (Lisa Alther, *Original Sins*).

Ce chapitre traite de ce qu'une femme peut apprendre à son partenaire sur la manière de lui faire l'amour. Beaucoup d'entre nous hésitent à dire ce qu'elles aimeraient, et un amant se sent souvent humilié si on lui fait la moindre remarque. Nous avons déjà vu que les hommes sont souvent sur la défensive dès qu'on semble critiquer, même le plus légèrement du monde, leur technique sexuelle. Mais c'est une difficulté qu'on ne rencontre pas uniquement chez un partenaire masculin. Bien qu'une femme ait l'impression de pouvoir comprendre d'instinct les réactions d'une autre femme, même les lesbiennes doivent parfois apprendre ces choses. L'amour, dans ses composantes physiques et affectives, et quel qu'il soit, implique un

apprentissage, et les caresses et les rythmes sont essentiels dans ce processus de découverte.

Un homme me disait un jour que faire l'amour à une femme, c'était comme de jouer d'un instrument de musique, et qu'une fois qu'on connaissait la technique, on pouvait l'appliquer à n'importe quelle autre femme avec un égal succès. Tout ce que disent les femmes sur ce qui compte pour elles quand elles font l'amour s'inscrit en faux contre cette affirmation. Chaque relation nouvelle exige du talent, et les amants doivent découvrir leur propre phrasé amoureux et déterminer l'harmonie qui leur convient. C'est un processus de création très différent de l'idée qui veut que nous soyons programmées pour l'orgasme. Il y a plus : les gens changent et mûrissent, et une façon de faire l'amour qui convenait à une femme de vingt ans devra être au besoin revue et adaptée à la personne différente qu'elle est à quarante ans.

Les caresses et les rythmes sont deux thèmes qui demandent à être abordés ensemble, car une caresse qui convient parfaitement à un moment des rapports amoureux peut avoir un effet absolument contraire à un autre. Comme le dit une femme : « J'aime être caressée partout et de toutes les façons possibles. C'est la progression qui compte, pas où ni comment ; le flirt, les baisers, la tendresse doivent venir avant les caresses de plus en plus précises et le déshabillage. »

155

La critique qui revient le plus fréquemment dans la bouche des femmes est que leur partenaire se concentre presque exclusivement sur leur sexe et néglige la stimulation du reste du corps : « Il s'en tient strictement aux zones dites érotiques – les fesses, les seins, etc. –, alors que j'aime qu'on me caresse d'autres parties du corps – le dos, le torse, les jambes », « Il fonce sur mon sexe avant que je sois prête », « Je veux qu'il se sente bien, et moi aussi, et pas seulement donner ou recevoir du plaisir », « Il n'a qu'une idée : être le mâle aux reins vigoureux, puissant, dominateur. Il oublie souvent de s'occuper de moi et croit que tout ce que je veux, c'est un pénis en pleine action. Je n'aime pas qu'il oublie le reste de mon corps ».

Les conseils que les hommes échangent entre eux en matière de prouesses sexuelles relèvent, pour une bonne part, du rayon des « trucs magiques ». Beaucoup d'hommes continuent à s'en tenir à cette approche, alors que tout, dans leurs relations amoureuses, indique qu'elle est inefficace. Jeanne souhaiterait que son mari s'intéresse davantage à elle en tant que *personne* « toute la journée et pas seulement au lit... ». « Tout ce qui compte pour lui, c'est la télé, jusqu'au moment où il a envie de faire l'amour » – et Jeanne d'ajouter dans la même foulée : « Et je voudrais qu'il se lave plus souvent et qu'il ait moins de boutons et de pellicules et qu'il change de chaussettes ! » Godfrey ne soupçonne pas un instant l'effet qu'il a sur Jeanne et il tombera des nues le jour où elle le quittera.

Des femmes se sentent souvent obligées de plaire aux hommes. Leur éducation leur a appris à croire qu'elles doivent séduire par leurs vêtements, leur maquillage et leur ligne. Elles s'épilent les sourcils, se vernissent les ongles, s'enduisent de fond de teint, se demandent s'il préfère la robe bleue ou la verte, les boucles d'oreilles en argent ou le collier en or, le parfum musqué ou fleuri. Il leur suffit de vivre quelques années avec le même individu pour se rendre compte que les hommes se donnent nettement moins de mal pour les séduire. Le mâle qui ignore le rasoir et les déodorants, au col de chemise crasseux, aux orteils râpeux et aux mains calleuses n'a rien d'affriolant ! Les femmes parlent des habitudes déplaisantes de leurs partenaires, habitudes qui ne disparaissent pas pour autant lorsqu'ils font l'amour, comme « roter », « péter », « gratter », « renifler parce qu'ils sont enrhumés », fumer (« Si seulement il pouvait s'arrêter de fumer. Je sens cette odeur de mégot même s'il s'est lavé deux fois les dents et rincé la bouche ») et boire (« Quand mon mari a bu, je n'aime pas l'embrasser à cause de son haleine »). Certains hommes feraient bien d'y songer un peu au lieu de s'interroger sur leur technique.

Câliner, caresser doucement, embrasser, masser le dos sont autant de façons d'éveiller le désir d'une femme. Elle existe alors avec tout son corps, au lieu de n'être que la cible sur laquelle s'exerce une activité exclusivement masculine. La sensualité d'une femme est également éveillée par les caresses qu'elle ne ressent pas comme un simple prélude aux rapports sexuels. Certaines réagissent si vivement

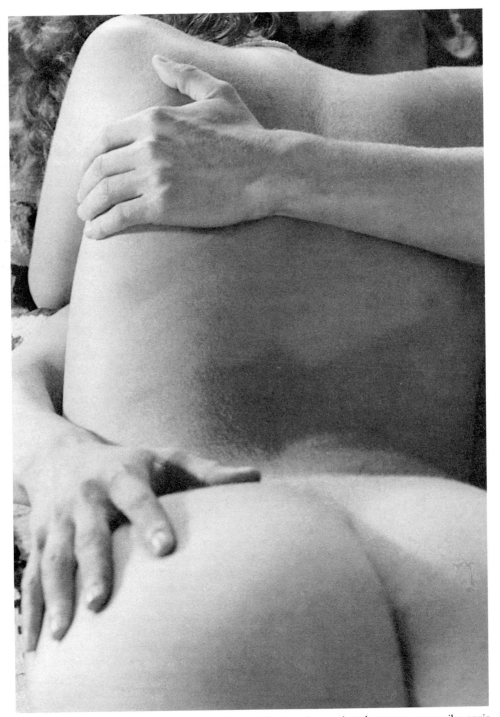

Tout le corps de la femme est une zone érogène qui devient vivante si on le caresse comme il a envie de l'être.

à l'attitude prédatrice de leur partenaire, sachant que ses caresses sont uniquement un prélude à l'acte sexuel et y aboutissent inévitablement, qu'elles se raidissent dès qu'on les touche. On dirait que l'homme accorde quelques miettes de plaisir pour arriver à ses fins. « Je suis complètement indifférente aux baisers qui sont censés précéder l'acte sexuel quand je sais que c'est leur seul but », dit une femme.

Il existe encore des hommes qui ne comprennent pas l'importance du clitoris dans l'excitation sexuelle de la femme ou qui ne se soucient pas de la stimuler à cet endroit précis. Ils vont droit à la pénétration, souvent avant que la femme soit excitée et quand son vagin n'est pas encore lubrifié. Beaucoup de femmes peuvent prendre plaisir aux rapports amoureux et être pleinement excitées sans qu'il y ait pénétration.

Mais même quand un homme comprend qu'il doit retarder le moment de la pénétration ou que la femme n'en a pas forcément envie, il s'intéresse immédiatement aux zones érogènes ou au clitoris, avec la main ou la bouche, et ignore le reste du corps. Or chaque femme aime un enchaînement bien précis de ces opérations, qui doivent être adaptées à son humeur du moment, au moment de la journée et au contexte. Les femmes ont besoin de temps pour se détendre et commencer à se sentir désirées et désirables.

Caresses et tendresse   La première phase des caresses doit avoir pour objet de détendre la femme et de l'aider progressivement à relâcher les éventuelles tensions musculaires et à prendre plaisir à son corps. Parfois, cela suffira et elle ne souhaitera pas aller plus loin. Ce type de contact est agréable en soi et ne doit jamais être considéré comme un « prélude ».

Même quand elles deviennent plus passionnées, ces caresses doivent rester légères et intéresser tout le corps, et pas seulement les zones érogènes les plus évidentes. Si son partenaire se concentre sur ces seules zones, la femme aura l'impression de ressembler à un de ces croquis de livre de cuisine qui vous montrent les « bons morceaux » et d'être débitée en « croupe », « cuissot », « gigot », « bas-ventre », « côtes » ou autres. Elle peut aimer des caresses qui lui effleurent le cou, elle appréciera une main qui prend plaisir à la texture de ses cheveux, un doigt qui suit la ligne de son visage, peut-être un massage lent et apaisant de sa tête, ou de longues caresses sur la face interne des bras et des cuisses. « Le problème, dit une femme qui se plaint de la rapidité de son mari lorsqu'ils font l'amour, est que l'excitation de l'homme est concentrée sur le pénis et qu'il imagine qu'il en va de même chez la femme et qu'il suffit de lui frotter rapidement le clitoris pour qu'elle se sente très excitée et prête pour l'acte sexuel. » Certaines femmes aiment qu'on leur caresse les seins au début. D'autres, chez qui le mamelon est une zone particulièrement délicate, souhaitent que cette stimulation ne survienne que plus tard : « Je n'aime pas qu'on touche trop à mes seins avant que je sois prête à jouir. Je déteste surtout qu'on me tripote les mamelons. » Le plaisir éprouvé au niveau des seins varie

Il est important que la femme guide chaque mouvement de son partenaire et lui dise ce qui lui procure le plaisir le plus intense.

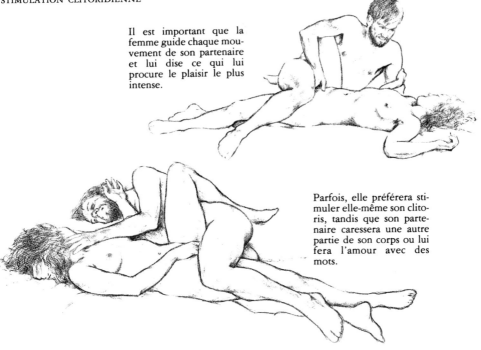

Parfois, elle préférera stimuler elle-même son clitoris, tandis que son partenaire caressera une autre partie de son corps ou lui fera l'amour avec des mots.

selon la période du mois, et chez certaines femmes ils deviennent trop sensibles les jours qui précèdent immédiatement les règles pour qu'on les caresse. D'autres femmes constateront au contraire qu'elles seront plus vite stimulées à ce moment-là.

Vient ensuite une phase où la femme désire qu'on lui caresse le clitoris avec douceur et légèreté, une caresse subtile, habile, presque insupportable tant elle est agréable. La qualité de cette caresse est importante ; si l'on traite, en effet, le clitoris comme un « bouton magique » sur lequel il suffit d'appuyer pour éveiller le désir de la femme, celle-ci aura l'impression que son partenaire utilise une technique purement mécanique, qui se situe à l'opposé de la tendresse ou de l'authentique érotisme. Jeanne dit de son amant : « Il me stimule consciencieusement le clitoris en appuyant bien trop fort avec ses doigts. » Les hommes ont souvent la main lourde et manipulent le clitoris comme s'il était un pénis en miniature et non un organe féminin délicieusement sensible et unique en son genre. Certains font même preuve de brutalité involontaire, exerçant sur le clitoris une pression qui finit par être douloureuse, le pinçant ou lui imprimant un mouvement en biais qui augmente encore la sensation de douleur. Souvent aussi ils le frottent sans délicatesse et rapidement en croyant exciter ainsi leur partenaire, jusqu'au moment où cette caresse devient physiquement irritante et pénible. Dans le pénis, beaucoup des terminaisons nerveuses qui transmettent les stimuli sexuels intenses

La stimulation du clitoris

sont situées au-dessus de la couronne du gland, tout autour du sommet en forme de champignon de l'organe en érection. Dans le clitoris, le contact le plus agréable est celui obtenu en caressant ou en léchant la *base* de l'organe, ou en ne touchant pas du tout le clitoris lui-même, mais plutôt les *petites lèvres du vagin* reliées au capuchon qui recouvre le clitoris. Quand la stimulation sexuelle atteint son degré le plus intense, le pénis sort de son enveloppe. Quand le clitoris réagit au maximum à la stimulation sexuelle, il s'érige également, mais se glisse sous le tissu qui l'entoure.

Le clitoris peut être stimulé lorsque les partenaires sont allongés ou assis face à face, et l'amant peut doucement écarter de ses doigts les grandes lèvres pour déterminer sa position exacte. Des caresses légères sur les grandes et les petites lèvres stimulent le capuchon, qui vient recouvrir le clitoris, et celui-ci peut alors se durcir et réagir. Étant donné que, chez beaucoup de femmes, le clitoris risque vite d'être trop stimulé, le mouvement doit toujours être léger, ne jamais insister, s'écarter un peu avant de revenir à ce point précis. Parfois les sensations seront plus agréables si l'on caresse seulement la région située immédiatement *au-dessus* du clitoris, et non l'organe proprement dit.

Vous pouvez aussi suggérer à votre partenaire de s'allonger ou de s'asseoir derrière vous, une main sur votre pubis ou entre vos jambes. Si sa main est entre vos jambes, le poignet doit se trouver à peu près au même niveau que la base du vagin, sinon la partie charnue des doigts, celle qui procure le maximum de plaisir, n'atteindra pas le clitoris. Votre partenaire doit éviter de tirer les tissus situés à la base du vagin et dans le petit triangle – la « fourchette » – entre le vagin et l'anus, surtout si l'on vous a fait une suture du périnée après un accouchement.

La femme peut aussi aimer être couchée sur le ventre, la main de son partenaire entre ses jambes. Un coussin glissé sous le pelvis donne un peu plus d'espace pour effectuer cette manœuvre. Vous pouvez accentuer la sensation produite par le contact des doigts en remuant doucement le bassin ou en serrant et desserrant les fesses avec un mouvement rythmé.

Chez la majorité des femmes, la stimulation clitoridienne est le temps fort de l'acte sexuel, et c'est seulement quand le clitoris est stimulé – directement ou indirectement – qu'elles parviennent à l'orgasme. Beaucoup peuvent éprouver un plaisir sexuel total et une satisfaction profonde sans qu'il y ait pénétration.

Pour garder toute son efficacité et engendrer un plaisir érotique intense, et non une simple sensation agréable, un chatouillis, les caresses et leur rythme doivent avoir leur place dans une relation sexuelle où les deux partenaires s'affirment à égalité et où la femme est reconnue comme un tout. Il est assez facile de déclencher une démangeaison sexuelle. Mais il en faut plus, beaucoup plus pour célébrer, dans l'amante, la réalité profonde de la personne.

La stimulation orale

Quand on leur demande ce qu'elles préfèrent dans l'acte sexuel, les femmes mentionnent souvent la stimulation orale du clitoris et du vagin (*cunnilinctus*) : « Mon partenaire me stimule rarement avec sa bouche, mais quand cela lui arrive, c'est divin. » « Il l'a fait une fois et cela m'a terriblement excitée. J'ai joui tout de suite. » Certaines femmes disent que leur partenaire veut qu'elles prennent leur pénis dans la bouche (fellation) mais refusent de leur faire l'amour avec leurs lèvres, leur langue et leur bouche et s'en tiennent aux caresses du clitoris, des lèvres et du vagin. S'il le faisait, déclarait à une femme son mari, il se sentirait « humilié en tant qu'homme ». Pour lui, le vagin était sale, et en approcher ses lèvres une sorte de souillure.

Il y a aussi des femmes qui ne supportent pas l'idée d'un contact oral sur leur sexe, en général parce qu'elles craignent d'« avoir une odeur » ou d'être « sales ». Leur crainte de ne pas être nettes exprime une attitude très courante à l'égard du sexe de la femme. Alors que le pénis est perçu comme beau et fort, doté d'une forme orgueilleuse, comme une noble tour, une colonne dont jaillit une semence abondante et porteuse de vie, le sexe de la femme est caché, d'une structure irrégulière, et s'apparente à quelque créature des profondeurs obscures. Il s'en échappe le sang menstruel, les caillots, les sécrétions de l'utérus et du col. Le pénis symbolise essentiellement la puissance, le vagin est le récipient destiné à recevoir celle-ci et l'orifice par lequel sont excrétés les déchets.

C'est pourquoi certaines femmes ne se laisseront embrasser le sexe qu'après s'être longuement baignées et assurées qu'aucune odeur suspecte ne subsiste. On nous a appris à penser que toutes nos odeurs génitales et toutes nos sécrétions sont impures. Une femme que gêne cet aspect d'elle-même peut battre en retraite et « décrocher » dès qu'elle commence à émettre des sécrétions, parce qu'elle a conscience d'avoir changé d'odeur. Il ne s'agit pas là de ses sentiments à l'égard des rapports buccaux, mais de tout son corps pendant l'acte sexuel. Elle a été conditionnée par la société à se méfier de son corps et à le haïr. Chez certaines femmes, cela peut constituer un obstacle à l'abandon qu'exige le plaisir.

Il est une chose qu'une femme peut détester, c'est que son partenaire souffle dans son vagin. Bien que cette sensation soit agréable sur le clitoris, il peut en fait être dangereux d'introduire de l'air dans le vagin. Bien que rare, l'aéroembolisme peut entraîner une mort subite.

S'il y a pénétration, le contact avec le clitoris doit être maintenu soit par une pression de la main, soit par le contact des doigts. A moins que vous ne préfériez toucher et caresser votre clitoris de la façon que vous savez être la plus excitante tandis que votre partenaire est en vous. S'il adopte la position où l'homme est sur la femme, votre partenaire doit veiller à ne pas s'appuyer de tout son poids sur vous. Certaines femmes disent que leur amant se laisse tomber sur elles et les empêche presque de respirer. Si la femme est immobilisée par le poids de l'homme, elle se trouve aussi dans l'incapacité de pratiquer les mouvements du bassin qui l'aident à parvenir à l'orgasme.

Souvent, la femme aime aussi qu'on lui tienne les fesses. « J'aime

La pénétration

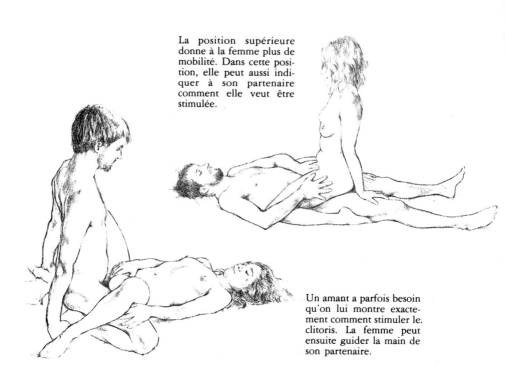

La position supérieure donne à la femme plus de mobilité. Dans cette position, elle peut aussi indiquer à son partenaire comment elle veut être stimulée.

Un amant a parfois besoin qu'on lui montre exactement comment stimuler le clitoris. La femme peut ensuite guider la main de son partenaire.

qu'on me caresse doucement les hanches et les fesses au début, puis qu'on les saisisse plus énergiquement ensuite. » L'homme peut tenir les fesses de la femme pendant la pénétration dans de nombreuses positions, et certaines femmes sont excitées si on les écarte doucement en pratiquant une légère stimulation anale.

La plupart des femmes qui se sont entretenues avec moi sur ce qu'elles aimaient et n'aimaient pas dans les rapports sexuels m'ont déclaré ne pas aimer les rapports anaux. Si le pénis est inséré dans l'anus, il doit l'être progressivement une fois que l'anus a été doucement dilaté avec un doigt lubrifié, et le pénis lui-même doit être bien lubrifié avant la pénétration. La femme doit guider l'homme et l'arrêter dès que la sensation devient désagréable. Le pénis ne doit pas être introduit dans le vagin après avoir pénétré l'anus, car les bactéries présentes dans le rectum risquent de provoquer une infection du vagin ou de la vessie.

Après l'amour   Les femmes aiment aussi être caressées et câlinées *après* l'acte sexuel. Beaucoup disent que leur partenaire s'endort aussitôt. « Dès qu'il a éjaculé, mon mari revient sur terre alors que je plane encore au septième ciel. J'aimerais qu'il me garde dans ses bras et me dise des choses tendres. » C'est une remarque que font surtout les femmes qui n'éprouvent pas d'orgasme pendant l'acte sexuel, mais même les autres regrettent souvent que l'homme leur tourne le dos et s'endorme dès qu'il a éjaculé.

1 Posez les mains sur les épaules de votre partenaire et massez fermement, avec un mouvement circulatoire des pouces, le petit creux situé de chaque côté de la colonne vertébrale. Continuez ainsi jusqu'au bas du dos. Demandez-lui à quel endroit elle souhaite une pression plus accentuée ou au contraire plus légère, et laissez-la vous guider. Terminez en massant avec les mains les deux côtés du bassin, juste là où part la raie des fesses.

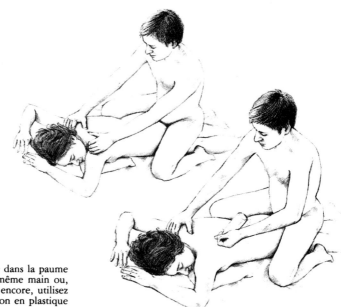

2 Si vous voulez reprendre un peu d'huile, laissez toujours une main en contact avec son corps. Tenez le flacon par le col et versez un peu de liquide dans la paume de la même main ou, mieux encore, utilisez un flacon en plastique souple que vous pou-. vez presser.

Car, malgré l'accent mis aujourd'hui sur l'importance de l'orgasme féminin – et pour beaucoup de femmes l'orgasme est une composante essentielle de leur satisfaction sexuelle –, *la plupart des femmes ne se satisfont pas de l'orgasme seul.* Le plaisir que prendra une femme à faire l'amour dépend beaucoup plus de l'intérêt que lui manifestera son amant en caressant tout son corps, en l'embrassant, en la câlinant et en répondant aux besoins qu'*elle* exprime en tant qu'être complet. Aucun orgasme, aussi habilement amené soit-il, ne peut remplacer l'absence de cette tendresse passionnée.

Massage et points sensibles

Choisissez, pour une séance de massage, un moment où vous n'êtes pas fatiguée et où vous disposez d'une bonne heure de tranquillité. Assurez-vous que la pièce est chaude. Prévoyez au besoin une lumière douce et une musique de fond. Votre partenaire aura peut-être envie d'utiliser une huile ou une lotion pour que ses mains glissent mieux sur la peau et qu'il puisse vous masser longtemps sans vous irriter. Certaines personnes aiment être toutes les deux nues dès le début. D'autres préfèrent que le partenaire actif soit habillé pendant qu'il effectue le massage.

Le but de cette séance est de vous apprendre à relâcher vos tensions et à prendre tout simplement plaisir à votre corps et à celui de votre partenaire, non à vous stimuler mutuellement. C'est pourquoi vous éviterez de caresser les seins et le sexe pendant ces séances. Mais rappelez-vous surtout que ce massage doit être lent. Vous pourrez aussi varier le genre de caresses que vous donnez ou recevez ; cela ira des effleurements légers comme une plume à un massage vigoureux. Tantôt vous utiliserez la partie charnue des doigts, tantôt la paume ou le côté de la main, parfois même les jointures, ou encore la bouche ou la langue. Il est important aussi de décrire à votre partenaire ce que vous êtes en train de faire et d'écouter ce que la personne que vous massez aimerait que vous lui fassiez.

Dans leur méthode de thérapie sexuelle, Masters et Johnson parlent de « sensibilisation ». Cela signifie que vous concentrez votre attention sur la partie de votre corps qui est ainsi éveillée et sur le stimulus que vous recevez en ce point précis, comme si un rayon lumineux intense était dirigé exactement là. Que ce soit vous qui soyez sensibilisée ou l'inverse, concentrez-vous sur les sensations que vous recevez et sur le plaisir que vous donnez.

Les
préparatifs
de la séance
de massage

Sauf si vous avez un matelas vraiment dur, disposez une couette ou une couverture sur le sol ou deux coussins sur lesquels vous allongez. Déshabillez-vous et couchez-vous sur le ventre. Commencez par un exercice qui diffuse en vous une agréable sensation de chaleur et vous détende, afin de prendre conscience de votre corps tout entier et de laisser les sensations affluer.

Le
relâchement
des tensions
par le toucher

C'est une façon d'avoir une conscience plus aiguë de votre corps en appréciant le contact des mains de votre partenaire. L'idée est très simple : vous réagissez à ce contact en décontractant vos muscles. Le fait de libérer les tensions permet aux sensations d'affluer.

Nous nous protégeons parfois contre les sensations en nous raidissant. C'est là une sorte de carapace physique que nous nous construisons en réaction au stress et à l'intérieur de laquelle nous essayons de nous protéger.

Cette carapace est propre à chacune d'entre nous et elle conditionne notre attitude, nos gestes et nos expressions, elle modèle notre façon de nous tenir debout ou assises et même notre position quand nous dormons. Cette cuirasse que nous nous sommes faite peut nous isoler des contacts tendres, des sensations érotiques et de l'afflux de sentiments.

Vous allez donc volontairement contracter les muscles de diverses parties de votre corps, en observant ce que vous ressentez ; puis votre partenaire posera sa main sur les zones contractées. Dès que vous sentirez ce contact, vous relâcherez toute la tension du corps et vous laisserez vos sensations affluer vers sa main.

Deux types de stimuli vous y aideront : la pression (contact appuyé) et la chaleur. Chaque fois que vous sentirez cette pression et cette chaleur, vous imaginerez qu'elles vous communiquent le message suivant : « Détends-toi *ici, maintenant*. » Marquez une pause pour

3 En utilisant vos paumes, repartez des épaules avec un mouvement de pétrissage et effectuez un massage circulaire en partant de l'épine dorsale. Descendez progressivement jusqu'au bas du dos et massez les fesses de la même façon. Recommencez cette séquence quatre ou cinq fois.

4 Essayez maintenant d'autres types de contact et observez ce que cela donne quand vous utilisez la base de la paume, en effectuant une pression appuyée des muscles et en vous penchant en avant pour répartir votre poids sur vos bras.

5 Descendez maintenant au-dessous des fesses et sur le dos des cuisses, puis remontez jusqu'aux épaules, au cou, à la nuque et au crâne, en utilisant cette fois la partie charnue des doigts et des pouces. Votre partenaire peut glisser un coussin sous ses épaules pour surélever sa tête, ce qui permet un meilleur massage de la tête et du cou.

6 Votre partenaire est allongée sur le dos, un coussin sous les épaules, la tête sur vos genoux, complètement détendue. En tenant sa tête dans vos mains, massez très lentement toute la surface du crâne avec le bout des doigts, en faisant bouger le cuir chevelu. Puis descendez vers la base du nez, les sourcils et les tempes.

7 Massez fermement ses tempes avec les pouces en décrivant de grands cercles, et terminez en appuyant *doucement* le bout des doigts sur ses paupières pendant une minute environ.

8 Reculez en écartant les genoux. Placez vos mains en creux sous sa tête qu'elle laisse aller de tout son poids, et faites rouler très doucement celle-ci dans vos mains. Accentuez le mouvement. Si vous sentez la moindre tension ou résistance, dites-lui de décontracter la mâchoire. Terminez en berçant sa tête entre vos mains.

1 Commencez par fermer étroitement les yeux et contracter votre front comme si vous aviez mal à la tête et étiez exposée à une lumière intense. Observez vos sensations. Notez-vous d'autres points de contraction ?

2 Maintenant, votre partenaire appuie deux doigts de chaque main sur l'arête osseuse de vos tempes. Dès que vous sentez la chaleur et la pression des doigts, vous relâchez et laissez la tension se dissiper dans ses mains.

observer la différence de sensation une fois que vous avez relâché la contraction. Pour vous y aider, soupirez longuement, profondément, au moment où vous vous détendez, puis prenez le temps de simplement écouter votre respiration, régulière et ralentie.

Le visage et le cou   Le visage et le cou sont deux parties du corps qui sont souvent contractées par la tension que font naître en nous les problèmes de la vie quotidienne. Nous projetons notre menton en avant et nous raidissons la nuque en crispant automatiquement la mâchoire. Ce genre de tension est responsable de nombreuses crispations du visage et autres signaux de stress facial.

Asseyez-vous l'un en face de l'autre. Votre partenaire doit pouvoir bouger facilement. Appuyez-vous contre quelque chose de ferme, les genoux écartés et les plantes des pieds réunies. Assurez-vous que votre tête et votre nuque sont bien calées. Un oreiller chinois ou un petit coussin supplémentaire vous y aideront. Imaginez que votre tête est une lourde boule de cristal que vous pouvez faire rouler doucement d'un côté et de l'autre tandis que vous relâchez toutes vos tensions.

Les épaules   Nous portons souvent tout le poids de l'existence sur nos épaules. Nous tendons le dos aux coups, nous courbons l'échine sous le poids de nos responsabilités ou des besoins des autres – et nous avons parfois l'impression que nos épaules n'y résisteront pas. Autrement

1 Toujours face à votre partenaire, rejetez les épaules en arrière comme si vous vouliez que vos omoplates se touchent. Conservez cette position pendant une quinzaine de secondes en observant ce que vous ressentez et quels autres muscles de votre corps réagissent.

2 Puis votre partenaire appuie fermement les mains sur le devant de chaque épaule et reste ainsi pendant que vous vous détendez en vous concentrant sur la chaleur et la pression. Observez ce qui s'est modifié dans votre corps et les sensations complètement différentes que vous éprouvez maintenant au niveau des épaules.

1 Contractez un bras sans le décoller du sol. Observez vos sensations ainsi que les autres muscles qui peuvent se contracter également par sympathie avec les muscles de votre bras.

2 Maintenant, votre partenaire appuie une main sur le devant de votre épaule comme précédemment, l'autre étant placée sur la face interne du bras de façon à entourer le biceps. Dès que vous sentez ce contact, relâchez. Observez vos sensations maintenant que la tension a disparu.

3 Puis, toujours avec une main sur votre épaule, votre partenaire descend lentement son autre main le long de votre bras en l'entourant et en exerçant une pression ferme pour chasser toute tension résiduelle. Lorsqu'il arrive au poignet, il l'entoure, et vous restez tous les deux ainsi pendant une dizaine de secondes en observant vos sensations.

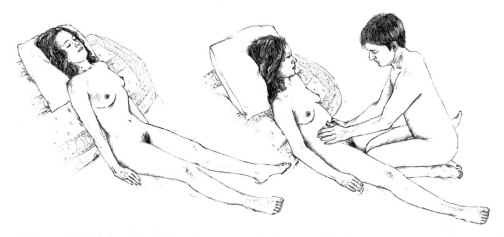

1 Pour prendre
conscience de la ten-
sion du bas du ventre,
rentrez les muscles ab-
dominaux. Observez
vos sensations. Votre
respiration s'est-elle
modifiée ?

2 Maintenant, votre
partenaire appuie ses
deux mains à la base
de votre abdomen,
tandis que vous relâ-
chez toute la tension
dès que vous sentez

la chaleur et la pres-
sion de ses mains.
Écoutez votre respira-
tion et laissez-la couler
dans votre abdomen
comme une succession
de vagues. Vous aurez

peut-être l'impression
que votre vagin res-
pire. Observez les
effets sur votre bouche
et les autres muscles
du visage, puis de tout
le corps.

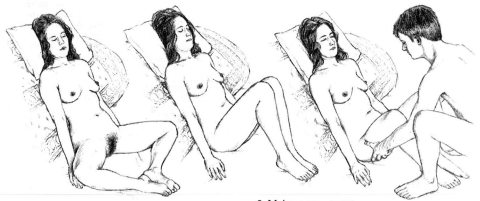

1 Écartez les genoux
en les décontractant,
puis relevez-les et ser-
rez-les comme pour te-
nir une feuille de pa-
pier. Observez vos
sensations. D'autres
muscles se sont-ils
contractés ?

2 Maintenant, votre
partenaire appuie fer-
mement la paume de
ses mains sur la face
extérieure de chaque
cuisse et descend ainsi
jusqu'à vos jambes.

Dès que vous sentez la
chaleur et la pression
du contact, vous relâ-
chez et laissez vos
jambes s'écarter. Ob-
servez vos sensations.

3 Puis votre partenaire s'agenouille et se penche en avant (c'est plus facile s'il a ses jambes entre les vôtres) et, les doigts dirigés vers le sol, il tient fermement la face interne de vos cuisses. Laissez la chaleur de ses mains circuler jusqu'à vos jambes.

4 Puis, très lentement et fermement, votre partenaire redescend jusqu'à vos genoux et remonte jusqu'en haut de vos jambes en vous caressant avec le bout de ses doigts. Chaque fois que ses mains tiennent l'intérieur de vos cuisses et descendent, concentrez-vous sur les sensations éprouvées au niveau du vagin et laissez les muqueuses de cette région se détendre et s'ouvrir, comme une bouche douce et détendue. Dites-vous ce que vous éprouvez l'un et l'autre et quel type de contact est le plus efficace.

5 Un genou plié et écarté, raidissez l'autre genou et pressez le talon sur le sol, en tendant toute la jambe et le pied. Restez ainsi durant quelques secondes.

6 Votre partenaire pose alors une main sur la face externe de la jambe que vous avez contractée, et l'autre sur la face interne, les deux mains épousant étroitement la forme de votre jambe. Le contact doit être ferme et déterminé. Dès que vous sentez la chaleur et la pression du contact, détendez complètement la jambe et laissez la tension couler vers le contact. Votre partenaire laisse sa main immobile sur la face externe de la jambe, mais glisse lentement la paume de son autre main le long de votre jambe pour chasser toute tension résiduelle. Quand la main atteint le pied, il est important qu'elle l'agrippe fermement pour éviter que ce mouvement ne vous agace et vous chatouille.

7 La main glisse sur votre plante de pied et le pouce effectue une pression au centre, juste sous la partie charnue du pied. Si le doigt est dans la position correcte, vous éprouvez une sensation de picotement agréable en même temps qu'une impression de sécurité. Relâchez les tensions des autres parties du corps.

1 Votre partenaire éveille votre dos par de petites tapes légères, la main et le poignet souples, de part et d'autre de la colonne vertébrale et en évitant la colonne elle-même. Si ce tapotement est effectué avec des mains raides, il peut être douloureux ; demandez à votre partenaire de s'exercer d'abord. Indiquez-lui les endroits où vous voulez que ce tapotement soit plus accentué ou au contraire plus léger. Quand vous sentez des fourmillements et de la chaleur dans tout le dos, passez à la phase suivante de l'exercice.

2 Avec deux doigts de chaque main, votre partenaire exerce une pression de part et d'autre de la colonne vertébrale en commençant par le bas, tandis que vous effectuez un mouvement de balancement doux et rythmé, comme pour fuir cette pression ou y revenir. Les doigts doivent être tout à fait immobiles afin d'offrir une résistance à votre mouvement. Respirez plus ou moins profondément, plus ou moins vite, selon que vous en sentirez le besoin. Vous constaterez que votre respiration se modifie selon l'endroit de la colonne vertébrale où se relâchent les tensions. Quand votre dos est vraiment détendu, étirez-vous comme un chat au soleil. Terminez l'exercice en restant allongée une ou deux minutes et en savourant ce sentiment de détente, les mains de votre partenaire restant sur votre dos là où cette sensation vous est le plus agréable.

3 En vous rasseyant, vérifiez si vos épaules sont bien détendues. Maintenant que vous avez changé de position, contractez à nouveau les épaules, et relâchez. Haussez les épaules vers les oreilles. C'est un mouvement que nous faisons instinctivement pour nous protéger. Gardez cette position pendant quinze secondes et observez. Puis votre partenaire pose fermement ses paumes de part et d'autre de la colonne vertébrale, au-dessus des omoplates, en répartissant le poids de son corps sur ses bras et ses mains. Dès que vous sentez la chaleur et la pression, vous relâchez.

4 Contractez le dos comme si vous aviez très froid. Observez ce qui se passe dans le reste de votre corps. Puis votre partenaire appuie fermement ses mains sur le haut de votre dos comme dans l'exercice précédent. Relâchez. Une fois que toute la tension semble avoir disparu, votre partenaire, lentement et fermement, avec un mouvement de massage en profondeur, caresse les deux côtés de votre colonne vertébrale jusqu'à ce que ses mains atteignent le bassin et s'immobilisent. Ce mouvement chasse les tensions résiduelles.

5 Votre partenaire commence à masser d'une main un des côtés du dos, tandis que son autre main en fait autant mais plus haut, avec un mouvement ample et enveloppant, de sorte qu'il y ait toujours une main qui bouge. Il lui sera plus facile de s'agenouiller pour avoir le dos complètement mobile et les mains tout à fait libres. La tension musculaire de la personne qui effectue le massage est facilement communiquée à l'autre et peut même être douloureuse.

1 Creusez le bas du dos et observez ce qui se passe au niveau de la nuque, de la gorge, des épaules et du haut du dos. Restez ainsi quelques secondes. Votre partenaire pose ses mains sur votre bassin et sur les deux côtés du sacrum. Relâchez.

2 En utilisant ses paumes et non ses doigts, votre partenaire fait disparaître toute trace de tension en vous massant et en exerçant une pression qui pénètre profondément dans vos muscles. Ce massage est mieux effectué si ses mains restent au même endroit et ne glissent pas sur la peau. C'est plus facile aussi si le poids de son corps est réparti sur ses bras et ses mains.

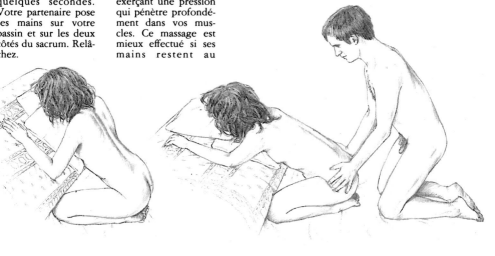

3 La tension dans la région des fesses est souvent liée à la tension des muscles profonds du vagin. Lorsqu'elles sont détendues, vous constatez que votre mâchoire et votre bouche le sont aussi. Imaginez que vous êtes assise sur un banc glacé en robe légère et contractez les fesses. Observez vos sensations et quels muscles se sont également contractés dans votre corps. Votre respiration s'est-elle modifiée ? Maintenant, votre partenaire appuie fermement une main sur la courbe inférieure de chaque fesse. Dès que vous sentez la chaleur et la pression, vous relâchez et laissez vos sensations affluer vers ce contact.

4 Votre partenaire vous aide à effacer toute tension résiduelle par un massage ferme, lent et profond des fesses, comme s'il pétrissait de la pâte, en utilisant non seulement les pouces mais aussi les paumes de ses mains. Vous constaterez peut-être que votre respiration devient plus lente et plus profonde. Observez comme votre corps vous paraît différent maintenant et appréciez cette sensation pendant quelques minutes. Ce massage peut produire des sensations sensuelles – même érotiques –, mais seulement s'il est effectué avec lenteur et fermeté.

dit, chez beaucoup d'entre nous c'est un point de tension permanent. Voir page 167 un exercice de relaxation.

Les bras et les mains

Dans la danse indienne, les bras semblent fluides ; on dirait qu'ils flottent, qu'ils n'ont rien à voir avec les membres que nous utilisons dans notre vie de tous les jours. Nous nous cognons et nous laissons tomber des choses ; pourtant, si vous observez un potier travaillant la glaise, vous voyez que ses mains et ses bras sont assurés, précis, et son mouvement fluide.

Pour transmettre des messages érotiques, nos bras doivent pouvoir laisser circuler un flux d'énergie sexuelle qui aboutisse à nos mains, nos paumes et nos doigts. Nous devons donc relâcher nos tensions à ce niveau, et l'exercice suivant est particulièrement important pour les deux partenaires.

Le ventre

Lorsque quelque chose nous effraie, notre ventre se crispe. Si nous sommes dans un état d'anxiété permanente, nous pouvons ne jamais relâcher cette tension. Quand les muscles abdominaux sont ainsi contractés, il est impossible de bien respirer. La respiration la plus détendue descend dans le ventre et le bassin. C'est comme une vague qui parcourt tout le corps et va même jusqu'au vagin, et s'échappe de nous, suivie par une nouvelle vague, le tout sur un rythme régulier.

Même si la partie supérieure de votre corps est parfaitement détendue, vous pouvez ne pas être consciente des tensions qui subsistent dans vos jambes et vos pieds. Quand nous essayons, notamment, de résoudre des difficultés, nous devons être prêtes à bondir, et quand nous nous sentons en danger et menacées, nous avons tendance à resserrer les cuisses pour nous protéger. *Les jambes et les pieds*

Les exercices des pages 170 à 172 sont effectués dans une position qui permet à votre partenaire d'atteindre facilement toutes les parties de votre dos. Vous pouvez essayer différentes postures, à genoux et le haut du corps reposant sur un grand coussin posé par terre par exemple, ou les genoux largement écartés et le corps replié comme si vous étiez à quatre pattes, ou encore étendue de trois quarts, un coussin sous la tête, l'autre sous le genou supérieur. Évitez de replier un bras sous vous, car votre partenaire aura du mal à atteindre vos épaules et le haut de votre dos. Dans toutes ces positions, veillez à avoir les jambes bien écartées et le dos arrondi. Commencez en prenant une large inspiration et détendez-vous complètement. *Le dos*

Il peut exister dans le bassin et les fesses des tensions dues à l'anxiété et à la peur. C'est comme si, en contractant des muscles du bas-ventre, du bassin et des fesses, nous nous protégions ou bloquions nos sensations dans toute cette région. Chez certaines, cette partie est crispée en permanence et insensible. Un peu comme si nous craignions qu'en décontractant cette partie du corps nous risquions de laisser s'échapper quelque chose de sale. Cela s'accompagne en général d'une respiration tendue et superficielle. *Le bassin et les fesses*

Toute cette histoire de relaxation vous étonne peut-être, car lorsque vous faites l'amour vous n'avez pas envie d'être une sorte de grosse éponge molle s'imbibant de sensations ou une montagne de crème fouettée, toute douceur et suavité et rien d'autre. Vous voulez être active, donner autant que recevoir, communiquer, envoyer vos propres vibrations et ne pas vous contenter d'absorber celles de quelqu'un d'autre. Le but du massage et de la sensibilisation, et du type de relaxation psychosexuelle que j'ai décrit dans ce chapitre, est de défaire la cuirasse de muscles dans laquelle nous tentons de nous fermer aux sensations et de nous cacher et nous protéger, afin de laisser les sensations affluer. Si nous ne le faisons pas, nous n'avons aucune chance d'y parvenir. Mais quand nous démolissons la carapace qui nous entoure, l'élan et l'énergie sexuels jaillissent spontanément. Il suffit d'oser abattre nos défenses physiques et mentales. Et nous découvrons alors qu'à l'intérieur de nous-mêmes, bien que non protégées, vulnérables et sans dard, nous débordons de vitalité sexuelle, d'une sensualité généreuse et chatoyante. *Revitaliser notre vie sexuelle*

Car la relaxation libère la force. Si nous nous défaisons de nos tensions, nous ouvrons la porte à une nouvelle harmonie psycho-somatique. Dix minutes seulement de réelle détente apportent une énergie nouvelle, non seulement à notre corps mais aussi aux fantasmes qui modèlent notre sexualité. S'il nous manque cet espace indispensable, nous risquons de continuer indéfiniment à faire les mêmes choses de la même manière routinière. Sinon, le plus léger effleurement d'une main peut déverser dans notre corps des flots de lumière. C'est à cette énergie créatrice que nous nous alimentons quand nous savons comment nous détendre.

Sexualité et handicap physique

Le mot « handicapé » a remplacé aujourd'hui les termes plus ou moins chargés de jugements de valeur péjoratifs. Une personne handicapée est quelqu'un qui doit surmonter une difficulté. Cela va d'une incapacité manifeste, comme la cécité ou la paralysie, à un problème qui passera inaperçu, comme le fait d'avoir un anus artificiel ou d'être marquée par la cicatrice d'une opération. Qu'on nous qualifie ou non de handicapées, nous avons toutes un problème ou un autre. Ces difficultés nous font voir les choses avec un regard neuf et libèrent l'énergie qui nous permettra d'y faire face.

Vaincre les inhibitions des autres
Une femme qui est physiquement handicapée parce qu'elle ne peut utiliser certaines parties de son corps ou certains de ses sens, ou qui ne ressemble pas aux autres femmes, a le droit, comme tout le monde, d'exprimer pleinement sa sexualité. Mais elle doit, ainsi que son partenaire le cas échéant, mette au point certaines techniques. Les femmes disent qu'il leur est parfois difficile d'en discuter avec leur généraliste. Les médecins présentent souvent les mêmes inhibitions que leurs patientes, et beaucoup n'ont pas été formés à parler de ces choses. Quand une femme est victime d'un accident grave ou d'une attaque, le médecin prend parfois pour acquis, sans même se poser la question, qu'elle n'a plus de besoins sexuels. Quand elle est handicapée depuis la naissance ou l'enfance, ni le médecin ni personne ne voudra l'aider à explorer sa sexualité, ni même admettre que celle-ci puisse exister.

Une femme, atteinte d'infirmité motrice cérébrale étant enfant, dit : « C'est simple : oubliez les médecins et les infirmières ! Ils sont carrément handicapés par leur formation. C'est tout juste s'ils peuvent traiter de la sexualité "normale" des gens "normaux". » S'il existe des études destinées à réhabiliter sur le plan sexuel des hommes atteints de lésions de la moelle épinière, on estime habituellement, en revanche, que les femmes n'ont pas les mêmes pulsions sexuelles. Une femme paraplégique, par exemple, sera perçue comme un simple objet sexuel passif, réceptif – si son partenaire veut bien l'utiliser ainsi.

Les parents et les soignants essaient souvent de protéger l'adolescent ou l'adolescente handicapés contre les expériences affectives, contre la possibilité d'apprendre de la vie et des autres du même âge, qui sont capables d'aborder la sexualité sous un angle différent. Une fille dans un fauteuil roulant sera jugée déplacée dans

L'intimité, l'entente profonde et un même sens de l'humour sont autant d'éléments indispensables dans une relation sexuelle...

une discothèque, et elle semblera de trop dans le groupe de filles en train de discuter de garçons dans la cour du lycée. L'adolescente handicapée depuis l'enfance fera semblant de ne pas être intéressée. Elle mettra au point toute une tactique pour éviter de s'engager affectivement dans ses rapports avec les autres. Or il est important, pour nous toutes, de prendre des risques, d'éprouver des sensations, des sentiments – et nier ce besoin chez une femme, en même temps que la souffrance qui s'y attache, c'est nier son existence.

Stimulation sexuelle

Trop habituées à assigner à la sexualité une géographie précise – le vagin, le clitoris et les zones érogènes –, nous en oublions que n'importe quelle partie du corps peut être stimulée et excitée. Quand les récepteurs sensoriels ne fonctionnent pas dans une certaine région du corps, il faut chercher d'autres zones de stimulation. Et les découvrir en vous caressant vous-même ou en étant caressée par un partenaire peut être une façon délicieuse d'explorer vos sensations.

La plus grande partie de ce qui rend les rapports sexuels excitants et merveilleux se situe dans notre *esprit*. Notre imaginaire sexuel se nourrit de nos fantasmes ; cela va de souvenirs érotiques précis aux mots tendres et troublants, en passant par la poésie, les romans et la littérature, les films et les images érotiques. Les gens les refoulent souvent parce qu'ils redoutent, s'ils laissent libre cours à l'éveil de leur sexualité, que leurs désirs n'aient aucune chance d'être satisfaits. Mais une femme, même affligée d'une incapacité physique grave, peut souvent découvrir une façon de se masturber ou de caresser certaines parties de son corps délicieusement sensibles, comme ses seins, l'intérieur de ses bras et son cou, et elle peut aussi éprouver, par les baisers, la plénitude du plaisir. Une femme est, sexuellement, infiniment plus complexe qu'un corps pourvu d'un vagin et d'un clitoris.

Si vous avez un partenaire, vous pouvez découvrir ensemble quels sont les points les plus sensibles au toucher, ou, au contraire, les zones d'insensibilité. Mais il ne les connaîtra que si vous les lui indiquez.

Comment se préparer à faire l'amour

Si vous ne pouvez utiliser tout votre corps, il vous faudra peut-être assez longtemps pour être prête à faire l'amour, et un partenaire non handicapé devra s'accorder à votre rythme. Certaines femmes disent que cette préparation peut parfaitement être intégrée aux rapports amoureux, et que se déshabiller, prendre un bain ou une douche et se mettre dans la position voulue, et même utiliser un contraceptif, peut faire partie des jeux amoureux – comme, tout compte fait, chez une femme ne souffrant d'aucun handicap. Vous aurez peut-être envie de prendre votre bain ou votre douche à la lumière des bougies et sur un fond de musique douce. Et vous pouvez placer une bougie parfumée près du lit. Si vous avez eu une colostomie et que l'urine est recueillie dans une poche qu'il faut changer, vous trouverez peut-être que ces préparatifs s'insèrent mal dans les rapports sexuels. Il est difficile de transformer le changement d'une poche pour colostomie en mise en condition amoureuse. Or il est important d'être d'une propreté irréprochable si vous êtes appareillée ou avez une sonde à demeure. C'est donc à vous de définir s'il vous faut une pause entre la préparation et les rapports amoureux, ou si cette interruption n'est pas nécessaire. Parfois, une autre personne pourra vous aider à vous préparer pour que vous puissiez rencontrer votre partenaire en toute sécurité et être tous les deux dans les dispositions d'esprit voulues.

Certaines personnes gravement handicapées qui vivent de manière plus ou moins autonome disent qu'elles réussissent, avec l'aide et l'environnement voulus, à se débrouiller beaucoup mieux qu'on ne l'imagine. Une personne compréhensive et réaliste, qui sera votre « alliée sexuelle », peut jouer un rôle important. Une femme non voyante, par exemple, aura du mal à se procurer des livres sur la sexualité. Elle n'osera demander à personne de les lui lire et ne disposera d'aucune version en braille. *Une alliée sexuelle*

Cette « alliée » vous sera particulièrement utile si vous n'avez pas de relation socialement reconnue avec un partenaire. Dans les magasins, les livres et les magazines érotiques occupent souvent des rayons inaccessibles. Si vous vivez dans une institution ou avec vos parents, vous pouvez aussi n'avoir aucune intimité, et il est difficile d'expliquer le contenu de certains colis arrivant par la poste. Il est, bien sûr, embarrassant au début de demander de l'aide, mais c'est à la personne handicapée de surmonter sa gêne.

Des coussins de différentes tailles et formes peuvent vous aider à adopter certaines positions et à en changer. Un grand coussin de sol constituera un point d'appui pour la position semi-couchée si vous n'aimez pas être allongée. Si vous ne pouvez faire que très peu de mouvements, un *water-bed* rempli d'eau tiède peut vous aider, car le mouvement de l'eau vous fera bouger aussi (mais rappelez-vous que ce genre de lit pèse un poids considérable et qu'il faut un plancher solide). Beaucoup de gens, aujourd'hui, utilisent divers petits appareils mécaniques, souvent parce que la seule idée de le faire les excite. Il peut être amusant de chercher ce qui peut vous aider et qui est disponible sur le marché, surtout si une « alliée » vous aide. Vous apprécierez peut-être un vibromasseur. Il en existe qu'on peut fixer au poignet (ou même à la cheville) et qui vous seront utiles si vous ne pouvez que peu bouger les mains. *Adjuvants sexuels*

Certaines incapacités réduisent les sécrétions vaginales. Comme, d'ailleurs, la crainte de ne pas être à la hauteur. Vous pouvez utiliser un gel lubrifiant, surtout si vous avez une sonde.

Les baisers et les caresses d'une bouche qui explore votre corps et stimule avec la langue votre vagin et votre clitoris sont une façon de faire l'amour que des femmes qui ne peuvent bouger qu'avec beaucoup de difficulté jugent parfaitement satisfaisante. Et si vous ne pouvez pas bouger votre corps, utilisez votre langue et vos lèvres pour stimuler votre partenaire. Une femme dont le clitoris et le vagin sont complètement insensibles peut apprécier une stimulation anale. *Stimulation orale*

177

Le doigt de votre partenaire doit être bien lubrifié. Dans le cas de coït anal, l'anus doit être d'abord doucement et progressivement dilaté avec un doigt bien lubrifié.

Ne pas être prise au dépourvu

Dans les phases initiales d'une relation qui paraît devoir déboucher sur des rapports sexuels, ce peut être une bonne idée d'expliquer à votre partenaire comment vous ressentez votre handicap. Des femmes paraplégiques avec qui j'en ai parlé m'ont dit que le fait d'être handicapée peut effrayer non seulement la femme elle-même quand elle s'apprête à faire l'amour, mais aussi son partenaire. Il arrive que l'autre personne soit incapable de savoir ce qu'il faut faire en cas de contractions nerveuses ou d'incontinence subite ; mais si vous ne vous affolez pas et si vous lui expliquez la chose avec simplicité et sans y attacher autrement d'importance, votre partenaire sera sans doute rassuré. « Allez-y progressivement, conseillait la femme avec qui j'en parlais. N'accablez pas votre partenaire avec une longue liste de tout ce qui pourrait arriver. C'est toujours pire quand vous imaginez tout ça d'avance. Vous saurez toujours vous en tirer le moment venu. » Christine : « On redoute surtout l'incontinence. La première fois que j'ai couché avec un type, je n'en ai pas soufflé mot. J'ai essayé de prendre les choses le plus naturellement possible, même les moins agréables. Mais nous en avons discuté ensuite, quand nous nous sentions déjà vraiment proches. » De toute façon, vous pouvez toujours avoir une serviette à portée de la main.

Les femmes qui gardent une cicatrice à la suite d'un accident ou d'une opération, d'une masectomie par exemple, ou dont le handicap ne saute pas aux yeux, craignent souvent que leur partenaire soit dégoûté ou effrayé en s'en apercevant. Mais celles qui sont passées par là disent presque toutes s'être fait du souci pour rien. Cela ne constitue un obstacle que dans une relation extrêmement superficielle, et dans ce cas, autant être fixée avant d'avoir trop investi affectivement dans cette relation.

Contraception

Si vous avez une relation hétérosexuelle, le problème de la contraception se posera. La pilule peut présenter des inconvénients si vous êtes plus ou moins immobilisée, car le risque de thrombose augmente. Si vos jambes sont complètement insensibles, vous pouvez ne pas vous rendre compte des problèmes circulatoires dus à la pilule, et il est important de surveiller l'apparition éventuelle de rougeurs ou de gonflement.

On recommande souvent aux femmes qui souffrent de lésions de la moelle épinière l'usage du DIU (stérilet). Mais celles qui présentent des malformations du bassin ne le tolèrent pas toujours. Si vous souhaitez utiliser un diaphragme, vos doigts doivent être suffisamment mobiles pour le tenir solidement. Si les muscles du plancher pelvien manquent de tonicité, le diaphragme risque de glisser, et si votre vagin est totalement insensible, vous ne vous en apercevrez pas. Une femme qui doit se comprimer le ventre pour uriner peut déplacer le diaphragme de quelques millimètres, ce qui le rend inefficace. Un préservatif associé à une mousse spermicide semble être la méthode la plus satisfaisante. Mais vous devez faire attention si vous avez une sonde à demeure, car le frottement de la sonde et du latex dont est fait le préservatif peut la déchirer.

Les méthodes naturelles de contraception (voir p. 222-224) exigent un contrôle très régulier, et l'examen des glaires ou la prise de température peuvent poser de grands problèmes à celles qui utilisent leurs mains avec difficulté.

Quel que soit le type de handicap auquel vous ayez à faire face, il est important d'exercer votre imagination érotique et d'inventer des variations sur la sexualité. Car lorsque deux personnes font l'amour, aussi agiles et souples soient-elles, il y a toujours beaucoup d'efforts et de halètements, et un Martien qui les regarderait trouverait sûrement toute cette entreprise complètement grotesque. Les films nous montrent habituellement les épisodes les plus élégants et les plus gracieux du processus. Dans la réalité, les vêtements s'emmêlent, les boutons ne veulent rien entendre, on a des crampes dans les jambes ou des fourmis dans la main, on est allongée dans une position inconfortable, un cheveu vous tire quelque part dans le cou, le bouchon du flacon d'huile de massage glisse au bas de vos reins et on a toujours quelques miettes de gâteau sous les fesses – sans parler du vin qui se renverse.

Il est donc important de savoir aussi rire à deux, d'avoir le même genre d'humour. Le lyrisme romantique, la comédie, l'ardeur brûlante et la satisfaction apaisée ont tous leur place dans une relation sexuelle.

Beaucoup de femmes qui ne se considèrent pas du tout comme handicapées se heurtent à des problèmes que connaissent bien celles qui le sont gravement. Si vous êtes très grosse, vous pouvez être presque incapable de bouger quand vous êtes sur le dos, comme le sait toute femme arrivant au dernier mois de grossesse. Je me rappelle un homme qui me disait à propos de sa femme, d'une minceur de rêve, qu'il avait l'impression de « faire l'amour à un escabeau ». Je n'avais jamais pensé jusque-là que la minceur pouvait constituer un handicap, mais j'ai très bien vu ce qu'il voulait dire. Une femme qui sera sourde d'une oreille entendra parfaitement les douceurs qu'on lui chuchotera dans l'autre. Des pieds glacés, des mains calleuses, des gerçures ou une indigestion n'ont parfois rien de très excitant.

Nous pouvons être atteintes de certaines affections en vieillissant et souffrir de maladies dont nous nous accommodons sans nous sentir pour autant handicapées, mais dont nous sommes obligées de tenir compte dans une relation sexuelle. L'arthrite, un mal dont souffrent beaucoup de femmes avec l'âge, entrave considérablement la gymnastique sexuelle. Les jambes, les bras, les mains et le bassin sont parfois raides. Et vous aurez du mal à mettre dans vos caresses toute la tendresse que vous éprouvez. Les partenaires peuvent explorer de nouveaux contacts, utiliser les lèvres, la langue, les joues ou le petit doigt – ou n'importe quelle partie du corps qui ne soit pas ankylosée – pour donner et recevoir des messages de désir et

L'acte sexuel

179

d'amour. Varier les postures pendant l'acte sexuel, et être obligée de chercher comment faire pour que le poids du partenaire ne repose pas sur vos membres douloureux et ne vous en immobilise que davantage, peut conduire à des innovations.

Pour une personne souffrant d'asthme, le lit est souvent l'endroit où se déclenchent les crises les plus aiguës, et il est difficile de se sentir désirable et désirée quand le nez et la gorge sont obstrués de mucus. La température de la chambre doit rester constante, et l'air aussi dépourvu que possible de poussière ou d'agent susceptible de provoquer une crise. Un filtre à air électrique placé près du lit peut être utile, mais assurez-vous qu'il ne contient aucune mèche parfumée. Les parfums d'ambiance et autres « senteurs des bois » ont non seulement une odeur de toilettes, mais peuvent aussi déclencher une redoutable crise d'asthme. Les coussins aux teintes chaudes contre lesquels vous vous appuierez sont non seulement une invitation, mais ils augmentent votre confort pendant les rapports amoureux, et un grand traversin peut soutenir le haut du dos et les épaules. Les personnes asthmatiques ou arthritiques trouveront peut-être que la meilleure position est encore celle de la « cuiller », car aucune pression n'est exercée sur la cage thoracique, ou bien aimeront être couchées sur le dos, les jambes sur celles de leur partenaire (voir p. 238).

Une femme atteinte de sclérose en plaque ou d'infirmité motrice cérébrale aura du mal à écarter les jambes en étant couchée sur le dos et préférera être assise, et une chaise confortable sera parfois pour elle le meilleur appui.

Monica souffre d'infirmité motrice cérébrale depuis l'enfance. Sa colonne vertébrale étant déviée, elle ne mesure aujourd'hui qu'un mètre vingt. Elle raconte que ses désirs sexuels la terrifiaient et que la société lui avait en quelque sorte imposé un carcan émotionnel, ostensiblement pour l'abriter et la protéger. Elle n'était pas handicapée au sens où l'est une femme qui ne peut utiliser ses bras ou ses jambes. Pourtant, dit-elle, « j'avais beau avoir tous les membres et orifices en parfait état de marche, je me sentais complètement en dehors du coup... Pourquoi avais-je si peur ? Je pense que c'est parce que nous envisageons essentiellement, bien que de manière inconsciente, les rapports sexuels comme une chose qui n'arrive qu'aux gens jeunes et séduisants. Les personnes handicapées et défigurées sont rangées dans la même catégorie que les vieux, mais avec des tabous cent fois plus puissants. On nous enseigne que la beauté est tout. La laideur ne peut que gêner. Et nous, les défigurées, les handicapées, nous qui ne correspondons pas à la norme, on nous oblige souvent à nous fondre dans le décor dans la mesure du possible, comme pour nous excuser d'être là. Pour défier ce tabou, pour faire preuve d'"indifférence", il faut un talent peu habituel – il faut être insensible.

« Et nous protégeons notre moi profond même contre nos amies les plus proches. Comment réagiraient-elles si nous disions : "j'ai besoin de faire l'amour", "je veux un amant" ? Ce serait une "gaffe" sociale. Alors nous leur parlons de leurs copains, pas des nôtres ;

de leur ménage, pas du nôtre ; de leur vie sexuelle, pas de la nôtre. C'est notre façon à nous de les protéger. Jusqu'à l'âge de trente-cinq ans environ, j'ai ainsi protégé presque cent pour cent de mes amies et de mes parents. Une ou deux fois, j'ai vaguement fait allusion à mes "coups de cœur" ; c'était à la fois un soulagement et un danger. S'ils avaient compris que c'était vraiment important, ils m'auraient posé des questions – confirmant ainsi le bien-fondé de ce silence. Or si on le laisse s'installer, ce maudit silence peut durer toute la vie. »

6. Les enfants et la sexualité

La sexualité de l'enfance

Même les bébés ont une vie sexuelle. Souvent, les garçons présentent une érection à la naissance ou peu après, et le vagin des bébés filles émet des sécrétions. On a observé des érections chez le fœtus masculin. Nous ne savons pas vraiment ce qu'*éprouvent* les bébés quand cela arrive, mais ils aiment de toute évidence qu'on touche leurs organes génitaux et ils roucoulent et gazouillent quand on les change ou qu'on les essuie, si ces gestes sont faits avec douceur et tendresse.

Rita a deux petits garçons de deux ans et demi et sept mois. Elle dit que Julian, l'aîné, a commencé à se masturber à l'âge de six mois : « Entre un et deux ans, il me montrait son pénis pendant le bain et disait : "Il devient tout dur, maman, regarde." Le second vient juste de le découvrir. Comme il avait des rougeurs, je le laissais le derrière à l'air. Cela lui faisait du bien de se gratter, et en même temps il a découvert que c'était très agréable de se frotter le pénis ! »

Dans certaines communautés paysannes, les mères caressent et stimulent régulièrement le pénis du bébé en lui disant quel bel homme il sera plus tard. N'importe quel type de caresse produit chez le bébé une excitation, suivie d'une détente qui est essentiellement sexuelle.

Il y a, dans le contact rythmique, les caresses, les tapotements, les baisers et l'étroit enlacement du corps du bébé qu'on câline des éléments sexuels qui lui sont profondément agréables. Le massage pratiqué par les mères indiennes sur leurs bébés, qui peut durer jusqu'à deux heures par séance, semble dans un premier temps stimuler le bébé, ensuite installer un véritable état de béatitude, presque d'extase, comme le montre clairement le film de Frédérick Leboyer, *Shantala*. (On trouvera une version modifiée de ce massage aux p. 187-191.)

L'allaitement peut également constituer une expérience fortement sensuelle, non seulement pour la mère, mais aussi pour le bébé, et qui met en jeu le corps tout entier. Ce moment est attendu avec une excitation intense, et le bébé qui sait de quoi il retourne se met au travail avec enthousiasme. Il bouge les doigts et les orteils avec une énergie joyeuse, le rythme régulier des succions satisfaites est entrecoupé de brèves pauses, après quoi le bébé saisit de nouveau vigoureusement le mamelon, submergé d'ondes sensuelles de contentement et presque assoupi de bien-être.

Le contact aimant   Notre façon de toucher nos bébés et nos réactions affectives à leur sexualité jouent un rôle important dans le développement ultérieur d'une vie sexuelle épanouie et aimante. Le parent qui a peur de stimuler son bébé lui fait implicitement comprendre que ces choses délicieuses doivent être évitées et qu'on ne doit se les autoriser qu'en secret. La mère qui manipule son enfant comme s'il n'était qu'un tas de chair fait comprendre qu'elle ne prend aucun plaisir au corps de celui-ci et que le bébé ne doit pas en prendre non plus. On aura beau présenter ensuite la sexualité sous un jour positif ou veiller à une éducation sexuelle bien faite, rien ne pourra compenser l'absence de contact chaleureux et aimant, et le garçon ou la fille devront, en grandissant, l'apprendre d'un autre être humain.

La mère a parfois beaucoup de difficultés à avoir ce contact aimant avec son enfant, parce qu'elle-même n'est jamais « tombée amoureuse » de lui, alors qu'elle aimera plus spontanément certains autres de ses enfants. Cela peut arriver si la naissance et la première rencontre avec le bébé sur les lieux de l'accouchement se déroulent dans un environnement peu chaleureux ou, et cela revient au même, si un système hiérarchique et bureaucratique rigide prend en charge le bébé comme s'il appartenait à l'hôpital ou à la clinique et non à la mère.

Parfois aussi, nous aurons du mal à aimer un enfant parce qu'il sera le reflet de certains aspects de notre personnalité que nous refusons ou de qualités existant chez d'autres personnes auxquelles nous sommes hostiles : « C'est le portrait de son père », « Elle tient de ma sœur. »

C'est une vision très statique de la maternité que de croire qu'une femme ne sera la mère que d'un modèle unique d'enfant. Elle peut avoir un comportement maternel différent avec plusieurs enfants, surprotéger l'un et obliger l'autre à être courageux et indépendant (c'est parfois un élément des rôles sexuels que nous imposons à nos enfants : nous encourageons nos filles à être douces et nos fils à être des « durs »). Son comportement peut également varier du tout au tout suivant l'âge de l'enfant. Et c'est normal. L'amour enveloppant qu'elle donnera à son nouveau-né doit être différent de celui qu'elle exprimera à la petite fille de cinq ans qui aborde sa première journée de classe ou à l'adolescent qui s'efforce de découvrir son identité et de prendre son indépendance par rapport à sa mère.

La maternité est parfois traitée comme une « science » qui, au même titre que l'économie domestique et la diététique, peut être enseignée aux éléments les moins brillants des écoles présentant un vaste choix d'options. On part du principe qu'il existe une « bonne » façon d'être mère, et que si vous suivez régulièrement les cours, vous acquerrez ce savoir-faire.

Mais aimer un enfant, établir une relation avec lui, de même qu'aimer un homme ou une femme, constitue un ensemble d'émotions si riche, criblé de tant de significations, si dépendant de la qualité d'autres relations, que c'est mille fois plus compliqué que de faire simplement « ce qu'il faut ». La compétence technique compte infiniment moins que la qualité des interactions entre la mère et l'enfant.

La mère reçoit les messages que lui envoie son enfant et y répond. Et comme chaque enfant est un individu unique, ces messages seront spécifiques. Certains enfants adorent être câlinés, se blottir contre vous, se délecter du contact de la peau ; d'autres se livrent moins facilement. Vous avez l'impression qu'ils vous observent, qu'ils vous jugent. Ces enfants n'apportent pas, dans une relation, la même satisfaction immédiate qu'un enfant câlin. Quand un bébé s'arrête de pleurer et accepte les caresses, prend le sein avec satisfaction, se détend dans vos bras et s'endort, il signifie à la mère qu'elle est une « bonne mère ». C'est un peu comme des rapports amoureux réussis, où les sentiments et les sensations affluent et où les deux partenaires parviennent au plaisir et s'endorment en sachant qu'ils s'aiment. Quand un bébé pleure – et ne s'arrête pas – ou refuse de se couler

Apprécier les besoins de son enfant

185

dans vos bras, c'est non seulement un rejet : c'est un acte d'amour raté. Les enfants ne se laissent pas toujours facilement aimer. Tout ce qu'on dira de l'importance du toucher, du contact étroit avec l'enfant passe après le respect de l'individualité de cet enfant, de sa personnalité qui n'est comparable à celle de personne d'autre. Faire autre chose, imposer aux enfants des règles en matière de liberté ou d'expression de soi, de nudité et de contact physique, c'est forcer l'intimité de cet enfant et lui faire subir une violence psychologique.

En grandissant, les enfants passent par des périodes où ils prennent leurs distances, où ils relèvent en quelque sorte le pont-levis et revendiquent leur droit à l'intimité. Il faut énormément d'intuition pour s'en apercevoir et *tous* les parents commettent des erreurs. Ce besoin d'un coin à soi naît parfois bien avant que nous soyons prêtes à l'accepter. Caroline me racontait qu'elle baignait son fils de deux ans et demi quand soudain il mit la main sur son pénis et dit : « Maman, enlève ta main, il est à moi ! Tu n'a pas le droit d'y toucher. » C'est pourquoi toutes ces belles idées sur le contact étroit avec les enfants, sur ces débordements de tendresse physique, sur le fait de faire partager aux enfants le lit familial, et même sur l'allaitement, qui peut durer deux ans ou plus, risquent de tourner au dogme si nous ignorons les messages, parfois parlés mais le plus souvent non verbaux, que nous transmet l'enfant. Être « en contact » avec quelqu'un, c'est savoir quand ce contact *n'est pas* de mise, c'est savoir se refuser le réconfort d'une caresse, comprendre que ce n'est pas le moment de discuter d'un sujet qui peut sembler très important, ni même de l'aborder, et donner au contraire à l'enfant l'espace et le silence dont il a besoin. La tendresse physique est une composante essentielle de l'amour maternel, mais il faut la manier d'une main légère, avec retenue à certains moments, et en sachant ne pas insister.

Si la mère peut rester chez elle l'après-midi sans être bousculée par son travail, la sieste est un moment propice au contact physique. Encore faut-il que le bébé ait envie de dormir à ce moment-là et que le téléphone ne sonne pas. (Si vous le pouvez, décrochez-le pendant une demi-heure.) Certaines femmes apprécient beaucoup ce moment de repos en compagnie d'un seul enfant, d'autres disent qu'elles préfèrent avoir tous leurs enfants en même temps dans leur lit. En tout cas, ne comptez pas pouvoir vous reposer avec plus de deux enfants près de vous. Ils gigotent, sautent, chantonnent, grognent, sursautent, s'agacent mutuellement, se disputent pour avoir un câlin et décident qu'ils préfèrent que vous leur racontiez une histoire – et ils réveillent le petit dernier qui dort. Si vous avez plus de deux enfants, mieux vaut instituer une sieste à tour de rôle avec vous.

Ce contact physique avec nos enfants est une chose naturelle, il ressemble à ce que les petits enfants ont toujours connu dans les sociétés rurales, où ils dorment dans le lit de leur mère, et parfois aussi avec leurs frères et sœurs.

Le massage du bébé

Vous pouvez combiner, avec la sieste, une séance de massage. Un enfant plus âgé apprendra, en vous regardant faire, comment procéder pour que le bébé l'apprécie. Lui aussi, d'ailleurs, peut être massé. Mais, si l'enfant à trois ans ou plus, soyez très attentive à ses réactions ; c'est inutile d'essayer s'il n'y prend pas plaisir.

Si l'enfant est un petit garçon, vous pouvez le masser jusqu'à, disons, l'âge de deux ans et demi sans craindre de trop le stimuler ou d'en faire un « petit garçon à sa maman ». Comme le massage des enfants est rarement pratiqué en Occident, les autres membres de la famille émettront peut-être des critiques. Or les garçons ont si peu l'occasion d'apprendre la tendresse ! Rien d'étonnant si beaucoup d'hommes adultes sont durs et insensibles, compte tenu du peu de contacts délicats et tendres qu'ils ont eus dans leur enfance.

N'oubliez surtout pas que l'interruption *soudaine* des manifestations de tendresse, qu'il s'agisse de l'allaitement ou du contact physique aimant apporté par le massage, peut être douloureuse et traumatisante pour l'enfant. Aussi est-il important de commencer par réfléchir à vos sentiments profonds et à ceux de l'enfant. Une façon d'apprécier ce contact physique chaleureux avec un bébé garçon est de suggérer au père d'y participer le plus souvent possible, pendant les week-ends,

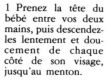

1 Prenez la tête du bébé entre vos deux mains, puis descendez-les lentement et doucement de chaque côté de son visage, jusqu'au menton.

2 Avec les pouces et le bout des doigts, massez le front du bébé en partant du nez et en allant vers les tempes.

3 Massez les petites joues rondes en partant du nez et en allant jusqu'aux oreilles.

4 Avec les pouces, massez le menton en remontant vers les oreilles et le front, et l'arrière des oreilles.

5 Suivez du bout du doigt la ligne des oreilles. Dites à votre bébé comme il est beau.

6 Massez les oreilles du bébé en descendant jusqu'au cou et aux épaules.

7 Les paumes bien à plat, massez le bébé depuis le menton jusqu'à la cage thoracique.

8 Continuez à le masser doucement, depuis les épaules jusqu'aux mains.

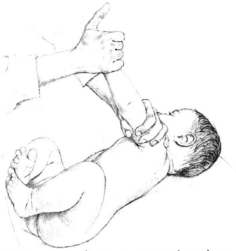

9 Placez vos deux mains sur un de ses bras et pressez doucement celui-ci en commençant par le haut et en descendant jusqu'au poignet. Massez doucement le poignet. Massez l'autre bras de la même façon.

10 Avec les pouces, massez la paume, puis le dos de ses mains. Terminez en massant chacun de ses doigts.

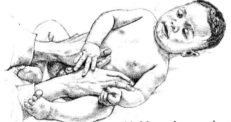

11 Massez le torse du bébé en partant du centre et en allant vers les côtés, et descendez progressivement.

12 Lorsque vous arrivez au ventre, décrivez autour du nombril de petits cercles qui iront en s'agrandissant.

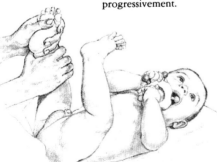

13 Continuez la séance en massant les jambes de votre bébé, de la même façon que les bras. Prenez une cheville d'une main et, de l'autre, massez fermement avec le pouce le talon et la plante du pied du bébé.

14 Jouez avec les orteils du bébé. Et recommencez avec l'autre pied.

15 En partant du menton, massez le corps du bébé sur toute sa longueur, sans oublier les bras, le sexe et les jambes.

16 Puis tournez le bébé sur le ventre et massez-lui le dos. Vous l'aurez installé sur vos genoux ou par terre, sur la serviette.

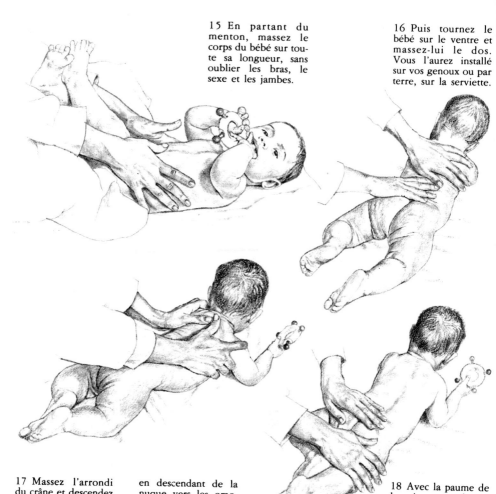

17 Massez l'arrondi du crâne et descendez jusqu'à la nuque. Puis, avec un mouvement circulaire et doux, massez le dos du bébé en descendant de la nuque vers les omoplates. Agrandissez les cercles en vous concentrant sur les épaules du bébé.

18 Avec la paume de la main, massez doucement mais fermement le dos du bébé depuis le cou jusqu'à l'arrondi des fesses.

par exemple, ou pendant les vacances s'il n'est pas à la maison en semaine à une heure convenable.

Vous pouvez commencer à masser doucement le bébé dès la naissance. Si votre bébé a été en réanimation après l'accouchement ou séparé de vous, ce contact supplémentaire est capital. Il vous aide à faire tous deux connaissance, et vous vous sentirez plus sûre de vous lorsque vous manipulerez le bébé. Ce massage peut également aider le bébé à surmonter les expériences désagréables qu'il aura connues au tout début de son existence.

Ce massage peut aussi être d'un grand secours si vous avez un bébé qui pleure en fin de journée et semble avoir des « coliques ». Faites-en une habitude régulière. Le moment qui suit le bain est tout à fait indiqué, et si vous attendez que son père soit rentré, vous pouvez vous partager les tâches, l'un massant le bébé, l'autre s'occupant du dîner. (Et il va de soi que ce n'est pas toujours le père qui joue avec le bébé pendant que vous êtes aux fourneaux.) La pièce doit être chaude, mais si vous avez un jardin, vous pourrez effectuer ce massage dehors, au soleil.

Avant de commencer, vérifiez que vous n'avez pas les mains froides. Otez vos bagues et vos bracelets. Vous pouvez aussi retirer vos chaussures. Déshabillez l'enfant et asseyez-vous par terre, le dos maintenu par un gros coussin, le bébé étant couché sur vos jambes, face à vous, ou sur vos genoux, ou bien allongez-le par terre sur une serviette. Quelle que soit la position du bébé, mieux vaut glisser une couche sous ses fesses, et, s'il s'agit d'un garçon, gardez une serviette à portée de la main.

Commencez par parler au bébé, et continuez à le faire tout en le massant. A moins que vous ne préfériez, suivant votre inspiration, lui chanter ou fredonner quelque chose, une berceuse, une comptine, ou encore un poème. Vous vous apercevrez que le son de votre voix et le mouvement de vos mains suivent le même rythme, auquel se joindront les gazouillements du bébé à mesure qu'il se détendra.

A mesure que l'enfant grandit, vous constaterez qu'il vient un moment où les massages durent moins longtemps et finissent par cesser ; vous aurez, en effet, l'impression que l'enfant a dépassé cette phase de sa petite enfance et qu'il a, de toute évidence, d'autres centres d'intérêt. De la même façon qu'il passe à une alimentation solide et quitte son berceau pour un petit lit, il aborde une nouvelle étape de son développement, avec de nouvelles compétences. Cette intuition du « bon » moment est très importante dans la relation de la mère à l'enfant ; c'est comme lorsque vous plantez des jacinthes pour Noël et que vous décidez à quel moment vous devez les mettre à la lumière pour que les feuilles deviennent vertes et luisantes et que les fleurs s'ouvrent.

Quand arrêter les massages ?

191

Parler de sexualité aux enfants

Parler de sexualité aux enfants n'est qu'une très petite partie de l'éducation sexuelle. Notre comportement non verbal, qui s'exprime souvent au moment où nous en avons le moins conscience, est beaucoup plus important pour faire prendre conscience à l'enfant de ce qu'est la sexualité adulte et de la manière dont nous réagirons à l'expression de la sienne.

Mais le fait d'en parler joue un rôle indiscutable dans l'éducation sexuelle, ne serait-ce que par la façon dont nous répondrons aux questions d'un enfant. Beaucoup d'entre nous trouvent plus facile de discuter des réalités sexuelles sous l'angle de la reproduction que de parler de sensations, ou même de désir et d'amour. Il est parfois difficile d'expliquer la passion physique. C'est pourquoi nous pouvons être parfaitement à l'aise en expliquant comment « on fait les bébés » mais avoir bien plus de mal à aborder les autres aspects de la sexualité. Or c'est là une approche dangereusement restreinte.

Les questions sur l'acte sexuel

C'est souvent pendant une grossesse de la mère que jaillissent les premières questions. L'enfant veut savoir comment le bébé sort du ventre de Maman. Vient ensuite : « Comment est-il entré ? » Et vous répondez quelque chose du genre : « Papa a mis son pénis dans le trou spécial que Maman a entre les jambes. » Beaucoup d'enfants se contenteront provisoirement de cette réponse. Ils ont une attitude très réaliste à l'égard des fonctions physiques comme du reste. « Où le mets-tu ? Comment ça marche ? » Eux-mêmes trouvent des explications complètement farfelues ou mécanistes. Mais si nous parlons des rapports sexuels exclusivement comme d'une sorte de travail pour faire des enfants, justification que les enfants accepteront volontiers, nous ne fournissons qu'une explication partielle. La vraie question, c'est : pourquoi Papa a-t-il envie de se comporter ainsi ? et : pourquoi Maman le laisse-t-elle faire ?

L'enfant de trois ou quatre ans s'en tiendra là, mais si nous esquivons le sujet du plaisir sexuel, les enfants comprendront vite que leurs parents ne sont pas à l'aise et qu'il vaut mieux éviter d'en parler. En fait, l'enfant offre aux parents une occasion parfaite d'explorer certains états physiologiques et psychologiques qu'il connaît déjà et doit résoudre.

La vie sexuelle des enfants

Les enfants de cet âge sont en général parfaitement conscients de ce qu'est le plaisir sexuel. Ils aiment toucher leurs organes génitaux, serrer leurs jambes l'une contre l'autre et faire des mouvements de balancement ou autres qui leur procurent un plaisir physique. Au lieu de nous en tenir à des descriptions purement reproductrices de la sexualité, nous pouvons aider les enfants à comprendre des sensations que nous éprouvons tous, qui font que les gens sont bien dans leur peau et qui donnent son intensité à la vie.

Nous pouvons donc aider les enfants à faire le lien entre la sexualité et les sensations qu'ils connaissent déjà. « La sexualité, c'est avoir envie de faire un câlin, être tout tendre. C'est se sentir bien de partout, avoir l'impression d'être plein de soleil doré ; c'est aimer se toucher, se caresser, se frotter l'un contre l'autre, être tout excité comme quand on est chatouillé ; et puis c'est être heureux parce que c'est agréable. » Le langage que vous emploierez avec votre enfant sera bien sûr votre façon habituelle de parler ensemble, et vous choisirez les mots qui vous conviennent. Mais ce que vous lui ferez essentiellement comprendre, c'est que la sexualité n'est pas *octroyée* à un individu par une autre personne à un moment précis et lointain, mais qu'elle fait partie de notre vie personnelle. C'est particulièrement important quand nous parlons à des petites filles. La sexualité n'est pas la Belle au Bois Dormant attendant la venue du Prince Charmant. Et le corollaire de cette vérité, comme le comprendra la petite fille lorsqu'elle entrera dans l'adolescence, c'est qu'une femme est *responsable* de sa vie sexuelle.

En parlant à votre enfant de trois ans, vous aurez peut-être l'impression de ne pas avoir été très précise dans vos explications. Mais ce n'est pas nécessaire. Reconnaître simplement que la sexualité concerne des sensations qui sont familières à l'enfant, des sensations que nous éprouvons *tous,* et qui sont bonnes et acceptables, suffit. Un câlin, un baiser, un sourire sont parfois largement suffisants pour dire : « Ce que tu éprouves est parfaitement normal », et pour reconnaître le droit de l'enfant à sa sexualité. Nous devons aussi être capables de sentir quand l'enfant *n'a pas envie* qu'on lui en parle. L'enfant a le droit de dire « non », d'avoir un coin à lui pour ses sentiments et ses sensations.

Il est trop facile de définir l'activité sexuelle comme une chose qui se limite aux seuls organes génitaux, une chose qu'un homme fait avec son pénis et une femme avec son vagin ; l'enfant est alors conditionné à se faire de la sexualité une idée qui classe ces organes dans une catégorie à part du reste du corps. Comme nous le voyons lorsque nous explorons les problèmes de la vie sexuelle adulte, cette façon d'envisager la sexualité est liée aux frustrations et aux déceptions qu'éprouvent beaucoup de femmes dans leurs rapports sexuels. Elles désirent que tout leur corps entre en jeu dans l'activité sexuelle, que tout leur moi y participe, elles voudraient trouver la réalité profonde de l'être aimé, et pas seulement un pénis ou tout autre instrument stimulant.

Sexe et stéréotypes

De même, quand les parents disent que la sexualité, c'est « quand tu es grande et que tu peux avoir un bébé » ou « c'est quand tu te maries », non seulement ils la définissent comme le simple fait de faire des enfants, mais ils imposent à leur petite fille une définition très limitée de ce qu'est une femme adulte, de sa fonction dans la vie et de la façon dont elle trouvera à s'accomplir. Certes, s'engager dans une relation comme le mariage et décider d'avoir un bébé peuvent être des moments merveilleux dans la vie de beaucoup de femmes, mais cela représente aussi des options capitales pour les hommes. Les attitudes stéréotypées à l'égard des rôles masculins et féminins ont des répercussions flagrantes sur la vie des enfants dès

Apprendre à
connaître nos
corps dans un
environnement
sécurisant et
aimant.

le départ. Nous devons à nos filles d'apprendre à nos fils à ne pas laisser aux femmes l'amour et la tendresse généreuse indissociables des relations et de l'éducation des enfants ; et nous devons à nos fils de ne pas les empêcher de devenir, en se développant, des partenaires aimants, capables de partager activement les tâches éducatives.

Apprendre à connaître nos corps

Nous prenons souvent pour acquis qu'une fille a une certaine connaissance de son corps que nous n'acceptons, en fait, qu'en notre qualité d'adultes, parce que nous avons eu nous-mêmes le temps de l'explorer et d'être rassurées. On estime qu'une fille comprend ce qu'elle a en commun avec les autres femmes – qu'elle se rend compte que nous avons *toutes* le bord des petites lèvres ridé et qu'elles ne sont pas pareilles des deux côtés, que la menstruation fait partie de l'expérience vécue des femmes, qu'un sein est souvent plus gros que l'autre, et ainsi de suite.

Dans la famille actuelle qui compte un ou deux enfants, la petite fille n'aura peut-être guère l'occasion de comparer son corps à celui d'autres filles. Or, pour qu'elle connaisse et comprenne son propre corps, il est important qu'elle soit familiarisée avec d'autres corps d'enfants et d'adultes. Les vestiaires ou les toilettes des écoles conviennent mal à ce genre de découverte. C'est beaucoup plus simple pour les garçons, ne serait-ce que parce que leur appareil génital est bien plus visible et plus facile à comparer à celui des autres.

Ils n'en ont pas moins leurs problèmes et leurs idées fausses. Ils peuvent être obsédés par la taille de leur pénis et la distance à laquelle ils peuvent uriner. Lorsqu'ils se comparent à leur père, ils ont besoin qu'on les rassure et qu'on leur dise que « c'est beau même si c'est petit », qu'il vient un moment, dans le développement d'un garçon, où le pénis grandit et que, même lorsqu'ils seront adultes, sa taille n'ajoute rien à la masculinité ni aux prouesses sexuelles et que la distance à laquelle on peut uriner n'a aucun rapport avec la puissance de l'éjaculation.

On aura beau parler à la fille de l'anatomie féminine et lui montrer *S'examiner* de beaux livres d'images, rien ne remplace l'exploration personnelle, la possibilité d'effectuer des comparaisons dans un environnement sécurisant et aimant, où ces choses sont acceptées comme normales.

Quand il n'y a pas d'autre enfant de sexe féminin dans la famille, la relation mère-fille devient très importante à cet égard, car c'est de sa mère que la fille a besoin d'apprendre que son corps est normal. Elle peut concevoir son vagin comme un simple « trou ». Beaucoup de filles croient que les lèvres de leur vagin ou leur clitoris sont trop grands, ou trop mous, ou anormalement petits. La mère peut aider sa fille à en savoir plus sur son corps, non seulement en se montrant nue sans y attacher autrement d'importance – dans la chambre à coucher, ou après un bain –, mais en précisant ses réponses d'une manière concrète. Votre première réaction sera peut-être d'aller acheter un livre où l'on expliquera ces choses à votre fille, mais vous pouvez l'aider bien plus directement à apprendre comment elle est faite en lui donnant un miroir pour qu'elle puisse se regarder, en lui parlant de votre propre corps et en lui montrant les modifications qui se produisent quand une fille grandit et devient adulte, et après qu'elle a eu un bébé.

Pour cela, il faut que vous soyez vous-même à l'aise avec votre corps. Si vous transformez vos réponses en un cours magistral tout en étant secrètement choquée par votre audace, cela se traduira automatiquement dans votre comportement par de la gaucherie ou un manque de confiance que l'enfant percevra et qui la mettra sur la défensive. Une femme doit d'abord apprendre à être en bons termes avec son corps.

Quand une mère est capable de faire cela naturellement et sans arrière-pensée, elle donne à sa fille quelque chose d'infiniment précieux – le respect de la construction merveilleuse qu'est son corps. Au lieu d'une image « poupée Barbie » de la féminité, au lieu de produits de beauté destinés aux préadolescentes, de soutiens-gorge vendus pour des poitrines qui ne sont même pas encore naissantes, d'une conception de la beauté féminine liée à la parure et aux ornements qui enguirlandent un sapin de Noël, de tous ces déguisements derrière lesquels les femmes se camouflent, elle sait que son corps est beau et elle apprend à avoir confiance en elle en tant que femme. C'est en grande partie par l'attitude de sa mère à l'égard du corps féminin que la fille construit son image d'elle-même et le sentiment de sa valeur en tant que personne. Et cela ne prend

pas une importance soudaine parce qu'elle approche de l'adolescence, mais peut être encouragé par la mère dès la petite enfance.

L'attitude des garçons à l'égard de la sexualité

En laissant l'éducation sexuelle des garçons presque entièrement au père, une femme passe à côté de la possibilité d'aider son fils à prendre conscience, à mesure qu'il grandit, de la sexualité féminine telle qu'elle est réellement, et non comme les hommes l'imaginent souvent. Or les mères confient souvent à quelqu'un d'autre l'éducation sexuelle des garçons, en ayant l'impression que c'est une tâche trop considérable pour elles et qu'elles n'en savent pas assez sur la sexualité masculine pour répondre à toutes les questions qu'un garçon ne manquera pas de poser. Cette éducation se fait parfois tout simplement à leur insu. Liz, par exemple, une mère célibataire, raconte : « Il y avait un type en bas de chez moi – nous avions eu une petite liaison – avec qui Jason s'est lié d'amitié quand il a eu douze ans. J'ai trouvé sous son lit une pile de *Playboy* que cet homme lui avait donnés. Ils passaient leur temps ensemble. Je pense que c'est essentiellement avec lui qu'il a fait son éducation sexuelle. »

Mais il y a plus, parce que Jason voit son père aussi : « Il ramène tout le temps des filles chez lui et oblige Jason à donner son avis. Il drague les serveuses de bar en disant : "Regarde-moi un peu cette chouette nana !" Jason ne sait plus où se fourrer. »

On aurait pu croire, à l'entendre, que Liz avait complètement démissionné, mais un aspect très important de l'éducation sexuelle de Jason est que, au lieu de fermer les yeux ou de condamner d'emblée cette attitude, Liz a discuté avec son fils, à la fois de la conduite de son père et des sentiments de Jason à cet égard : « Nous cherchons à voir *pourquoi* il agit ainsi et nous essayons de comprendre. J'essaie de le faire sans lui dire que son père n'a pas un comportement adulte. Je lui explique que c'était la façon de s'y prendre dans les années soixante, quand son père était jeune, et qu'il n'a pas changé. »

Analyser les valeurs et les interpréter en comprenant ce qui les motive constitue une composante essentielle de l'éducation sexuelle, des filles comme des garçons. On n'en fera pas le tour dans le cadre de l'éducation sexuelle traditionnelle, mais c'est néanmoins une façon de susciter les questions que l'enfant a besoin de poser, et il faut l'inclure dans le tissu de la vie quotidienne.

Mais parler ne suffit pas. Apprendre ce qu'est la sexualité signifie qu'on devient conscient du plaisir physique, chez les autres et en soi. C'est aussi la façon dont la société définit et interprète la sexualité et nous impose un certain comportement que nous devons remettre en question en le confrontant à nos sentiments profonds et à nos valeurs. Ce qui n'a pas grand-chose à voir avec nos connaissances d'anatomie et de physiologie. L'information n'a de raison d'être que lorsqu'elle éveille une prise de conscience plus aiguë des choses.

Transmettre nos attitudes à l'égard de la sexualité

Tout ce que nous disons à nos enfants vient après les attitudes et les émotions que nous leur transmettons. En me parlant de la première fois où elles avaient pris conscience de leur sexualité dans l'enfance, les femmes m'ont toujours décrit des *impressions*. Elles se

rappelaient les émotions suscitées par l'information transmise par les parents et les professeurs. Et celles qui n'avaient reçu qu'un minimum d'information concrète, ou pas du tout, se faisaient pourtant une idée assez précise des attitudes des adultes à l'égard de la sexualité par les émotions que ceux-ci faisaient passer.

C'est par l'attitude de sa mère à l'égard de son propre corps que la fille apprend la valeur du sien.

Ce qui est dit, l'information soigneusement choisie dispensée aux enfants, est souvent négligé par ceux-ci, alors qu'ils retiendront les messages émotionnels, la gêne, l'amusement ou le dégoût par exemple. C'est pourquoi l'éducation sexuelle exige que nous nous montrions d'une honnêteté scrupuleuse.

Quand j'ai commencé à écrire ce livre, je pensais que, pour la plupart des filles, la première expérience sexuelle serait sans doute un emballement romantique pour une amie de classe, un « coup de cœur » pour une maîtresse ou une idylle d'adolescents. Je ne m'étais pas pleinement rendue compte des nombreuses expériences sexuelles fortement négatives qui bouleversent la vie des enfants – surtout celle des petites filles –, au sein de la famille et à l'extérieur de celle-ci, et comment ces épisodes peuvent se répercuter sur leur développement sexuel ultérieur. Beaucoup de femmes qui me

Premières expériences

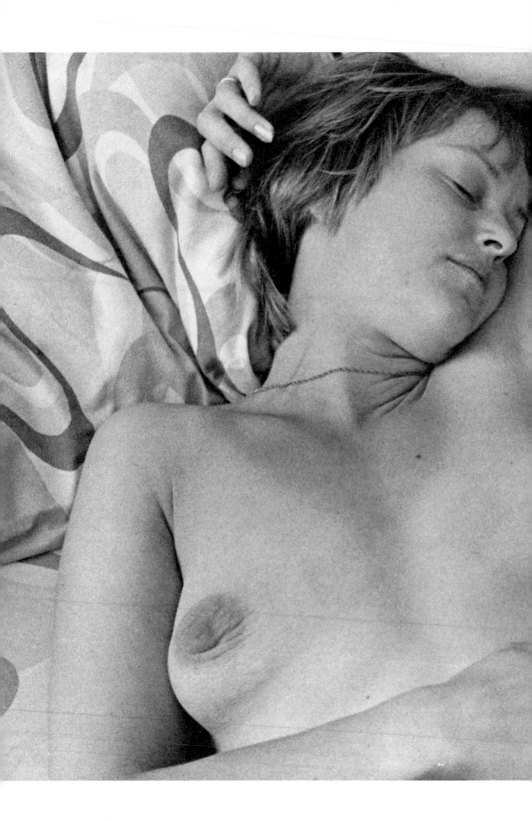

La vie est une continuité, et nous commençons l'éducation sexuelle de nos enfants par notre façon de nous comporter avec eux dès la naissance...

racontaient comment elles avaient vécu la sexualité dans leur enfance montraient de quelle façon leur attitude en ce domaine était modelée par des choses que leur avait faites un adulte, par des scènes dont elles avaient été témoins ou par des choses qu'elles avaient entendues, et qui s'étaient imprimées dans leur esprit comme « sexuelles », « sales » et « pas bien ». Les mères sont rarement averties de ces incidents, mais leur souvenir – et celui de la honte – peut se perpétuer dans la vie adulte. Le pire, quand il nous arrive quelque chose dont nous nous souvenons avec peur et dégoût, est que nous pensons en général être les seules dans ce cas, que cette chose affreuse n'est arrivée qu'à *nous* et que personne ne peut comprendre. Si nous refusons de parler de ces expériences, nous ratons l'occasion d'analyser la pression qu'exerce sur nous la société en définissant notre sexualité et le sentiment que nous avons de notre propre valeur.

En comprenant les expériences qui sont celles de beaucoup d'autres femmes, nous comprendrons mieux en tant que mères ce qu'apprennent nos filles. Comme on peut s'y attendre, beaucoup de ces premières expériences sont simplement des explorations conduites avec d'autres enfants, dictées par la curiosité et le besoin de découvrir soi-même ce dont il retourne. Une femme, par exemple, disait que ses sœurs jouaient au docteur et à l'infirmière et inséraient des épingles à cheveux dans leur vagin et leur anus, fascinées par les orifices du corps. « A six ans, j'ai essayé de faire un bébé avec mon voisin qui avait le même âge », raconte une femme. Une autre se rappelle avoir batifolé avec un ami de son frère quand elle avait huit ans : « J'étais assise sur ses genoux pendant qu'il passait sa main sous ma jupe. »

Les effets de l'attitude négative des adultes

L'attitude des adultes à l'égard de la masturbation chez les enfants peut avoir des effets durables sur ceux-ci. Elizabeth, par exemple, se rappelle qu'elle aimait grimper à un poteau du jardin quand elle avait sept ans, pour éprouver cette « drôle de sensation » qu'elle appelait « se chatouiller ». Une de ses amies fut surprise un jour qu'elle essayait d'en faire autant, et on lui dit de ne pas recommencer, sinon « elle se ferait du mal », et depuis ce temps-là Elizabeth était très inquiète de ce qu'elle faisait et se sentait terriblement coupable. Anne raconte que sa mère la trouva en train de se masturber quand elle avait cinq ans, lui exprima son dégoût et lui dit que si elle ne s'arrêtait pas, elle la conduirait chez le médecin : « J'ai continué à me masturber, mais avec un sentiment de culpabilité. » Une autre femme dit qu'à neuf ans elle avait tellement honte de se masturber mais y prenait tant de plaisir qu'elle avait mis au point toute une série de punitions qu'elle s'infligeait ensuite. D'une façon assez analogue, Elizabeth raconte que, sans pouvoir se rappeler si elle a vraiment été fessée étant enfant pour s'être masturbée, elle résout maintenant son problème de culpabilité par des fantasmes où elle imagine qu'on la fouette chaque fois qu'elle se masturbe, et elle se sent encore plus coupable ensuite de son masochisme. Une part de l'excitation que ressent une femme lorsqu'elle se masturbe tient au fait qu'elle y voit une activité répréhensible, et il lui arrive, lorsqu'elle en parle, de retrouver un langage de petite fille. Certaines femmes ont si mauvaise conscience qu'elles sont incapables de parvenir à l'orgasme quand elles se masturbent.

Ces expériences de l'enfance peuvent avoir également des répercussions sur les relations sexuelles adultes. Une femme, à qui l'on a appris que la masturbation est « sale », dit qu'elle ne peut jamais toucher son sexe devant son mari ou faire des mouvements accentuant son plaisir, parce que cela ressemblerait trop à de la masturbation et que « les rapports sexuels sont l'affaire de mon mari ». Elle est mariée à un homme très inhibé et peu sûr de lui, et leur relation sexuelle est des plus frustrantes. Elle se juge incapable de lui montrer comment elle veut être caressée et stimulée, parce que le simple fait de guider sa main s'apparenterait à de la masturbation.

Les femmes disent souvent garder un souvenir extrêmement précis de l'air choqué et dégoûté de leur mère les surprenant en train de se masturber. Chaque fois que cela se produit, nous transmettons à nos enfants de puissants messages. Nous leur enseignons qu'il est mal de se donner du plaisir.

Le sentiment de culpabilité sexuelle inculqué dans l'enfance risque de rendre les filles plus vulnérables à l'exploitation sexuelle. Elles ne peuvent parler franchement de leurs sentiments avec nous, leurs parents, et, parce qu'elles se sentent souillées, elles auront du mal aussi à partager leurs pensées et leurs expériences avec d'autres femmes. Une femme entamera parfois une relation avec un homme qui semble pouvoir la protéger contre d'éventuelles horreurs encore plus redoutables. Jane raconte qu'on lui a appris à croire que « les filles bien ne s'occupent pas de sexe. Elles devaient tolérer les rapports sexuels pour avoir des enfants quand des hommes plutôt brutaux les leur imposaient. Les hommes sont des malheureux qui doivent accepter leurs instincts animaux, mais les femmes sont des créatures supérieures qui n'ont pas de tels besoins ». Jane mena une vie très protégée jusqu'à l'âge de dix-neuf ans, où elle partit de chez elle pour aller vivre dans une maison remplie de jeunes. En se réveillant un matin, elle découvrit dans son lit un homme qui était venu voir quelqu'un la veille au soir, mais elle n'osa pas protester ni appeler, « car j'avais peur que les autres entendent ». Quelques mois plus tard, elle se mariait avec lui, parce qu'on lui avait appris qu'elle devait épouser l'homme avec qui elle avait eu des rapports sexuels. Son union fut désastreuse et, aujourd'hui, Jane est divorcée.

Beaucoup de femmes verront là une responsabilité supplémentaire imposée aux mères – l'enfant ne doit jamais éprouver un sentiment de culpabilité en matière de sexualité. Or il est évident que nous ne pourrons jamais l'en empêcher. Nos enfants sont influencés par la société qui les entoure, et pas seulement par notre attitude personnelle. Si, par exemple, il est particulièrement excitant pour des enfants de maternelle de répéter « caca-boudin ! », notre irritation ne fera qu'empirer les choses. Le sentiment que le comportement sexuel est « bien » ou « mal » relève de valeurs

Conséquences de la culpabilité

sociales bien plus largement répandues. Il arrive un moment où nous ne pouvons entièrement tenir nos enfants à l'écart de valeurs avec lesquelles nous sommes en profonde contradiction.

Dans tout ce que je fais ou dis, je peux soit essayer de présenter le sexe sous un jour qui le rende socialement acceptable, soit tenter d'en avoir une vue lucide et de comprendre pourquoi les gens se comportent comme ils le font. Je peux définir le vécu sexuel comme un cadre préconçu d'idées, ou je peux oser refuser les clichés et les choses que nous essayons de prendre pour acquises. Je peux tromper, déformer, idéaliser et imposer des règles et des dogmes – ou je peux communiquer à mes enfants la valeur de la franchise et reconnaître le besoin, pour chaque individu, de déterminer son identité sexuelle.

7. Transitions

La fille grandit

Il vient un temps, n'importe quand après l'âge de neuf ans, où l'augmentation du taux d'œstrogènes dans le sang de la fille modifie la répartition des masses de graisse ; ses hanches s'élargissent, ses fesses s'arrondissent, et elle commence à présenter les caractéristiques morphologiques de la femme. L'augmentation du taux d'œstrogènes entraîne en même temps le développement de la poitrine, qui précède les premières règles, tandis que d'autres hormones – les cortico-androgènes – déclenchent la croissance des poils des aisselles et du pubis.

Elle entre dans la puberté, une étape physiologique du développement dans laquelle notre société voit un passage, à la fois émotionnel et culturel, à l'âge adulte. Quand la fille franchit cette étape, ses parents s'attendent en général à ce qu'elle passe par une période difficile où elle se montrera gauche, fantasque, vulnérable, mal dans sa peau, hostile à toute autorité, où elle sera terriblement consciente de son aspect physique et où il lui arrivera parfois de tomber amoureuse d'un membre du sexe opposé. Or la caractéristique la plus marquante de notre culture en ce qui concerne les adolescentes est peut-être qu'elle ne les prend pas au sérieux. Quoi que fasse ou dise la fille, il se trouvera toujours quelqu'un pour affirmer : « Ça lui passera. C'est juste une phase. » Elle est reléguée dans une zone indéfinissable où non seulement il lui est difficile de se trouver et de se forger une identité en tant que femme, mais aussi où les adultes s'emploieront activement à nier cette identité, quelle qu'elle soit, sous prétexte qu'elle est passagère, superficielle et sans importance.

Les premières règles

Les parents éprouvent souvent des émotions ambivalentes quand leur fille parvient à la maturité sexuelle, et ce conflit s'exprime parfois dans leur attitude à l'égard des premières règles de l'adolescente. Comme l'écrit Paula Weideger *(Female Cycles),* les adultes observent le passage de l'enfance à la maturité avec bienveillance, mais aussi avec crainte. La sexualité féminine, symbolisée par le sang menstruel,

204

représente non seulement la possibilité d'enfanter, mais aussi le risque de souillure. Dans de nombreuses sociétés anciennes et primitives (et c'est un thème dominant de la tradition judéo-chrétienne touchant à la nature des femmes), le pouvoir de l'essence féminine qui se trouve ainsi libéré dans le flux menstruel contamine les récoltes et fait tourner le lait, parfois même il cause la maladie ou la mort de tout homme qui croise la femme sur son chemin. Au XXᵉ siècle, nous sommes plus nuancés, mais nous continuons à voir dans le sang menstruel quelque chose de sale et de honteux qu'une fille doit apprendre à cacher avec soin, afin que l'homme ne puisse deviner son état. L'ambiguïté de nos sentiments est exprimée par notre attitude qui lui fait comprendre qu'elle doit être fière d'être une adulte, mais qu'elle doit s'empresser de cacher garnitures et tampons, jeter ou laver ses sous-vêtements tachés et, surtout, ne pas laisser les hommes de la maison soupçonner qu'elle a ses règles. La honte et l'humiliation qui sont ainsi communiquées, même involontairement, aux filles quand on leur apprend qu'elles devront dissimuler leurs règles les préparent insidieusement à être marquées par la flétrissure biologique et le handicap lié au sexe féminin dans la société occidentale.

Le cycle ovarien, la menstruation et la conception ne constituent pas simplement de processus biologiques épisodiques, des accidents physiques qui se répercutent sur notre mental : chez beaucoup de femmes, ils sont indissociables de la manière dont elles se perçoivent et du sentiment qu'elles ont de leur identité. Car il se passe bien plus de choses dans le corps de la femme que dans celui de l'homme. Quand des transformations énormes se produisent dans son corps, le sentiment qu'elle a d'elle-même s'en trouve profondément modifié. De même, quand sa personnalité profonde passe par une phase de mutation, son corps se transforme aussi, et ce changement s'exprime physiquement. Il peut se répercuter sur le flux menstruel, par exemple : l'apparition ou l'abondance de celui-ci s'en trouveront modifiées, il pourra s'interrompre ou continuer à s'épancher normalement. Quand une femme est particulièrement anxieuse ou a subi un choc, ses règles peuvent complètement cesser. Cela se produira également si elle est en période de deuil, ou le saignement se prolongera comme s'il exprimait physiologiquement ce deuil. L'adolescente commence à apprendre peu à peu toutes ces choses sur elle-même, et il arrive qu'elle se sente terriblement dépendante de son corps et même piégée par lui. Elle risque alors d'avoir beaucoup de difficulté à prendre plaisir à ce corps.

On a souvent affirmé que la femme est à la merci de ses hormones, assujettie à des rythmes cycliques qui la rendent plus faible, incapable de pensée rationnelle, qui brouillent ses émotions et ses idées et qui peuvent même affecter son univers mental, et chaque mois elle a ce qui est vu comme un « écoulement sale » de sang. « On devenait femme de manière fort déplaisante », écrivait Clara Thompson (« Cultural pressures in the psychology of women ») :

Cela se caractérisait par un sentiment de honte de son corps, de perte de sa liberté, de perte de l'égalité avec les garçons, de perte du droit d'entreprendre. Cet apprentissage de l'insincérité, surtout en ce qui concernait sa réalité sexuelle et son appétit sexuel, a de toute évidence beaucoup contribué à atténuer le sentiment qu'a la femme de son identité. Contrainte de nier une partie aussi essentielle d'elle-même, la femme est bien près de se nier tout entière.

« Tu en as fait toute une histoire, comme si c'était une affaire d'État. Si les filles sont bien préparées, ce n'est pas un si grand pas. »

Les filles sont elles-mêmes conscientes des contradictions qui existent dans la manière dont on accueille leur menstruation et de la signification ambiguë de cet épisode. En y repensant, mes filles m'ont ainsi décrit ce qu'elles avaient éprouvé : « Je me sentais physiquement adulte. J'ai toujours associé l'odeur du sang menstruel aux femmes et c'était agréable. Tu m'as dit : "Bravo !" J'ai compris que tu voulais avoir une réaction positive, une réaction féministe, libérale, sympathique. Mais je partais faire du cheval et je n'arrivais pas à enfiler le tampon. Un vrai carnage ! Et naturellement, avec ce tampon mal mis, j'étais mal comme tout sur mon poney. »

C'est une situation conflictuelle, et, quoi que dise la mère, ce ne sera jamais exactement ce qu'il faut. Une autre de mes filles : « Tu m'as donné tous les livres voulus pour expliquer la conception et la grossesse, mais à ce moment-là ça ne m'intéressait pas tellement. D'ailleurs, je connaissais tout ça, on nous l'avait appris en sciences naturelles, avec les noms scientifiques et tout. Mais quand j'ai eu mes premières règles, assez longtemps après, j'ai été stupéfaite ! Pour moi, c'était resté de la théorie et je n'avais jamais fait le rapprochement. Je ne m'étais même pas rendue compte que j'avais un trou à cet endroit ! »

Et une autre : « Je me rappelle que tu m'as montré les illustrations d'un truc qui s'appelait *l'Atlas de la naissance,* et que tu m'as expliqué que mon vagin faisait presque un angle droit avec le col de mon utérus et d'autres choses du même genre. Je suis allée dans la salle de bains et j'ai mis du sang partout dans la baignoire en essayant d'enfiler un tampon, mais je n'y arrivais pas. Et tu m'as dit : "Veux-tu que je t'aide ?" J'étais affolée ! J'avais vraiment peur que tu entres. »

Une autre encore : « Je craignais tellement que tu en fasses toute une histoire, que tu me dises que j'étais "une femme maintenant", que pendant trois mois je ne t'en ai pas parlé. Je ne voulais pas qu'on en fasse tout un plat parce que je me fichais complètement du sexe. A l'école, pendant les récréations et l'heure du déjeuner, les filles passaient leur temps à en parler. C'était intenable. Je passais pour une bûcheuse. J'avais peur de commencer à avoir mes règles et de me mettre moi aussi à ne plus parler que de ça et de garçons ! »

Puis mes filles se sont tournées vers moi : « De toute façon, *quoi que tu aies pu dire,* tu serais tombée à côté. »

Définir une identité indépendante

S'il est entendu que la façon dont une mère réagira lors de la menstruation de ses filles ne sera jamais la bonne, c'est, dans un sens, parce qu'une des tâches principales de la fille, à l'adolescence, consiste à se différencier de sa mère. Le scénario dans lequel surviennent les premières règles n'est qu'un élément de ce processus de différenciation, et un élément sans doute capital. Or, pour se différencier, elle doit définir son territoire, prendre ses distances d'avec sa mère, se définir comme une personne distincte de celle-ci, pourvue d'idées et de sentiments différents. Elle doit revendiquer le droit à sa sexualité et peut accentuer, et même caricaturer, sa différence en essayant de se définir comme individu. Plus la mère est libérale et compréhensive, plus la tâche est difficile pour sa fille.

Mère, Mère, déesse-Mère,
Modelant ton enfant à la beauté,
Tu la prends par la main,
Et tu l'introduis doucement dans la vie,
Ta belle enfant
Dans ta belle vie.
Elle ne peut rien faire
Que tu ne puisses accepter, comprendre, pardonner,
Rien qu'elle ne puisse faire.
Rien qu'elle ne puisse être
Que tu ne traduises en beauté,
Rien que je ne puisse être, Mère, Mère, Mère,
Je crie
Laisse-moi être moi.
N'entre pas dans ma chambre, Maman,
Ne viens pas l'embellir et la parfumer
De tes fleurs et de ton amour.
N'y insuffle pas ton amour de la vie,
Ta joie, ta joyeuse vision de la vie,
Je suis assise seule dans ma chambre obscure et confinée
Au milieu des miettes, des tasses vides, des chaussettes malodorantes,
Je mets mes doigts dans mon nez, je lèche mon assiette,
Emmitouflée dans mon individualité peu appétissante
Comme dans des barbelés
Qui te tiennent à distance.
Je suis moi, pas elle – ta fille,
Je suis Moi.

Polly Kitzinger

Ce besoin d'affirmer une identité indépendante de celle de la mère tient parfois, en partie, au fait qu'il n'existe rien dans notre société qui permette à la fille, tandis qu'elle passe à l'état de femme, d'acquérir progressivement et officiellement un statut, comme autrefois quand elle mettait des robes longues et relevait ses cheveux, que son père accordait sa main à un prétendant, qu'elle se fiançait, se mariait, dirigeait sa maison, devenait mère d'un enfant, puis d'une nombreuse famille. Et l'on a beau vous envoyer le jour de vos dix-huit ans une carte d'anniversaire représentant la « clé de la maison », la réalité est bien différente. L'intéressée partage déjà, sans doute, un appartement avec des amies depuis plusieurs années et prend la pilule, peut-être à l'insu de sa mère, depuis plus longtemps encore.

Notre manière de voir l'adolescence comme une « phase difficile » qui s'étend sur plusieurs années est, sur le plan historique, récente.

Des variantes culturelles

207

Jadis, les filles passaient directement de l'enfance au mariage et à la maternité, ou aux sciences domestiques, à l'enseignement, à des carrières d'infirmières ou autres.

Ma mère quitta l'école à l'âge de treize ans parce que ses parents manquaient d'argent et, vers quinze ans, elle était déjà infirmière. La coupure abrupte qui sépare aujourd'hui l'enfance et l'entrée dans une période où l'on s'attend à un conflit entre l'adolescente et ses parents, et où la jeune femme est traitée pendant quelques années comme si elle n'était pas vraiment, ou pas encore, « elle-même », n'est pas propre aux sociétés du tiers monde ou de l'Europe occidentale d'autrefois. Margaret Mead a montré que l'adolescence est une création de la culture *(From the South Seas : Studies of adolescence and sex in primitive societies).*

Dans de nombreuses sociétés du tiers monde, le passage à l'état de femme, environ au moment des premières règles, est rituellement officialisé. On marque ainsi le début d'un processus au cours duquel la fille est socialement séparée de sa mère, établit de nouveaux liens sociaux par le mariage et occupe la place qui lui revient dans sa famille d'origine, son lignage, auquel elle relie ainsi celui de son mari. En Sierra Leone, la fille entre dans l'importante société de femmes Sandé entre huit ans et dix-sept ans, et elle est désormais jugée prête à concevoir. Dans certaines cultures, des rites pénibles, dangereux et mutilants, comme la clitoridectomie, sont parfois inclus dans ces célébrations, préparant la fille ou marquant son passage à l'état adulte. Beaucoup de ces rites rappellent les cérémonies nuptiales. Quand une Indienne tamoule du Sri Lanka a ses premières règles, par exemple, la célébration de l'événement est presque identique à celle d'un mariage et porte d'ailleurs le même nom. Elle comporte des bains rituels, une période d'isolement accompagnée d'une alimentation particulière et une fête où la maison est décorée comme une « maison de noces », et la fille habillée comme une mariée, avec un sari rouge ou rose, pour le dernier bain rituel. Après quoi elle met pour la première fois un sari d'adulte et des bijoux en or, et siège sur un trône orné de fleurs pour recevoir les cadeaux de sa famille et de ses amies (D.B. McGilvray, « Sexual power and fertility in Sri Lanka »). L'officialisation et la célébration de la maturité de la fille, désormais capable de porter des enfants, son « destin » de reproductrice, et le sexe auquel elle appartient, font partie intégrante de ces cérémonies. Nous n'avons pas, en Occident, de rites qui nous confèrent ainsi un statut dans la société.

Dans notre culture, l'adolescence est considérée comme une période où l'on fait le point de ce que l'individu a déjà réalisé. L'adolescente est alors jaugée. Bien que ce soit la période normalement prévue pour la fin de la scolarité, le fait de réussir ses examens, indépendamment des notes obtenues, confère un statut, même minime, à la fille. Cela prouve qu'elle a été une bonne élève et lui donne, le cas échéant, le feu vert pour poursuivre ses études ou, s'il y a du travail, pour entrer dans la vie active. Mais les résultats des examens ne fournissent aucune indication sur les autres aspects de sa personnalité. Le premier emploi, la première paie, voire le

208

premier remboursement de Sécurité sociale sont des indices importants de statut social adulte, que beaucoup de filles considéreront des plus négligeables comparés au fait d'« aller jusqu'au bout » et qui, en raison du prolongement de la scolarité, ont toutes les chances de suivre les premiers rapports sexuels, et non de les précéder.

S'il est important que les parents ne croient pas que leur fille s'intéresse aux rapports sexuels, fasse sa *première* expérience sexuelle ou cherche nécessairement à attirer les garçons, celle-ci subit néanmoins une pression considérable de la part des membres du groupe d'âge auquel elle appartient, qui la poussent à séduire par leurs allusions aux ineffables délices qu'ont connus les filles qui « l'ont fait ». Il est donc capital qu'elle ait une idée claire de la contraception et de la façon dont elle peut en bénéficier *avant* d'avoir une relation affective avec un garçon.

Dans notre société, il arrive que l'adolescente ne se sente adulte qu'après avoir eu des rapports sexuels, ce qui remplace souvent le passage à l'âge adulte hautement ritualisé dans les cultures du tiers monde. C'est la pénétration qui, en soi et seule, indépendamment de tous les autres actes, symbolise la première expérience sexuelle. Et c'est précisément cet acte, ce passage à l'âge adulte, qui est perçu comme une *perte* pour la fille – la perte de sa virginité –, alors que le garçon gagne quelque chose, quant à lui, même si ce n'est qu'une « coucherie ».

Les filles et les garçons doivent avoir compris la contraception bien avant la puberté. Dès l'âge de deux ou trois ans, les enfants veulent savoir comment l'eau coule du robinet quand on l'ouvre, où va l'électricité quand on allume, pourquoi les gens respirent, dorment et ont le cœur qui bat, et comment les bébés naissent et entrent dans le ventre de leur mère. Cela fait partie de l'acquisition des techniques de la vie quotidienne et du fonctionnement des choses. Ce que la fille saura de la contraception, à mesure qu'elle grandira, sera naturellement imparfait, mais elle aura néanmoins besoin que cette information lui soit fournie *graduellement,* et non d'un bloc et sous une forme indigeste lorsqu'elle parviendra au seuil de la puberté.

La mère ne peut jamais prendre pour acquis que la fille qui aura reçu une information franche et détaillée sur la sexualité et la contraception saura effectuer la synthèse de ces fragments de connaissances. Nous ne pouvons pas être sûres qu'elle décidera d'appliquer ses connaissances à son propre cas, ni qu'elle sera capable d'établir un lien entre l'apprentissage cognitif et les processus émotionnels. Tout ce que nous pouvons lui proposer, c'est une relation faite de confiance et d'ouverture, notre attention et notre disponibilité, quand elle le veut et si elle le veut, et notre propre honnêteté.

Beaucoup de jeunes femmes ont des rapports sexuels en ayant l'impression qu'elles ne courent aucun risque. A l'adolescence, et bien après dans de nombreux cas, nous avons tendance à croire que nous ne sommes pas capables d'avoir un enfant. Susan Griffin *(Made*

Avec la puberté, la fille commence à établir des relations nouvelles, à faire des expériences, elle cherche sa sexualité et son identité en tant que femme.

from this Earth) rapporte une discussion qu'elle eut avec une femme qui avait avorté à trois reprises, la première fois alors qu'elle avait vingt-deux ans. Elle n'utilisait aucun moyen de contraception. « Je ne me rendais tout simplement pas compte que j'étais une femme, que j'étais capable de concevoir. En fait, je ne croyais pas vraiment que j'existais. » Pour ses parents, la sexualité n'était pas un sujet tabou : « J'ai eu toutes les informations voulues sur les précautions que je pouvais prendre s'il le fallait. Mais ma négligence tenait surtout à mon développement personnel de femme. »

Les femmes disent souvent avoir utilisé les rapports sexuels dans l'adolescence pour se prouver qu'elles avaient une valeur et que quelqu'un avait envie d'elles. « J'ai fait l'amour d'abord parce que c'était ce qu'on attendait de moi, dit une femme (toutes les autres filles de sa bande avaient des rapports avec leurs amis), et pour être une adulte. Je me sentais complètement gourde quand j'essayais de prouver que je pouvais plaire et qu'on était capable de m'aimer. » Et une autre : « Le sexe tournait à l'obsession ; si on restait neutre, on avait l'impression de ne pas être dans le coup. » Une femme qui avait eu ses premiers rapports sexuels à l'âge de seize ans disait les avoir trouvés pénibles tout en y prenant plaisir, « parce que je me sentais grande ».

Beaucoup de femmes que j'ai interrogées avaient eu des contacts sexuels sans importance durant l'adolescence : « On tâtonnait, on se faisait un câlin rapide, c'était un jeu. » La plupart souhaitaient perdre leur virginité. Mais, le moment venu, elles tombaient de haut : « Ça m'a laissée complètement froide. J'ai pensé : "Si c'est ça, je n'en ai vraiment rien à faire !" » « Ça s'est fait en douce, dit une autre à propos de sa première expérience, je n'ai même pas eu le temps de sentir quoi que ce soit tellement c'était rapide. » Lorsqu'elles retrouvaient leurs parents ensuite, elles avaient souvent l'impression de porter sur elles les traces révélatrices et infamantes de cette expérience. « Il me semblait que ça se lisait sur ma figure, dit une femme en se rappelant ses quinze ans, qu'il leur suffirait de me regarder pour savoir à quoi s'en tenir. »

Bien que précipitée et furtive, la sexualité des adolescents, du fait de sa nature clandestine, est excitante, et les femmes, parfois mariées et pourvues de jeunes enfants, repensent souvent à cette période avec nostalgie ou tirent de ces premières expériences le contenu de leurs fantasmes lorsqu'elles font légalement l'amour dans le lit conjugal le samedi soir, une fois que les enfants dorment. « C'était bien plus palpitant quand on risquait de se faire prendre, et j'étais vraiment déchaînée. » « C'était une aventure, dit une autre, un temps de découverte à la fois physique et affective, une période de tâtonnements, où l'on essayait de nouvelles positions et de nouvelles techniques. » « L'ennui, explique une femme, c'est que le frisson du début disparaît quand on commence à bien connaître quelqu'un. Le sexe, quand on est adolescente, c'est *merveilleux.* »

Beaucoup des modèles de l'activité sexuelle ultérieure sont définis pendant cette période. La plupart des adolescentes font, par exemple, une distinction très nette entre les caresses poussées et « aller jusqu'au bout ». Les mères renforcent souvent ces distinctions. Une femme se rappelle qu'on lui recommandait de ne pas laisser un garçon la toucher entre la taille et l'ourlet de sa jupe ; ailleurs, il n'y avait pas de problème. Les rapports sexuels deviennent le sommet auquel conduisent tous les autres types de contacts, l'objectif et la culmination de toute cette excitation. Et l'acte sexuel est essentiellement vu comme une chose que l'homme fait à la femme, comme la pénétration et l'éjaculation. Même si les filles se prêtent volontiers aux travaux d'approche, le sexe est, à son point d'aboutissement, une performance *masculine.*

Et c'est définitif. Le but de l'opération est l'acte sexuel, le reste ne représentant qu'un « prélude ». Ce qui explique que tant de femmes ne soient pas satisfaites de leur vie sexuelle, car les hommes limitent la stimulation préparatoire au minimum nécessaire pour entrer et, une fois en place, éjaculer, se retirer, tourner le dos et s'endormir. La femme reste alors éveillée dans l'obscurité et se rappelle les émois de ses expériences d'adolescente ou les débuts d'une relation, quand son partenaire s'appliquait à exciter son plaisir. Et il lui semble que ce voyage vers le plaisir était plus passionnant que sa conclusion.

L'image publique des femmes
Notre culture dit presque invariablement à l'adolescente que son corps n'est pas ce qu'il devrait être, qu'elle est trop grosse, trop maigre, que ses seins sont trop petits ou trop grands, qu'elle a trop de fesses ou des épaules de nageuse, que son ossature pèche et j'en passe. On dit aux garçons de se brosser les ongles et de soigner leur acné et leurs pellicules, mais on n'exige pas d'eux qu'ils s'occupent en permanence de leur silhouette, de leur allure et de leurs vêtements ni qu'ils passent leur temps à travestir leurs défauts pour présenter un corps irréprochable. Pour les filles ces contraintes sont imposées dès l'adolescence, et certaines femmes s'y plieront leur vie durant et jusqu'à un âge avancé. On nous apprend à ne pas oser nous montrer telles que nous sommes et nous devenons expertes dans l'art du camouflage. « Quand j'étais petite, j'aimais mon corps, dit une femme. J'aimais sa solidité, sa capacité de plaisir et d'activité. J'ai été contente quand j'ai eu mes premières règles. Mais je me suis vite rendue compte que je n'allais pas devenir ce qu'on attend des filles : douce, mignonne, mince », et depuis ce moment elle n'aimait son corps que lorsque aucun autre regard n'était là pour le juger.

Une fille qui devient adulte dans notre société est entourée d'images de sexe et de femmes conditionnées et présentées comme des objets destinés à émoustiller la sexualité masculine. Le sexe est la récompense qui vous attend si vous utilisez telle ou telle laque, si vous mangez une boîte de chocolats ou si vous portez un soutien-gorge « cœur-croisé ».

L'industrie de la publicité a eu vite fait d'investir dans la vulnérabilité des femmes. Doutant de notre valeur, nous voulons nous entendre dire que nous présentons les qualités requises pour la consommation masculine. On nous montre des femmes effondrées devant leurs mains rougies par les travaux ménagers, devant des repas qui ne flattent pas l'appétit de leurs hommes ou une lessive qui n'a pas la blancheur X. « Vous vous fourrez le doigt dans l'œil, nous fait-on comprendre, si vous croyez qu'être vous-même suffit. Vous êtes encore moins à la hauteur que vous ne le pensez. » Et c'est seulement quand les femmes se secouent et arborent des mains douces, choisissent le bon menu instantané et la meilleure machine à laver et utilisent la lessive qui détruit par ses enzymes vengeurs toutes les impuretés cachées de la vie, qu'elles sont récompensées par l'admiration et l'amour des hommes. La femme est présentée comme une enfant perdue, inquiète. Elle a besoin des conseils d'une aînée plus raisonnable qui utilise le bon produit pour les carrelages, afin que le mari qui rentre le soir à la maison, après une journée de travail, lui adresse un sourire approbateur, tout affriolé, semble-t-il, à la vue de la cuisine étincelante ; de ceux du chercheur scientifique qui lui explique d'une voix posée comment elle peut, elle aussi, détacher le short de foot de Johnny et être aimée ensuite ; ou de l'homme ou de la femme en blouse blanche – infirmière, médecin ou ingénieur, par exemple – qui la guident doucement mais fermement vers le choix judicieux de ses produits de consommation. Après quoi elle se transforme soudain, de Cendrillon tracassée qu'elle était, en femme resplendissante, pleine d'aisance et sûre d'elle-même. Bien sûr, tout cela n'est qu'une vaste plaisanterie. Mais une plaisanterie pour laquelle il ne serait pas nécessaire de payer les agences de publicité s'il ne se dissimulait dans tout ce matériau l'image que les femmes ont été conditionnées à avoir d'elles-mêmes et à croire que les hommes veulent avoir aussi.

Si elle n'est ni sourde ni aveugle, l'adolescente ne pourra échapper à ces images que lui montrent les magazines et la télévision ou les affiches qui l'entourent. L'humour s'y mêle parfois, quand nous sommes capables de prendre ces clichés pour ce qu'ils sont, mais on aura beau rire, on ne pourra nier l'influence qu'ils exercent sur l'idée que se fait une fille de ce que les femmes doivent être dans notre société.

Les mères ont conscience que leurs filles adolescentes vivent dans un monde où elles risquent d'être exploitées, et les conseils qu'elles leur donnent sont souvent un étrange mélange de mises en garde contre les risques de grossesse ou de maladies sexuelles transmissibles, d'une part, et, d'autre part, de notions idéalisées sur l'amour, sur l'« homme de ta vie » et l'intuition immédiate qu'il est le bon. Les mères qui me parlaient des conseils qu'elles donneraient à leurs filles insistaient presque toutes sur l'aspect

La place de l'expérience vécue de la mère

romanesque de leurs futures instructions, quitte à y glisser, pour faire bonne mesure, une allusion à la possibilité d'y inclure une information sur la contraception. Cette présentation idéalisée forme souvent un contraste frappant avec leur propre vie sexuelle et leurs relations avec les hommes. Une femme qui se dit « frigide, perdue, et désespérément seule », bien qu'elle soit mariée, n'envisage pas moins de déclarer à sa fille : « Attends l'homme de ta vie. Tu sauras tout de suite que c'est lui. » Une autre femme, qui compare la sexualité à une bouilloire perpétuellement sur le feu, dit : « Respecte ton corps. C'est quelque chose de merveilleux et tu dois le garder entièrement pour ton mari. » Une autre, dont le mari passe son temps à lui dire qu'elle est grosse et qu'elle a des vergetures et qui déclare « avoir le moral à zéro » depuis la naissance de ses enfants, dit à sa fille que « la sexualité, c'est notre façon de mettre au monde de nouvelles âmes ». Une femme que son mari utilise « comme une poupée gonflable pour son plaisir » trouve pourtant le moyen de dire à sa fille que « la sexualité est l'expression d'un amour profond pour une autre personne et elle ne doit pas être gaspillée ni rabaissée ». Le rêve demeure intact, peut-être pour le salut de la mère, même si la réalité paraît souvent lui avoir appris exactement le contraire. Les femmes semblent pour la plupart ne pas vouloir ou ne pas pouvoir utiliser leur expérience personnelle pour savoir comment conseiller leurs filles. On dirait qu'entre les mères et les filles se perpétue une délicate toile de mensonge, tissée au fil des siècles, et que la femme adulte, n'ayant pas rencontré le Prince Charmant, ou ayant constaté qu'il s'était vite retransformé en crapaud, veut à tout prix que sa fille vive l'histoire d'amour qui s'est révélée pour elle parfaitement illusoire. Nous reportons sur nos filles nos rêves et nos aspirations déçues. Nous leur imposons le poids des vies que nous n'avons pas vécues. Peut-être devons-nous apprendre à renoncer une fois pour toutes à l'asymétrie de la relation mère-fille pour nous redécouvrir telles que nous sommes : des égales et des sœurs.

Nous avons besoin de nous apporter un soutien affectif réciproque, sans accusations, sans récriminations, sans culpabilité. Le mouvement des femmes a énormément fait pour beaucoup d'entre nous en nous amenant à créer des groupes de prise de conscience, à diffuser l'idée que nous pouvons communiquer, que nous pouvons nous aimer et nous entraider. Ces groupes permettent aux femmes d'âges différents de prendre ensemble conscience de ce qu'elles sont et de se comprendre.

Le choix d'un contraceptif

Si vous avez essayé quatre ou cinq formes de contraception, si aucune ne vous satisfait, si vous avez essayé plusieurs types de pilule qui, tous, ont eu des effets secondaires, si même vous vous êtes contentée de « prendre des précautions », dites-vous bien que vous n'êtes pas un cas unique. Pour beaucoup des femmes qui m'ont parlé de leurs expériences en la matière, le contrôle des naissances s'apparente à une véritable course d'obstacles. La plupart des livres et des brochures qui traitent de la contraception sont visiblement conçus pour accroître la confiance de l'utilisatrice et la convaincre qu'elle domine la situation. Cette partie de mon livre a un objectif différent : je veux décrire ici comment les femmes ressentent, psychiquement et physiquement, cet aspect de leur sexualité.

Les quelque trois cents femmes, la plupart pourvues de jeunes enfants, que j'ai interrogées sont peut-être des exceptions, mais cela paraît peu probable. Il semblerait que les femmes ne parlent pas toujours à leur médecin des inconvénients et de l'inconfort de la contraception, ni de leurs craintes profondes. Si nous ne sommes pas sûres de nous quand nous utilisons une méthode de contraception, ou si nous craignons de ne pas pouvoir concevoir après avoir utilisé cette méthode, ces craintes se répercutent sur nos sentiments à l'égard de la sexualité. De la même façon, ou plus encore, une méthode difficile à manier empiète sur la spontanéité des rapports sexuels ou une autre, en sapant l'énergie ou en réduisant la libido, fait de l'acte sexuel une corvée. De toute évidence, une méthode de contraception, qu'elle semble justifiée ou non à quelqu'un du dehors, peut nous détourner de la sexualité.

La plupart des femmes qui lisent ces pages auront pris un jour ou l'autre la pilule. Celles qui aiment ce type de contraception trouvent en général que c'est la méthode la plus simple et qu'il est agréable de ne pas avoir à s'en préoccuper avant les rapports sexuels et de pouvoir être entièrement spontanée. Elles se rendent compte que c'est la méthode la plus sûre et apprécient qu'elle soit gratuite ou remboursée par la Sécurité sociale. Il n'empêche que deux femmes se sont retrouvées enceintes alors qu'elles prenaient la « mini-pilule » (qui contient une forme synthétique de progestérone), et plusieurs estiment qu'il est important de pouvoir disposer d'une autre méthode de contraception si l'on souffre d'une affection qui s'accompagne de vomissements et de diarrhée.

La pilule

Il est une idée largement répandue et tenace : quand on prend la pilule, on « trafique son corps ». Beaucoup de femmes s'inquiètent des éventuels effets physiques à long terme de la pilule : « Je n'ai jamais aimé l'idée que cela vous met en permanence dans un état de pseudo-grossesse. » Certaines répugnent de façon générale à prendre régulièrement des médicaments, que ce soit de l'aspirine, la pilule ou autre chose, et les femmes qui allaitent ont souvent l'impression, à juste titre, qu'elles aimeraient mieux ne pas administrer d'hormones à leur bébé dans leur lait, même si cela semble parfaitement inoffensif et qu'aucun effet secondaire n'ait été relevé. Beaucoup de femmes craignent que la pilule ne compromette leurs chances d'avoir un enfant le jour où elles le décideront, et celles qui ne sont pas encore mères ont l'impression qu'elles veulent tout simplement savoir qu'elles *pourraient* être enceintes si elles le souhaitaient.

Mais le problème majeur est que beaucoup d'entre nous se heurtent à de sérieuses difficultés lorsqu'elles prennent la pilule, qui vont de l'oubli (« J'ai du mal à y penser, mais je mets la sonnerie de mon réveil ») à des effets secondaires graves tels que la migraine, la dépression, des règles extrêmement abondantes – qui durent parfois quinze jours –, la tension prémenstruelle, l'augmentation de la tension, la phlébite et la mise au monde d'un enfant malformé. Elizabeth a eu un bébé qui est mort à l'âge de deux semaines d'une malformation cardiaque congénitale due, selon elle, au fait qu'elle avait pris une pilule fortement dosée pendant six ans, puis a été enceinte moins de quinze jours après avoir arrêté. Si vous prenez la pilule, il est important de laisser s'écouler deux ou trois mois avant de reprendre des rapports sans protection, et d'utiliser pendant cette période un autre moyen de contraception afin d'être certaine que votre corps a éliminé ces hormones. Vous aurez aussi plus de chances de savoir avec précision quand votre enfant a été conçu, car vous aurez retrouvé votre cycle naturel.

Les femmes mentionnent des maux de têtes récurrents qui cessent quand elles arrêtent la pilule. Certaines parlent de stress ou de leur irritabilité inexplicable lorsqu'elles la prennent. D'autres ont des nausées au réveil ou le soir, et beaucoup disent que la pilule réduit leur appétit sexuel : les rapports sexuels ne les intéressent plus, ou bien elles se sentent trop fatiguées pour en avoir envie. « Le seul moment où j'éprouvais du désir, c'est quand j'avais mes règles », dit une femme, et une autre : « Cela m'a détournée net de mon mari et de l'envie de faire l'amour. » Une femme qui prend la mini-pilule : « Cela a diminué mon envie d'avoir des rapports sexuels et d'éprouver *quoi que ce soit* en faisant l'amour, et m'a donné des migraines épouvantables. » Elle est devenue très anxieuse après que son père fut mort d'une affection coronarienne, et elle-même a un problème d'hypertension. Certaines femmes prennent du poids ou souffrent de rétention d'eau (elles se sentent grosses et gonflées), symptômes qui disparaissent quand elles cessent de prendre la pilule. Certaines déclarent que la pilule a régularisé leur cycle et rendu leurs règles moins douloureuses, mais un nombre égal de femmes attribuent à la pilule leurs règles plus abondantes, plus longues et plus pénibles. Jane dit qu'elle supportait parfaitement bien la pilule et qu'elle n'a jamais eu d'effets secondaires désagréables : « Sauf qu'après l'avoir prise pendant deux ans j'ai commencé à avoir de petites infections, comme la grippe ou des angines, de façon régulière. J'ai lu que la pilule pouvait indirectement en être la cause, parce que le corps utilise plus vite les vitamines. Je ne sais pas jusqu'à quel point c'est exact, mais quand je me suis mise à prendre une fois par jour un cocktail de vitamines, je n'ai plus eu d'ennuis. » Gill a du diabète ; elle a pris la pilule pendant deux ans : « J'ai dû arrêter parce qu'elle a provoqué un glaucome et que j'ai perdu complètement la vision d'un œil et n'ai plus que soixante pour cent à l'autre. » La belle-sœur de Rose est morte d'une embolie, alors qu'elle prenait la pilule, et Rose, qui l'a prise pendant les cinq premières années de son mariage, se sent vraiment inquiète maintenant qu'elle a vingt-huit ans, et elle envisage de choisir une autre méthode de contraception après la naissance de son enfant.

On relève moins d'effets secondaires avec la mini-pilule, mais beaucoup de femmes qui la prennent ont des saignements intempestifs, et elle n'est pas aussi sûre comme moyen de contraception que la pilule associant œstrogène et progestérone. Certaines femmes disent avoir tellement peur que la mini-pilule ne soit pas à cent pour cent efficace qu'elles évitent les rapports sexuels lorsqu'elles pensent être en période d'ovulation.

Beaucoup de femmes qui ont cessé de prendre la pilule l'ont fait sur les conseils de leur médecin. L'une d'elles, par exemple, souffrait d'un kyste à l'ovaire. Une autre de varices. Certaines se sont arrêtées parce qu'elles grossissaient ou parce que leur peur d'être enceintes avait entièrement supprimé leurs règles. Beaucoup de généralistes conseillent maintenant à leurs patientes âgées de plus de trente ans, ainsi qu'à celles qui fument, de choisir une autre méthode de contraception.

Mais si certains généralistes sont très prudents, il en est d'autres qui ne s'inquiètent guère des effets secondaires mentionnés par les femmes. Même quand une femme dit à son médecin qu'elle n'aime pas la pilule, que ses seins sont douloureux, qu'elle grossit ou qu'elle a perdu tout appétit sexuel, celui-ci l'encourage parfois à continuer. Lydia a dit à son médecin qu'elle avait mal partout, aux seins, « terriblement mal » à une jambe, et qu'elle craignait que ce ne soit lié à la pilule. « Il m'a répondu que "mon corps était en train de s'habituer". » Stella n'avait plus envie de faire l'amour et se plaignait de saignements irréguliers et douloureux : « Mon médecin a traité ces effets secondaires à la légère et m'a dit de rentrer chez moi et de continuer à la prendre. Finalement, j'ai décidé que c'était *mon* corps, et que je ne voulais pas. »

Aussi commode qu'elle soit, la pilule ne saurait résoudre les problèmes de contraception de beaucoup de femmes. Parce qu'elle s'attaque avec une efficacité considérable à la fécondité, elle pose des problèmes inconnus jusque-là et fait naître de nouvelles anxiétés.

Les derniers progrès en matière de contraception hormonale envisagent des méthodes qui consistent, notamment, à introduire des hormones sous la forme d'implants pouvant être retirés lorsque la femme désire avoir un enfant. Il existe également des dispositifs imprégnés d'agents spermicides ou d'hormones, qui sont introduits dans le vagin et peuvent y être laissés jusqu'à trois mois. Parmi ceux-ci figure un anneau libérant un progestatif, que vous introduisez vous-même et adaptez au col. L'avantage présenté sur la pilule de progestatif à faible dose, par exemple, est la suppression de saignements intempestifs, car l'apport hormonal est régulier. De même, la diarrhée ou les vomissements ne remettent pas en question l'efficacité de cette méthode.

Un aérosol nasal est également à l'étude, qui utilise une hormone de libération de la lutéostimuline (LH-RH) et supprime l'hormone

Les nouvelles méthodes hormonales

qui déclenche l'ovulation. Cette méthode est également applicable à l'homme et peut constituer un point de départ pour le premier contraceptif hormonal masculin.

Le dispositif
intra-utérin

Le dispositif intra-utérin (DIU), ou stérilet, est utilisé depuis des siècles en Afrique du Nord – mais par les chamelles. Les caravaniers qui traversaient le Sahara inséraient des petits cailloux dans l'utérus des chamelles pour qu'elles ne soient pas fécondées pendant ce trajet à travers une zone aride. Mais cette pratique remonterait à une tradition encore plus ancienne. En interrogeant des sorciers zoulous, j'ai appris que leurs ancêtres recouraient à ce procédé lors de leurs grandes migrations vers l'Afrique centrale. Comme l'expédition était toujours longue et pénible, les anciens de la tribu ramassaient des petits cailloux dans le lit d'un cours d'eau, les bénissaient au cours d'une cérémonie spéciale destinée à contrôler la fécondité et les introduisaient dans l'utérus de toutes les femmes en âge de procréer. On a souvent attribué la baisse de la fécondité durant ces grands déplacements à la famine, mais il semble plus probable qu'elle était due à cette pratique.

L'intérêt du stérilet est que, une fois posé, il n'exige qu'un contrôle occasionnel. Les femmes disent que c'est un avantage considérable de ne pas avoir à s'administrer d'hormones ou à lutter avec des obturateurs en caoutchouc. Elles déclarent le sentir à peine, et le fait de pouvoir avoir des rapports sexuels sans préméditation constitue un avantage supplémentaire.

Mais les inconvénients du stérilet n'en sont pas moins très manifestes. Il est souvent à l'origine de salpingites, et beaucoup de femmes se plaignent de règles douloureuses et très abondantes ou de saignements perpétuels. Karen dit avoir « supporté le stérilet pendant sept mois... ». « J'avais tout le temps mal et des saignements en permanence. » Le stérilet ne reste pas toujours en place. Anne dit avoir bien toléré un stérilet pendant un an, mais qu'elle a dû ensuite subir un curetage. On lui posa un nouveau stérilet, qui la fit considérablement souffrir et qu'il fallut finalement retirer parce qu'il s'était logé dans la paroi utérine. Le taux d'échecs est également élevé, et les femmes conçoivent parce qu'elles l'ont expulsé sans le remarquer, ou même lorsqu'il est encore en place. Ce fut le cas pour Jane, qui n'avait cessé d'avoir des ennuis avec son stérilet depuis le jour où il avait été posé. C'était, dit-elle, « une catastrophe parce qu'il avait été mal mis ». Elle souffrait beaucoup et saignait abondamment. « Mais, à la visite de contrôle, on m'a assuré que c'était tout à fait normal. » Au bout de six mois, son mari et elle décidèrent d'avoir un autre enfant et elle voulut le faire retirer. Son médecin refusa parce que, comme elle allaitait, son cycle n'avait pas repris. Elle sevra donc son bébé, mais sans que ses règles reviennent. Un test de grossesse se révéla positif. Elle fit malheureusement une fausse couche, et le stérilet restait toujours invisible. Une radio montra qu'il avait perforé l'utérus. Il s'était logé entre celui-ci et l'abdomen, et il fallut pratiquer une cœlioscopie pour l'extraire. Un grand nombre des grossesses accidentelles qui surviennent lorsqu'un stérilet est en place aboutissent à une fausse couche. Beaucoup de femmes, lorsqu'elles utilisent cette méthode, s'inquiètent de son pourcentage d'échecs et du risque de grossesse extra-utérine (la nidation s'effectue dans la trompe) qu'elle présente.

Certaines femmes trouvent le stérilet gênant ou douloureux et mentionnent parfois de vives douleurs pendant les rapports sexuels. « Il a fichu en l'air notre vie sexuelle », dit une femme. Les hommes se plaignent, quant à eux, de la présence du fil. Si tel est le cas, cela vaut la peine de le faire raccourcir.

Même si elles n'éprouvent aucune gêne ou douleur et oublient totalement la présence du stérilet, le risque d'infection pelvienne, de perforation de l'utérus et d'éventuelle grossesse détourne beaucoup de femmes de cette méthode, et un grand nombre de celles qui m'en ont parlé l'ont abandonnée au profit d'autres modes de contraception.

Il existe dans une grotte, à Combarelles, un dessin montrant un homme et une femme et datant de la période préhistorique. Le couple est en train de faire l'amour et l'homme semble porter un préservatif. Minos, roi de Crète, utilisait, dit-on, un préservatif fait d'une vessie de chèvre. On rapporte aussi que, dans la Rome impériale, on utilisait la vessie de divers animaux pour se protéger des maladies vénériennes. Il semblerait, cependant, que le préservatif était inconnu comme moyen de contraception (Hania W. Ris, « The essential emancipation : the control of reproduction »).

Le préservatif masculin

Aujourd'hui, le préservatif, ou condom, tout en constituant pour certaines femmes la principale méthode de contraception, est plutôt considéré comme une solution à laquelle on peut toujours recourir quand une autre méthode laisse à désirer, ou pendant des périodes où les autres modes de contraception sont déconseillés. Les couples l'utilisent après une naissance et avant de reprendre leur mode de contraception habituel, pendant l'allaitement, après que l'homme a subi une vasectomie et avant qu'ils « aient le feu vert », parfois quand le sperme semble être responsable d'un léger saignement du col pendant la grossesse et, le cas échéant, comme traitement de l'éjaculation précoce (la stimulation étant atténuée).

Les femmes qui optent pour le préservatif comme méthode de contraception font valoir qu'elles n'ont « rien à éponger », pas de sperme « qui dégouline le long des jambes pendant des heures ». En fait, son principal avantage est d'ordre pratique : « C'est très propre et je n'ai pas besoin de me relever pour aller me laver. » Certaines femmes aiment que ce soit l'homme qui assume la responsabilité de la contraception parce qu'il est important, estiment-elles, qu'il fasse cela pour la femme qu'il aime. Une femme catholique est contente que son mari, qui n'a pas les mêmes contraintes religieuses, utilise des préservatifs, car la décision ne vient pas d'elle : « Je me sentirais toujours coupable au fond de moi-même si j'utilisais quoi que ce soit. » Le préservatif est un dispositif simple et facile à employer, il n'exige qu'un minimum de prévision, n'agit pas sur l'équilibre hormonal de la femme et ne constitue pas un corps étranger en elle.

Mais très peu de femmes aiment ce moyen de contraception et souvent il déplaît aussi à leur partenaire, essentiellement parce qu'il réduit, chez l'un comme chez l'autre, la stimulation, et parce qu'il peut se déchirer ou glisser. Les femmes présentent parfois une réaction allergique au spermicide qui accompagne le préservatif, mais si elles n'en mettent pas suffisamment, elles trouvent peu agréable le contact du caoutchouc : « J'ai l'impression de devenir sèche dès que mon mari en utilise. » Certaines femmes disent que « cela a une odeur et ce n'est pas commode », que « c'est compliqué et peu appétissant » et que sa pose interrompt les partenaires en pleine action : « Quand je suis très excitée, mon mari s'arrête pour le mettre. Cela me stoppe net... » « Ça émousse tout notre plaisir... Nous ne faisons presque plus l'amour. » Wendy dit que son mari aime qu'elle place elle-même le préservatif sur son pénis, mais elle déteste le faire, trouve que cette pratique interrompt la montée de son plaisir, que « ça la dégoûte », et que c'est sans doute pour cette raison que son mari lui fait mal en la pénétrant. « Nos sensations sont moins aiguës, mais c'est mieux que rien », ajoute-t-elle. Gail trouve le contact du préservatif désagréable et dit que son mari n'apprécie pas tellement ce mode de contraception, parce qu'il diminue la stimulation ; elle non plus ne l'aime pas, car il provoque une irritation, mais c'est encore la meilleure méthode, conclut-elle, « parce que mon corps garde son intégrité ».

Un tiers seulement des gens qui pratiquent le contrôle des naissances dans le monde utilisent la contraception masculine. Et la proportion de ceux qui y recouraient a régulièrement diminué à mesure que la pilule, le stérilet et la stérilisation féminine gagnaient du terrain. Un des grands problèmes de ces méthodes est qu'elles n'offrent aucune protection contre les maladies sexuelles transmissibles. C'est pour cette raison que plusieurs commissions d'enquête du gouvernement américain ont étudié comment on pouvait développer le marché des préservatifs. En 1978, par exemple, lors d'une audition de la commission d'enquête sur la population de la Chambre des représentants, on a suggéré de commercialiser les préservatifs en trois tailles :

Chez les hommes modestement fournis, ils glissent ; chez ceux qui sont particulièrement gâtés par la nature, ils éclatent. Les femmes achètent des soutiens-gorge qui ont trois profondeurs de bonnets, A, B et C, et des gaines de tailles différentes, et il me semble qu'on augmenterait l'efficacité des préservatifs en les présentant en plusieurs tailles, et peut-être en les classant par catégories de grosseur, comme les olives [en Amérique]... « jumbo », « colossal » et « super-colossal », ce qui éviterait d'avoir à demander le petit format... (B. Seaman, US Congress House Select Committee on Population).

Mais il en faudra sûrement davantage pour détrôner la pilule.

Le diaphragme date du début du siècle dernier et commença par être surtout utilisé aux Pays-Bas, ce qui lui valut le nom, en anglais, de *Dutch cap*.

Le principal avantage du diaphragme, ou de la cape cervicale, est son absence d'effets secondaires sérieux, et pour beaucoup de femmes cet élément compense les inconvénients de son utilisation : « J'emploie le diaphragme et on ne peut pas dire que je sois très emballée. C'est toute une affaire que de le mettre et de le retirer. Le spermicide que j'utilise en même temps continue à couler pendant des heures, si bien que je le mets souvent sans rien et qu'ensuite j'ai peur d'être enceinte. »

La pose du diaphragme demande un minimum d'apprentissage. Du fait de son élasticité, il est difficile de l'avoir bien en main, et il semble doté d'une vie personnelle. Une femme raconte qu'elle s'est cognée contre la cuvette des toilettes alors qu'elle était allongée dans sa salle de bains en s'évertuant à le mettre en place. Une autre l'avait si bien coincé à l'avant du col qu'elle n'arrivait plus à le déloger et qu'elle avait dû « faire des pieds et des mains en se tortillant dans tous les sens et en jurant et pestant comme un beau diable ».

Les médecins conseillent en général de mettre chaque soir le diaphragme et d'en faire une habitude quotidienne, « comme se laver les dents », pour que sa pose ne compromette pas la spontanéité des rapports sexuels. Mais les femmes n'aiment pas prendre la peine de l'insérer et d'utiliser un spermicide si cela ne doit servir à rien. Certaines disent qu'elles en veulent à leur partenaire si tout ce travail a été inutile : « Si on le met et qu'on ne l'utilise pas, on a l'impression de s'être fait avoir, et si on ne l'a pas mis, on n'a vraiment pas envie de s'arrêter pour le mettre. » Victoria exprime en raccourci le sentiment de beaucoup de femmes : « C'est toute une histoire de s'y habituer. Toutes les gelées coulent et n'ont rien d'appétissant. C'est parfait avec un partenaire régulier, mais c'est un tue-l'amour avec quelqu'un de nouveau. Les toubibs ont beau dire, ce n'est pas pareil que de se laver les dents. » On met trop de gel et le disque glisse et se promène, on n'en met pas assez et l'on se demande si on ne court pas le risque d'une grossesse non voulue.

Les femmes trouvent le spermicide particulièrement déplaisant et certaines craignent que, au cas où elles concevraient, les agents chimiques contenus dans le spermicide n'affectent le fœtus. Aussi, même si une femme choisit d'utiliser le diaphragme parce que c'est la méthode qui présente le moins d'inconvénients, rares sont celles qui semblent le faire de gaieté de cœur. Pourtant, une femme qui l'apprécie déclare : « C'est *merveilleux*. C'est fiable, facile à utiliser, sans effets secondaires, excitant, naturel. »

Un des grands avantages des obturateurs féminins est la protection qu'ils offrent contre les maladies sexuellement transmissibles et aussi, semble-t-il, contre le cancer du col. Il existe aussi, depuis quelque temps, une éponge imprégnée de chlorure de diméthyl-akyl-benzyl-ammonium qui, contrairement au diaphragme, ne nécessite aucune mise en place précise et qui est en vente libre. C'est le premier obturateur féminin que les femmes peuvent utiliser sans visite médicale préalable.

Le retrait Les inconvénients du retrait sont bien connus. Avant l'éjaculation proprement dite, quelques gouttes de liquide sont émises qui comportent souvent un peu de sperme, et c'est suffisant pour rendre une femme enceinte. Par ailleurs, un couple hautement stimulé aura du mal à garder la tête suffisamment froide pour juger du moment précis où le retrait doit s'opérer. Que se passe-t-il si la femme retient involontairement l'homme entre ses bras et ses jambes et que de précieuses secondes sont ainsi perdues ? Et si les efforts pour se séparer déclenchent l'éjaculation ? Le retrait est un jeu risqué et, bien que la plupart des femmes en aient fait l'expérience, au moins une ou deux fois pendant l'adolescence ou plus tard, il constitue une cause d'anxiété constante jusqu'à l'apparition des règles. Enfin, puisque les femmes semblent attacher tant d'importance à l'aspect « peu ragoûtant » du sperme, c'est une méthode qui, en matière de confort et de propreté, vient en fin de liste.

Les méthodes Il existe, toutefois, d'autres méthodes « naturelles » auxquelles
naturelles s'intéressent de plus en plus les femmes déçues par la pilule et les méthodes mécaniques de contraception. On trouve parmi celles-ci la méthode Ogino, fondée sur le calcul de la période fécondable, la méthode des températures, et la méthode de l'examen de la glaire cervicale ou méthode Billings (Evelyn Billings et Ann Westmore, *la Méthode naturelle de régulation des naissances*). Certaines femmes refusent que les rapports sexuels s'accompagnent automatiquement de pénétration et disent préférer, pendant leur période de fécondité maximale, faire l'amour sans intromission. L'ennui est que la sexualité est souvent assimilée à l'acte sexuel proprement dit, mais il existe bien d'autres façons d'éprouver ensemble du plaisir.

Certaines associent la méthode Ogino et l'utilisation du contraceptif quand elles sont pratiquement sûres d'être fécondes, mais sans en être vraiment satisfaites, car elles savent que ce n'est pas absolument fiable. Nancy a eu deux bébés en deux ans, en essayant de déterminer sa « marge de sécurité », et elle utilise aujourd'hui la méthode Billings, qui lui donne « toute satisfaction ». « Comme j'ai des cycles irréguliers, je ne pouvais jamais me fier à ma "marge de sécurité". C'est une méthode précise et qui assure de meilleures relations conjugales. »

Si vous voulez utiliser avec succès une méthode « naturelle », il faut que vous connaissiez vraiment bien votre corps et vos cycles. Le calendrier ne suffit pas. Mais les femmes qui possèdent cette connaissance d'elles-mêmes, qui savent exactement comment elles se sentent avant et pendant l'ovulation, et qui comprennent les modifications de leurs sensations physiques pendant leur cycle, ne tarissent pas d'éloges sur ce mode de contraception. Pour un peu, elles tomberaient dans le prosélytisme. Elles combinent le calendrier Ogino, la méthode des températures et l'examen des glaires vaginales avec une persévérance où se mêlent la ferveur intellectuelle et le flair ! « Je suis le type même de personne qui aime maîtriser parfaitement son corps et savoir ce qui se passe, et la méthode de l'examen de la glaire associé aux températures me convient tout à fait », dit une femme. Et une autre : « Cela nous a appris l'autodiscipline et a augmenté notre respect mutuel. » Beaucoup soulignent que leurs partenaires masculins en apprennent ainsi davantage sur le corps des femmes : « J'utilise la méthode Billings et je m'en trouve très bien. C'est quelque chose que nous faisons à deux, mon mari et moi, et c'est lui qui m'aide à établir ma courbe. Souvent, nous observons ensemble les modifications de la glaire vaginale. Il est tout à fait familiarisé avec mes sécrétions. » « J'ai toujours aimé noter mes cycles et j'ai eu l'impression de vraiment commencer à connaître mes périodes de fécondité. C'était passionnant de savoir quand j'ovulais, d'observer les modifications de la glaire et de voir ma température changer suivant le moment du cycle. L'abstinence n'a jamais été un problème, au contraire ça nous excitait. Quand nous avons décidé d'avoir un enfant, c'était formidable d'être capables de choisir, pour ainsi dire, le jour précis où nous avions des chances de faire un bébé. »

Mais lorsque vous apprenez à utiliser ces méthodes avec efficacité, il vous faut, pour lire et interpréter les courbes, l'aide de quelqu'un de qualifié, qui connaisse les embûches à éviter. Daisy, qui avait choisi la méthode Billings après la naissance de son premier enfant, n'a jamais eu l'impression « que c'était sûr à cent pour cent » ; « et cela s'est répercuté sur ma vie sexuelle... C'est une excellente méthode s'il y a quelqu'un pour vous suivre et contrôler soigneusement vos courbes, jusqu'à ce que vous ayez pleinement assimilé le processus. Je suis allée vivre dans une région où il n'existait aucun conseil de ce genre, alors que je n'étais pas tout à fait sûre de moi, et je me suis retrouvée enceinte. Du coup, j'ai moins confiance dans cette méthode, et je sais que, lorsque j'aurai eu mon second enfant, je me remettrai à la pilule. Mais je tiens à dire que c'est une méthode qui marche et qui peut donner de bons résultats avec beaucoup de gens ».

Mais elle ne peut « marcher » que si vous-même et votre partenaire incluez dans votre vie des périodes régulières d'abstinence, et si vous les observez scrupuleusement. Certains couples recourent à d'autres façons de faire l'amour pendant ces intervalles et apprécient l'occasion qui leur est ainsi donnée de tout expérimenter *sauf* la pénétration. Certains trouvent excitante cette abstinence provisoire. Mais c'est de toute évidence une méthode vouée à l'échec si vous succombez par mégarde à l'émoi du moment, ou si vous avez différents partenaires qui ne partagent pas tous votre enthousiasme pour ce mode de contraception.

Comme il est parfois difficile d'interpréter avec exactitude une courbe de température et d'apprécier en toute certitude l'aspect de la glaire cervicale, les chercheurs ont mis au point un dispositif électronique destiné à éliminer les risques d'erreur humaine. La « contraception par ordinateur » vient d'être inventée, sous la forme

Nouveautés en matière de méthodes naturelles

d'un indicateur de fécondité qui enregistre la température et l'analyse dans un minuscule ordinateur. Ce système, qui détecte les phases de fécondité de la femme, peut également être utilisé pour la contraception ou pour connaître votre période de fécondité le jour où vous voulez concevoir. Il existe un modèle comportant trois couleurs de lumière : quand l'orange s'allume, vous savez que c'est le moment de prendre votre température. Cela tôt le matin seulement. Vous prenez votre température buccale, moyennant quoi l'une des deux autres lumières s'allume : une lumière rouge continue indique que vous êtes dans la période pré-ovulatoire et que vous pouvez concevoir, une lumière rouge clignotante, que vous êtes hautement féconde, une lumière verte, que vous ne l'êtes pas du tout. En appuyant sur un bouton le premier jour des règles, vous programmez l'ordinateur qui enregistrera votre cycle sous la forme d'une courbe de température. Celle-ci peut ensuite être insérée dans une imprimante spéciale chez votre médecin et il en sort un graphique qui vous montre votre cycle. Un ordinateur expérimenté pendant deux ans par l'Organisation mondiale de la santé n'a enregistré que moins de deux pour cent d'échecs si les rapports sexuels survenaient uniquement quand la lumière était verte.

Un autre système s'appuie sur l'augmentation du chlorure présent dans la glaire cervicale pendant la phase folliculaire du cycle. Vous introduisez un tampon spécialement traité dans votre vagin jusqu'à ce qu'il soit en contact avec le col de l'utérus, où la glaire réagit avec les substances dont il est imprégné. Vous comparez ensuite sa couleur avec celles d'une fiche de référence qui vous indique si vous entrez dans une période de fécondité ou non. Ce système est largement utilisé aux États-Unis et au Japon.

Empêcher la nidation   En cas d'échec de la contraception, les femmes ignorent souvent qu'elles peuvent faire quelque chose pour empêcher la nidation de l'ovule fécondé. Certains médecins estiment qu'on devrait donner aux femmes une plaquette de secours de « pilules du lendemain » si elles utilisent uniquement le préservatif comme moyen de contraception, ou si elles n'ont pas de vie sexuelle régulière mais se trouvent soudain dans une situation où elles ont des rapports sexuels sans aucune protection. Pour être efficace, cette pilule doit être prise dans les soixante-douze heures qui suivent les rapports sexuels. Le pourcentage d'échec n'est que d'un pour cent. Il s'agit des pilules contraceptives habituelles associant l'œstrogène et la progestérone (et *non* de la mini-pilule), et vous devez en absorber deux aussitôt que possible, puis deux encore douze heures plus tard. Elles ont comme effets secondaires des nausées (soixante pour cent) et des vomissements (trente pour cent), mais ces symptômes sont de courte durée. Certaines femmes font état de maux de tête, de vertiges et de sensibilité des seins (*British Medical Journal,* vol. 285, 1982, p. 322-324). Une autre méthode pour empêcher la nidation consiste à poser un stérilet, et c'est la solution la plus évidente si vous avez laissé passer le délai de soixante-douze heures. Utilisé ainsi, le stérilet ne présente qu'un très faible pourcentage d'échecs, et aucune grossesse n'a été enregistrée pour près de sept cents poses après les rapports. Mais sa mise en place peut être très douloureuse et provoquer des saignements, et vingt pour cent des femmes y ayant recouru ont souffert d'inflammation pelvienne.

Ce qu'il faut retenir de ces deux méthodes, c'est que vous n'êtes pas obligée d'attendre l'apparition des règles pour être fixée, avec toute l'anxiété que cela suppose. Elles vous donnent la possibilité d'agir, et l'une comme l'autre, malgré leurs inconvénients, permettent aux femmes d'avoir plus que jamais le contrôle de leur propre corps.

Tout bien considéré, il n'existe manifestement pas, à l'heure actuelle, de méthode contraceptive idéale – et sûrement pas de méthode qui convienne à tout le monde. Le problème est plutôt de connaître celles qui sont disponibles et de définir ce qui vous convient. Quel que soit leur mode de contraception habituel, rares sont les femmes qui s'en déclarent vraiment satisfaites. Sur les centaines de femmes qui m'ont écrit ou que j'ai interrogées sur leur vie sexuelle, seule une minorité n'ont émis aucune réserve sur leur mode de contraception normal, et cette remarque est valable pour toutes les méthodes, aucune ne recueillant plus de suffrages qu'une autre.

La méthode idéale n'existe pas

Beaucoup de femmes semblent passer une grande partie de la période de reproduction à chercher le mode idéal de contraception et à passer de l'un à l'autre après avoir été déçues par le précédent.

Les chercheurs tentent aujourd'hui de découvrir un contraceptif masculin efficace. D'après les statistiques du National Institute for Community Development américain, on compte moins d'un pour cent d'hommes dans la clientèle des centres de planning familial. Un des problèmes posés par la mise au point de ce contraceptif tient au fait que, si les femmes ne produisent qu'un ovule mature par cycle, chaque éjaculation libère des millions de spermatozoïdes. La plupart des méthodes chimiques conçues jusqu'à maintenant n'ont réussi qu'à diminuer le nombre de spermatozoïdes, mais pas à les tuer tous.

Les progrès de la contraception masculine

L'aérosol nasal à base d'hormones récemment mis au point, et qui peut être utilisé par les femmes comme par les hommes, a peu de chances de faire beaucoup d'adeptes, car il diminue la pulsion sexuelle chez l'homme. Tout en constatant souvent une réduction de leur appétit sexuel, les femmes qui prennent la pilule continuent à le faire parce que celle-ci représente un mode de contraception efficace. Les spécialistes du contrôle des naissances estiment que les hommes n'accepteraient pas cet inconvénient.

Les femmes se sentent souvent forcées de se résigner aux effets secondaires désagréables ou dangereux de la contraception, parce qu'elles n'ont aucune solution de rechange pour éviter une grossesse. Ne portant pas d'enfants, les hommes sont moins disposés à supporter les maux de tête, la réduction de la libido, la prise de poids, la diminution de leur quantité de sperme, le retard de l'éjaculation et les autres effets secondaires d'un traitement hormonal. On plaçait

225

des espoirs dans le Gossypol, un contraceptif masculin dérivé de graines de coton mis au point en Chine. Mais un tiers des hommes sur lesquels il a été expérimenté ont éprouvé des effets secondaires, dont la fatigue, l'anorexie, la diminution de la libido, la faiblesse musculaire et la perte de potassium, et vingt pour cent sont restés stériles longtemps après avoir cessé tout traitement.

Les variantes culturelles des réactions masculines aux effets secondaires de la contraception sont peu connues, et l'on a pris pour acquis que les hommes sont moins disposés à supporter ces effets que les femmes, mais certains hommes verraient d'un œil favorable un retard de l'éjaculation, par exemple, et même la réduction de la quantité de sperme ne les dissuaderait pas d'utiliser un contraceptif à base d'hormone (A.E. Reading *et al.*, « Psychological issues arising from the development of new male contraceptives »). Mais ce n'est pas encore aujourd'hui, semble-t-il, que nous pourrons disposer d'un contraceptif fiable que les hommes soient prêts à utiliser.

Dans un rapport canular intitulé « Une découverte sensationnelle en matière de contraception masculine », Dawn Bracey décrivait un nouveau contraceptif sous la forme d'un dispositif intrapénien (DIP) mis au point par le Dr Sophie Merkin et commercialisé sous le label « Umbrelly ». Il ressemble à un parapluie en miniature dont l'intérieur est enduit de gelée spermicide, et il est introduit dans l'extrémité du pénis et traverse le scrotum.

Des expériences pratiquées sur mille cachalots ont prouvé qu'il bloquait à cent pour cent la production de sperme et qu'il était éminemment satisfaisant pour les femelles, car il ne compromettait pas le plaisir que leur procurait le rut. Le dispositif est parfaitement sûr ; deux étudiants seulement, sur les sept cent soixante-trois ayant testé le DIP, sont morts d'infection du scrotum.

Les effets secondaires étaient peu nombreux ; vingt seulement présentèrent un œdème des tissus. On notait, parmi les effets négatifs, des crampes, des saignements et des douleurs abdominales aiguës, mais, d'après le Dr Merkin, ces symptômes étaient appelés à disparaître au bout d'un an. Une des complications causées par le DIP est l'infection du scrotum, qui exige parfois l'ablation des testicules, « mais c'est un cas très rare, déclare Merkin, trop rare pour être statistiquement important ». Et le rapport de continuer en précisant que « le Dr Merkin et les autres membres éminents de la Faculté féminine de chirurgie ont convenu que les avantages de ce dispositif en compensaient très largement les inconvénients ».

Ce rapport caricatural n'est pas si différent des études que publient les gynécologues masculins sur l'insignifiance des effets secondaires des méthodes contraceptives employées par les femmes. Et l'on imagine mal que les hommes soient prêts à prendre des pilules qui, bien qu'en éliminant efficacement leur puissance sexuelle, s'accompagneraient d'effets secondaires multiples, dont la prise de poids, la perte de l'appétit sexuel, d'abominables migraines, l'hypertension, la dépression et des nausées constantes. Ils le feraient certainement encore moins si on leur disait que, pendant les dix années environ où ils les absorberaient, ils devraient s'abstenir de fumer de peur d'augmenter la possibilité d'effets secondaires, et qu'il existait aussi un risque de mort subite ou de lésion permanente du cerveau par embolie. S'il allait consulter un médecin pour lui faire part de ses hésitations, l'homme s'entendrait dire : « Ne croyez pas tout ce que vous lisez », on lui prescrirait une autre marque de pilules en lui certifiant que s'il les prenait régulièrement son corps finirait par s'y habituer, et s'il persistait à exprimer son anxiété on lui proposerait des tranquillisants pour calmer ces symptômes névrotiques manifestes.

C'est seulement lorsque les femmes agissent qu'on peut progresser vers une responsabilité pleinement partagée de la contraception. Ces progrès sont rendus encore plus difficiles par le fait qu'on accuse souvent les femmes d'ignorer le fonctionnement de leur corps et d'être imprégnées de superstitions. « Comment une autre femme peut-elle vous rendre enceinte ? » peut-on lire sur une affiche publicitaire du Health Education Council. La réponse n'est que trop évidente : si vous écoutez des « histoires de bonnes femmes » au lieu d'obéir à votre médecin. *Partager la responsabilité de la contraception*

On dit souvent aux femmes, également, qu'elles ne sauraient espérer comprendre des choses que seuls les médecins, grâce à leur longue formation de spécialistes, peuvent éventuellement connaître. Et ce sont souvent des femmes qui portent ce genre d'accusations. Une physiothérapeute expérimentée – une femme dont le métier consiste à apprendre à d'autres femmes à connaître leur corps – me disait qu'il est « peu raisonnable » de suggérer à une femme d'introduire ses doigts dans son vagin pour sentir le col de son utérus. Je lui ai demandé pourquoi. « Parce que ses doigts ne seront pas stériles. » (Et un pénis ?) « Et parce qu'une femme ne pourrait pas comprendre ce qu'elle palpe. Un médecin fait des touchers vaginaux pendant des années. Seuls les médecins peuvent faire ça. »

Aujourd'hui, le Women's Health Movement, qui est solidement implanté en Amérique du Nord, en Europe et en Australie, remet en question les vieux comportements et agit comme catalyseur de changement. Les groupes de femmes découvrent leur corps, prennent la responsabilité de leur santé, interrogent leurs médecins, contestent l'autorité médicale, bousculent la mystique professionnelle et apprennent en partageant leurs expériences vécues. Les femmes commencent à prendre en main leur sexualité et leur vie.

Lorsqu'on a du mal à mettre en route un bébé

La spontanéité, en matière de sexualité, disparaît à la minute précise où vous commencez à vous faire du souci parce que le bébé que vous souhaitez n'arrive pas et que vous êtes obligée d'avoir des rapports sexuels à certains jours du mois ou de modifier votre technique si vous voulez concevoir. Le sexe devient alors un moyen pour arriver à vos fins.

L'amour-devoir

Vos sentiments à l'égard des rapports sexuels s'en trouveront automatiquement affectés et cela s'accompagnera de toute une gamme d'émotions annexes : espoir, frustration, irritation, culpabilité, désespoir – pour les *deux* partenaires. Si vous ne savez pas exactement quand vous ovulez, ou *même si* vous ovulez de façon régulière, vous prenez votre température dès que vous ouvrez l'œil, vous tracez soigneusement votre courbe, vous examinez peut-être votre glaire. Le moment venu, vous êtes fin prête pour passer à l'action, mais votre partenaire est en voyage d'affaires, tombe de sommeil après une journée de travail épuisante ou a la grippe. Ou bien vous vous êtes disputés et vous n'avez vraiment pas envie de faire l'amour. Dans de telles conditions, les rapports sexuels deviennent un devoir, la preuve que vous désirez suffisamment un enfant pour vous donner tout ce mal, ou un défi que vous lancez à un destin peu complaisant.

Mais c'est parfois plus complexe. Car si vous voulez donner au bébé les meilleures chances pour démarrer dans la vie, vous êtes sûrement devenue particulièrement attentive à ce qui vous entoure. Vous avez appris que trop fumer et trop boire est responsable d'une moindre mobilité des spermatozoïdes, que la puissance et la fécondité sont directement liées à une alimentation saine. Mais votre partenaire n'arrive pas à renoncer à ses cigarettes, saute ses déjeuners et prend un verre avec les copains avant de rentrer. L'homme, du coup, se sent traité en étalon uniquement bon à la reproduction, autorisé à n'avoir de rapports sexuels qu'à date fixe, et qui doit même s'en abstenir durant toute la seconde moitié du cycle de peur de déloger le minuscule ovule fécondé au cas où vous seriez enceinte. Autant d'éléments qui créeront inévitablement une certaine tension chez le couple.

L'intrusion de la médecine

Une fois les médecins dans le coup, mettre en route un bébé se change en exercice clinique. C'est un peu comme si la femme et son médecin étaient devenus les géniteurs. On enjoindra à la femme d'avoir des rapports juste avant son rendez-vous à la clinique, où elle arrivera le vagin rempli de sperme. On demandera à l'homme d'y aller pour se masturber et produire un échantillon de sperme qui sera examiné au microscope afin de définir le pourcentage de spermatozoïdes vivants. Le sperme d'un individu sain contient un minimum de vingt millions de spermatozoïdes par centimètre cube. Cette numération est souvent effectuée après que la femme a subi toute une série d'examens, bien que celui-ci soit des plus simples et des plus élémentaires dans tout ce processus, et aussi un de ceux qui devraient être pratiqués dès le début, étant donné que dans au moins vingt pour cent des cas de stérilité le problème vient de l'homme.

L'homme a souvent l'impression qu'on remet en question non seulement la qualité de son sperme, mais sa virilité. On lui dit qu'il ne fait pas l'affaire. Cela peut se répercuter sur sa façon de faire l'amour, et même sur sa capacité d'avoir une érection prolongée.

Le couple se trouve alors dans un état de stress où la tension éprouvée se libère dans des accusations mutuelles – il se moque éperdument du bébé ou n'en a pas vraiment envie, ou bien aucun des deux ne comprend l'autre.

L'anxiété et l'ovulation

Le désir d'avoir des rapports au moment précis de l'ovulation et de s'en abstenir jusque-là peut parfois complètement bloquer l'ovulation. Un spécialiste du traitement de la stérilité (Sherman J. Silber, *How to get Pregnant*) cite le cas d'une femme à qui l'on avait dit de prendre sa température, de s'abstenir de tout rapport pendant les cinq jours précédant la montée de celle-ci, puis d'avoir des rapports ; elle constata que ses cycles étaient devenus des plus fantaisistes, de vingt jours un mois, de quarante-cinq le mois suivant. Elle n'ovulait plus. Silber suggéra alors au couple de ne plus calculer leurs rapports en fonction de la courbe de température et de faire l'amour chaque fois qu'ils en avaient envie. Deux mois plus tard, la femme était enceinte. C'est, semble-t-il, un type de réaction des plus courants.

Toutefois, le fait de recourir à l'aide d'un expert peut atténuer l'anxiété. Vingt pour cent des femmes conçoivent entre leur première visite à un spécialiste des problèmes de stérilité et le moment où le médecin commence réellement le traitement. C'est peut-être dû au fait que le couple peut enfin se détendre en sachant qu'il a attaqué le problème.

En parler ensemble

Si, l'un comme l'autre, vous vous apercevez que vous subissez une pression émotionnelle parce que votre bébé tarde à venir, vous pouvez vous aider réciproquement en parlant ouvertement de vos sentiments avant qu'ils ne dressent une barrière entre vous. La tactique qui sera alors adoptée pour essayer de concevoir cet enfant récalcitrant peut vous rapprocher, et chacun comprendra mieux les sentiments de l'autre.

La tendresse *après* l'amour a également une importance capitale. Éjaculer et recevoir le sperme n'est pas un travail mécanique destiné à faire un enfant. Les deux partenaires ont besoin de savoir qu'ils sont aimés et désirés *pour eux-mêmes*. On aura peut-être recommandé à la femme de rester allongée dans une certaine position, sur le dos par exemple, avec un coussin sous les fesses, pendant vingt minutes ou plus après les rapports, afin que le sperme puisse plus facilement atteindre le col. Mais elle ne doit pas être obligée de rester ainsi, seule et pleine d'espoir, tandis que son partenaire se tourne et s'endort. Cet intervalle peut constituer un moment privilégié pour la tendresse et l'amour. Et la femme peut aussi désirer être encore stimulée pour parvenir au plaisir.

Sexualité pendant la grossesse

Les nausées et les vomissements des trois premiers mois de la grossesse sont peu faits pour stimuler l'appétit sexuel. Beaucoup de femmes n'éprouvent jamais ce genre de symptômes, mais celles qui en souffrent sont vraiment malades, non seulement le matin au réveil, mais aussi au début de la soirée. Et certaines le sont toute la journée.

Même si vous vous sentez mieux au moment d'aller vous coucher, les nausées constantes manquent d'érotisme. Une femme, pendant ce qui était censé être une seconde lune de miel et qui coïncidait avec la sixième et la septième semaine de grossesse, a surtout gardé de cet épisode romantique le souvenir de la cuvette des toilettes de l'hôtel et du carrelage et de la tuyauterie qui l'entouraient. Son mari lisait des romans policiers au lit tandis qu'elle vomissait à rendre l'âme.

Une femme peut souffrir de nausées lors d'une grossesse et pas à la suivante. La fatigue, conjuguée au désir d'exagérer son état, d'en « rajouter », y est souvent pour quelque chose. Il est important que vous vous nourrissiez de façon régulière pour ne pas avoir l'estomac vide. Des repas légers et fréquents sont souvent préférables à des repas plus importants et espacés.

Beaucoup de femmes souffrent davantage de nausées que de vomissements. Si vous vomissez, vous aurez peur pour le bébé et vous vous sentirez encore plus mal dans votre corps. Tous ces éléments font que vous n'aurez guère de plaisir à faire l'amour pendant cette période. « Je me sentais franchement peu appétissante, dit une femme. Complètement flappie, malodorante, et avec un goût de métal dans la bouche. Je me demandais où était cet éclat de la maternité dont on nous rebat les oreilles. Je me sentais atroce ! Et il n'était pas question d'avoir des rapports sexuels. » En repensant à leurs grossesses, la plupart des femmes qui conservent un mauvais souvenir des premiers mois ont, semble-t-il, l'impression qu'elles se souciaient essentiellement de garder le contrôle de leur corps et de ne pas se laisser submerger par leurs sensations. Tant que dure cette phase, les rapports sexuels ne sont qu'un désagrément supplémentaire qui risque de déclencher de nouvelles nausées.

Cet inconfort se prolonge rarement au-delà de trois mois, et en général la femme se réveille un beau matin en se sentant complètement différente ou s'aperçoit avec étonnement, à mesure que s'écoule la journée, que pour la première fois depuis longtemps elle n'a pas eu mal au cœur. On dirait que le rideau vient de se lever sur une phase entièrement nouvelle de la grossesse et de ses effets.

Les seins D'autres éléments, toutefois, peuvent empêcher la spontanéité des rapports physiques pendant ces premières semaines. Notamment la sensibilité des seins. Les modifications qu'ils subissent, et qui les préparent à l'allaitement, figurent parmi les premiers signes visibles de l'adaptation du corps à la grossesse. Les petites saillies qui entourent le mamelon, les tubercules de Montgomery, deviennent plus importantes et les seins eux-mêmes se développent. Les soutiens-gorge deviennent trop serrés, et chez certaines femmes les seins sont si sensibles qu'on dirait presque qu'ils ont reçu des coups. Il vous faut alors ce qu'on appelle un « bon soutien-gorge de maintien », et, même si cette expression évoque pour vous quelque monstrueux harnachement propre à transformer votre architecture physique, cela signifie simplement que vous avez besoin d'être fermement maintenue *sous* les seins (tout autour du buste) et d'avoir des bretelles suffisamment larges pour compenser ce poids supplémentaire. Certaines femmes se sentent si gênées la nuit par la pression qui s'exerce sur leurs seins qu'elles se réveillent, et elles préfèrent dormir avec un soutien-gorge.

Dans ces circonstances, la femme a du mal à considérer ses seins comme des objets érotiques avec lesquels peut jouer son partenaire, même si une femme qui a de petits seins apprécie leur ampleur inusitée et se sent fière de sa nouvelle silhouette. Une femme enceinte depuis peu de temps souffrira de la passion d'un amant qui aime malaxer, mordre ou happer énergiquement un sein, comme le font parfois certains hommes. Toute stimulation des mamelons doit être effectuée avec beaucoup de douceur, et les caresses des seins doivent commencer par des effleurements aussi légers qu'une plume et ne s'accentuer que lorsque la femme y prend plaisir.

Car c'est là un des éléments caractéristiques de la sexualité pendant la grossesse : le partenaire doit faire preuve d'une douceur constante. Même si vous aimiez les tendres morsures et les bagarres amoureuses avant d'être enceinte, vous y prendrez certainement moins plaisir maintenant.

Lorsqu'il y a excitation sexuelle, le volume des seins peut augmenter de vingt-cinq pour cent. Aussi, quand vous êtes stimulée, il se produit un afflux supplémentaire de sang dans les veines de vos seins déjà gonflés et les tissus deviennent encore plus congestionnés. C'est pourquoi, même quand vous êtes très excitée, vous pouvez avoir un sursaut de douleur si l'on vous touche et vous retrouver soudain sur la défensive.

La crainte d'une fausse couche affecte considérablement aussi l'expression physique de la sexualité, et même le simple fait de pouvoir éprouver une excitation. Si vous avez déjà perdu un bébé pendant les premiers mois d'une grossesse précédente, ou si vous avez eu des saignements au début de celle-ci, vous pouvez éprouver une grande appréhension et même vous « cramponner », à la fois physiquement et émotionnellement, à cette grossesse. Vous risquez donc de considérer les rapports sexuels comme une menace directe pour le bébé, et de vous sentir aussi bien trop tendue pour y prendre plaisir. Une femme anxieuse a les muscles perpétuellement contractés, non seulement ceux du visage, qui lui donnent son expression inquiète, mais tous ceux du corps. L'homme peut lui aussi se sentir très mal à l'aise et avoir l'impression qu'il risque de compromettre cette grossesse ; les interactions chez un couple qui éprouve ce genre

La crainte d'une fausse couche

231

de sentiments seront alors négatives, chacun augmentant l'anxiété de l'autre. Ils iront parfois jusqu'à éviter les contacts et les caresses tant ils redoutent toute excitation sexuelle.

Et c'est dommage, car l'un et l'autre ont besoin de se détendre. La tension née de la crainte d'une fausse couche augmentera en fait le risque que celle-ci se produise. On connaît mal les effets du stress sur les débuts de la grossesse, mais on peut raisonnablement penser que les modifications physiologiques dues à un état de stress aigu – les modifications biochimiques du sang, par exemple, et les échanges qui se font dans les vaisseaux sanguins de l'utérus – peuvent affecter le développement de l'embryon.

Nous ne disposons d'aucune étude prouvant que le fait de s'abstenir de rapports sexuels pendant le début de la grossesse contribue à éviter les risques de fausse couche, bien que beaucoup de personnes pensent que c'est en effet fort possible. Les médecins déconseillent en général les rapports sexuels aux femmes qui ont eu de petits saignements au cours des douze premières semaines de la grossesse ou qui ont déjà fait une fausse couche. La plupart des femmes estimeront sans doute qu'il est plus sage d'éviter les rapports sexuels si elles ont eu des saignements, encore que le tiers des femmes suivant les cours de préparation à l'accouchement disent avoir eu pendant le premier et parfois le deuxième mois un léger saignement à peu près au moment où elles auraient dû avoir leurs règles. Ce qui ne les a pas empêchées de poursuivre normalement leur grossesse et de mettre au monde un bébé en parfaite santé. Comme elles omettent souvent d'en parler à leurs médecins, ceux-ci ignorent à quel point c'est courant.

Le médecin qui a déconseillé les rapports sexuels oublie parfois de dire : « Maintenant, il n'y a plus de problème. Vous ne risquez plus de faire une fausse couche », et le couple continue à éviter non seulement l'acte sexuel, mais aussi toute autre forme de rapports amoureux d'un bout à l'autre de la grossesse, ou se sent terriblement coupable s'il finit par faire l'amour. C'est, semble-t-il, une autre façon de « médicaliser » la grossesse et de la rendre éprouvante pour la femme comme pour son partenaire. Comme on ne connaît pas en toute certitude l'incidence éventuelle des rapports sexuels sur les fausses couches pendant les trois premiers mois, il vaudrait peut-être mieux ne pas donner d'emblée ce conseil.

La fatigue

Beaucoup de femmes se sentent incroyablement fatiguées pendant les premières semaines. Elles se demandent avec inquiétude si cette fatigue va durer jusqu'à la naissance du bébé. Cet épuisement physique est lié aux grandes adaptations que doit faire tout le corps pendant ces premières semaines, des adaptations que vous ne voyez pas mais qui ont une importance capitale. A trois mois, le bébé est complètement formé et à ce stade, également, toutes les cellules du corps de la mère participent, directement ou indirectement, aux ajustements nécessaires pour faire face aux exigences de la grossesse. Pas étonnant que la femme soit fatiguée !

En outre, tout cela se produit alors qu'elle n'a probablement

prévenu que peu de personnes de sa grossesse, et on ne lui passera rien si elle se sent surmenée dans son travail, par exemple, ou si elle estime qu'elle devrait terminer quelque chose avant de partir en congé de maternité. Une femme qui ne travaille pas à l'extérieur mais est prise par d'autres enfants voudra se prouver qu'elle est capable d'assumer un jeune enfant qui marche à peine et le bébé. Autrement dit, elle s'effondre dans son lit et s'endort la tête sur l'oreiller. Et qu'on ne vienne pas lui parler de rapports sexuels.

Une femme sexuellement sûre d'elle et qui prend habituellement plaisir à sa sexualité sera davantage en mesure de l'assumer dans la même foulée. Les études font également apparaître qu'une femme qui attend son premier enfant manifeste en général un appétit sexuel limité au début de sa grossesse, alors que les femmes qui en sont à leur second bébé ou plus ne constatent que peu de changement dans leur libido.

Certaines femmes prennent en fait plus de plaisir aux rapports sexuels une fois qu'elles se savent enceintes. Cela peut paraître étrange, mais elles s'abandonnent plus facilement à leurs sentiments quand elles sont enceintes parce qu'elles *ne courent plus le risque* de le devenir. Pour ces femmes, tout ce qui touche à la contraception est associé à des notions comme « se retenir », « faire attention », « ne pas oublier » – de prendre la pilule par exemple ; au fait

Lorsque nous comprenons que la grossesse ne relève pas de la médecine,
nous découvrons de nouveaux aspects de notre sexualité

d'être sûres qu'elles ont correctement posé leur diaphragme, que le préservatif de leur partenaire n'a pas glissé quand il s'est retiré ; de se rappeler leur cycle menstruel et de n'avoir de rapports qu'à des périodes « sans danger », ou même de jouer avec le feu en veillant à ce que l'homme se retire juste avant d'éjaculer. Une femme constamment inquiète des risques de grossesse s'aperçoit que, une fois enceinte, elle peut oublier toutes ces préoccupations et apprécier la liberté que lui accorde son état.

Néanmoins, cela n'arrivera qu'après les dix ou douze premières semaines. Il lui faudra parfois plus longtemps pour commencer à se sentir vraiment bien. Mais une fois passée cette période de nausées, de vomissements, de crainte d'une éventuelle fausse couche et de fatigue permanente, beaucoup de femmes disent prendre encore plus de plaisir qu'avant à faire l'amour. Les mois du milieu de la grossesse sont pour elles un temps où elles se sentent heureuses de leur corps et irradient en quelque sorte du bonheur d'être enceintes.

Mais cela ne se produira pas si vous êtes soumise à une forte pression dans votre travail, ou si la venue de ce bébé se traduit par de constants soucis d'argent. Dans ce cas, la fatigue ressentie pendant les premières semaines tendra à s'installer et vous ne serez jamais particulièrement « excitée » pendant ces mois intermédiaires de la grossesse. Et pas davantage si vous n'êtes pas contente d'être enceinte ou si vous vous sentez piégée par des obligations de toute sorte, professionnelles ou familiales. Bien que certaines femmes prennent plaisir à faire l'amour « les dents serrées » et que l'hostilité refoulée semble ajouter un piment supplémentaire aux rapports sexuels, ce genre de bagarre pendant la grossesse est peu fait, semble-t-il, pour stimuler la majorité des femmes, et simplement douloureux. Votre partenaire doit changer de technique, sinon vous risquez de refuser tous rapports sexuels.

Au début du quatrième mois, les tissus du vagin et ceux qui l'entourent sont « parvenus à maturation » et demeureront ainsi pendant toute la grossesse. William Masters et Virginia Johnson *(les Réactions sexuelles)* disent qu'ils sont congestionnés comme pendant l'excitation sexuelle. Ils sont devenus plus épais et gonflés, un peu comme un fruit tendre parvenu à maturité. Même leur couleur s'est modifiée, passant du rose pâle et du rouge au pourpre, au violet et au bleu en raison de l'augmentation de l'afflux sanguin. Autrement dit, la femme est dans un état permanent de légère excitation sexuelle. Elle peut aussi se sentir beaucoup plus humide. Cette augmentation de la lubrification du vagin, produite par les circonvolutions de la paroi vaginale, peut la rendre beaucoup plus consciente de cette partie précise de son corps. Certaines femmes disent qu'elles se sentent moelleuses et voluptueuses.

La pression qui s'exerce sur les organes génitaux à partir du quatrième mois environ est telle que certaines femmes disent se sentir « insatiables ». Jane : « Je n'arrive même pas à attendre que mon mari rentre à la maison, le pauvre ! » Ou Rosie : « Je ne passais pas une journée sans me masturber tellement

Les trois mois intermédiaires

je me sentais excitée. Je croyais être un cas, jusqu'au jour où j'en ai parlé à ma belle-sœur qui avait eu un bébé l'année précédente et qui m'a dit qu'elle avait ressenti exactement la même chose. »

Une femme qui se sent aussi électrisée peut s'apercevoir avec consternation que son partenaire n'a pas envie de faire l'amour ou qu'il n'arrive pas à avoir d'érection prolongée – parfois même, il n'en a pas du tout. Beaucoup d'hommes craignent de nuire à l'enfant. Cette crainte a parfois ses bons côtés, car ils deviennent plus attentifs et attentionnés dans leur technique amoureuse. Mais un homme qui a vraiment peur ira jusqu'à refuser de toucher sa femme. Plusieurs hommes m'ont dit qu'ils étaient terrifiés à l'idée de rompre la poche des eaux. Certains croyaient qu'ils risquaient d'abîmer le bébé. D'autres, que s'ils se laissaient aller ils déclencheraient le travail. C'est presque comme si le fait de refréner leur désir contribuait au bon déroulement de la grossesse ; comme si leur maîtrise d'eux-mêmes « préservait » en quelque sorte celle-ci. Ces croyances ressemblent étrangement à celles des sociétés du tiers monde, où les tabous imposés au père garantissent le bien-être du bébé pendant sa vie intra-utérine.

La plupart des couples s'aperçoivent habituellement qu'il leur faut adapter leur technique amoureuse à mesure que la grossesse progresse. Toute pression exercée sur les seins est pénible, et la « position du missionnaire » se révèle des plus néfastes, sauf si le partenaire veille à faire reposer tout le poids de son corps sur ses avant-bras. C'est pourquoi la position allongée sur le côté, dans laquelle la femme a son dos contre l'homme et se niche « en cuiller » contre lui est souvent plus confortable. Certaines femmes préfèrent la position à genoux, l'homme étant derrière.

Une fois que le fœtus est engagé dans le bassin et que sa tête s'adapte étroitement dans la cuvette osseuse, comme un œuf dans un coquetier, la femme peut avoir l'impression qu'il est prêt à tomber en quelque sorte, et qu'il n'y a plus de place du tout. Même si elle n'aimait pas cette position jusque-là, elle préférera que son partenaire soit derrière elle pour la pénétrer. Elle peut choisir de s'allonger, ou de se mettre à genoux en prenant appui sur les bras ou non, le dos vers lui, pour que l'utérus, qui est placé presque à angle droit avec son vagin, ne subisse aucune pression, et elle utilisera ses muscles fessiers pour mieux enserrer le pénis et contrôler la profondeur de la pénétration.

Les trois derniers mois

Vers le septième mois, les difficultés de digestion et les brûlures d'estomac gênent parfois considérablement la femme quand elle est couchée sur le dos, et elle doit avoir la tête et les épaules surélevées par des coussins. Elle pourra alors préférer faire l'amour en position assise, en utilisant un gros coussin de sol ou une chaise, ou en prenant appui contre le lit.

L'idée que la femme se fait de son corps – son image corporelle – modifie insidieusement ses sentiments sexuels. Le corps subit de telles

transformations pendant la grossesse que certaines femmes ont une vision très déformée d'elles-mêmes. Elles se sentent beaucoup plus grosses qu'elles ne le sont en réalité ou croient que leur partenaire les trouve horribles, alors qu'en fait les hommes raffolent souvent des femmes enceintes et trouvent leur changement physique à la fois beau et excitant. Une femme se comparait à « un hippopotame en train de se vautrer dans la boue » et disait qu'elle s'était sentie dénuée de tout attrait pendant toute sa grossesse. Une autre se sentait au contraire « une déesse, la reine de toutes les choses mystérieuses qui bouillonnent dans les entrailles de la terre » ; elle était dans un état d'excitation sexuelle qui s'était prolongé jusqu'au moment où le travail avait commencé, et elle avait conservé ce sentiment durant tout l'accouchement.

La joie que donne à votre partenaire votre corps de femme enceinte crée en vous un sentiment de confiance.

La protection prénatale moderne s'oppose parfois au plaisir qu'une femme peut tirer de son corps pendant la grossesse. Elle le fait en nous donnant implicitement à entendre que notre façon habituelle de connaître notre corps et de lui faire confiance n'est plus valable, et que nous devons nous en remettre à l'opinion médicale et accepter l'interprétation clinique de ce qui nous arrive. Les femmes vont souvent passer leurs visites prénatales avec un sentiment de bien-être, mais elles en reviennent anxieuses, déprimées ou malades. L'image de nos corps que nous transmet cette surveillance médicale se répercute sur nos sentiments sexuels et, chez certaines femmes, impose une entrave invisible au plaisir qu'elles pourraient prendre à leur vie sexuelle pendant la grossesse.

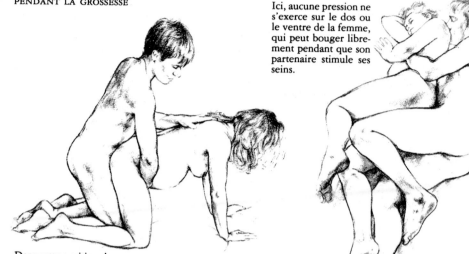

Ici, aucune pression ne
s'exerce sur le dos ou
le ventre de la femme,
qui peut bouger libre-
ment pendant que son
partenaire stimule ses
seins.

Dans cette position, le
poids du bébé est sup-
porté par l'abdomen.
Elle est confortable si
vous avez mal au dos.
Votre partenaire sti-
mule le clitoris avec sa
main.

C'est une bonne posi-
tion si vous n'éprou-
vez pas de sensation
de vertige en étant
couchée sur le dos.
Vous pouvez y appor-
ter des variantes en
glissant des coussins
supplémentaires sous
votre tête et vos
épaules.

Cette position est par-
fois peu commode en
cas de grossesse avan-
cée en raison de la
dimension du ventre,
mais elle vous permet
d'être redressée et
active.

C'est particulièrement vrai pour la femme qui subit toute une série d'examens spéciaux pendant sa grossesse, par exemple une amniocentèse, des échographies, des dosages d'œstrogènes et autres. Toute sa grossesse sera vraisemblablement médicalisée si elle a eu du mal à l'amorcer ou à garder son enfant. Sa relation à son partenaire semble alors passer après celle qu'elle entretient avec son obstétricien. On dirait que le médecin et sa patiente enceinte forment un nouveau couple procréateur, et que la santé et la vie du bébé dépendent de la réussite de cette importante relation. Le père peut alors se sentir inutile, voire dangereux pour le fœtus. Il est capital que le couple parle de cet aspect de la question, et que la surveillance médicale du spécialiste n'usurpe pas la relation particulière existant entre l'homme et la femme qui vont devenir parents, ni n'empiète sur elle. Leur responsabilité vis-à-vis de l'enfant se prolonge bien au-delà de la grossesse et de la naissance, et tout ce qui risque de compromettre leur relation de couple peut se répercuter à long terme sur l'enfant. Les parents, pendant cette période d'attente, doivent être à même d'alimenter réciproquement leur vie émotionnelle, afin de devenir une mère et un père capables à leur tour d'apporter à leur bébé la richesse affective dont il aura besoin.

Une relation sexuelle aimante contribue réellement au bien-être d'une grossesse, non seulement parce que la femme se sait aimée et que les tensions habituelles de l'existence disparaissent momentanément dès qu'elle se tourne vers son amant, mais parce que son excitation sexuelle libère en elle une hormone, l'ocytocine. Le Dr Michel Odent l'a surnommée l'« hormone du bonheur ». L'ocytocine est importante en cela qu'elle contribue à la bonne tonicité des contractions de l'utérus. Celui-ci devient sensible à l'ocytrocine pendant les dernières semaines de la grossesse, ce qui conduit au déclenchement spontané du travail.

Lorsqu'ils déclenchent eux-mêmes l'accouchement, les obstétriciens utilisent souvent une forme synthétique de l'ocytocine, le syntocinon. Ou encore des prostaglandines sous la forme d'un pessaire placé près du col. Or, dans le corps humain, c'est le sperme qui renferme la plus forte concentration de prostaglandines.

Quand la grossesse touche à son terme mais que le travail ne s'est pas spontanément déclenché à la date prévue, des rapports sexuels passionnés peuvent assouplir le col et provoquer les contractions qui déclencheront le travail. Mais de nombreux couples se sentent parfois trop intimidés pour prendre eux-mêmes l'initiative, par leurs méthodes personnelles, de ce qu'ils estiment être un accouchement provoqué.

La crainte de déclencher le travail fera aussi que la femme n'aura pas envie de faire l'amour. C'est comme si elle était déjà devenue l'objet de soins médicaux, un utérus, un bassin et une filière pelvi-génitale relevant de l'obstétrique, cela au moment précis où les rapports amoureux – et le fait de se sentir un être complet – pourraient le mieux contribuer au déroulement du processus de la naissance. Elle peut également refuser les rapports sexuels parce que, lorsque le bébé est profondément engagé dans le bassin, ils sont souvent inconfortables. On a parfois l'impression que le pénis est dangereusement près de la tête du bébé. « Il me semblait que toute poussée un peu violente du pénis pouvait me nuire et nuire à mon enfant, dit une femme. Je me sentais de plus en plus responsable du bien-être de mon bébé, je voulais le protéger, et c'était bien plus important que la satisfaction de mon partenaire. » En réalité, le bébé est parfaitement à l'abri dans sa bulle d'eau cernée par une membrane, et les tissus doux et souples du col font office de coussin protégeant aussi le devant de la tête.

Aider au
déclenchement
du travail

Il existe une façon de faire l'amour qui peut déclencher le travail si vous le souhaitez. Elle n'a fait l'objet d'aucune recherche rigoureuse, mais l'expérience montre que chez beaucoup de femmes, soit par pure coïncidence, soit à la suite de cette initiative, le travail commence la nuit qui suit ce type de rapports sexuels. Cela ne marche pas toujours, mais vous avez ainsi le maximum de chances que l'accouchement se déclenche naturellement.

Couchez-vous sur le dos, la tête et les épaules bien calées sur autant d'oreillers qu'il vous faut pour vous sentir bien, votre partenaire face à vous et agenouillé entre vos jambes écartées. Levez une jambe de façon à poser un pied sur son épaule, puis l'autre jambe. Bien qu'elle ne soit pas franchement confortable, cette position permet une pénétration maximale et l'extrémité du pénis peut ainsi être en contact avec le col. Les Japonais ont inventé un vibromasseur spécial qui stimule le col et déclenche de la même façon l'accouchement, mais pourquoi fabriquer un tel instrument, alors qu'un partenaire aimant peut en faire autant ?

Il n'est pas indispensable d'éprouver un orgasme – et se fixer sur cette idée rend souvent les choses plus difficiles –, mais si votre partenaire sait vous stimuler efficacement, le fait d'en avoir un peut déclencher des contractions qui deviendront par la suite régulières et amorceront le travail proprement dit. Après avoir éjaculé, votre partenaire doit rester en vous pendant cinq minutes environ, tandis que vous gardez la même position, les jambes levées, pendant dix à quinze minutes, de façon que le col baigne dans le sperme.

Il est important aussi que l'acte sexuel soit suivi de la stimulation manuelle et orale des mamelons. C'est parfois suffisant pour déclencher l'accouchement sans qu'il y ait de rapports. Cette stimulation est également utile si le travail progresse très lentement ou si les contractions s'interrompent, les stimuli provenant des mamelons amorçant les contractions utérines. Chez la plupart des femmes, vingt minutes de ce type de stimulation accompagné d'autres caresses suffisent.

Ne restez pas éveillée à attendre le début des contractions. Détendez-vous et endormez-vous sans penser à rien d'autre. Même si les contractions n'ont pas commencé, vous avez sans doute aidé le col à s'assouplir.

Un homme décrivait ainsi comment les choses s'étaient passées : « De petites contractions irrégulières se sont déclenchées juste après

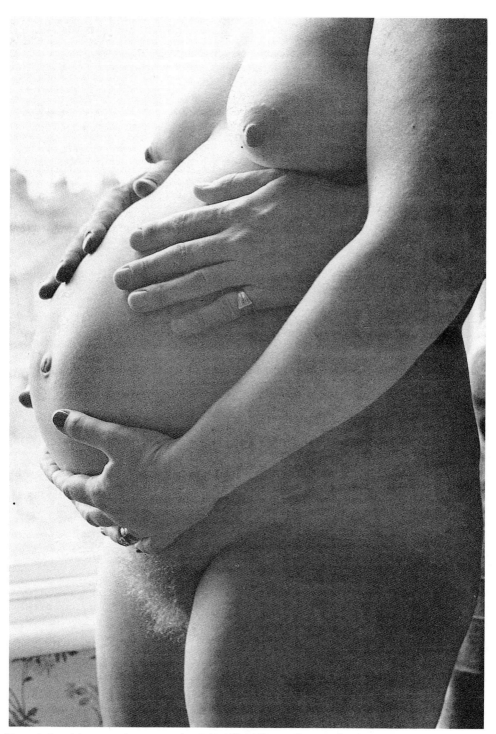

Une relation riche entre deux partenaires à laquelle s'alimente la nouvelle vie.

que nous ayons fait l'amour. A mesure que je les suçais, ses mamelons devenaient de plus en plus durs. J'ai fait en sorte que les contractions continuent, en caressant ou en léchant les mamelons toutes les dix minutes environ. Ensuite, elle s'est levée, elle a marché, et je pense que cela a fait avancer les choses. Mais elle était fatiguée et voulait dormir un peu avant que cela commence vraiment, j'ai donc continué à lui stimuler les mamelons pour ne pas interrompre les contractions tandis qu'elle somnolait dans l'intervalle. C'était un rude boulot, mais je ne détestais pas. Je me suis senti vraiment utile, car de toute évidence je contribuais au travail. »

Lorsque nous prenons conscience que la grossesse et la naissance ne sont pas essentiellement des épisodes médicaux mais appartiennent à la réalité psychosexuelle d'une femme, nous commençons à découvrir les relations qui existent entre les divers aspects de notre sexualité et nous en avons une compréhension nouvelle parce que nous sommes en contact avec nos corps et avec nos sentiments.

La sexualité de la naissance

Si vous avez eu un accouchement pénible ou qui vous a laissé un goût amer (même s'il n'était pas particulièrement douloureux) parce que vous vous êtes sentie piégée, vous penserez peut-être qu'il n'y a aucun rapport entre l'excitation sexuelle et ce qu'on ressent lors d'un accouchement. Les sensations éprouvées pendant le travail paraissent très éloignées du plaisir. Pourtant, d'une manière assez étrange, l'énergie qui est libérée dans le corps à ce moment-là, la pression des muscles qui se contractent, le mouvement vers le bas du bébé et l'extension des tissus peuvent être puissamment érotiques.

Le rythme du travail   Toutes les sensations pendant le travail se concentrent dans une zone qui a environ la dimension de votre main et qui est située à l'intérieur du bassin. Placez la main au-dessus de votre pubis : c'est là. Le col s'ouvre juste au-dessous, et la douleur éprouvée provient essentiellement de sa dilatation progressive à mesure qu'il se raccourcit et s'efface pour laisser passer la tête du bébé. On aura parfois l'impression, tandis que la contraction s'élabore, d'un feu qu'on attise et dont les flammes jaillissent soudain. La douleur part du col et irradie jusqu'au bas du dos comme si vous étiez prise dans un étau d'avant en arrière, cela pendant une trentaine de secondes, après quoi elle s'estompe de nouveau. Cette profonde contraction ne survient pas de manière anarchique. Elle est solide, régulière, organisée. Elle suit un schéma rythmique déterminé, qui est en lui-même une source de satisfaction. Une femme qui prend plaisir au travail oscille au rythme des contractions comme si l'accouchement était une danse puissante dont son utérus créerait le tempo. Elle observe ses mouvements, elle se concentre sur lui avec la même attention qu'un orchestre sur son chef.

Toutes ces sensations sont ressenties avec un maximum d'intensité dans ses organes sexuels. Ses sentiments et ses émotions y affluent. On ne vous l'aura peut-être jamais appris dans les cours de préparation à l'accouchement, ou, parce que le jargon médical obscurcit souvent la réalité de ce qu'éprouvent les femmes, cela n'aura jamais été dit avec des mots qui vous auraient préparée à cette intense sensation sexuelle. L'utérus, le vagin, les muscles qui entourent le vagin et le rectum, le bas du dos, le rectum lui-même et l'anus, et aussi le clitoris, sont tous envahis d'une onde aussi brûlante qu'un feu liquide, d'une incandescence qu'ils ne peuvent contenir. C'est parfois le sentiment sexuel le plus intense qu'une femme puisse jamais ressentir, quelque chose d'aussi fort que l'orgasme et d'encore plus irrépressible. Certaines femmes sont gênées par cette intensité sexuelle et ne se sentent plus maîtresses d'elles-mêmes, submergées par des flots d'énergie qu'elles ne peuvent contrôler.

L'intense sexualité de l'accouchement naturel forme un contraste étonnant avec le cadre institutionnel dans lequel se déroule habituellement cette expérience. C'est comme si l'on nous demandait de faire l'amour, de nous abandonner complètement, corps et âme, à la pleine expression de nos sentiments au milieu de la foule pressée d'un aéroport, dans une grande gare, un gymnase ou des toilettes publiques au carrelage aseptisé. On traite aujourd'hui l'accouchement comme une situation de crise médico-chirurgicale. Les femmes sont insérées à un bout du système hospitalier pour être récupérées à l'autre avec le bébé après avoir suivi toute la filière. Au lieu de vivre un épisode intime, personnel, privé, la mère est prise, avec compétence, dans une véritable chaîne de montage. Même sa façon de s'asseoir ou d'être allongée est dictée par la position des électrodes et des sondes fixées à son corps et par de longs tubes qui l'attachent aux appareils. Et, malgré toute la gentillesse des spécialistes qui l'ont prise en charge, le travail devient une redoutable épreuve, non seulement en raison de la douleur qui l'accompagne, mais parce qu'elle se sent prisonnière d'une situation qui lui échappe.

Les femmes qui savent que l'accouchement est une expérience sexuelle intense et passionnée ont en général mis leur enfant au monde chez elles, ou dans des maternités ayant adopté un système d'une souplesse inhabituelle qui leur a permis de se comporter avec spontanéité et sans inhibition. Dans un nombre croissant d'hôpitaux et de « salles de naissance » spécialement créées dans leur enceinte, la femme a la possibilité de mettre au monde son enfant sans interventions inutiles et dans une atmosphère de paix et d'étroite intimité, avec l'aide de personnes qui sont devenues des amies. Les femmes qui découvrent cette sexualité de l'accouchement sont celles qui se préoccupent moins d'appliquer les exercices de respiration et de relaxation appris dans les cours de préparation à l'accouchement

Le lieu de l'accouchement

que de suivre les indications de leur corps et de laisser couler en elles l'énergie du travail. Il y a dix ans seulement, une femme qui criait, grognait ou gémissait pendant le travail pensait souvent ne pas avoir été « à la hauteur ». Son obsession était de « garder le contrôle » d'elle-même. C'était dû aux méthodes « psycho-prophylactiques » enseignées alors, qui introduisaient une discipline quasi militaire dans la préparation à l'accouchement et insistaient sur l'élévation du seuil de la douleur à partir de la concentration de l'attention et de l'utilisation de techniques de diversion effectuées sous le contrôle d'une « monitrice ». Il n'est pas étonnant que les femmes ainsi préparées, alors qu'elles se comportaient parfaitement bien pendant le travail et éprouvaient un formidable sentiment de triomphe au moment de l'expulsion, ne vivaient guère l'accouchement comme un processus psychosexuel.

Même si la femme prenait conscience de la composante sexuelle de l'accouchement et essayait de « s'abandonner » pendant le travail de la même façon qu'en faisant l'amour, pendant ces vingt dernières années environ elle aurait constaté qu'elle se heurtait à tant d'obstacles dans les cliniques et les hôpitaux qu'il valait mieux y renoncer et laisser les gens de l'art prendre la direction des opérations. Rares sont les institutions où une femme se sente libre d'être elle-même, de se laisser submerger par ses émotions et de faire ce dont elle a envie. La parturiente devient en effet un objet passif aux mains des médecins. Beaucoup des procédures qu'on accepte aujourd'hui comme faisant partie intégrante de l'accouchement, et qui rendent si difficile pour une femme de découvrir la moindre note sexuelle dans l'accouchement, ont été introduites pour officialiser les rapports entre les spécialistes et les parents, et pour refouler et inhiber l'expression de leurs émotions. Elles font désormais partie de l'institution hospitalière, sanctifiées sous la forme de routines et de pratiques jamais remises en question et qu'on justifie au nom de la sécurité de l'enfant, bien que, dans de nombreux cas, aucune étude ne vienne garantir le bien-fondé de cette affirmation.

Un processus de déperson-nalisation

A la fin du XIXe siècle, un grand débat agitait le corps médical : comment retirer tout élément sexuel à l'examen gynécologique et à la relation qui s'établissait entre le médecin et sa patiente ? Le médecin devait-il détourner les yeux pendant qu'il procédait à l'examen du vagin ou dévisager au contraire la femme pour bien montrer qu'il ne regardait pas son appareil génital ? Fallait-il obligatoirement pratiquer cet examen en présence d'un chaperon ? (R.W. et D.C. Wertz, *Lying-in*). Le gynécologue devait se fier uniquement au « toucher » et ne jamais exposer les organes génitaux de sa patiente. Pendant la formation médicale, on insistait sur tout un rituel qui permettait de préserver la pudeur de la femme. Le rôle du médecin victorien était celui de gardien pour son service, de père pour l'enfant, de maître pour l'élève et de père confesseur pour ceux qui venaient le consulter. L'obstétricien-comme-scientifique n'entra en scène qu'au XXe siècle, lorsque les femmes commencèrent à accoucher hors de chez elles.

Dans le service de maternité de l'hôpital ou de la clinique, le médecin est sur son territoire. Il dispose du pouvoir, du matériel, des instruments et de l'équipe soignante qui l'épaulera pour faire de chaque accouchement une procédure médico-chirurgicale. Il peut ainsi traiter le corps de la femme comme s'il s'agissait d'une entité distincte de celle-ci. L'accouchement dans un hôpital ou une maternité devenant la norme, un nombre grandissant de femmes mirent au monde leurs enfants sur des tables de travail dures et étroites, sous une lumière aveuglante, les jambes levées et largement écartées maintenues par les étriers gynécologiques. Aux États-Unis, le torse de la femme était scindé en deux parties par un drap stérile, la section inférieure ainsi isolée portant le nom de « champ stérile », que seul le médecin accoucheur était en droit de toucher. On restait dans le domaine de la fiction, la proximité de l'anus par rapport au vagin l'empêchant d'être vraiment stérile. Médecins et infirmières portaient des vêtements – blouses, bonnets, bottes, masques et gants – également stériles.

L'accouchement devint de plus en plus mécanisé après la Seconde Guerre mondiale. Dans les années cinquante et soixante, les femmes passèrent souvent de longues heures de travail dans la solitude, sans leur mari ou d'autres membres de la famille. Le don de la vie, naguère un acte de création personnel, intime et passionné, devint un processus où la femme était traitée avec une compétence indifférente et abrupte, quand on ne la laissait pas « se débrouiller » toute seule en attendant que l'accoucheur fasse son apparition juste avant la naissance, l'anesthésie, utilise le forceps et extraie le bébé comme un lapin d'un chapeau.

En Amérique, l'accouchement obstétrical devint une caricature de l'accouchement naturel. Non seulement la femme avait les jambes relevées dans des étriers, mais on lui attachait souvent aussi les poignets. Son corps devenait un objet passif sur lequel travaillait le médecin pour effectuer l'accouchement. Elle était allongée tandis qu'il opérait dans la partie inférieure de son corps. On lui rasait le périnée, et tout ce qu'apercevait d'elle le médecin, c'était une chose informe et volumineuse recouverte d'un drap, une sorte de canapé protégé par des housses, avec une découpure au milieu permettant de voir la masse arrondie de la tête du fœtus s'engager dans la protubérance lisse et luisante du périnée. On aurait dit que le médecin n'était plus en train d'intervenir sur le corps d'une femme, mais révisait une machine à reproduire.

Dans la relation obstétricien-patiente, l'apparition du médecin-comme-scientifique a également coïncidé avec celle de l'accoucheur-pourvoyeur de médicaments capables de supprimer toute douleur, qui dit à la femme : « Faites-moi confiance, faites ce que je dis et vous ne souffrirez pas. »

Cette prise en charge n'est pas gratuite. L'anesthésie augmente les indications d'intervention. Et parce qu'elle contrarie les fonctions physiologiques de la femme et affecte habituellement aussi le fœtus, l'intervention a toutes les chances de se produire. Si bien qu'on

Un contrat global

proposera aux femmes un contrat global : analgésiques plus délivrance par forceps et tout ce qui pourra encore être nécessaire – produits stimulant les contractions utérines administrés par voie intraveineuse, sonde pour drainer l'urine, incision chirurgicale du vagin assortie ensuite de points de suture, analgésiques et somnifères pendant la semaine qui suit l'accouchement, et j'en passe.

Cela a démarré aux États-Unis dans les années vingt, quand le Dr Joseph De Lee inventa le « forceps prophylactique ». Ce système comporte des calmants, une épisiotomie (l'incision du vagin) et l'utilisation du forceps pour sortir du périnée la tête du bébé. Comme cette méthode rendait l'accouchement beaucoup plus douloureux, on eut recours à l'anesthésie générale pour la seconde phase du travail. Et pour neutraliser la douleur éprouvée avant ce stade, on employa un cocktail de psychotropes, d'analgésiques et de somnifères pendant la première phase du travail. L'un des plus célèbres, la scopolamanine, fut largement utilisé en Amérique et continue à être en usage dans de nombreux hôpitaux et cliniques. Il plonge la femme dans un état de confusion et d'agitation, et il lui fait parfois tellement perdre le sens des réalités qu'on doit l'installer dans un lit à barreaux capitonné ou bien mettre une sorte de camisole de force ou un casque de base-ball pour l'empêcher de se blesser. De la salle d'accouchement, elle passe directement à la « salle de récupération » où l'attend un nouvel assortiment d'appareils pour la ranimer s'il le faut.

Dans un même souci d'efficacité, l'accouchement est aussi devenu une opération à la chaîne. Les tâches sont réparties entre divers spécialistes. La femme dont on va suivre d'un bout à l'autre le travail est admise par un membre du service, supervisée pendant la première phase par d'autres membres de ce même service, accouchée par un autre groupe et prise ensuite en charge par une équipe post-partum différente encore. Souvent, ce seront tous de parfaits inconnus. Il s'agit là d'un ensemble de soins centré sur la tâche à accomplir et non sur la femme, et, surtout pour les femmes les plus défavorisées et les moins instruites, cette prise en charge se fait dans un environnement étranger et parmi des étrangers, sans une explication, sans le moindre souci des désirs et des sentiments de la femme, et sans personne de présent pour comprendre ce qu'elle endure.

C'est seulement au début des années soixante-dix que la plupart des hôpitaux et cliniques commencèrent à accepter que le père du bébé ou un autre membre proche de la famille assiste au travail et à la naissance. Plus de dix ans se sont écoulés, mais on continue à se battre dans certains hôpitaux américains pour la reconnaissance d'un des droits les plus naturels qui soient.

Une gestion active du travail Les stratégies novatrices conçues par les experts de l'efficience obstétrique atteignirent des sommets inégalés dans une méthode intitulée « la gestion active du travail ». Il existe différentes interprétations du sens exact de ce label, mais dans de nombreux hôpitaux et cliniques cela se traduit notamment par le déclenchement du travail si une femme est en retard d'une semaine environ sur la date présumée de l'accouchement, par la surveillance électronique

246

– ou monitoring – du cœur du fœtus au moyen d'une électrode introduite dans le vagin de la femme et fixée au cuir chevelu du bébé, et par le contrôle de l'activité utérine au moyen d'hormones injectées par perfusion de façon que la durée du travail n'excède pas douze heures, dix heures, huit heures, bref, le temps que les spécialistes du service auront jugé convenable pour la dilatation et l'expulsion. Si le bébé n'est pas né dans les limites ainsi définies, l'accouchement est effectué au forceps ou par césarienne.

La vogue de l'accouchement provoqué, avec la rupture artificielle de la poche des eaux et les perfusions d'ocytocine, a atteint son point culminant au début des années soixante-dix, quand, dans de nombreux hôpitaux et cliniques près de la moitié des naissances étaient ainsi artificiellement déclenchées. Cette technique est aujourd'hui remplacée par l'emploi de pessaires imprégnés de prostaglandines et placés contre le col de l'utérus. On peut néanmoins se demander si le déclenchement du travail par les prostaglandines continuera à susciter la même ferveur que dans les années quatre-vingt.

L'autre grand pas en direction de ce qui est, au sens propre du terme, et pour certaines femmes, l'accouchement sans douleur est l'avènement de l'anesthésie péridurale. Grâce à une aiguille qui injecte un produit analgésique au voisinage de la moelle épinière, la femme peut être privée de sensations à partir de la taille. Si elle choisit cette technique, et si son anesthésiste dose correctement son intervention, elle récupérera sa sensibilité pour la phase d'expulsion, ce qui lui permettra d'effectuer les poussées nécessaires. Néanmoins, le recours au forceps, même s'il n'est parfois qu'un simple « coup de pouce » pour sortir le bébé, est plus fréquent avec une péridurale, et une étude montre que les femmes ont cinq fois plus de chances d'avoir une délivrance artificielle après ce type d'anesthésie (I.J. Holt et A.H. MacLennan, « Lumbar epidural analgesia in labour »). A mesure que s'est développée cette technique, l'anesthésie péridurale a été administrée avec plus de retenue, si bien que, par exemple, la femme peut conserver la sensibilité des jambes et, l'expérience aidant, le pourcentage d'utilisation du forceps a diminué. Pour la plupart des femmes, la péridurale constitue la méthode la plus efficace de supprimer la douleur tout en n'ayant que des répercussions minimales sur le fœtus. La mère peut lire un magazine ou faire des mots croisés pendant les contractions et accoucher en voyant la naissance de son enfant sur un écran de télévision. Elle est calme, sereine, concentrée – la « patiente active » par excellence. C'est d'ailleurs ainsi qu'on vante les mérites de la péridurale aux obstétriciens : elle « préserve le moral et l'esprit de coopération de la mère », mais on les prévient néanmoins que « le matériel d'assistance destiné au maintien des fonctions vitales telles que le bon dégagement des voies aériennes supérieures, l'oxygénation avec ou sans ventilation assistée, le maintien de la tension artérielle, etc., est essentiel » et que des effets secondaires comme une chute soudaine de la tension, des risques de « tremblement, tachycardie (accélération des battements du cœur), bradycardie (ralentissement

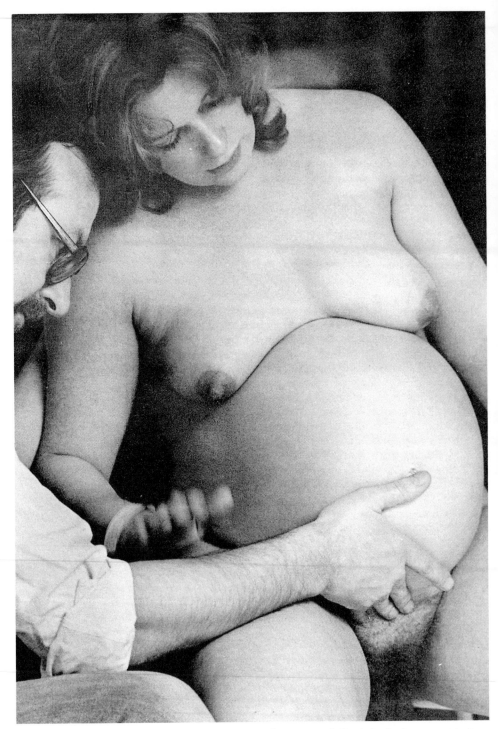

Votre partenaire peut vraiment vivre votre accouchement, sentir l'arrivée de chaque contraction...

des battements du cœur), malaise, vomissements et, rarement, convulsions ou coma » existent (notice publicitaire de Duncan Flockhart and Co.). Mais là aussi, il y a un prix à payer. Lorsqu'on oblitère ainsi les sensations physiques, la naissance est également vidée de toute sensation sexuelle.

Le monitoring électronique fœtal contribue aussi à désexualiser l'accouchement. Les instruments sont parfois fixés à l'extérieur et à l'intérieur du corps de la femme. Elle est attachée par les sondes et les fils électriques aux appareils qui entourent son lit. Elle n'a pas la possibilité de bouger librement ni même de changer de position sans risquer de modifier le tracé du moniteur ou de détacher une électrode ou une sonde. On dirait presque que c'est le moniteur qui est en train d'accoucher, et c'est sur lui que sont fixés tous les regards.

C'est en réaction à ce contexte de dépersonnalisation progressive des soins, de prise en charge par des machines et de désexualisation culturelle de la naissance que les femmes cherchent à vivre l'accouchement comme une expérience personnelle enrichissante, dans laquelle elles ont la possibilité d'être en contact avec leurs sentiments et leurs sensations et d'exprimer joyeusement l'énergie qui afflue dans leur corps. Elles ne sont plus obsédées par le désir de conserver leur « maîtrise » d'elles-mêmes ou de prouver qu'elles ont bien appris leurs exercices. Elles veulent retrouver la sexualité de l'accouchement. *Le désir de vivre l'accouchement*

Cette démarche est des plus déconcertantes pour les médecins, qui estiment que leur tâche principale vis-à-vis de leurs patientes est d'avoir « une mère et un enfant vivants » et de diminuer les souffrances de l'enfantement. Ils sont ahuris devant ces femmes qui veulent bouger, se balancer, ramper, danser, être dans les bras de leur amant, serrées, embrassées pendant le travail, qui veulent être caressées et massées et produire tous les bruits qui leur viennent naturellement, que ce soit grogner, chanter, gémir ou hurler. Ils risquent de se sentir rejetés, comme si l'entière participation de la femme à ce qui se passe en elle sous-entendait une hostilité à leur égard, alors que leur seul objectif est d'aider la patiente et de lui apporter les bienfaits de leur compétence professionnelle.

Les hôpitaux et les cliniques acceptent avec plus de souplesse qu'il y a cinq ans environ tout ce que la femme a envie de faire pendant la première phase du travail, lorsque le col se dilate et que les sages-femmes l'encouragent souvent à marcher de long en large et à adopter toutes les positions qu'elle juge confortables. Elle ne peut bien évidemment le faire qu'en l'absence de monitoring fœtal, mais on reconnaît de plus en plus que le fait qu'elle puisse se déplacer librement présente un avantage d'ordre physiologique – l'utérus se contracte mieux, la femme souffre moins, et le fœtus est mieux oxygéné.

La seconde phase du travail, celle où le bébé s'engage dans la filière génitale, continue néanmoins à être considérée comme un moment où la femme est censée lutter avec son corps pour mettre son enfant *Seconde phase du travail* au monde, et suivre les instructions données par ceux qui s'occupent d'elle. C'est en observant cette seconde phase que nous voyons à quel point les femmes, dans la société occidentale, ont été transformées en objets passifs aux mains des médecins. Car c'est là que notre manque de confiance fondamental en nos corps, indissociable de l'attitude de nombreux spécialistes, s'exprime le plus clairement. On fait souvent de cette seconde phase une compétition athlétique dans laquelle la femme lutte pour faire franchir au bébé les obstacles de sa chair, avec les encouragements de toutes les personnes présentes. Celles-ci constituent une équipe de supporters qui lui enjoignent de redoubler d'efforts, de respirer plus longtemps et plus profondément, de se battre avec encore plus d'énergie.

De ce fait, non seulement elle a l'impression de ne pas satisfaire à une norme impossible à atteindre, mais cela impose à la seconde phase un stress supplémentaire qui se répercute parfois négativement sur le bébé. Quand une femme est épuisée, quand l'effort fourni fait éclater de petits vaisseaux sur son visage et qu'elle essaie de bloquer sa respiration aussi longtemps que possible, la perturbation cardio-vasculaire ainsi créée dans son corps risque réellement d'affecter le rythme des battements du cœur du bébé, son approvisionnement en oxygène et son équilibre acide-base (Roberto Caldeyro-Barcia *et al.*, « Bearing-down efforts and their effects... »). Lorsqu'une femme bloque sa respiration et fait un effort prolongé, sa tension artérielle chute. Ce qui réduit l'oxygène dont peut disposer le bébé. Puis, lorsqu'elle est incapable de pousser plus longtemps, elle aspire brutalement une bouffée d'air et sa tension fait une pointe soudaine au-dessus de la normale. Mais bien avant que ce stade ne soit atteint, l'apport de sang oxygéné au fœtus aura parfois diminué. Ce qui se produit souvent alors, c'est que les inflexions des battements du cœur du fœtus qui persistent après la fin de la contraction encouragent l'équipe à lui dire de pousser plus fort et de bloquer sa respiration encore plus longtemps. Et cela a pour effet de réduire encore l'apport d'oxygène au bébé.

Les cours de préparation à l'accouchement sont en grande partie responsables de ces poussées épuisantes et de ce blocage de la respiration imposés aux femmes pendant le travail. Car elles ont été véritablement entraînées à faire quelque chose d'absolument non naturel. On leur a souvent appris aussi à contracter et à rentrer leurs muscles abdominaux. Une femme qui contracte ses muscles abdominaux contracte souvent aussi les muscles du périnée, s'opposant ainsi à la descente de la tête du bébé et créant, en ce qui la concerne, une souffrance inutile. Car les muscles du périnée ne sont entièrement détendus que lorsqu'on fait saillir le bas-ventre, soit un mouvement qui est exactement l'inverse de la contraction musculaire encore enseignée dans certains cours de préparation à l'accouchement.

Les autres mammifères femelles ne font rien de pareil. Elles ne prennent pas les positions invraisemblables qu'on exige souvent des femmes pendant l'accouchement, couchées sur le dos et les pattes en l'air, par exemple. Elles n'ont rien à faire de tous ces halètements et respiration « du petit chien » qu'on apprend aux femmes. Une

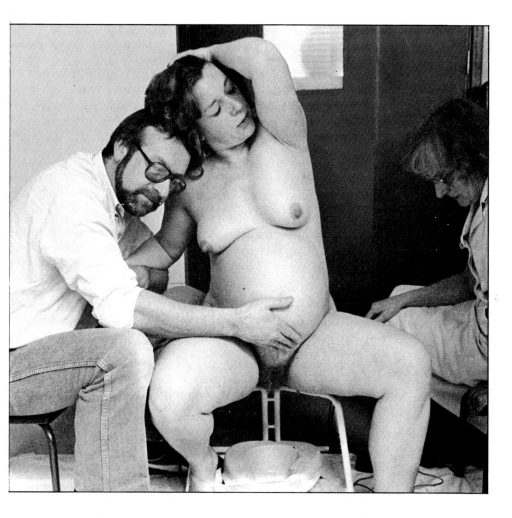

chatte ou une chienne mettront souvent bas avec des respirations courtes et rapides, la gueule ouverte. Elles choisiront en général une position semi-redressée, le bassin incliné, et bougeront et changeront souvent de position pendant la phase d'expulsion.

Lorsqu'une femme fait ce qui lui vient naturellement, elle a tendance à respirer à peu près de la même façon que les autres mammifères femelles mettant bas. C'est un rythme de respiration qui correspond presque exactement à celui de l'excitation sexuelle et de l'orgasme. Et elle le fait d'une façon absolument spontanée. Masters et Johnson soulignent que pendant l'orgasme la respiration est au moins trois fois plus rapide que la normale. Quand une femme atteint le sommet de l'orgasme, elle bloque parfois involontairement sa respiration et elle halète, gémit, soupire ou crie. Lorsque l'orgasme s'estompe, sa respiration se ralentit de nouveau. Si elle éprouve un orgasme multiple (des ondes de désir et de jouissance séparées par des intervalles), sa respiration s'accélère à chaque fois que monte une nouvelle vague de plaisir et, lorsque celui-ci culmine, elle bloque sa respiration durant quelques secondes – et peut le faire jusqu'à cinq fois au plus fort de l'orgasme. Elle reprend aussitôt le rythme accéléré, puis sa respiration se ralentit tandis que l'onde de plaisir se dissout.

C'est exactement la façon dont une femme respire quand elle se comporte spontanément pendant la phase d'expulsion. Si elle n'a jamais suivi de cours de préparation à l'accouchement, et si on ne lui dit pas à ce moment-là comment elle doit respirer ou ce qu'elle doit faire, elle respire rapidement, bloque sa respiration pendant quelques secondes seulement, et cela jusqu'à ce que la contraction commence à s'atténuer. Et exactement comme une femme pendant l'orgasme, elle a tendance à vouloir bloquer ainsi sa respiration jusqu'à cinq fois pendant le point culminant de la contraction.

Tout cela est très différent du schéma habituellement imposé aux femmes par les instructions reçues et le type d'encouragements qu'on leur prodigue : « Poussez ! Poussez ! Exploitez au maximum cette contraction !... Respirez profondément, bloquez. Allons, vous pouvez faire mieux que ça ! Recommencez. Bloquez aussi longtemps que vous pouvez !... Respirez, bloquez, bloquez vos côtes et votre diaphragme et poussez, 1 -2 -3 -4 -5 -6 -7 -8 -9 -10 -11 -12 -13 -14 -15. » L'idée, en fait, c'est que la femme doit pousser pendant une contraction, sans en gâcher une seconde et en faisant appel à toutes ses forces.

C'est exactement l'inverse de ce qui se produit pendant l'orgasme féminin. En réalité, on en est venu à imposer à la femme qui accouche un modèle *masculin* d'activité physiologique. C'est comme si le schéma de l'orgasme masculin – bandez, restez en érection, pénétrez, éjaculez ! – était en train de déformer notre comportement psychosexuel spontané. Au lieu du rythme « par vagues » de l'orgasme féminin, les poussées sont traitées comme une éjaculation prolongée. La femme est censée tenir bon aussi longtemps que possible, avant de s'effondrer, épuisée.

Quand une femme pousse parce qu'on insiste pour qu'elle le fasse, ou parce qu'elle-même croit que c'est la seule façon de faire sortir l'enfant, une tension importante est souvent imposée aux tissus du périnée qui ne se sont pas encore déployés. Et elle-même subit un stress psychologique considérable tandis qu'elle bataille pour expulser le bébé, d'un grand mouvement crispé, dur, constipé.

Seconde phase spontanée   Quand on aide une femme à faire ce qu'elle a envie de faire pendant la seconde phase, à bouger, à s'installer, à respirer comme elle l'entend, celle-ci peut devenir une expérience intensément sexuelle. Les rythmes n'ont rien de forcé, la femme ne s'efforce pas d'atteindre coûte que coûte un but qui lui semble inaccessible ni de « bien faire » : elle est à l'écoute de son corps et elle lui fait confiance. Elle pousse seulement quand elle en ressent le désir urgent et irrépressible. Elle éprouve les sensations extraordinaires et intensément sexuelles dues à la pression de la tête du bébé d'abord sur son anus, puis à travers les plis de son vagin jusqu'à ce que cela ressemble à un bourgeon dur au milieu d'une grande pivoine épanouie. Ses doigts descendront pour palper l'arrondi de la tête du bébé qui se fraie un chemin à travers les tissus dilatés. Elle est en prise directe avec ce qui se passe. Il est inutile d'exercer une pression inverse sur la tête du bébé, de dire à la femme de haleter, d'opérer une rotation externe de la tête ou de pratiquer n'importe quelle autre de ces manipulations souvent nécessaires pour guider une femme en plein désarroi, et qui font aujourd'hui partie intégrante de la routine de l'accouchement. Son visage s'illumine quand elle prend conscience que c'est son bébé qui est en train de naître, un être vivant issu de son propre corps, et dont elle peut voir la tête, et qu'elle peut toucher avec ses mains tandis qu'il se glisse dans la vie. Elle est soudain entièrement pleine de cet enfant, tendue au point d'éclater, comme une cosse prête à s'ouvrir. C'est un instant d'attente intense, de crainte révérencielle, de tension voisine de celle qui se produit juste avant l'orgasme, et puis soudain le bébé franchit l'ultime barrière, tout son corps émerge dans un jaillissement de chairs tièdes et d'eau, un étonnement sans nom et le petit corps est contre sa peau, il gigote contre ses cuisses, il remonte tel un nageur sur son ventre. Elle tend les mains pour saisir fermement, solidement son bébé, avec des yeux incroyablement brillants. Expérience sexuelle culminante, la passion de la naissance devient l'accueil dans la vie à une personne nouvelle. Tous les sentiments et sensations intenses du travail et de l'accouchement ont culminé dans la passion, le désir ardent et la plénitude comblée d'une mère tenant son enfant nouveau-né.

Parce qu'elle a été capable d'agir spontanément pour mettre cet enfant au monde, ses mouvements conservent la même spontanéité. L'irruption de la tendresse ouvre ses bras pour enserrer son enfant, provoque un afflux du sang qui réchauffe ses seins et durcit ses mamelons, de telle sorte qu'elle est prête et désireuse de donner le sein dès que son enfant le cherche, l'agrippe et boit le riche colostrum.

La sexualité, l'accouchement et la maternité ne sont pas des expériences vraiment différentes et conflictuelles. Elles font partie d'un continuum, et ce que nous apprenons de chacune approfondit notre compréhension des autres composantes de notre vie.

Après l'accouchement

La naissance d'un bébé s'accompagne d'un des changements les plus spectaculaires qui puisse se produire dans le corps d'une femme. Avant, elle était pleine, maintenant elle est vide. Avant, il y avait un autre être vivant en elle. Maintenant l'enfant est sorti de son corps, elle doit apprendre à le connaître et à s'occuper de lui. Pendant l'accouchement, son corps a été une scène où se jouait une pièce, pour certaines femmes un champ de bataille où se déroulait un combat. La nouvelle mère a parfois l'impression d'être complètement endolorie – meurtrie, ouverte et terriblement vulnérable. Les femmes disent qu'elles se sentent : « grosse, fuyant de partout, fatiguée », « perdue », « fragile », « comme privée de ma féminité », « une petite vieille », « catastrophique », « énorme », et même, pour l'une d'elles qui aimait la présence en elle du bébé, « déçue parce que ça me manque d'être enceinte ». C'est un sentiment qu'une femme éprouvera même après un travail sans histoires. Lorsque l'accouchement a été difficile, elle peut avoir vraiment peur de son corps et s'en sentir aliénée, s'inquiéter aussi des transformations qu'il a subies : « J'ai l'impression que je vais me déchirer », « Après toutes ces manipulations, je voulais prendre le temps de récupérer et retrouver mon corps pour moi ». Elle se demande si elle recommencera un jour à sentir qu'il lui appartient et à en tirer du plaisir. Elle peut souffrir, se sentir ankylosée, malmenée et meurtrie, et quand elle change de position et passe d'une fesse sur l'autre, les points de suture de son périnée lui donnent l'impression d'être assise sur un matelas d'épines ou de débris de verre.

La façon dont a été conduit l'accouchement

Il n'est pas étonnant que l'accouchement puisse profondément modifier l'attitude d'une femme à propos de la sexualité. Mais cela ne dépend pas de la façon dont il se sera déroulé, s'il aura été facile ou non, court ou interminable. Le sentiment que la femme aura de son corps après l'accouchement correspondra à la manière dont il aura été traité par ceux qui s'occupaient d'elle. Si on l'a considérée comme une personne, si son corps a été manipulé avec considération, si on l'a pleinement informée du déroulement des opérations et si elle a eu la possibilité de participer à toutes les décisions qui auront été prises en cours de route, elle a conservé son autonomie. Son corps lui appartient toujours et elle aura sans aucun doute l'impression de l'avoir magnifiquement utilisé. Mais si elle a été traitée pendant tout l'accouchement comme une simple unité sur une chaîne de montage, en n'ayant guère son mot à dire sur ce qui lui arrivait, si elle a été auscultée et examinée sans douceur, en tant qu'objet d'un exercice médical et non comme une personne vivant un moment chargé d'une profonde signification émotionnelle, il lui semblera, d'abord, que son corps appartient à l'hôpital ou à la clinique et non plus à elle, et elle risque ensuite d'avoir beaucoup de mal à s'exprimer avec son corps sans être inhibée. Elle reste figée et sur la défensive, elle se protège contre la douleur, l'intrusion, tout ce qui peut la blesser. Après une expérience aussi aliénante, la route sera peut-être longue et pénible avant que vous ne redeveniez en bons termes avec votre corps, avant que vous ne l'aimiez et ne laissiez le plaisir sexuel envahir chaque pore.

Sentiments des femmes à l'égard de leur corps

Pendant les premières semaines qui suivent l'accouchement, la femme peut avoir des saignements aussi importants que des règles abondantes. Les protections périodiques collent à la peau, qui a peut-être été déchirée et qui est d'autant plus sensible que les poils du pubis ont été rasés et commencent à repousser.

Beaucoup de femmes s'embarquent dans la maternité en se sentant étrangères à leur corps. June, par exemple, qui a eu un accouchement au forceps, dit : « Cette naissance m'avait complètement ravagée. Comme si on m'avait rouée de coups. J'avais été recousue, mon vagin était noir d'hématomes et j'étais incapable de m'asseoir. J'avais l'impression de ne plus aimer mon corps. Je ne le reconnaissais pas. Les rapports sexuels étaient hors de question. Je suis complètement rentrée dans ma coquille. Si mon mari m'effleurait le vagin, je repensais aussitôt à l'accouchement, aux médecins, aux examens : c'était affreux. » Certes, la mère est passée par beaucoup de choses pendant l'accouchement, mais d'autres changements se produisent pendant les six semaines environ qui suivent. L'utérus se contracte et reprend sa position et sa taille d'avant la grossesse. La femme perd l'eau qu'elle retenait dans les derniers mois, en partie sous forme d'urine, mais aussi de sueur. Elle a chaud, elle se sent malodorante et collante. La montée de lait est amorcée et ses seins deviennent lourds et gonflés, marqués de veines qui ressemblent à un véritable réseau fluvial. Ils sont sensibles et douloureux, et le lait suinte ou jaillit des mamelons. Avant les tétées, elle aura l'impression de ballons prêts à éclater ; une fois vides, ils pendent.

« J'avais peur qu'il se passe de drôles de choses en moi, après. »

A mesure que les saignements diminuent, leur couleur passe progressivement du marron au rose, et ils se transforment en simples pertes incolores. Certaines femmes se sentent sales pendant toute cette période, comme si tous les orifices de leur corps étaient ouverts et fuyaient, comme si ce flux de fluides représentait une sorte d'incontinence puerpérale. Aussi n'est-il pas surprenant qu'elles détestent leur corps, qu'elles ressentent comme laid et souillé.

Chez Moira, ce sentiment a persisté longtemps après la disparition de toute sensation de douleur. Chez elle, c'est parce que son image d'elle-même semblait inextricablement liée aux souvenirs qu'elle avait de sa mère, perdue à l'âge de neuf ans : « Elle était très grande, très grosse, et faisait bien plus que ses trente-sept ans quand elle est morte – l'image que j'en garde est sans doute exagérée, mais elle constitue un modèle très peu séduisant de la maternité. » Il se peut en effet que beaucoup d'entre nous identifient leur corps à celui de leur mère à cette période. Nous pouvons le détester parce qu'il évoque la notion de vieillissement et d'asexualité liée, dans la culture occidentale, à la maternité.

D'autres femmes se font une idée entièrement différente de cette douceur, de cette ouverture de leur corps, un aspect d'elles-mêmes qu'elles ignoraient jusque-là. Même l'odeur du sang puerpéral les excite, et le fait d'être capables de produire autant de lait, et aux moments les plus imprévus, tient pour elles du miracle. « Je me sentais *délicieusement bien* dans ma peau, disait une femme, sensuelle, sexy, mais cela n'avait rien à voir avec la puissance sexuelle », ajoutait-elle. C'est parfois le seul fait de récupérer votre silhouette, celle que vous jugez être la vôtre. « Je me trouvais magnifique après la naissance, dit Fiona, parce que cette masse protubérante avait disparu et que mon ventre était redevenu plat. » Pour Marion, il y avait plus : « Je me sentais en contact avec les forces de la nature – plus sensuelle, plus consciente de ma sexualité. » Pour elle, ce sentiment se rapprochait un peu de l'expérience mystique.

« J'étais consciente du travail merveilleux qu'avait fait mon corps. »

Certaines femmes éprouvent un afflux de vitalité qu'elles désirent exprimer sexuellement, même dans les jours qui suivent l'accouchement. Viviane, par exemple. Pendant les quarante-huit heures qui suivirent la naissance, elle regrettait amèrement d'être séparée de son mari : « Mon accouchement m'a stupéfaite ! J'étais fière que mon corps ait produit ce magnifique bébé. C'est fou ce que la nature peut faire ! Après, j'en aurais dansé de joie ! J'étais sidérée par la rapidité à laquelle mon corps reprenait son état normal. Je mourais d'envie de rentrer à la maison et de retrouver mon mari – et notre lit ! Pour un peu, je me serais jetée sur lui ! » Les six ou huit semaines qui suivent l'accouchement peuvent être une période où la femme prend conscience d'une harmonie entièrement nouvelle entre son corps et son esprit, où elle éprouve un sentiment d'efficience et de coordination psychophysiques, où elle constate avec stupéfaction son pouvoir biologique – une prise de conscience qui ira chez certaines jusqu'à un respect presque religieux de l'énergie et du fonctionnement minutieux et précis des forces de la nature dans le corps féminin. C'est une découverte heureuse, un sentiment de triomphe : la femme, physiquement, rayonne. L'accouchement est un hymne à la vie. Certaines femmes éprouvent même, après la naissance de leur enfant, une satisfaction voluptueuse très voisine de celle qui suit l'orgasme. C'est comme si votre corps, après avoir été pris dans la tempête passionnée de l'accouchement, se retrouvait, tel un petit esquif, bercé par la houle d'une baie tranquille.

L'accouchement produit parfois un effet identique chez les hommes. Si non seulement ils ont assisté à l'accouchement, mais ont aussi vécu sa préparation et ont pleinement participé au travail et à l'expulsion, ils peuvent devenir plus conscients des subtilités et de la complexité d'un corps de femme et avoir une compréhension nouvelle de la sexualité féminine. C'est ce qui s'est passé pour John. Pendant plusieurs semaines après l'accouchement, Ellen se sentait « pas nette » et avait de son corps une image « clinique » : « J'avais l'impression qu'il n'appartenait plus vraiment au "moi" que je connaissais. » L'amour de John et le plaisir qu'elle lui donnait lui ont permis de se sentir très différente. Il avait assisté à la naissance de leur enfant et disait avoir éprouvé une admiration presque religieuse en voyant ce dont son corps était capable, et avoir été submergé d'amour et de tendresse. Cet amant plutôt agressif et rapide était devenu doux et attentionné, et pour la première fois Ellen était parvenue à l'orgasme en faisant l'amour.

Certaines femmes estiment que l'accouchement leur apprend à abandonner le contrôle conscient de leur corps, ce qui leur permet d'éprouver l'orgasme, parfois pour la première fois. D'autres attribuent ce fait au changement d'attitude de l'homme et à sa nouvelle tendresse. Quoi qu'il en soit, les femmes constatent en général, bien qu'il leur faille souvent plusieurs mois pour s'en apercevoir, que leur vie sexuelle a gagné en profondeur et en diversité.

Une femme qui aura subi une épisiotomie redoutera les rapports sexuels tant que l'incision ne sera pas parfaitement cicatrisée. Les tissus du périnée restent enflés entre les points de suture. Beaucoup de médecins zélés, en particulier les étudiants en médecine, font des points si rapprochés qu'ils ne laissent aucune place au gonflement qui se produit inévitablement après une lésion des tissus. La nouvelle mère peut également être gênée par la présence de ce bourrelet de chair.

S'ils ne se résorbent pas comme prévu, les fils peuvent s'enkyster et provoquer une irritation et une douleur constantes. Dans certains cas, il faudra une petite intervention chirurgicale pour les extraire. Rowan dit que, dans les premières semaines qui suivirent l'accouchement, elle avait l'impression de ne jamais plus pouvoir être capable d'avoir des rapports sexuels. Elle fut de nouveau incisée et recousue neuf mois après la naissance du bébé, et elle regrette aujourd'hui de ne pas être allée voir un médecin plus tôt. En fait, elle n'avait jamais osé regarder sa cicatrice : « J'avais peur qu'elle soit horrible. » Si elle l'avait examinée, elle aurait vu les fils noirs restés dans la peau et se serait rendu compte, une semaine après l'accouchement, qu'ils ne tombaient pas comme ils auraient dû le faire. A ce stade, ils auraient pu être retirés presque sans douleur ; c'est pourquoi il vaut mieux s'armer de courage et regarder.

Lorsque les tissus cicatriciels s'infectent, les fils peuvent se casser et l'incision se rouvrir. La femme est alors traitée aux antibiotiques et a de nouveaux points de suture. Là encore, il est important qu'elle sache bien ce qu'on lui a fait, et le meilleur moyen de le savoir, c'est de *regarder*.

En Grande-Bretagne, on pratique habituellement l'épisiotomie en biais ; c'est une incision rectiligne qui va de la base du vagin au côté du périnée, ou qui a la forme d'un « J ». Autrement dit, elle traverse les tissus et les muscles qui ne s'ouvrent pas à cet endroit en temps normal. Les déchirures se produisent ailleurs : soit sous la forme d'écorchures ou de petites lacérations des lèvres si la femme était en position redressée au moment de l'expulsion, soit sous la forme d'une lacération médiane entre le vagin et l'anus. Bien que douloureuses au début, les déchirures au premier degré des lèvres cicatrisent rapidement et beaucoup n'exigent aucun point de suture. Une lacération médiane se produit à un endroit où les tissus se partagent naturellement, de telle sorte que la cicatrisation est en général plus rapide et moins douloureuse que dans le cas d'une épisiotomie pratiquée dans une région physiologiquement moins adéquate.

Dans beaucoup d'hôpitaux et de cliniques aujourd'hui, l'épisiotomie est pratiquée plus ou moins automatiquement pour les primipares, ainsi que pour les multipares qui en ont déjà subi lors de précédents accouchements. Autrement dit, dans certains hôpitaux quatre-vingts pour cent, ou plus, des femmes ont une épisiotomie, qu'elles le veuillent ou non. Cette mutilation occidentale de l'appareil génital féminin suscite la colère de beaucoup de femmes, qui contestent sa pratique systématique.

Si vous avez été déchirée, et à condition que votre partenaire soit doux et prévenant, une fois que les tissus seront cicatrisés vous n'éprouverez en général aucun autre inconfort qu'une légère étroitesse si les rapports sexuels incluent la pénétration. Dans l'ensemble, ces déchirures, bien que douloureuses au début, cicatrisent très vite. A mesure que vous vous détendez et prenez confiance, vous n'en aurez même plus conscience, bien qu'il puisse vous falloir jusqu'à trois mois après l'accouchement pour ne plus éprouver aucune gêne. Cela dépend en grande partie, bien sûr, de la façon dont auront été faits les points de suture. Si le médecin s'est livré à un travail de broderie, les points risquent d'être trop serrés. C'est parfois une sensation inquiétante, et vous vous demanderez peut-être si vous arriverez un jour à avoir de nouveau des rapports sexuels. Mais cette impression passera, et vous pouvez vous inspirer de certains conseils que je donne plus loin à ce propos.

Une femme peut se sentir très gênée par une petite déchirure, qui n'est parfois qu'une simple éraflure, parce que, du fait de son emplacement, celle-ci est perpétuellement imprégnée d'urine chaque fois qu'elle va aux toilettes. Cela pique terriblement, et certaines femmes vont même jusqu'à se retenir d'uriner tant elles ont mal. Cela dure deux semaines, tout au plus. Si la déchirure et les points de suture sont situés dans la partie médiane, entre la base du vagin et l'anus (c'est souvent le cas), une serviette périodique imprégnée d'hamamélis, que vous presserez sur cet endroit quand vous urinerez, vous soulagera. Si vous utilisez un protège-slip (et que vous ne risquez pas de boucher vos toilettes), vous le jetez ensuite. Certaines femmes emploient quelques gouttes d'huile d'arnica, un remède homéopathique, dont elles enduisent les tissus endoloris ou sensibles, et sont satisfaites du résultat. Vous pouvez aussi accélérer la cicatrisation en dirigeant sur la zone sensible l'air tiède de votre séchoir électrique.

Lorsque vous décidez de recommencer à avoir des rapports sexuels, il n'est pas mauvais, la première fois, d'avoir à portée de la main une huile ou un gel dont votre partenaire enduira très doucement les tissus, d'un mouvement extrêmement léger, pour les assouplir. Il ne doit pas essayer de vous pénétrer avant que vous vous sentiez suffisamment humide et prête à le recevoir.

Que vous ayez subi une épisiotomie ou été déchirée, ou que vous vous sentiez simplement endolorie, il est important, les premières fois, de faire l'amour *sans* qu'il y ait pénétration. Le désir que tout redevienne « comme avant » ou de « bien faire les choses », ou simplement de faire l'amour parce que vous voulez montrer à l'homme de votre vie que vous l'aimez, risque fort de vous empêcher de prendre vraiment plaisir à l'acte sexuel. Des caresses légères, la tendresse et l'intuition réciproque du désir de l'autre sont capitales lorsqu'on vient d'avoir un bébé (comme dans toutes les autres circonstances).

Si vous avez subi une épisiotomie, vous vous heurterez certainement à quelques difficultés. Soyez très patiente, car il vous faudra sans doute quatre mois ou plus pour recommencer à vraiment prendre

Un coussin placé sous les hanches permet à l'homme de pénétrer sa partenaire sans appuyer sur les tissus cicatriciels du périnée. Il prend appui sur ses bras pour ne pas comprimer les seins de la femme.

Si les deux partenaires aiment être face à face mais que la femme trouve inconfortable la position sur le dos, elle peut se placer sur l'homme et contrôler facilement le degré de pénétration.

Après une césarienne, il est important que l'homme n'appuie pas sur la cicatrice. Non seulement c'est parfois douloureux pour la femme, mais elle peut avoir l'impression que la plaie va se rouvrir.

plaisir aux rapports sexuels, et même alors vous préférerez peut-être qu'ils continuent à se faire sans pénétration. Chez certaines femmes, cela prendra encore plus longtemps. Il se forme parfois un petit bourrelet de tissu cicatriciel au bas du vagin, sur le côté, qui paraît important, gênant et très sensible. Vous ne supporterez aucune pression ni contact sur cette partie qui, si vous la palpez, vous paraîtra beaucoup plus grande et plus dure qu'elle ne l'est en réalité, plutôt une noisette qu'un raisin.

En faisant l'amour, vous chercherez à protéger ce tissu cicatriciel. Il y a plusieurs façons d'y parvenir. Si vous souhaitez être pénétrée, vous pouvez utiliser des coussins pour vous placer en biais, vous ou votre partenaire, de façon à limiter les risques de contact avec ce point sensible. Vous pouvez mettre aussi à contribution vos muscles fessiers, en les contractant fermement de façon à serrer les fesses et à protéger cette zone tandis que votre partenaire s'introduit en vous.

Mais veillez à ne pas contracter en même temps les muscles du périnée. C'est un exercice qui peut être facilement pratiqué. Pressez vos fesses l'une contre l'autre. Faites ensuite remonter les muscles de votre périnée, comme si vous les aspiriez, puis relâchez en observant comment vous pouvez effectuer ce mouvement de va-et-vient tout en gardant les fesses serrées. Une fois votre partenaire en vous, vous pouvez relâcher les fessiers, du moment qu'il est bien placé et que le poids du pénis est dirigé vers la base du clitoris et ne repose pas sur celle du vagin. Un simple coussin sous les fesses peut vous aider à trouver l'angle approprié. Par ailleurs, si vous vous placez sur votre partenaire, vous pourrez plus facilement bouger et changer de position.

Certaines femmes apprécient la lubrification fournie par le sperme, lorsqu'il est répandu sur les tissus sensibles. D'autres au contraire n'aiment pas que l'éjaculation se produise hors du vagin, parce qu'elles trouvent le sperme « sale ». Dites-vous, en tout cas, que c'est bien préférable à n'importe quel produit vendu dans le commerce.

Si vous craignez d'avoir mal, vous vous contracterez intérieurement, ce qui augmentera encore la douleur éventuelle. C'est pourquoi il est important de bien relâcher les muscles du périnée pour accueillir votre partenaire. Certains hommes croient que la seule façon d'entrer est de pousser. C'est faux. Si l'homme a une érection suffisamment puissante, il doit être capable d'attendre à l'entrée du vagin, seule l'extrémité de son pénis étant insérée entre les plis extérieurs des lèvres, et c'est vous qui venez à sa rencontre en bougeant vos muscles. Vous constaterez que, lorsque vous les poussez vers l'extérieur, vous pouvez faire de petits mouvements en les contractant et en les relâchant alternativement, et caresser ainsi doucement votre partenaire. *L'homme évite toute poussée du pénis* et vous laisse diriger les opérations.

Il arrive que la douleur soit ressentie dans le dôme vaginal. C'est habituellement parce que les ligaments transcervicaux ont été déchirés ou – cela se produit parfois – qu'il subsiste une déchirure encore non cicatrisée dans la partie supérieure du vagin. Le corps possède une remarquable capacité de cicatrisation spontanée, et un simple changement de position suffira à résoudre le problème. Mais si au bout de six mois vous souffrez toujours, et que rien ne laisse présager une amélioration, il est plus raisonnable de consulter une gynécologue. Parlez-en à votre généraliste.

L'allaitement au sein

Certaines femmes décident de ne pas nourrir au sein leur enfant parce qu'elles répugnent au fond d'elles-mêmes à ce contact physique étroit et permanent avec le bébé. La femme peut être consciente des raisons de son choix, ou simplement savoir que l'allaitement la met mal à l'aise sans qu'elle sache exactement

pourquoi, ou encore refuser d'admettre, même pour elle, ses sentiments.

Beaucoup de femmes qui commencent à nourrir leur enfant avec une certaine inquiétude, en ignorant si elles supporteront de se sentir aussi intimement liées aux besoins du bébé ou de donner leur corps avec autant d'amour et de générosité, s'aperçoivent qu'elles y prennent un réel plaisir. Il leur faudra souvent six semaines, plus longtemps parfois, pour parvenir à ce stade. Mais alors, elles éprouveront un plaisir vraiment sensuel à sentir le bébé téter leur sein.

S'il établit la communication avec votre nouveau-né, l'allaitement vous donne aussi une nouvelle perception de votre corps.

L'allaitement au sein est une expérience sexuelle. Les glandes mammaires sont des organes qui participent à l'excitation physique, mais, de plus, les rythmes de l'allaitement – la montée du lait à mesure que l'enfant a faim, la rapidité avec laquelle les seins réagissent quand il pleure, l'érection du mamelon quand le bébé le cherche de sa petite bouche avide – sont tous intensément sexuels.

Des réactions différentes

Cette composante gêne et déconcerte quelques femmes. D'autres y prennent plaisir. La stimulation du mamelon, à la fois pendant et après l'accouchement, conduit l'utérus à se contracter. Dans les jours qui suivent l'accouchement, le fait de mettre le bébé au sein entraîne de fortes contractions qui sont parfois douloureuses, mais qui resserrent efficacement les parois musculaires de l'utérus ; les vaisseaux sanguins se rétractent, le saignement diminue, et l'utérus reprend plus vite sa forme initiale, son tonus et presque sa dimension d'avant la grossesse.

De même, la stimulation du mamelon apportée par le bébé, le contact de ses petites mains sur les seins et de sa joue ferme et ronde contre l'aréole provoquent non seulement une sensation généralisée de plaisir, mais constituent une réelle stimulation génitale, même s'il ne s'agit, pour beaucoup de femmes, que d'une simple impression agréable de bien-être et de disponibilité qu'elles n'auraient pas l'idée d'associer à l'excitation sexuelle. Pour certaines, néanmoins, ces sensations sont capables de déclencher l'orgasme.

Là encore, les réactions varient. Une femme prendra un plaisir infini à la sexualité inattendue de l'allaitement. Une autre s'en effarouchera parce qu'elle se sentira déconcertée et qu'il lui semblera que deux façons d'utiliser son corps, qui devraient être entièrement indépendantes, se confondent. Elle peut même en être scandalisée et éprouver du dégoût pour ce contact physique avec son enfant, comme si elle rendait le bébé responsable d'une tentative de séduction.

La première phase

Pendant les premières semaines où vous allaiterez, vos mamelons risquent d'être très sensibles. Même des femmes qui se lancent avec enthousiasme dans cette entreprise se retrouvent souvent avec les pointes des seins endolories et gercées. Ne vous étonnez donc pas si vos seins ne semblent guère faire partie de votre moi érotique pendant cette période. Certaines femmes continueront à avoir les mamelons très sensibles pendant tout l'allaitement parce qu'elles ne savent pas comment mettre correctement le bébé au sein, et une fine gerçure apparaît à l'endroit où le mamelon rejoint l'aréole sombre qui l'entoure. Certaines sont également contaminées par le muguet dont souffre parfois le bébé, qui provoque des démangeaisons. Et dans ce cas, l'allaitement est pénible pour le bébé aussi. Le mamelon guérira seulement lorsqu'on aura soigné la bouche de l'enfant.

La sensibilité

La sensibilité aiguë aux caresses amoureuses peut subsister pendant toute la durée de l'allaitement pour d'autres raisons. Le durcissement progressif des mamelons fait que certaines femmes réagissent davantage aux caresses de leur partenaire. Maggie dit que son mari a « lui aussi sa ration de lait » et qu'elle éprouve souvent l'orgasme quand il prend un sein dans sa bouche. Juliette dit aussi qu'elle a « une meilleure relation » avec ses seins quand elle nourrit, en partie parce qu'ils sont plus pleins, plus fermes, « bref, plus sexy ». Mais ce n'est pas tout. L'année qui a suivi la naissance a marqué une nouvelle étape dans la relation sexuelle de Juliette avec son mari, parce qu'il passe plus de temps à stimuler tout son corps et ne songe pas à la pénétrer immédiatement comme il le faisait jusque-là. Elle attribue une part de ce changement au fait qu'ils ont modifié leur mode de contraception, son mari utilisant un préservatif maintenant qu'elle ne prend plus la pilule.

Mais beaucoup de femmes refusent que leur partenaire stimulent leurs seins pour des raisons psychologiques. Bien que certaines aiment voir le lait jaillir quand on les caresse (« C'était drôle comme tout, chaque fois qu'il touchait à mes seins, il déclenchait une cataracte ! »), d'autres – et quelques hommes aussi – trouvent ces débordements peu appétissants. Les femmes qui parlent des désagréments causés par le lait utilisent en général les mêmes termes que pour décrire ceux du sperme s'écoulant du vagin.

L'augmentation du volume des seins dont s'accompagne l'allaitement est une source d'excitation pour certains couples. La femme peut trouver ses seins beaucoup plus tentants et avoir envie d'en tirer davantage de plaisir pendant les rapports sexuels. Mais l'homme, comme nous l'avons vu, ne réagira pas toujours comme elle le voudrait. Stéphanie, qui avait de très petits seins avant sa grossesse mais fait maintenant cent de tour de poitrine, dit qu'elle se sent négligée par son partenaire, parce qu'elle aimerait qu'il prenne ses mamelons dans sa bouche et qu'il refuse : « L'idée de nourrir mon mari m'excite beaucoup, mais lui, cela ne l'inspire pas du tout. »

Les études montrent que les femmes qui allaitent ont tendance à reprendre plus vite les rapports sexuels après l'accouchement et à y trouver un plaisir accru, mais beaucoup de femmes découvrent que les rapports sexuels ont une dimension nouvelle, qui ne se limite plus à l'acte sexuel et au plaisir tiré des seuls organes génitaux. Elles éprouvent un sentiment d'accomplissement, elles font ce à quoi leur corps était destiné, mais cette satisfaction n'a rien à voir avec les rapports sexuels proprement dits. Un allaitement au sein que la femme aura tout loisir de mener à bien modifiera sa relation à son corps.

Les effets de l'allaitement sur le couple

Quand l'allaitement pose des problèmes, les rapports avec le partenaire s'en trouvent, directement ou indirectement, affectés. De la même façon, les rapports du couple se répercutent toujours sur l'allaitement. Par exemple, si l'homme n'aime pas que sa femme nourrisse le bébé ouvertement et naturellement en présence d'autres personnes. Le mari de Peggy était un farouche partisan de l'allaitement maternel. Elle ne demandait pas mieux, mais allaiter son bébé à la demande signifiait qu'il lui fallait parfois lui donner le sein en présence d'autres hommes, même si elle opérait avec un maximum de discrétion. Elle savait que Mike était très mal à l'aise et cela l'empêchait de « laisser affluer » le lait. Les tétées devinrent de moins en moins satisfaisantes pour la mère comme pour l'enfant, son lait commença à se tarir et, au bout de trois mois, elle renonça.

Il arrive que l'homme soit jaloux de la perpétuelle disponibilité des seins pour le bébé. C'est un peu comme si l'enfant lui volait le corps de la femme. Luc était agacé de voir sans cesse son petit garçon accroché au sein maternel avec l'obstination d'un mollusque sur son rocher. Luc est médecin, et à cette époque il préparait ses examens

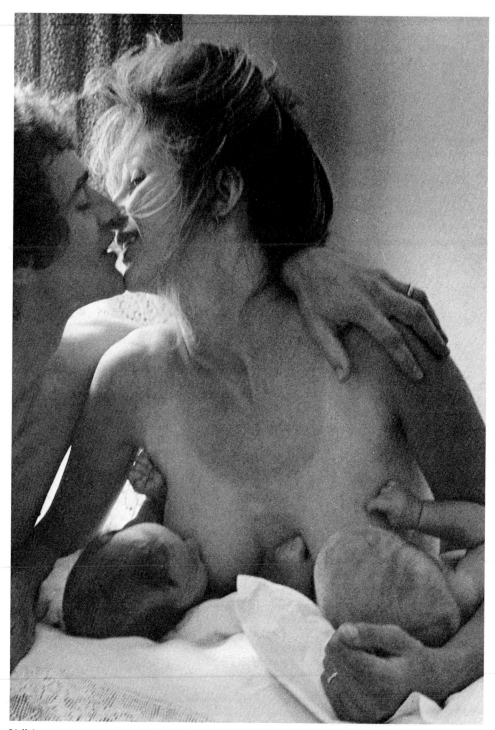

L'allaitement peut être une expérience hautement sexuelle, non seulement pour la mère, mais aussi pour le père et le bébé.

et travaillait énormément. Il lui semblait que ses besoins à *lui* devaient passer en premier et il voulait vraiment que sa femme le materne au moment où il franchissait cette importante et difficile étape de sa vie.

Joan comprenait que Luc se sentait exclu et jaloux de son intimité avec le bébé, et elle était terriblement partagée entre leurs besoins à tous deux. Incapable de dominer la situation et d'en discuter avec Luc, elle espérait que le problème disparaîtrait de lui-même. Elle était souvent seule à la maison et, Luc travaillant sans relâche, elle cherchait du réconfort dans son intimité avec le bébé. Luc réussit ses examens, et il est aujourd'hui médecin. Joan suit une formation de conseillère en allaitement maternel. Le couple est séparé.

L'épuisement pur et simple joue également un rôle dans la vie sexuelle des nouveaux parents. L'anxiété de savoir si l'allaitement au sein sera réussi et si le bébé a une ration suffisante de lait freine toute envie de faire l'amour : « J'avais énormément de lait, dit Judith, j'étais épuisée et terrifiée quand elle pleurait la nuit, et puis elle s'est mise à me mordre et cela faisait vraiment mal. Je pleurais, je me sentais coupable, constamment sous pression, incapable de savoir si

La fatigue et l'anxiété

265

je voulais vraiment continuer, mais j'espérais qu'on y arriverait. »
Même quand les choses se passent bien, les bébés ont tendance à
se réveiller à des heures indues, presque comme si un sixième
sens les avertissait qu'on s'occupe d'autre chose : « C'est toujours au moment où nous sommes en pleine action que Daisy
se réveille ! »

Lorsqu'on essaie de satisfaire les besoins d'un petit bébé, les
rythmes quotidiens de la vie changent aussi, et vous constaterez
peut-être que le moment, le partenaire et votre désir sexuel semblent
ne jamais coïncider. Daphné : « Je me suis sentie très tendue pendant
tout le temps où j'ai allaité, et j'étais épuisée par les exigences d'un
bébé qui dépendait entièrement de moi et qu'il fallait nourrir toutes
les trois heures. » Elle commença à éprouver une fatigue intense
et un sentiment de dépression, et elle et son mari prirent l'habitude
d'aller se coucher à des heures différentes. Elle était si fatiguée quand
il rentrait le soir, après son travail, qu'elle partait se coucher dès le
repas terminé et qu'ils n'avaient jamais l'occasion de faire l'amour.
Elle ne souhaitait pas être pénétrée, mais avait un immense besoin
de tendresse physique. Or, comme Noël confondait sexualité et acte
sexuel, il mettait un point d'honneur à ne pas la toucher. Cela n'aurait
pas été honnête, pensait-il, alors qu'elle était tellement prise par le
bébé et se montrait une si bonne mère. Si bien qu'ils cessèrent
complètement d'avoir des rapports. En y repensant, Daphné estime
que son désarroi pendant cette première année catastrophique était
dû pour beaucoup au fait qu'il lui manquait le soutien émotionnel
d'un amour déjà rodé et de l'intimité physique. Elle avait l'impression
d'être tenue à distance : « D'une certaine façon, je ne voulais pas
avoir de rapports sexuels, parce qu'il me fallait toute mon énergie
pour m'occuper du bébé. Je voulais de la tendresse et de la
compréhension, pas faire l'amour. » Mais elle se retrouvait perdante
sur les deux plans.

Des
sentiments
contradictoires

Certaines femmes ont du mal à ressentir la moindre excitation
sexuelle durant tout l'allaitement : « C'est comme si, dans ma tête,
j'avais mis de côté mes seins pour mon enfant : ils étaient sa source
de subsistance et rien d'autre. » Certaines ne retrouvent de sensations
érotiques que plusieurs mois après le sevrage. D'autres éprouvent
au contraire une sensibilité aiguë et tirent de leurs seins un plaisir
entièrement nouveau. Une femme qui n'appréciera pas, pendant cette
période, que son partenaire stimule ses mamelons, hésitera néanmoins à le lui dire de peur qu'il ne se sente rejeté. Les femmes diront
par exemple : « Depuis que je nourris au sein, je ne le laisse pas
mettre ses mains là où il veut. » Parfois, la femme demande à son
partenaire de se laver les mains avant de lui caresser les seins, ou
lave ostensiblement ceux-ci après. Si elle a le sentiment que le lien
biologique essentiel qui la lie à son enfant doit primer sur tout le
reste, une femme incapable, même si elle le souhaite, de satisfaire
les besoins de son amant tant qu'elle nourrit éprouvera un sentiment
de culpabilité : « Je n'arrive pas à me laisser complètement aller.
J'ai toujours l'impression que mon corps appartient au bébé. Je ne

peux pas laisser mon mari toucher à mes seins tant qu'ils font leur "travail". »

Le couple craint souvent que l'allaitement au sein n'empêche l'homme de connaître intimement son bébé, et que la relation entre la mère et l'enfant l'exclue. Nous avons déjà vu au chapitre 6 qu'un père a de nombreuses autres occasions d'apprendre à connaître son bébé : le baigner, le masser, et tout simplement le câliner et le tenir dans ses bras constituent autant d'éléments importants de la relation entre le père et l'enfant. Certaines femmes qui préféreraient allaiter leur bébé opteront pour le biberon, parce que, autrement, ce serait injuste pour le père, qui veut être totalement impliqué dans sa relation avec l'enfant. « Je ne peux m'empêcher de penser, dit une femme, que ce serait de l'égoïsme de ma part de nourrir au sein, alors que John meurt d'envie de pouvoir donner le biberon au bébé. »

L'allaitement : une expérience partagée

Vous pouvez inclure votre partenaire dans la relation d'amour qu'est l'allaitement au sein. C'est évidemment difficile si vous en êtes encore à la phase de démarrage et apprenez à mettre l'enfant au sein et à l'en retirer en vous demandant toujours si vous vous y prenez correctement. Les six ou huit premières semaines ne sont pas toujours de tout repos. C'est une période d'apprentissage pour la femme, et le bébé accapare toute son attention. Mais, pour la plupart d'entre nous, vient ensuite une phase pleine de charme et de tendresse, où nous pouvons ouvrir nos bras et savourer pleinement le plaisir sensuel de l'allaitement en sachant avec certitude que *ça marche* parce que le bébé pousse bien et que nous nous sentons bien nous aussi dans notre corps. Certaines femmes disent être « en contact avec les forces de la nature » et « avoir une intuition sexuelle plus aiguë ». Le père peut lui aussi éprouver un afflux de bonheur et de plaisir dans la nouvelle relation que crée l'allaitement.

Votre amant peut alors devenir partie intégrante de cette tendresse et de cette plénitude sensuelle, allongé près de vous quand l'enfant est au sein, ou vous entourant tous deux de son bras.

De petites mains explorent la courbe de votre sein et le père prend spontanément un doigt du bébé dans sa bouche pendant que celui-ci tète. Ou bien de petits pieds excités s'agitent tandis que la joie de téter et de boire envahit tout le corps du bébé. Et alors que vous dérivez doucement dans le sommeil, le père prend le bébé et le niche contre lui ou bien reste contre vous, ses bras vous enserrant tous les deux. L'allaitement au sein *peut* être une expérience partagée.

La ménopause

Même celles d'entre nous qui croient bien connaître ce qui arrive à nos corps, qui comprennent le cycle ovarien et l'accouchement et se sentent en contact avec ces processus rythmiques, n'ont parfois

qu'une très vague idée de ce qu'est la ménopause et abordent cette phase avec une attitude nettement plus négative.

Les cours de sciences naturelles, et ce que nous lisons plus tard sur la sexualité, escamotent la ménopause, quand ce n'est pas nous qui la traitons par le mépris en estimant qu'elle ne nous concerne pas ou qu'elle se situe dans un futur beaucoup trop lointain. La ménopause, c'est pour nos mères, pas pour nous.

Et puis soudain la femme constate que ses règles perdent de leur régularité ou qu'elle a des bouffées de chaleur – et se retrouve au cœur du problème, déconcertée par ce qui lui arrive et confrontée peut-être aussi à la peur de vieillir.

La ménopause a mauvaise presse. On la traite comme un autre de ces insondables mystères féminins dans lesquels les femmes se font piéger par leurs hormones, soumises – corps et âme – à un afflux de substances chimiques qui leur fait perdre tout le contrôle qu'elles auront eu, en d'autres temps, sur leurs processus mentaux et les transforme en êtres dé-sexués, et bientôt en représentantes ridées du « troisième âge ».

Les oiseaux de malheur

Robert A. Wilson *(Féminine pour toujours)*, ce messie américain à qui l'on doit la vulgarisation de l'hormonothérapie supplétive, déclare (dans « La ménopause – perte de la féminité et perte de la santé ») que la ménopause est « un état pathologique sérieux qui compromet la santé et le bonheur de n'importe quelle femme », mais qu'elle est guérissable grâce au traitement hormonal. Wilson s'apitoie sur le sort des médecins qui soignent des femmes arrivant à l'âge critique :

> Que peut le malheureux devant une femme qui se plaint de nervosité, irritabilité, anxiété, appréhension, bouffées de chaleur, sueurs nocturnes, douleurs des articulations, mélancolie, palpitations, crises de larmes, faiblesse, vertiges, violents maux de tête, difficultés de concentration, pertes de mémoire, troubles chroniques de la digestion, insomnie, besoin fréquent d'uriner, démangeaisons de la peau, sécheresse des yeux, du nez et de la bouche, et mal au dos ?

Un déséquilibre chimique entraîne une « castration ménopausique » et « une mutilation de tout le corps... ». « Aucune femme ne peut avoir l'assurance d'échapper à cette détérioration qui survient de son vivant. Toutes les femmes sont menacées par de très grandes souffrances et par l'incapacité. » David Reuben, dans son best-seller intitulé *Tout ce que vous avez toujours voulu savoir sur le sexe, sans jamais oser le demander,* est un autre de ces oiseaux de malheur :

> Avec l'interruption de la production d'œstrogènes, la femme se masculinise au maximum. L'augmentation de la pilosité du visage, une voix plus grave, l'obésité et la dégradation des seins et des organes génitaux féminins : tout concourt à lui donner une apparence masculine. Des traits plus rudes, le développement du clitoris et une calvitie progressive complètent le tableau. N'étant pas un homme, mais n'étant plus une femme répondant à une fonction, ces êtres vivent entre deux sexes...

La ménopause prend une signification particulière pour chaque femme... et même si elle est une période de bilans, elle est aussi l'occasion d'un nouveau départ...

Pour beaucoup de femmes, la ménopause marque la fin de leur vie utile...
Leur longévité dépassant celle de leurs ovaires, elles ont peut-être dépassé
aussi leur phase d'utilité en tant qu'êtres humains. Les années qu'il leur reste
à vivre rythmeront simplement le passage du temps avant qu'elles ne suivent
leurs glandes dans l'oubli.

Comment s'étonner alors que beaucoup de femmes s'insurgent et
affirment que, pas du tout, elles ne changeront pas ?

Que se
passe-t-il
vraiment ?

C'est un fait : la ménopause s'accompagne d'un changement. Nous
avons le choix entre nier ces modifications subtiles, prétendre que
c'est une illusion, ou découvrir ce qui se passe dans notre corps et
nous adapter, de la même façon qu'une nageuse adapte ses
mouvements à la force du courant. La vie nous porte en avant, que
nous nous débattions pour résister à l'inévitable ou que nous
apprenions à opérer les ajustements nécessaires.

Des règles
irrégulières

La ménopause est précédée chez beaucoup de femmes par une
phase de règles irrégulières. Celle-ci est souvent liée à des taux
importants de folliculostimuline (FSH). Quand le cycle devient
irrégulier, les taux de FSH et d'hormone lutéinisante (LH)
deviennent plus élevés et vont même, souvent, jusqu'à tripler. Un
an après que la fonction ovarienne a complètement cessé – c'est-à-
dire, une fois la ménopause terminée –, les taux de FSH sont de
dix à quinze fois plus élevés que lorsque la femme menstruait.
Le taux maximal de LH est atteint deux ou trois ans plus tard, après
quoi il diminue (voir la section sur les hormones, p. 57-59).

L'ovulation
cesse

L'ovaire est la principale source de sécrétion d'œstrogènes dans
le corps de la femme. C'est pourquoi, dès que les ovaires cessent
de fonctionner, les taux d'œstrogènes chutent. Il existe néanmoins
une autre hormone, la testostérone, qu'on pense être l'hormone
essentiellement liée à l'excitation sexuelle chez les femmes (mais cela
reste à prouver). Cette hormone, que le corps continue à sécréter,
constitue en elle-même une source d'œstrogènes. Ainsi, après la
ménopause, les femmes continuent à produire des œstrogènes, mais
provenant d'une source différente. On observe, à partir de l'âge de
vingt-cinq ans environ, une diminution progressive de la production
d'œstrogènes. Chez la plupart des femmes, la ménopause n'est pas
une question d'absence soudaine d'œstrogènes. Cela ne se produit
qu'après l'ablation chirurgicale des ovaires, qui provoque une
ménopause artificielle brutale si les œstrogènes ne sont pas
chimiquement remplacés.

Un nouvel
équilibre
hormonal

Ce qui se produit réellement pendant la ménopause, c'est une
réorganisation du système endocrinien et une adaptation du corps
pour faire face à la diminution des taux d'œstrogènes produits par
la testostérone. Une fois cette adaptation opérée, les symptômes de
la ménopause qui démoralisent tant certaines femmes – bouffées de
chaleur, sueurs nocturnes, palpitations, règles très abondantes ou au

contraire symboliques, ou les deux, et perte de l'appétit sexuel – disparaissent, et la femme est alors en mesure de se sentir mieux dans son corps.

La majorité des femmes, mais pas toutes, ont des bouffées de chaleur. C'est une onde de chaleur soudaine qui envahit le visage et le cou, parfois aussi le reste du corps. Elle peut surgir n'importe où et n'importe quand et n'a rien à voir avec la température ambiante. Certaines de ces bouffées sont simplement une sensation atténuée de chaleur. D'autres provoquent un afflux subit de sueur, qui laisse la femme trempée et gelée. Beaucoup de femmes trouvent ces bouffées extrêmement gênantes parce qu'elles attirent l'attention sur leur état. C'est presque comme si elles faisaient publiquement leurs adieux à leur jeunesse et à leur féminité.

En réalité, une bouffée de chaleur peut être très émouvante. Je ne m'en rendais pas compte, jusqu'au jour où je suis allée devant un miroir pour essayer d'en observer les effets d'un œil objectif. Je me suis trouvée bizarre, mais l'éclat rosé qu'elle donnait à mon visage m'allait bien. A dater de là, j'ai décidé que les bouffées de chaleur pouvaient nous mettre en valeur. Une fois que vous êtes capable d'en voir les côtés positifs, les sensations ressenties se modifient elles aussi. Chaque bouffée est comparable à une vague, assez voisine d'une contraction pendant un accouchement, ou encore à une onde sexuelle qui envahit votre corps. On peut *se laisser porter* par cette vague, au lieu d'essayer de résister à son élan ou de prétendre que rien ne se passe. Vous pouvez l'accueillir en ne bloquant pas votre respiration mais en l'adaptant, en suivant le mouvement de la vague qui monte en crescendo jusqu'à son point culminant, puis se dissipe. Ce sera plus facile si vous laissez le souffle couler naturellement, de telle façon que non seulement l'abdomen mais aussi le pubis bougent doucement, se soulevant au rythme de la respiration et s'abaissant légèrement, tandis que vous expirez lentement, longuement. Vous pouvez vous exercer à ce type de respiration en posant une main sur le pubis et en respirant lentement, à fond, en accentuant l'expiration et en laissant l'inspiration se placer d'elle-même. Sentez le léger mouvement du pubis sous la paume de votre main.

Non seulement une bouffée de chaleur peut être sensuelle, mais ce type de respiration ouvre en fait le vagin, et il vient un moment où vous avez l'impression de « respirer » avec lui. Au lieu de vous crisper comme si vous pouviez limiter et freiner la bouffée de chaleur par la contraction de vos muscles, au lieu de fermer votre corps et de nier ce que vous éprouvez, vous vous détendez et vous vous ouvrez, en laissant les sensations, quelles qu'elles soient, couler dans votre corps.

Cela ne suffit pas toujours à dissiper l'inconfort qu'éprouvent certaines femmes. Voici d'autres suggestions. Une femme que je connais a un éventail japonais qu'elle agite doucement devant son visage dès qu'elle sent une bouffée arriver. La lenteur du mouvement l'aide sans doute à respirer sur un rythme lui aussi ralenti. Vous pouvez garder à portée de la main un petit brumisateur d'eau, de ceux vendus dans le commerce ou bien qu'on utilise pour les plantes d'intérieur. Les femmes disent souvent aussi que c'est une bonne idée de superposer les vêtements ; vous pouvez toujours retirer un foulard ou un cardigan si vous avez trop chaud.

Certaines femmes ont des sueurs nocturnes qui les obligent à changer leurs draps jusqu'à quatre ou cinq fois par nuit. En général, les choses ne prennent pas de telles proportions, mais il n'est pas mauvais d'avoir à proximité une paire de draps de rechange, ainsi que de l'eau glacée, de l'eau de toilette ou de l'eau de Cologne et du talc, et un petit ventilateur que vous branchez en une seconde. Il est aussi plus facile de rejeter une couette que des couvertures.

Modifications du tissu vaginal

Un autre aspect de la ménopause qui peut vous démoraliser sera de constater que votre vagin est très sec et que les tissus sont devenus minces, fins et fragiles. Ce qui affecte, bien sûr, vos sentiments en matière de rapports sexuels, mais sans modifier pour autant votre libido.

Normalement, le vagin est légèrement acide. Un certain type de bacilles transforment l'hydrate de carbone libéré par les cellules mortes de la surface en acide lactique. Avec la ménopause, le vagin devient souvent neutre ou alcalin. En même temps, lorsque les ovaires cessent de fonctionner et que le taux d'œstrogènes baisse, on observe une diminution de la circulation sanguine vaginale, une réduction de la quantité des sécrétions et une réduction de l'électropotentiel transvaginal (le mécanisme de transfert des électrolytes et de l'eau). Ces quatre éléments associés assèchent le vagin et sont à l'origine de difficultés sexuelles. Le manque d'œstrogènes fragilise la paroi vaginale et la rend plus vulnérable aux infections. Il arrive que les tissus situés au col de la vessie réagissent de la même façon, ce qui rend la femme plus sujette aux infections vaginales et urinaires. D'après les gynécologues qui poursuivent actuellement des recherches aux États-Unis, « la plupart des difficultés rencontrées par les femmes ménopausées sont dues à l'état physique de la muqueuse vaginale » (James P. Semmens et Gorm Wagner, « Estrogen deprivation and vaginal function in postmenopausal women »).

Le traitement des vaginites

Toutes ces modifications peuvent être inversées par les œstrogènes. Le vagin retrouve son humidité, et la stimulation et les rapports sexuels ne sont plus douloureux. La première chose à faire est d'utiliser un lubrifiant vaginal pendant les rapports. Si c'est insuffisant, vous pouvez demander à votre médecin de vous prescrire une crème à base d'œstrogènes, que vous introduisez dans le vagin à l'aide d'un petit applicateur en plastique. Toutefois, les tissus vaginaux absorbent très vite les œstrogènes. Si vous utilisez des œstrogènes en permanence, vous augmentez le risque de cancer de l'utérus. Ce type de cancer apparaît chez une femme sur mille. Si vous recourez aux œstrogènes, et selon la durée du traitement et la dose absorbée, le risque est multiplié par dix.

Parfois, un seul tube de crème à base d'œstrogènes suffit pour assouplir et épaissir les tissus vaginaux, et pour que les rapports sexuels puissent s'effectuer sans inconfort. Ensuite, il n'existe pas de meilleur traitement que des rapports sexuels réguliers, le sperme apportant au vagin les éléments nutritifs dont il a besoin et contribuant à le garder souple et moelleux.

Les femmes lesbiennes, toutefois, rencontrent également ce problème et constatent que les doigts les plus aimants sont parfois douloureux. Si un simple gel lubrifiant ou, comme le préfèrent certaines femmes, une huile à la vitamine E ne donnent aucun résultat, la seule solution reste la crème à base d'œstrogènes.

Lorsque les œstrogènes sont absorbés par voie orale, ils sont habituellement combinés maintenant avec un progestogène, afin d'annuler certains effets des œstrogènes et diminuer le risque de cancer. Le progestogène protège la paroi utérine. On en prend pendant les derniers six à treize jours du cycle. Mais des taux élevés de progestogène entraînent des modifications du taux de cholestérol dans le sang et des risques d'hypertension et de thrombose. Si vous décidez d'essayer le traitement hormonal, il est important que votre état de santé soit régulièrement contrôlé pendant toute la durée du traitement. On doit vous administrer le dosage le plus bas d'hormones œstroprogestatives dont vous avez besoin, et le traitement ne doit pas être poursuivi plus longtemps qu'il n'est nécessaire. Si vous avez déjà souffert de thrombose, d'hypertension ou d'affections cardiaques, si vous avez du diabète ou des problèmes avec votre foie, ou si vous êtes sujette aux migraines, le traitement hormonal présente des risques et vous devez faire le tour de la question avec votre médecin.

L'ostéoporose est une raréfaction du tissu osseux qui peut toucher les femmes après la ménopause. Elle a pour conséquence trois types courants de fracture : fracture par tassement de la colonne vertébrale, fracture du col du fémur et fracture du poignet. Cela se produit parce que le calcium est différemment métabolisé après la ménopause. Vous ne pouvez pas remplacer le calcium perdu, encore que le traitement hormonal empêche d'en perdre davantage. La majorité des femmes ne souffrent pas d'ostéoporose, et cette affection est peut-être liée à une carence nutritionnelle survenue à une période antérieure. C'est pourquoi il est sans doute peu sage de recourir à des mesures préventives comportant le traitement hormonal (l'absorption d'œstrogènes par voie orale trois semaines sur quatre à l'époque de la ménopause). Les recherches font apparaître que vous devez rester sous œstrogènes en permanence, et que, si le traitement s'interrompt, les os peuvent encore devenir poreux une fois qu'on supprime les œstrogènes (Jean Hailes, « Sexuality and aging »).

La carence en calcium

Il semblerait aussi que l'alimentation puisse empêcher les os de se fragiliser à l'époque de la ménopause et après. Les vitamines C et D jouent un rôle important, ainsi que le calcium et les apports en fluorure. Mieux vaut adopter une alimentation riche en vitamines et en minéraux que se bourrer de médicaments, le corps absorbant plus facilement ainsi ce dont il a besoin. Il se peut que le dosage de fluorure doive être adapté aux besoins individuels, et soit également fonction de la quantité absorbée dans l'eau de table.

Avantages et inconvénients du traitement hormonal

L'hormonothérapie supplétive, ou traitement hormonal, fut accueillie dans les années soixante comme la panacée à tous les problèmes de la ménopause. Si une femme parvenue à la cinquantaine avait des insomnies, si elle était irritable, si ses cheveux ou sa peau devenaient secs, si elle avait des maux de tête ou se sentait fatiguée, éprouvait des difficultés à se concentrer, était déprimée ou perdait son appétit sexuel, le traitement hormonal se chargeait d'y remédier ! On y voyait presque un élixir de jeunesse capable de gommer les rides, de rendre la vitalité disparue et de conjurer la vieillesse, voire la mort ! Les marchands vous terrifiaient en faisant l'article de cette « cure miraculeuse ». Affirmant que la ménopause était « une maladie de carence qu'on pouvait prévenir et guérir » (Robert A. Wilson, *Féminine pour toujours*), ils mettaient les femmes en garde : sans traitement hormonal, elles se transformaient en eunuques, complètement handicapées par ce qui leur arrivait. Tout en prenant soin de ne pas proclamer que le traitement hormonal ranimait la libido, le matériel publicitaire de ses chantres n'en contenait pas moins des phrases comme celle-ci : « Aujourd'hui, presque toutes les femmes, indépendamment de leur âge, peuvent avoir en toute sécurité une vie sexuelle épanouie durant toute leur vie. » La presse s'empara de ce thème et le traitement hormonal figura en bonne place dans les pages des revues de mode et de beauté :

Il vous rend confiance et bien-être, il vous fait une peau lisse et souple, donne du volume à vos cheveux, affermit vos seins, éveille votre appétit sexuel – il constitue un vrai traitement d'ensemble qui redonne un coup de neuf au vagin, à l'utérus et au clitoris. En un clin d'œil, tout est redevenu exactement comme il le fallait : votre corps tout entier s'est refait une beauté pour l'amour (« Sex begins at forty », *Harpers,* cité *in* Rosetta Reitz, *Menopause : A positive approach*).

Le traitement hormonal ne vous rendra pas votre jeunesse perdue, pas plus qu'il n'est un aphrodisiaque. Il peut empêcher les bouffées de chaleur s'il est entrepris au début de la ménopause, il peut empêcher la déperdition progressive de la masse du squelette tant qu'il dure, et il est extrêmement efficace pour redonner son élasticité au vagin.

Voici comment une femme très satisfaite de ce traitement en commente les effets :

J'ai commencé à prendre du Cyclo-Progynova, et cela a changé ma vie. Je n'ai constaté aucun effet secondaire. Le traitement hormonal semble susciter chez les féministes de la première vague une dose incroyable de craintes et de préjugés. En ce qui me concerne, je peux dire que je suis ce traitement depuis plus de deux ans et que je ne l'ai pas regretté une seconde. Vous, Mesdames, qui allumez votre vingtième cigarette de la journée et me dites que je vais avoir un cancer, lâchez donc vos clopes et vivez une vie meilleure avec le traitement hormonal !

En revanche, une autre femme dit qu'elle a eu du mal à faire la différence entre les effets de la ménopause, la mort de sa mère et le passage de ses enfants à l'adolescence et à l'âge adulte. Elle était profondément malheureuse et éprouvait en même temps des symptômes physiques aigus et pénibles, notamment des douleurs dans les membres, des maux de tête, de la rétention d'eau et des saignements abondants. Elle avait une relation amoureuse avec une femme dont l'aide et l'attention constantes l'aidèrent à traverser cette phase, et elle se félicite de ne pas avoir eu à affronter en plus le problème des rapports sexuels pendant cette période :

J'ai eu la chance, étant lesbienne, d'avoir une partenaire capable de savoir de quoi il retournait et de se montrer compréhensive... La certitude d'être un individu à part entière, une amie et une amante pour ma partenaire, m'a vraiment empêchée de perdre pied. La plupart des femmes de mon âge n'ont malheureusement pas bénéficié du soutien de leurs sœurs du mouvement des femmes... Évidemment, j'ai négligé de chercher une aide médicale ou psychologique. Les médecins, les femmes aussi, et même les livres théoriquement consacrés à la ménopause, affirment souvent que si on se surveille, si on reste en forme, mince et active, c'est suffisant pour passer sans encombre ce cap ; mais on n'est pas plus avancée. Pour ma part, ce genre de conseil ne faisait qu'augmenter mon sentiment de culpabilité et mon manque de confiance... J'ai été obligée de me remettre en question – sur tous les plans. Confrontée à mes sentiments, j'ai été obligée de compter mes atouts... Perdant mon corps jeune, j'ai dû apprendre à aimer mon corps vieillissant dans lequel j'ai réellement commencé à me sentir bien, mais d'une nouvelle façon. Et, à bien y songer, je me rends compte maintenant que c'était malgré tout une période extrêmement féconde.

Pour chaque femme, la ménopause aura une signification diffé-rente. Pour beaucoup, elle sera un symbole de vieillissement. Elle pourra causer un tel choc physiologique que la femme sera aliénée de son corps, et qu'elle marquera la fin de tous sentiments et rapports sexuels : « Je me suis desséchée. Mon clitoris a disparu. Je suis en colère contre moi-même. Je hais mon corps. J'ai honte de lui et je voudrais le cacher. Et je n'ai qu'une idée : rejeter tout ce qui touche de près ou de loin au sexe. »

Signification de la ménopause

Certaines ressentent la ménopause comme un deuil : « Quand j'ai été réglée, j'ai pensé : "Maintenant, je suis une femme." Je n'ai plus de règles, je suis une non-femme. » Les descriptions qui ont été données de la ménopause par les médecins, essentiel-lement des hommes, qui parlent d'« atrophie vaginale », de « changements dégénératifs », de « pénurie aiguë d'œstrogènes » et d'« involution pelvienne sénile », conditionnent les femmes à voir chaque signe de la ménopause comme une marque infamante qui les range dans la catégorie des femmes vieillissantes, des « vieilles peaux ». Rosetta Reitz *(Menopause : A positive approach)* écrit que si elle croyait que ces mots s'appliquaient à elle, elle n'aurait plus qu'à se suicider :

Or ces descriptions absurdes font partie intégrante de tout ce qu'on écrit sur la ménopause. En explorant le langage de la ménopause, nous apprenons comment nous sommes perçues, nous, femmes ménopausées, car le langage est un des principaux modes de communication et il reflète la culture. Lorsqu'il y a communication d'une signification, la question qui se pose alors est : *signification venant de qui ?*

L'auteur montre ensuite que, lorsque les hommes passent par les changements physiologiques et sexuels qui vont avec l'âge, on n'emploie pas le même type de langage pour décrire ceux-ci :

Nous n'avons pas d'« insuffisance testiculaire » qui fasse pendant à notre « insuffisance ovarienne », ni de « scrotum sénile » à nos « ovaires séniles ». Dans le *Merck Manual of Diagnosis and Therapy,* le manuel du généraliste, des indications très précises sont données dans la partie traitant de la ménopause artificielle au sujet de la « préservation d'un vagin fonctionnel ». Vous croyez qu'on discute à égalité d'un « pénis fonctionnel » ?... Bien sûr que non ! Quand un médecin fait une injection de testostérone à un homme, ce n'est pas pour préserver ou créer un « pénis fonctionnel »... Le problème ne se pose pas pour les hommes. Pour les femmes, si. Tout le but de l'opération est d'augmenter la libido de l'homme, d'élever ses taux d'hormones.

L'attitude de la société à l'égard du fait de vieillir

Mais ce n'est pas seulement quelque chose que les médecins ont fait aux femmes. L'attitude de la société à l'égard du fait de vieillir et l'importance accordée aux femmes jeunes et séduisantes peuvent en elles-mêmes ou nous imposer un sentiment de deuil à l'époque de la ménopause, ou l'accentuer. Ce sentiment constitue le fondement du jugement négatif et dépréciateur que les femmes portent sur elles-mêmes. Nous nous voyons telles que nous sommes reflétées par le miroir déformant érigé par la société.

Un homme distingué aux cheveux argentés, légèrement bedonnant, pénètre dans un restaurant avec, à son bras, une mince et superbe créature de vingt et quelques années. Le chef des serveurs les conduit à leur table. Le visage de l'homme est ridé, sa mâchoire lourde, mais il se dégage de lui un parfum d'opulence, un mélange subtil de cognac, d'eau de toilette et de cigare. Elle porte une robe moulante et décolletée et le regarde avec adoration. Tous les yeux sont fixés sur eux : « C'est un des plus gros armateurs. » Il porte la fille comme une décoration. Elle est une de ses acquisitions, un signe extérieur de réussite. Les autres hommes lui envient sa fortune, son magnétisme, le fait qu'il puisse posséder de telles femmes. La virilité que sous-entend cette façon de paraître, d'être en représentation, est une composante importante de l'argent et du pouvoir ainsi affichés.

Une femme entre, escortée d'un homme séduisant, beaucoup plus jeune qu'elle. Elle a visiblement entamé la cinquantaine, ses cheveux sont teints – un ton trop forcé pour sa peau foncée –, son fond de teint s'arrête brutalement à la ligne de ses cheveux. Autour de ses yeux, un dégradé d'ombres bleues et argent soigneusement étudié est posé sur un lacis compliqué de rides. L'homme doit avoir vingt-huit ans. Elle lui tient la main au-dessus de la table. La mère et le fils ? Les messages qu'échangent leurs regards sont de toute évidence érotiques. C'est une femme vieillissante qui a pris dans

ses filets un homme beaucoup plus jeune qu'elle. Écœurant ! Ou, peut-être, ridicule. Il y a quelque chose de presque obscène à imaginer ce corps de femme flasque, croulant, allongé nu à côté de celui du garçon. Les marques de l'âge, qui peuvent symboliser chez un homme la réussite, la distinction ou le pouvoir, trahissent chez la femme la perte de sa féminité et du pouvoir qui fut peut-être le sien en d'autres temps. Ce qu'on attend d'elle, maintenant, c'est qu'elle fasse ses adieux à la scène et « vieillisse avec grâce ».

Dans les sociétés rurales, les femmes âgées règlent la vie des plus jeunes et exercent souvent un empire de fait sur tous les événements qui se produisent sur le territoire de la maisonnée et de la famille élargie. Dans les communautés villageoises, les matrones de la cinquantaine occupent une place privilégiée et jouissent du pouvoir. La ménopause les libère de leur obligation sociale de reproduction, et elles deviennent de véritables moteurs politiques, elles calculent, combinent, complotent et manigancent, organisent les familles, économiquement puissantes – contrôlant entièrement la répartition de la nourriture et dirigeant souvent la vie des hommes. Vieillir est un signe de pouvoir, pour les femmes comme pour les hommes, et le passage de l'impuissance relative à l'acquisition de ce pouvoir est bien plus marqué chez les femmes. Ménopausées, elles entrent dans une phase nouvelle et plus libre de leur existence. On a attribué le rôle joué par les femmes dans la politique et les postes de

L'attirance n'est pas une question d'âge... C'est l'attitude de la société qui impose des contraintes.

responsabilité en Chine au pouvoir traditionnel des femmes âgées dans la société chinoise, et à la façon dont cet état de fait éveille aussi la conscience politique des femmes plus jeunes, qui doivent affronter des figures grand-maternelles dominantes. Au Japon, la tradition veut qu'une femme passe par différentes phases de l'enfance à la maturité, jusqu'à son soixante et unième anniversaire qui marque son entrée dans le groupe d'âge le plus élevé et le plus vénéré (John F. Embree, *A Japanese Village*). On célèbre l'événement par une fête, et à dater de ce jour elle a le droit de porter un jupon cramoisi. Le fait de vieillir n'est pas considéré comme une incapacité qu'il faut ignorer ou dont on doit s'excuser, mais comme un triomphe.

De nouveaux choix   La culture industrielle et urbaine occidentale ne propose aucun cadre social qui permette d'effectuer facilement cette phase de transition et d'entrer dans le troisième âge. Même si la ménopause n'est pas perçue comme le deuil de la jeunesse, elle peut être redoutable pour d'autres raisons. Pour certaines femmes, arriver à l'âge de la ménopause signifie qu'elles vont ressembler à leur mère ; elles se voient dans l'image que leur renvoie leur mère et sont incapables de supporter l'hostilité et l'anxiété que ce sentiment éveille en elles : « Mon Dieu ! C'est le début de la ménopause ! Ma mère a été impossible pendant cette période. Je me rappelle le souci que se faisait mon père. Elle était fantasque, hystérique, névrosée. A ce moment-là, j'avais quatorze ans. Et pour moi, cela a coïncidé avec une partie horrible de mon adolescence. Je me dis : "Seigneur ! Je ne dois surtout pas devenir comme ma mère." Elle rôde dans mes pensées comme un fantôme terrifiant. »

La ménopause peut également apparaître comme une période où la femme fait le point sur la vie qu'elle a déjà vécue, où elle la jauge et en découvre les manques : « J'éprouve un sentiment d'échec parce que je n'ai jamais eu de relation vraiment profonde. » Mais, bien que ce soit une période d'évaluation de soi, l'accent peut être mis sur ce que vous allez faire du reste de votre vie. Certaines femmes y voient un nouveau départ, une porte ouverte sur une nouvelle phase de l'existence. Beaucoup disent qu'elles sont forcées de se demander qui elles sont, ce qu'elles veulent être et faire, et que ce processus, même s'il est parfois difficile, est à l'origine de changements passionnants et étend le champ des possibilités. Elles se lancent dans de nouvelles occupations ou suivent des cours de formation pour faire des métiers souvent très différents de ce qu'elles avaient choisi à vingt ans. Cela les aide, soulignent-elles, à mieux affronter les problèmes physiologiques de la ménopause. Une femme me disait être sûre que le fait de travailler hors de chez elle lui avait permis de ne pas devenir folle. Le travail apporte souvent des avantages inattendus, qu'il s'agisse d'un emploi rémunéré ou de l'apprentissage de quelque chose de nouveau – on rencontre des gens et l'on est stimulée par leur personnalité et par leurs idées.

C'est particulièrement important pour une femme qui a passé de nombreuses années chez elle à s'occuper essentiellement de sa famille et de sa maison, tâches absorbantes s'il en est. Elle a parfois l'impression d'avoir perdu toute capacité de lier de nouveaux contacts sociaux et d'être stimulante et stimulée à son tour. Le fait de créer des relations satisfaisantes lui donne un sentiment nouveau de sa propre valeur.

Cela se traduit parfois par un réveil ou une ouverture de la vie sexuelle. Barbara était prête à penser : « Je n'ai plus rien à attendre de l'avenir, maintenant. » Elle s'est inscrite à un cours de l'Université pour tous, et sa vie a amorcé un changement spectaculaire : « Cela a marqué un tournant. J'ai rencontré un groupe de gens plus jeunes que moi. Je me suis sentie renaître. » Et puis, pendant un cours d'été, elle est tombée amoureuse d'un homme de trente ans. Ils ont eu une liaison : « C'était absolument fantastique ! Ça m'a rajeunie. »

Elle n'en a pas parlé à son mari parce que, dit-elle, elle ne voulait pas lui faire de peine : « Et il était si content des effets de l'Université sur moi que lui aussi a rajeuni. Il est devenu très séduisant. »

D'autres femmes découvrent qu'une vieille relation de couple s'épanouit soudain sans stimulus venu de l'extérieur. C'est parfois dû aux changements sexuels qui se sont produits chez le partenaire. En vieillissant, l'homme met plus de temps à jouir, et il peut être satisfait sans éjaculer. Ce qui fait de lui un meilleur amant. Lorsqu'elles continuent à attacher de l'importance à ce type de relation, les femmes disent souvent combien elle s'enrichit et devient plus variée une fois qu'elles ont dépassé le stade de la fécondité et que le problème de la contraception ne se pose plus : « Notre compréhension et notre amour mutuels ont augmenté et se sont renforcés au fil des ans. Sur le plan sexuel, chacun sait ce qui procure le plus de plaisir à l'autre. »

Des amants plus âgés et meilleurs

Il n'en est pas ainsi pour tous les couples. Même si la relation est bonne, le sexe n'occupe parfois plus la place centrale qui a été naguère la sienne. L'accent socialement mis sur l'activité sexuelle conduit les couples à s'inquiéter parfois de ne pas avoir de rapports sexuels, mais, comme le disait une femme : « Nous n'avons pas besoin de faire l'amour pour nous prouver que nous sommes encore bons à quelque chose. Nous avons trouvé une nouvelle façon de nous aimer, sans qu'il y ait de rapports proprement dits. »

La ménopause n'est pas le commencement de la fin. Au seuil de l'an 2000, une femme sur trois, d'après les statistiques mondiales, peut espérer vivre encore trente ans après la ménopause. Le chiffre moyen d'espérance de vie sera de soixante-quinze à quatre-vingts ans. Ce que nous faisons de nos vies, notre bien-être physique et affectif, et le sentiment que nous aurons de nous en tant que femmes prenant de l'âge, avec ou sans partenaires sexuels, a une importance vitale. Ces trente années peuvent s'étendre devant nous comme un désert ; elles peuvent aussi être une période de nouvelle fécondité.

Vieillir

La sexualité, lorsqu'elle est considérée comme une thérapie, comme une médecine préventive importante au même titre que le jogging ou l'adjonction de graisses non saturées dans une alimentation riche en fibres, peut être redoutable si l'un des partenaires « décroche » en vieillissant, ou si les deux voient leur appétit sexuel diminuer. Le maintien du corps en bonne santé – peut-être même sa survie – semble consister, à en croire beaucoup de théories actuelles sur la sexualité et le vieillissement, non seulement en des rapports sexuels réguliers, mais aussi en des rapports sexuels sans orgasme. Si vous n'êtes pas capable d'entretenir une activité sexuelle, vous dit-on, toutes sortes de maladies et de décrépitudes et, au bout du compte, la sénilité vous guettent. La femme vieillissante que les rapports sexuels intéressent moins qu'avant, qui a largement dépassé le stade où un conflit avec le partenaire se terminait par des ébats passionnés (en attendant que le rideau se lève sur une nouvelle querelle), et qui n'a plus rien à apprendre sur son corps et sur celui de son partenaire ni sur les diverses techniques amoureuses, peut se sentir obligée de poursuivre une vie sexuelle active qui sera en quelque sorte pour elle une assurance sur la maladie.

Les pressions
de la société

Toute doctrine touchant aux sentiments que nous devons éprouver et à la façon dont nous devons nous exprimer à travers notre corps risque d'avilir la sexualité. Les théories contemporaines sur la nécessité de l'activité génitale enferment tout autant les femmes dans un moule culturellement imposé que les théories d'autrefois qui faisaient de l'orgasme féminin le symptôme d'un désordre mental.

Une vie sexuelle active, invariablement synonyme de rapports sexuels dans notre société, est censée nous garder des yeux brillants, une peau lisse, des cheveux luisants et des tissus souples – peut-être parce que le désir sexuel est associé dans notre esprit à la jeunesse et à la vitalité. C'est une sorte d'effet magique par sympathie.

Autrement dit, vous laisse-t-on entendre, si vous n'avez pas de rapports sexuels, c'est que vous vous êtes « laissé aller ». Dans la culture occidentale actuelle, le culte de la jeunesse contraint les femmes comme les hommes à prouver leur vitalité sexuelle. Les femmes surtout sont amenées à camoufler le processus de vieillissement, et elles se livrent souvent à une pantomime désordonnée dans laquelle elles singent leur ancienne jeunesse : maquillage des yeux prononcé, régimes amincissants parfois responsables d'anorexies du vieillard, cours d'aérobic, chirurgie esthétique et séjours dans des centres de remise en forme pour ramener la paix intérieure, la beauté extérieure et le *sex appeal*. « Nous nous accrochons à l'idée que nous sommes toujours des "filles", dit Katharine Whitehorn, parce que nous n'avons pas d'autre solution de rechange, semble-t-il, que d'être de "vieilles peaux" » («Les vieilles n'ont pas de patrie»). Il existe d'autres termes pour désigner les femmes de cet âge, mais tous aussi peu séduisants : mémère, vieille sorcière, rombière et vieux tableau (encore que certaines de ces appellations soient aujourd'hui revendiquées par le mouvement des femmes et commencent à prendre un sens positif).

On dirait que l'ombre de la désagrégation progressive, l'ombre de la mort elle-même, rôde dans les parages, et les armes que brandit la femme pour la combattre sont tous ces flacons sur sa coiffeuse, ces visites à son coiffeur, ce désir frénétique de chercher un semblant de jeunesse. Elle utilise l'activité sexuelle, et parfois la recherche éperdue de l'orgasme, pour regonfler ses cellules, faire monter en flèche sa confiance en elle-même, tonifier ses muscles et s'imbiber d'hormones lui garantissant l'éternelle jeunesse. C'est un moyen pour arriver à une fin, une arme de plus dans son arsenal.

Dans une société où la valeur de la femme tient essentiellement au soutien qu'elle apporte à l'homme – produisant et élevant ses enfants, préparant ses repas, remontant son moral, montrant combien il est intelligent, riche et viril –, l'épouse de l'homme qui a réussi dans la vie est parfois utilisée pour prouver, par ses vêtements et ses bijoux, le prestige et la position sociale de son mari. Son vison, ses diamants, son bronzage acquis aux Seychelles, tout son style de vie affichent leur niveau de consommation et, ce faisant, la réussite du mari. Certaines femmes vieillissantes, coincées dans un mariage avec un homme ayant réussi comme des mouches dans de l'ambre, sont promenées dans de somptueux voyages d'affaires ou croisières professionnelles ou dans des séminaires où elles participeront à des « activités féminines » et apporteront un lustre supplémentaire à l'image de leur époux. La présentation de la femme en tant qu'objet sexuel désirable fait partie de la joute élaborée à laquelle se livrent les hommes pour la reconnaissance de leur statut. Si la femme est trop portée sur l'alcool ou les tranquillisants, ou incapable d'une façon ou d'une autre de remplir convenablement ce rôle, elle sera éventuellement remplacée par une créature plus jeune.

Mais, bien sûr, la plupart d'entre nous ne vivent pas ainsi et se heurtent à une série de problèmes très différents liés à l'âge. Beaucoup de femmes cessent de travailler et vivent d'une retraite modique qui les oblige à mûrement peser chaque dépense. Elles peuvent être seules, parfois pour la première fois depuis très longtemps, après la mort de leur partenaire, ou elles le soignent s'il est malade. Le processus naturel de vieillissement freine certaines activités mais en ouvre d'autres aux femmes qui sont prêtes à les rechercher. La femme qui limite son rôle aux seules responsabilités domestiques sera incapable d'utiliser de façon créatrice ses nouvelles possibilités, parce que, ses enfants partis et son mari à la retraite, elle est dépouillée du seul rôle qu'elle a jamais eu. Elle se sent seule, socialement isolée, et, comme personne ne semble avoir envie d'elle, elle devient de plus en plus dépressive et murée dans sa tristesse. Tout cela semble très éloigné de la sexualité, mais l'idée qu'une

Réajustements personnels

femme se fera de son corps et d'elle-même en tant qu'être sexuel découle du reflet qui lui est renvoyé par le regard des autres. L'image qu'elle aura d'elle-même est liée à ce reflet. Pendant toute sa vie, on lui aura appris, en tant que femme, à étudier ce reflet et à s'estimer en fonction de lui. Quand il lui dit qu'elle est vieille et non désirée, elle se sent complètement mise à l'écart et privée de sa vitalité.

Or il n'est pas obligatoire que les choses se passent ainsi. Une femme qui a consacré sa vie à s'occuper des autres se retrouve soudain avec un espace à elle qui lui permet de faire les choses qu'*elle* a envie de faire. S'il lui est difficile de s'initier au parachutisme ou à la planche à voile, elle peut décider de s'inscrire à des cours de yoga ou d'aller régulièrement à la piscine. Elle dispose enfin, dans sa vie, d'un espace personnel nouveau dont elle peut explorer les nouvelles possibilités : chercher ce qu'elle veut faire, apprendre de nouvelles techniques et développer celles qu'elle connaît déjà, rencontrer des gens différents et se faire de nouveaux amis, nouer des contacts avec d'autres personnes qui partagent son désir d'aider ceux qui en ont besoin et de créer une société meilleure, et *être elle-même*. Pour certaines femmes, vieillir et n'avoir plus à assumer les responsabilités plus directes du rôle parental, par exemple, signifie qu'elles sont libres d'explorer des aspects nouveaux de leur sexualité, qu'elles auront parfois longtemps niés. Une femme de cinquante ou soixante ans qui cherche une relation amoureuse avec une autre femme aura peut-être du mal à s'affirmer en tant que lesbienne, et elle risque de découvrir, le jour où elle s'y risquera, que le monde social des lesbiennes est plutôt jeune et de se sentir terriblement déplacée. Certaines d'entre elles, cependant, apprécient la présence de lesbiennes plus âgées parmi elles : « C'est agréable de voir dans la pièce des femmes de tout âge et de savoir qu'il y a toujours eu des lesbiennes et qu'il y en aura toujours. »

Hétérosexuelle ou lesbienne, la femme peut s'apercevoir, dans ce processus de découverte, qu'elle a maintenant une vie sexuelle parfaitement satisfaisante, sans avoir à se plier à la norme ou à atteindre un objectif. Les recherches de Masters et Johnson ont fait apparaître que l'activité sexuelle ne s'interrompt pas complètement avec l'âge, même si la proportion des rapports sexuels diminue souvent. Dans l'échantillon observé, sept couples sur dix ayant dépassé soixante ans étaient sexuellement actifs.

Les femmes elles-mêmes, parlant des changements survenus dans leur sexualité à mesure qu'elles vieillissaient, soulignent souvent que les rapports sexuels sont moins « urgents », et qu'ils constituent bien plus l'expression de ce que chaque élément du couple signifie pour l'autre, la joie des souvenirs partagés, le même sens de l'humour – autant de facteurs qui jouent un rôle majeur dans la sexualité de partenaires de longue date dont la relation de couple a été bonne. Le souvenir du désir, le rayonnement printanier des premières étreintes et l'étonnement à la fois aigu et doux de la jouissance peuvent se patiner et perdre de leur vivacité sur une toile de fond plus haute en couleur, selon le lieu et le moment. Une femme âgée parlait de sa lune de miel en Autriche. Elle était profondément, passionnément amoureuse : « Je ne me rappelle rien de cette nuit-là, avouait-elle, mais Salzbourg, ô combien ! »

Or, pour certaines femmes, la vie sexuelle s'améliore nettement avec l'âge. Un médecin qui dirige une clinique de conseil sexuel en Australie cite le cas d'une femme anorgasmique pendant ses deux mariages, qui commença à avoir des relations extra-conjugales à l'âge de soixante-douze ans et éprouva son premier orgasme à soixante-quatorze ans.

Blodwen a soixante-neuf ans. Elle dit que ses rapports sexuels sont devenus plus satisfaisants. Lorsqu'elle était jeune, elle avait toujours envie que le pénis de l'homme se retire d'elle dès qu'elle avait joui. Maintenant, elle apprécie que le pénis de son partenaire reste en elle et éprouve un second orgasme. Les sensations sont moins intenses mais se prolongent davantage. « Avant, vous auriez donné n'importe quoi, votre vie presque, pris n'importe quel risque pour cet instant d'extase, dit-elle. Maintenant, vous savez qu'il est éphémère. » Mais cela ne l'empêche pas de savourer sa nouvelle relation sexuelle comme elle n'aurait jamais pu le faire en d'autres temps.

A propos des femmes de plus de soixante-dix ans, Masters et Johnson déclarent que deux choses comptent pour elles : une bonne santé et « un partenaire intéressé et intéressant ». Le problème, pour la femme, est de trouver ce partenaire. Nous vivons environ huit ans de plus que les hommes. Quand nous nous marions, nos maris ont en général quelques années de plus que nous. Donc, même si une femme jouit d'une bonne santé, la seconde condition – le partenaire intéressé et intéressant – n'est pas toujours remplie. La majorité des femmes survivent de onze ans à leur mari, et dans la population âgée de plus de soixante ans on compte quatre femmes pour trois hommes.

Il est cruel de conseiller aux femmes d'avoir des rapports sexuels pour se maintenir en bonne santé, ne serait-ce que parce que beaucoup d'entre elles, par choix ou par obligation, doivent vivre sans homme. L'accent mis sur l'activité sexuelle comme condition *sine qua non* de la sexualité fait que la masturbation est considérée comme une sorte de recours de deuxième ordre. Or beaucoup de femmes âgées aiment se masturber, et certaines le font pour la première fois quand elles sont veuves. Tout en disant aux femmes qu'elles ont *besoin* de rapports sexuels, on leur refuse le droit à la sexualité. La vie sexuelle des personnes vieillissantes est jugée étrange, risible, souvent répugnante et obscène. Une psycho-thérapeute, spécialisée dans les problèmes sexuels, dit :

La négation de la sexualité de la fin de la vie a un effet destructeur qui va bien plus loin que ses répercussions négatives sur la vie sexuelle de la personne vieillissante et sur l'image qu'elle aura d'elle-même. Elle complique et déforme les relations interpersonnelles. Elle crée de graves conflits entre les enfants et les parents veufs ou divorcés qui pensent à se remarier... Dans la mesure où notre société définit l'intérêt et l'activité sexuels des personnes âgées comme des comportements déviants, les personnes qui continueront à avoir un appétit et des activités sexuels en souffriront, si bien que non

Vieillir n'est pas synonyme d'inactivité ou d'immobilité – c'est une période où l'on découvre de nouveaux aspects de soi.

seulement la sexualité, mais la relation de mariage dans les dernières décennies de l'existence peuvent s'en trouver affectées (Dr Elsie Koadlow, « Sexuality and the elderly »).

La sexualité avouée dans la vieillesse a bien plus de chance d'être refusée aux femmes qu'aux hommes. On admirera un homme aux cheveux argentés comme Lloyd George pour la fringale sexuelle dont il fit preuve pendant sa vieillesse. Si un homme a assez de pouvoir, ou assez d'argent pour lui donner ce pouvoir, personne n'y trouve rien à redire. Mais qu'une femme du même âge cherche à exprimer sa sexualité, c'est comique ou indécent, voire très dangereux pour les jeunes.

Notre culture soumet les femmes à une double contrainte. On leur dit qu'elles doivent avoir des rapports sexuels et des orgasmes pour rester jeunes. Mais on leur apprend aussi qu'il est ridicule de vouloir avoir une relation sexuelle ou d'exprimer leur sexualité à mesure qu'elles vieillissent. On ne déguise pas une vieille haridelle en jeune pouliche. Il ne nous reste qu'une solution : nous mettre un bonnet de dentelle sur la tête et jouer les adorables grand-mères. Mais on ne parvient pas à la sérénité intérieure lorsqu'elle est imposée du dehors.

Même si l'on ne confine pas la femme de plus de soixante ans dans son fauteuil à bascule, on laisse souvent entendre qu'elle doit être capable de s'effacer et de ne pas se laisser aller à ses émotions. Être « raisonnable », c'est ne pas être « excessive », c'est voir les choses en perspective (quoique toute perspective dépende obligatoirement de l'endroit où l'on se trouve à un moment donné). Vieillir, c'est :

> Fermer délibérément
> Ses sens au printemps
> Parce que ses artifices
> Ramèneront obligatoirement décembre ;
> Fuir même les contreforts de l'amour,
> En craignant d'atteindre la crête
> De la joie, et de ne voir au loin
> Aucun autre choix que de descendre
> Ces pentes ingrates
> Si voisines du chagrin
> (Jan Struther, « To Grow Old »).

Ce n'est pas obligé. Le nouvel espace disponible dans la vie de la femme peut offrir autre chose. Il lui donne l'occasion de chercher à vraiment se connaître et de comprendre autrement les aspects non génitaux de la sexualité. Si l'accent n'est plus mis exclusivement sur les rapports sexuels en tant que raison d'être et aboutissement de la sexualité, la femme prend conscience de toute la richesse offerte par d'autres modes d'expression créatrice qui découlent de l'énergie sexuelle, mais dont on oublie souvent de voir qu'ils sont liés au sexe : la chaleur d'une relation avec une personne que nous aimons profondément, l'affection entre amies intimes, le fait d'être autorisée à pénétrer dans les sentiments d'un autre être humain par la confiance qu'il nous accorde quand les barrières qui nous séparent ont disparu et que nous nous retrouvons face à face, l'énergie ravivée par un travail de création exigeant dans lequel nous nous investissons totalement, l'émotion profonde et le pouvoir intérieur qui affluent pour affirmer la vie au lieu de la nier.

Une femme qui a perdu son mari il y a quelques années me disait que, lorsqu'elle avait pris son petit-enfant nouvellement né dans ses bras, elle s'était sentie envahie par une émotion aussi intense que ce que nous croyons être, habituellement, une émotion sexuelle : « J'ai soudain pensé : "Voilà à quoi servent mes bras." » Il y a des femmes qui découvrent la peinture, qui s'engagent avec passion dans la défense d'une cause, qui acquièrent de nouveaux savoir-faire et façons d'être par lesquels elles expriment toute leur expérience de la vie. Elles semblent extrêmement rares, et celles auxquelles nous pensons se détachent comme des êtres d'exception, parce que notre culture occidentale rejette habituellement les vieilles femmes.

Lorsque des femmes âgées m'ont parlé de leur sexualité, elles ont insisté sur le fait que l'idée de « performance », vue dans la perspective de l'âge, perd sa validité et que les relations sexuelles sont soumises à une nouvelle évaluation. Certaines femmes disent que, lorsqu'elles repensent à la vie qu'elles ont vécue, elles constatent souvent que ce qui est considéré en général comme l'aboutissement de la sexualité – le besoin d'un homme et la formation d'un couple – les a rendues très dépendantes, et que cette dépendance a défini le schéma de toute leur existence jusqu'à ce jour. C'est seulement en vieillissant qu'elles étaient capables de s'affranchir de cette dépendance et d'avoir d'elles-mêmes et du sens de leur vie une vue lucide et sans complaisance.

Cette tâche, souvent pénible, donne parfois un nouvel élan vital à la relation de couple, et, quand la femme se retrouve seule, ou choisit de l'être, elle exprime sa vitalité d'une façon neuve, dénuée d'inhibitions et profondément satisfaisante.

Comment se nourrir quand on vieillit

Une femme âgée vivant seule laisse parfois son régime alimentaire se dégrader. Il est bien plus simple en effet de se faire une tasse de thé et une tartine de pain et de beurre que de préparer une salade, et elle pensera parfois que ce n'est vraiment pas la peine de se donner le mal de faire la cuisine si personne n'est là pour partager le repas. Or la nutrition est extrêmement importante chez les personnes âgées. Plutôt que de grignoter toute seule, vous pouvez inviter une amie à prendre régulièrement un ou plusieurs repas chez vous. Si vous ne cultivez pas vos légumes ou si vous n'avez personne qui puisse vous approvisionner en produits frais du jardin, ou si vous avez des difficultés à faire vos courses, un apport supplémentaire de vitamines est recommandé.

Sexualité et nutrition

La vitamine B. On la trouve dans les céréales complètes, les cacahuètes, le foie, le jaune d'œuf, le lait, les légumes verts, les racines et les fruits. Les personnes âgées en manquent parfois en raison d'une alimentation dépourvue d'aliments excitants et à base de produits excessivement raffinés. Vous pouvez prendre chaque jour deux cuillers de levure de bière ou de germe de blé (sur des pruneaux, dans du porridge ou du muesli, par exemple), ou des comprimés de vitamine B. Si vous manquez de vitamine B, vous êtes déprimée, vous dormez mal, vous êtes épuisée et tendue. Les signes précurseurs d'une carence sont la fatigue et le fait que vous soyez incapable de rassembler l'énergie nécessaire pour faire quoi que ce soit, et encore moins l'amour. Comme le corps ne stocke pas la vitamine B, il faut en prendre tous les jours. Si vous dormez mal, un apport quotidien de vitamines B associées est à conseiller.

La vitamine C. On la trouve dans les légumes et les fruits frais, surtout dans les agrumes. Elle peut être éliminée si vous absorbez de trop grandes quantités de café et de thé, ainsi que de l'alcool. Si vous êtes sous antibiotiques, il vous faut un apport complémentaire de vitamine C. Lorsque vous manquez de vitamine C, vous vous sentez sans énergie et tendue, et vous pouvez attraper des rhumes et des infections virales. Vous ne courez aucun risque d'hyper-vitaminose, car la vitamine C n'est pas stockée dans le corps et il vous en faut tous les jours. C'est pourquoi il peut être utile d'en prendre.

Les vitamines A et D. Leurs effets se combinent pour conserver leur solidité aux os, aux dents et aux ongles, pour vous faire une belle peau et de beaux cheveux et pour résister aux infections. Si vous manquez de vitamines A et D, votre peau et vos cheveux sont en mauvais état, vos os et vos ongles se fragilisent, et vous attrapez facilement des rhumes et autres maladies. Une excellente source de vitamine D – la vitamine provenant des rayons solaires sur la peau – est l'huile de foie de morue. On en trouve en petite quantité dans le lait. La vitamine A est présente dans les légumes à feuilles, le foie, le lait, les poissons gras, comme le saumon, le hareng et le maquereau, dans le jaune d'œuf, les fruits et certaines racines. Il existe des risques d'hypervitaminose avec ces deux vitamines, aussi consultez votre médecin ou toute autre personne spécialisée si vous jugez que des capsules de vitamines A et D seraient les bienvenues.

La vitamine E. Elle aide à conserver l'élasticité de la peau et, avec la vitamine C, favorise la cicatrisation. C'est une des vitamines dont on vante les mérites en cas d'arthrite. On la trouve dans le soja, les graines de tournesol et de sésame, et les légumes verts.

Le traitement et la conservation des aliments privant souvent ceux-ci de leurs vitamines, il n'est pas mauvais d'absorber quotidiennement un comprimé de multivitamines.

L'âge apporte parfois des incapacités physiques qui vous empêchent d'exprimer votre sexualité. Des membres raides, le mal au dos, les difficultés d'audition et de vision, la perte du goût et de l'odorat font que vous aurez besoin d'adapter votre façon de faire l'amour, comme je l'indique aux p. 179-181. Mais l'inconvénient le plus gênant de tous peut être l'incontinence d'urine. Cela commence par une incontinence de « stress » ; vous évacuez un peu d'urine, par exemple en toussant, en éternuant ou en riant. Cela signifie que les

L'inconti-nence

muscles du périnée sont en mauvais état. Il est très important pour la femme de plus de soixante ans de pratiquer régulièrement des exercices du périnée pour conserver la tonicité de ces muscles. (Ces exercices sont décrits aux p. 55-57.)

Si vos muscles ne réagissent plus, demandez à votre médecin de vous indiquer un physiothérapeute qui s'assurera que vous effectuez correctement les mouvements, et qui pourra aussi vous proposer un traitement par l'électricité. Cela consiste en un léger stimulus électrique appliqué sur les muscles en cause, qui déclenche une contraction automatique. Cette contraction sert de point de départ à de futurs exercices, et il suffit parfois d'une seule séance pour modifier spectaculairement l'état des muscles. Toutefois, ce n'est pas une simple gymnastique qui résoudra le problème. Il est beaucoup plus efficace d'apprendre à ces muscles à s'exprimer, de la même façon que s'expriment ceux de la bouche, et de les utiliser d'une façon très voisine.

8. Résoudre les problèmes

Les différences dans le désir

Il est normal que deux êtres humains vivant une relation sexuelle constatent des différences dans le désir qu'ils ont l'un de l'autre. L'extraordinaire serait en effet qu'ils éprouvent toujours exactement les mêmes sentiments et que les mouvements de leur libido soient synchronisés.

Ces différences, dans une relation hétérosexuelle, étaient peut-être moins marquées autrefois ; il était entendu que l'homme prenait l'initiative et que la femme y répondait. Si votre seule et unique tâche consiste à rester disponible et à montrer que vous prenez plaisir à ce qui se passe, rien ne vous oblige à faire semblant d'être excitée. Et comme vous n'avez pas à prouver votre excitation par une érection, il vous suffit de montrer que vous êtes consentante. Toutefois, si vous êtes censée être une femme sensuelle et pleinement épanouie, mais que c'est un des jours où « ça ne vous dit pas grand-chose », la tâche devient plus ardue.

Quand l'homme est perçu comme l'agresseur, toute manifestation d'une diminution de la libido peut être accueillie avec soulagement par la femme qu'il « laissera tranquille ». Les paysannes jamaïcaines me disaient souvent, lorsqu'elles évoquaient leurs relations avec leur partenaire : « Il me fiche la paix », appréciant habituellement cette indifférence qui les mettait à l'abri d'une grossesse.

Il arrive que ces inégalités dans le désir soient particulièrement mal vécues par des femmes ayant une relation avec une autre femme ; on s'imagine, en effet, que l'amour homosexuel garantit la plénitude et l'extase parfaites, parce que « deux femmes peuvent vraiment se comprendre ». C'est parfois vrai, mais, quand une femme a plus souvent envie de faire l'amour que sa compagne, le problème se pose avec encore plus d'acuité, semble-t-il, qu'entre un homme et une femme.

Deux partenaires qui recherchent l'harmonie et la « fusion » totales exigent beaucoup d'eux-mêmes et l'un de l'autre. L'appétit *Surcharger le rôle du sexe*

sexuel devient alors la preuve de leur amour et de leur tendresse, et le manque de désir est ressenti comme un rejet pur et simple.

Dans notre culture axée sur le sexe, nous avons placé la sexualité sur un tel piédestal que nous en avons fait le test d'une relation de couple, comme si, en son absence, le lien unissant deux êtres humains ne pouvait être solide. Or beaucoup de couples finissent par accepter ces différences dans le désir et par s'en accommoder, refusant de les laisser démolir leur relation. C'est parfois très difficile dans notre culture ; la pression est telle, en effet, que si des difficultés de cet ordre ne sont pas résolues, nous pensons qu'il y a quelque chose de fondamentalement faussé dans un couple. Les magazines et les livres nous bombardent de conseils pour trouver la racine du mal et l'éliminer – en partant souvent du principe que l'homme, de par sa nature, « a besoin » de rapports sexuels et qu'une relation de couple ne peut que se lézarder si la femme ne satisfait pas ses appétits.

Certains couples peuvent créer un *modus vivendi* d'un type différent. Si les deux partenaires s'en accommodent, l'un ou l'autre peut avoir des liaisons à l'extérieur, ou ils peuvent accueillir une troisième personne dans leur couple et élargir leur relation. Beaucoup de couples, néanmoins, jugent cette solution peu satisfaisante. Ils peuvent alors décider que l'un donnera du plaisir à l'autre sans simuler une excitation factice, simplement parce qu'il y a de l'amour et de la tendresse dans leur relation. Un des partenaires peut se masturber pour relâcher sa propre tension sexuelle, et tous deux préféreront souvent un contact physique et être dans les bras l'un de l'autre à l'acte sexuel proprement dit.

L'important, c'est de définir ce que vous attendez vraiment de l'autre. La sexualité représente souvent pour nous quelque chose que nous demandons et qui n'est pas directement lié à ce qui se passe dans notre appareil génital. On regroupe sous l'étiquette de difficultés sexuelles dans le couple des problèmes d'un tout autre ordre. Si vous souhaitez avoir des rapports sexuels plus fréquents, c'est peut-être parce que vous manquez de contacts physiques avec l'autre personne, que votre partenaire n'a jamais assez de temps à vous consacrer, ou que, lorsque vous êtes ensemble, il ou elle pense à autre chose ; ou qu'il est tout simplement « ailleurs ».

Une relation passe par des périodes, plus ou moins longues, où nous sommes bien obligées de reconnaître que l'émotion est axée ailleurs, qu'elle doit se reporter sur notre travail ou sur une autre personne, un enfant ou un parent par exemple, qui a besoin de nos soins. Autant d'éléments indissociables d'une relation qui ne veut pas se limiter à la rencontre superficielle des corps ou à la satisfaction de la pulsion sexuelle.

Mais il peut y avoir aussi des moments où nous savons que notre indifférence sexuelle traduit un malaise. Beaucoup de petits maux physiques diminuent notre libido tout simplement parce qu'ils nous dépriment et nous fatiguent. Si nous avons des problèmes, nous serons incapables de nous concentrer sur les rapports amoureux, même si nous les utilisons souvent comme dérivatif. De la même façon qu'une rage de dents ou un mal de gorge refroidissent nos ardeurs, des soucis matériels ou familiaux, des problèmes de travail et d'autres préoccupations se répercutent sur notre appétit sexuel et sur son expression.

La libido, comme l'appétit pour la nourriture, subit les effets du stress, de l'anxiété et de la dépression. Lorsque nous utilisons notre énergie émotionnelle pour faire face au stress, les rapports sexuels deviennent parfois une manière de nous changer les idées afin de nous détendre ou de dormir, ou nous nous sentons trop épuisées pour avoir envie de quoi que ce soit.

Nos sentiments sexuels reflètent et expriment d'autres choses qui habitent notre esprit et notre vie en général. Si les rapports sexuels constituent pour un couple le seul point de rencontre, ou le principal, les partenaires finiront par s'apercevoir que toute synchronisation entre leur désir a disparu, et ils se sentiront blessés ou anxieux parce qu'ils n'arriveront pas à comprendre pourquoi l'autre semble avoir une attitude de rejet. Même dans un couple intimement fusionné, les partenaires ne comprennent pas toujours que les soucis qui préoccupent l'autre s'interposent avec le désir sexuel ou la capacité d'exprimer ce désir.

Il ressort clairement de ce que les femmes m'ont dit que, lorsque la communication est bonne dans tous les autres domaines de la vie du couple, les problèmes d'ordre sexuel sont beaucoup plus rares. Si l'activité sexuelle est isolée de son contexte, séparée de tout ce qui a un retentissement quelconque sur nous, alors surgissent l'incompréhension et les différences évidentes de désir entre les deux partenaires, produisant des variations qu'ils ne savent expliquer et qui seront interprétées comme des signes de perte d'amour ou de rejet pur et simple.

Les effets du stress

On a usé et abusé du mot « stress ». On a même fini par y voir la source de presque toutes les maladies dont puisse souffrir un être humain. Or le stress est une composante normale de la vie, et sans lui il n'y aurait aucun élan, rien qui nous inciterait à bouger, à nous remuer, à faire que les choses soient différentes. Les gens recherchent le stress pour ajouter du piquant à une existence qui serait, autrement, plate et assommante. Lire des romans à suspense, voir des films d'horreur, jouer au loto, escalader des montagnes, parier aux courses, soutenir un club de football, faire le grand huit à la foire, rester cloué devant des jeux télévisés où l'on gagne une voiture, un réfrigérateur, un complet-veston ou un séjour pour deux personnes à Tahiti, boursicoter – et même, pour certaines d'entre nous, jouer les as du volant –, autant de façons d'introduire un supplément de stress dans notre vie, ainsi que le piment d'un pari avec l'inconnu, parfois avec la mort.

Il existe néanmoins, chez chaque individu, un seuil de tolérance, et, si nous le franchissons, nous avons le sentiment d'être prêtes à craquer. De plus, le niveau de stress qui nous convenait à vingt ans se révèle parfois insupportable à cinquante. Ou encore, les types de stress auxquels nous serons capables de faire face et de prendre plaisir varieront du tout au tout avec l'âge.

Même générateur de stress, un travail intense ne s'accompagne pas obligatoirement de répercussions négatives sur l'activité sexuelle. Il peut apporter un sentiment de réalisation qui stimule l'ego et ajoute un plaisir du sexe. Mais nous l'utilisons parfois pour fuir l'intimité et pour éviter de nous engager émotionnellement. Le travail peut ainsi servir de fuite, parce que l'activité sexuelle porte en elle l'éventualité douloureuse d'un rejet ou d'un échec, et que la personne est trop vulnérable, trop mise à nu pour y faire face. Se jeter à corps perdu dans le travail et faire ce qu'on sait pouvoir réussir est une manière de camoufler cette vulnérabilité.

Nous ne devons pas nous arrêter à nos difficultés sexuelles, mais explorer nos sentiments à l'égard de nous-mêmes et de nos relations.

Si vous vous sentez sexuellement rejetée, demandez-vous s'il existe dans votre relation avec votre partenaire quelque chose qui puisse lui paraître menaçant. Peut-être craint-il, sans l'exprimer, d'être rejeté par vous, ou de ne pas se montrer à la hauteur de vos attentes (des attentes tout à fait imaginaires, parfois, et qu'il se sera imposées). Pensez aussi aux périodes où c'est *vous* qui avez fui cette intimité – pas obligatoirement d'ordre sexuel – avec une autre personne et

Le sentiment de rejet

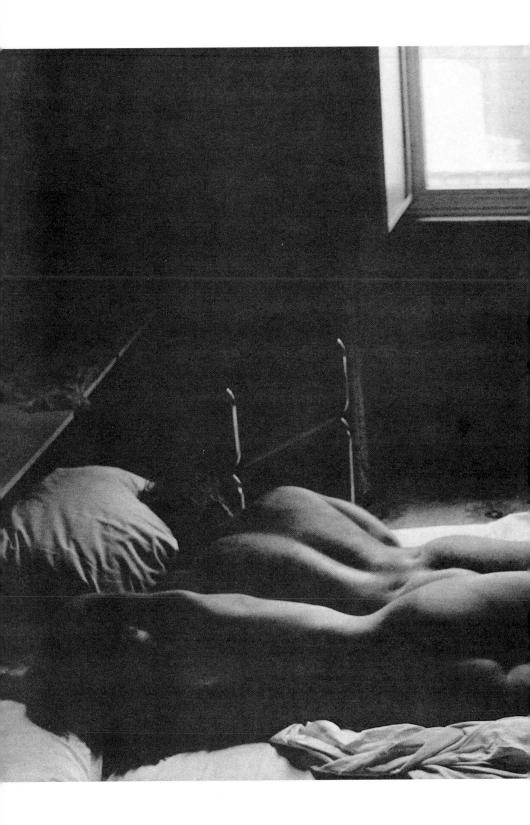

Les sentiments érotiques affluent plus facilement quand nous nous sentons confiantes, en sécurité, détendues...

refusé de vous révéler entièrement de peur d'être blessée. Et demandez-vous alors comment vous pourriez apporter à votre partenaire un appui émotionnel qui l'aide à développer sa confiance en lui. Le fait de réfléchir à tout cela peut amorcer chez un couple une discussion des sentiments de rejet et d'échec qui constituent parfois la racine du problème. Il est important qu'un des deux partenaires puisse dire à l'autre : « Je me sens obligé de faire l'amour et j'ai encore plus de mal à être spontané », ou même : « Je ne veux pas faire l'amour parce que tu as l'air si heureux et si reconnaissant que j'ai le sentiment que je te dois bien ça ; simplement, en ce moment, je n'en ai pas envie. » Il peut également être important de pouvoir dire : « Tu n'es pas obligé de me prouver que tu m'aimes en jouissant, mais j'ai besoin de contact physique, que tu me prennes dans tes bras et que tu me serres contre toi. »

Il arrive que ce sentiment d'échec ait une origine extérieure, par exemple parce que l'un des partenaires ou les deux se battent pour rien dans leur travail, se sentent « utilisés » par leurs collègues, ou effectuent un travail sans gloire et peu gratifiant dans lequel il est difficile de s'accomplir, notamment les tâches domestiques. Le sentiment que, quoi que nous fassions, nous manquons d'efficience et que notre travail n'est pas reconnu entame le sentiment que nous avons de notre valeur personnelle, ce qui, en retour, se répercute profondément sur notre sexualité.

Il ne s'agit pas simplement de soucis de travail, bien sûr, mais de tout ce qui fait naître un sentiment d'humiliation ; le fait d'être au chômage, de se sentir de trop, de partir à la retraite et d'avoir l'impression que plus personne n'a besoin de vous peut produire cet effet.

Tendresse et communication

Les sentiments érotiques font partie intégrante de notre personnalité tout entière. Ils affluent plus facilement quand nous nous sentons sûres de nous, en sécurité, détendues, et sont vite inhibés quand nous commençons à douter de nous-mêmes et nous sentons inquiètes et tendues. Masters et Johnson *(les Mésententes sexuelles)* ont montré comment le regard critique que nous portons sur notre appétit sexuel et ses performances, présidant tel un juge sur notre activité sexuelle, détruit la libido. C'est ce qu'ils appellent « glisser dans le rôle du spectateur ». En matière de sexualité, le doute de soi – la peur de l'échec, l'analyse de sa propre performance – tend à se solder par un échec, ce qui entraîne une nouvelle érosion de la confiance, et c'est pourquoi un couple a besoin de parler de ses sentiments réels et de ce que chacun cherche dans l'autre.

La communication n'ouvrira pas toujours les vannes de la passion, mais elle met sur la voie de la tendresse, de l'attention, de l'amour qui sait reconnaître la réalité et le caractère unique de l'autre, et, tandis que les deux partenaires laissent les tensions s'effacer et communiquent, échangent, le ressentiment et les reproches font place à la compréhension.

Les douleurs vaginales

Beaucoup de femmes éprouvent un jour ou l'autre des douleurs vaginales, qu'il s'agisse d'irritation ou d'inflammation. Elles sont parfois dues à des rapports sexuels passionnés qui endolorissent ces tissus délicats. Au tout début d'une relation sexuelle, la technique défectueuse du partenaire peut en être responsable, ou encore ses poussées trop violentes qui ne tiennent aucun compte des réactions de la femme. Il est évident que le traitement consistera alors à mettre les choses au clair et à fermement spécifier ce que vous voulez ou ne voulez pas.

L'inflammation du vagin, ou vaginite, résulte souvent aussi d'une infection mineure. Au fil des siècles, les femmes du monde entier ont mis au point leurs propres traitements de ces affections. Vous aurez peut-être envie d'essayer l'un ou l'autre de ces vieux remèdes naturels avant de consulter un médecin. Mais ils seront insuffisants en cas d'inflammation aiguë, et, si votre vaginite peut avoir pour origine une maladie sexuelle transmissible, voyez sans attendre votre médecin, car vous aurez absolument besoin d'un antibiotique.

Les traitements naturels commencent à agir au bout de sept jours environ d'une application régulière.

Les traitements naturels

Dans le cas d'une inflammation causée par des levures (candidose) et prise à ses débuts, le yaourt nature donne parfois de bons résultats. Vous pouvez l'introduire dans le vagin en utilisant le cylindre en carton ou en plastique qui accompagne certains tampons périodiques. Tirez un peu le tampon afin de créer, entre son extrémité et celle de l'applicateur, un espace que vous remplissez d'un peu de yaourt. Insérez ensuite le tampon dans le vagin, puis retirez-le en laissant le yaourt en place. Vous pouvez laisser le tampon un petit moment, mais pas plus de quatre heures environ, sinon vous risquez un choc toxique dû à l'infection. Si le tampon reste trop longtemps en place, la réaction bactérienne crée des toxines qui sont absorbées par la paroi vaginale et vont dans le sang. Vous pouvez aussi aspirer une petite quantité de yaourt dans une paille coudée et l'insérer dans le vagin en pressant la paille.

On peut utiliser aussi une gousse d'ail épluchée enveloppée dans une fine gaze stérile (pour l'extraire facilement). Elle doit être remplacée toutes les quatre heures par une nouvelle gousse.

Vous pouvez également irriguer votre vagin avec une décoction de plantes et imprégner une protection périodique de la même préparation, qui aura ainsi un effet externe. Un vieux remède consiste en une solution de fleurs de souci (calendula) séchées. Faites infuser une grande tasse à petit déjeuner de fleurs de souci dans un demi-litre d'eau bouillante pendant quinze minutes. Passez et diluez avec de l'eau bouillie pour obtenir un litre. Gardez au réfrigérateur dans un récipient couvert.

Si ces médicaments domestiques restent sans effet au bout d'une semaine, allez voir votre médecin. Il vous prescrira sans doute un antibiotique.

Vaginite de la post-ménopause

L'irritation du vagin après la ménopause résulte de la disparition naturelle des œstrogènes une fois que la femme a terminé sa phase de reproduction. Le vagin s'assèche et les rapports sexuels deviennent douloureux. L'application d'une crème à base d'œstrogènes peut alors être utile. Ce genre de crème entraîne moins d'effets secondaires que le traitement hormonal administré par voie orale, mais il vous faudra une ordonnance. Vous n'aurez sans doute pas à l'utiliser pendant de longues périodes, le corps de la femme ménopausée continuant à produire de la testostérone, qui elle-même sécrète des œstrogènes.

Trouver la vraie raison

Certaines femmes éprouvent des douleurs vaginales sans raison physique apparente.

La première chose à faire, si c'est votre cas, est de consulter un médecin qui vous fera un frottis pour voir si vous souffrez d'une infection. Celle-ci pourra être soignée avec une crème et des pessaires, accompagnés parfois d'un antibiotique absorbé par voie orale.

Si l'on vous dit que tout va bien mais que vous savez, vous, que c'est faux, vous n'aurez plus qu'à vous livrer à un véritable travail de détective pour déceler la cause du trouble. Commencez par noter chaque moment où vous avez mal. Cela pour vous aider à découvrir *pourquoi* la douleur surgit à un moment précis. Car une vaginite est souvent l'expression de sentiments conflictuels.

Une femme, par exemple, souffrait de vaginite aiguë seulement pendant le week-end, quand elle se retrouvait seule dans sa chambre. Chez une autre, le mal se déclenchait au milieu de l'après-midi, avant le moment où elle quittait son travail pour rentrer chez elle retrouver un partenaire avec qui elle détestait avoir des rapports sexuels. Une autre savait que sa mère ne supportait pas son ami, et elle éprouvait de telles douleurs qu'elle était, physiquement, incapable de faire l'amour. Dans ce cas précis, la vaginite disparut lorsque la femme se sentit assez forte pour refuser de mentir et dire à sa mère qu'elle partait en vacances avec son amant.

Certains psychothérapeutes pensent que les vaginites apparaissent essentiellement quand une femme est en colère contre son partenaire mais ne veut pas le reconnaître (Joan Woodward, « The diagnosis and treatment of psychosomatic vulvovaginitis »). Cette colère reste souvent camouflée. Une femme qui avait eu une relation incestueuse avec son père avait terriblement peur d'avoir, si elle concevait, une fille qui pourrait à son tour avoir une relation analogue avec le sien. C'est seulement lorsqu'elle fut capable de parler de ces craintes que sa vaginite commença à guérir. Une femme mariée depuis peu, qui en voulait énormément à son mari, disait qu'elle voulait rentrer chez son père, où elle se sentait « en sécurité ». Après avoir pris conseil auprès de psychologues, elle décida de parler à son mari de tout ce qui la troublait, et ils décidèrent de faire l'amour sans pénétration.

Sa vaginite disparut en quelques mois et ils commencèrent à prendre plaisir aux rapports sexuels.

Il n'est pas étonnant que notre esprit affecte notre corps. Si vous souffrez de douleurs vaginales et qu'aucun trouble organique n'en soit la cause, interrogez-vous sur le message que vous communique ainsi votre corps. Vous pouvez continuer à éprouver ces symptômes, ou bien essayer de découvrir *pourquoi* ils sont là. Si vous réussissez à identifier la raison de votre réaction, il vous faudra parfois, à partir de cette prise de conscience, résoudre une difficulté dans une relation qui a besoin d'évoluer. Cela peut être très difficile, bien sûr, mais certainement plus efficace que de recourir à des crèmes et à des médicaments pour essayer d'éliminer des symptômes dont vous ne comprenez pas la cause.

Le vaginisme

Certains « dysfonctionnements », ou anomalies, sexuels tiennent simplement au fait qu'une femme ou un homme n'aiment pas certaines pratiques sexuelles. Nous n'irions pas dire que les gens souffrent d'anomalies alimentaires s'ils n'aiment pas les huîtres ou devaient se forcer pour en manger. Dans une certaine mesure, il en va de même des rapports sexuels.

Le vaginisme est une contracture spasmodique des muscles entourant le vagin, qui rend les rapports sexuels douloureux ou impossibles. Si vous n'aimez pas les rapports buccaux, personne ne peut vous accuser de dysfonctionnement sexuel. Mais si vous n'aimez pas la pénétration, ou si vous ne l'aimez qu'occasionnellement et préférez d'autres façons de faire l'amour, un médecin, un conseiller conjugal ou un psychothérapeute a toutes les chances de vous annoncer que vous souffrez de vaginisme clinique. Et vous d'être persuadée que quelque chose ne va pas chez vous.

Diagnostiquer un « dysfonctionnement »

Une sexologue américaine qui fait autorité, Helen Singer Kaplan, écrit à propos du vaginisme :

Sur le plan anatomique, les organes génitaux d'une femme souffrant de vaginisme sont normaux. Toutefois, lorsqu'il y a tentative de pénétration, l'ouverture vaginale se referme brutalement, et de façon si étroite que les rapports sexuels sont impossibles... Outre le spasme primaire de l'orifice vaginal, les patientes souffrant de vaginisme présentent habituellement aussi une phobie du coït et de la pénétration vaginale (*la Nouvelle Thérapie sexuelle*, chap. 20).

Ce que dit Helen Singer Kaplan, c'est qu'une femme rangée dans cette catégorie ne veut pas de pénis dans son vagin, et que si quelqu'un essaie de la pénétrer malgré tout, elle contracte ses muscles pour le « fermer ». Le Dr Kaplan poursuit ainsi :

La peur de la pénétration

Beaucoup de femmes qui viennent se faire soigner pour vaginisme présentent des réactions sexuelles. Elles peuvent éprouver l'orgasme à partir de la stimulation du clitoris, prendre plaisir aux jeux préliminaires et rechercher les contacts sexuels – tant que cela n'aboutit pas aux rapports sexuels proprement dits.

Nous avons donc une femme sexuellement active et qui réagit aux simulations, qui a des orgasmes, mais qui n'aime pas la pénétration. La situation ne devient un « problème » que lorsque la femme ou son partenaire pensent qu'il *doit* y avoir pénétration et que celle-ci est le point d'aboutissement obligatoire de leurs rapports amoureux. C'est parce qu'on définit ainsi les rapports sexuels qu'une femme qui ne les apprécie pas est taxée de vaginisme.

Les gynécologues diagnostiquent souvent les cas de vaginisme lorsqu'ils procèdent à un examen de la région pelvienne. Masters et Johnson décrivent comment ils concluent à l'existence d'un vaginisme :

Lorsque le thérapeute s'approche pour examiner attentivement les organes génitaux externes, [les femmes] se glissent vers l'arrière de la table gynécologique et leurs pieds quittent les étriers, tandis que leurs cuisses se resserrent devant la menace d'un regard ou d'un geste vers le vagin (*les Mésententes sexuelles*, p. 235).

Beaucoup de femmes s'apercevront qu'elles ont présenté des symptômes de vaginisme pendant un examen pelvien. Des objets de métal froid qu'insèrent en vous des mains étrangères n'ont rien de particulièrement plaisant. Les femmes qui contractent les muscles de leur vagin dans un réflexe à cette situation sont souvent très heureuses d'avoir en elles des doigts ou un pénis lorsqu'elles font l'amour. Par ailleurs, certaines femmes se contractent aussi pendant les rapports sexuels et rendent la pénétration impossible. C'est parfois le cas lorsque la femme garde le souvenir d'un examen médical pénible et craint que le geste de son amant ne produise le même effet. Ou bien si les rapports reprennent trop tôt après l'accouchement, quand la femme est encore endolorie par les points de suture, ou après un accouchement traumatisant qui est encore trop frais dans son souvenir.

En fait, beaucoup de femmes laissent l'homme « faire ce qu'il veut » au lieu de protester, et si leur corps réagit d'une manière qui prouve que la pénétration ne leur procure aucun plaisir, elles se sentent coupables et honteuses. Les femmes abandonnent souvent ainsi leur corps parce qu'on les a conditionnées à croire que l'homme ne doit jamais être frustré, sinon il ira chercher son plaisir ailleurs. Elles peuvent croire sincèrement qu'elles désirent être pénétrées mais découvrir que leur corps, en quelque sorte, les trahit. C'est comme si une relation humaine aimante entre un homme et une femme dépendait du plaisir de manger des huîtres ostensiblement manifesté à leur partenaire, ce qui ne les empêche pas d'avoir un haut-le-cœur en les avalant. Quels que soient vos goûts, et même si vous êtes un vrai gourmet lorsqu'il s'agit d'autres aliments, votre relation de

our résoudre ses difficultés, le couple doit prendre le temps d'analyser ce qu'il éprouve.

couple pèche obligatoirement puisque vous êtes incapable d'avaler une huître.

Les approches théoriques à l'égard du vaginisme

Les femmes qui croient souffrir de « dysfonctionnement » sexuel vont souvent consulter des conseillers conjugaux, des médecins, des psychiatres, des psychologues et autres psychothérapeutes spécialisés dans la sexualité, afin d'être « guéries ». Ces traitements donnent parfois des résultats réels – et coûteux. Il arrive même qu'on recoure à une intervention chirurgicale. Helen Singer Kaplan cite le cas d'une de ses patientes qui avait eu une périnéostomie (une incision destinée à élargir le vagin) ayant nécessité, lui avait-on précisé, soixante-quinze points de suture. Avant cette opération, elle n'avait jamais pu avoir de rapports sexuels, mais elle appréciait l'activité sexuelle et avait éprouvé des orgasmes multiples avec une stimulation du clitoris. L'opération lui avait permis d'avoir des rapports sexuels, mais elle était désormais incapable de parvenir à l'orgasme et avait perdu progressivement tout appétit sexuel, n'appréciant même plus la stimulation clitoridienne à laquelle elle prenait plaisir jusque-là.

La thérapie analytique part de la théorie que la femme, en raison de son envie du pénis, essaie inconsciemment de castrer l'homme avec les muscles de son vagin. Rien n'est jamais venu vérifier cette hypothèse. Bien qu'une femme puisse détester son partenaire ou lui en vouloir parce qu'il a plusieurs fois essayé d'avoir des rapports lorsqu'elle ne le souhaitait pas, cela ne prouve pas qu'elle éprouve une haine profonde et inconsciente pour tous les hommes et qu'elle essaie de se venger sur eux de son sentiment de castration.

Désensibilisation et techniques de « matraquage »

Les thérapeutes du comportement fondent leur traitement sur une désensibilisation systématique. Ils demandent à la femme de se relaxer, puis d'imaginer une situation pénible, en commençant à penser à un partenaire en train de se déshabiller d'abord, puis de s'approcher d'elle, puis d'entrer dans son lit, puis de présenter une érection, et ainsi de suite, le tout sans rien perdre de sa relaxation. Une fois qu'elle réussit à ne pas se contracter en évoquant ces situations imaginaires, on lui montre comment insérer dans son vagin des dilatateurs en plastique de taille croissante, en commençant bien sûr par les plus étroits.

Certains thérapeutes appliquent des techniques de « matraquage » – ou de soumission intense à un stimulus. Ils demandent à la femme d'imaginer la chose la plus terrible qui puisse lui arriver ; une fois qu'elle est capable de rester détendue tout en s'imaginant brutalement pénétrée par le pénis de son partenaire, on estime que son problème est bientôt résolu. Masters et Johnson, ainsi que d'autres sexologues utilisant une approche analogue, font dès le début participer le partenaire à la thérapie. Ils lui demandent d'enfiler des gants de caoutchouc et lui apprennent comment pratiquer un examen pelvien et insérer un dilatateur dans le vagin de la femme. Helen Singer Kaplan nous met néanmoins en garde :

... le fait que la femme soit devenue physiquement capable d'avoir des rapports sexuels ne garantit en rien qu'elle réagira automatiquement comme il convient à la stimulation sexuelle ; de la même façon, une fois que l'occasion longtemps attendue d'avoir des rapports sexuels devient une réalité, le mari peut rencontrer des problèmes d'impuissance ou d'éjaculation.

Comment résoudre vous-même votre problème

Si vous constatez que vos muscles se contractent involontairement lorsque votre partenaire s'apprête à vous pénétrer, ou même quand vous y pensez, la première chose à faire est d'en parler ensemble et de vous dire mutuellement ce qui vous procure le plus de plaisir quand vous faites l'amour. Ce n'est pas parce que l'homme apprécie en général la pénétration que la femme doit l'aimer. Comme nous l'avons vu plus haut, la pénétration constitue souvent une façon peu efficace de stimuler le clitoris. Il existe bien d'autres façons de le faire, et mieux. La femme peut se frotter contre son partenaire ou toute autre surface ferme, relever les genoux et serrer ses cuisses l'une contre l'autre, ou bien le partenaire utiliser ses mains et sa bouche pour opérer une stimulation directe.

Prenez tout votre temps pour explorer ces diverses façons de faire l'amour, en massant et en caressant tout le reste du corps aussi, et en évitant toute tentative de pénétration. Et, ce faisant, parlez de ce qui vous procure du plaisir.

Montrez avec vos doigts à votre partenaire le type de caresse qui vous stimule le plus. Suggérez-lui de regarder attentivement ce que vous faites quand vous caressez vos lèvres et votre clitoris, ou vos fesses et vos cuisses. Et puis prenez sa main dans la vôtre et guidez ses doigts pour effectuer les mêmes mouvements. Sa main ne doit bouger qu'à l'endroit où vous l'avez placée.

Lorsque vous vous sentez prête, demandez-lui de poser ses mains sur votre corps, là où vous appréciez ce contact. Ce seront vos fesses, la chute de votre dos, le côté de vos hanches ou vos seins par exemple. Montrez-lui ensuite comment vous glissez un doigt dans votre vagin, en l'incurvant pour qu'il entre plus facilement. Une fois votre doigt dans votre vagin, suggérez-lui de vous stimuler d'une façon qui vous est particulièrement agréable. Cela peut être prendre le bout de vos seins dans sa bouche, lécher votre nombril, embrasser votre clitoris ou le stimuler par des effleurements. A mesure que votre excitation monte, vous sentirez avec votre doigt que les plis intérieurs de votre vagin se déplient et que la partie la plus secrète s'ouvre et se déploie, tandis que celle qui est située le plus près de l'orifice se gonfle et devient chaude et ferme.

Lorsque vous êtes sûre de votre réaction vaginale spontanée, demandez à votre partenaire de continuer à vous faire l'amour en caressant d'autres parties de votre corps. Gardez votre doigt en vous ; vous sentirez sans doute la contraction et le relâchement rythmiques des muscles vaginaux à mesure que votre excitation grandit. *A n'importe quel moment, vous pouvez demander à votre partenaire de s'arrêter,* et vous devez bien le spécifier avant de commencer. Ou bien vous pouvez décider de revenir en arrière et de reprendre à tel ou tel exercice.

Une fois que votre partenaire atteint un degré d'excitation intense, tenez son pénis et guidez-le là où il peut être solidement maintenu, mais pas en vous. Tenez-le entre vos mains, nichez-le entre vos cuisses ou vos pieds, sous votre bras ou entre vos seins. Vous aurez peut-être envie de garder votre doigt en vous tandis que votre partenaire jouit. Faites absolument ce dont vous avez envie à ce moment précis.

Après avoir constaté que vous y prenez tous deux plaisir, vous pouvez montrer à votre partenaire comment glisser un doigt en vous, exactement comme vous l'avez fait vous-même. Vous découvrirez que certains mouvements vous procurent un plaisir particulier. Dites-le-lui. C'est vous le chef d'orchestre ; lui fait preuve de patience et accepte que vous lui indiquiez ce qu'il doit faire et quand le faire. Tout dépend de cette attention et sensibilité à vos désirs. Il est inutile de forcer les étapes ou de vous livrer à une démonstration technique. Prenez votre temps et savourez ce moment. L'important, à ce stade, est que votre partenaire se contente de faire ce que vous lui demandez, rien d'autre, et que vous gardiez le contrôle des opérations.

Maintenant, suggérez-lui de glisser deux doigts en vous, très doucement. Il peut le faire en posant en même temps la paume de sa main sur votre pubis et sur votre clitoris, ou en caressant très légèrement celui-ci avec son pouce. N'essayez pas d'avoir des rapports avant d'être parvenue à cette étape *et d'y prendre plaisir*. C'est vous qui décidez. Les femmes qui procèdent ainsi, aussi systématiquement et attentivement qu'elles le fassent, et même si elles acceptent l'*idée* de la pénétration et sont sexuellement excitées, n'apprécieront pas toutes la sensation d'avoir leur amant en elles.

Vous vous apercevrez peut-être que vous préférez toujours des rapports amoureux sans pénétration aux rapports sexuels classiques. Cela n'est en aucun cas la marque d'un trouble quelconque. Le fait d'explorer différents types de sensibilité lorsque vous faites l'amour vous aidera à faire preuve de plus de souplesse et vous révélera sans doute de nouvelles façons d'éprouver du plaisir. L'important est que ni l'un ni l'autre ne vous sentiez obligé d'avoir des activités sexuelles que vous n'aimez pas vraiment, et qu'une relation de couple aimante vous permette d'inventer des moyens de vous procurer mutuellement du plaisir. Chaque couple fait ses propres découvertes.

L'éjaculation précoce

Un couple dont les deux partenaires souhaitent des rapports sexuels plus longs peut apprendre à allonger, de quelques minutes à une heure ou plus, la phase précédant l'éjaculation.

L'homme est parfois si excité qu'il éjacule avant que sa partenaire ne soit prête. Comme le vaginisme chez la femme, on voit souvent dans cette précipitation un état pathologique qui porte un nom : l'éjaculation précoce. Mais, dans la plupart des relations sexuelles, c'est une chose qui se produit de temps à autre et signifie simplement que vos rythmes d'excitation ne sont pas concordants. Cela se produira si vous êtes fatigués, si vous pensez à autre chose ou si vous êtes anxieux.

Il est traditionnellement entendu que toute éjaculation survenant avant que l'homme n'ait pénétré la femme est « précoce ». Mais, d'un autre point de vue, l'éjaculation qui se produit avant que la femme ne soit prête, même si le pénis est en elle, peut être estimée « précoce ». Il serait peut-être plus facile de dire qu'il y a éjaculation précoce chaque fois qu'un couple en est convaincu.

Lorsque vous constatez que votre partenaire a éjaculé avant que vous ne soyez prête, vous pouvez avoir des réactions très diverses. Vous penserez qu'il n'est pas compétent et vous ne pourrez vous empêcher de lui en vouloir ; c'est un peu comme s'il vous utilisait comme objet de son plaisir et se répandait en vous sans se soucier de vos sentiments. S'il éjacule sur votre corps, vos cheveux ou votre visage, vous éprouverez du dégoût, vous vous sentirez poisseuse et n'aurez qu'une envie : vous précipiter sous la douche. Mais vos émotions peuvent être aussi très différentes – le sperme est le cadeau que vous fait votre amant, son parfum est érotique, et en séchant sur votre peau il est là pour vous rappeler au réveil les ébats passionnés qui ont précédé. Vous pouvez penser aussi que vous ne vous êtes pas montrée à la hauteur parce que vous n'étiez pas suffisamment excitée pour parvenir au paroxysme, à la différence de votre partenaire. Ou être en fin de compte assez satisfaite de l'avoir excité au point qu'il n'a pu se retenir.

Les réactions de l'homme varient considérablement elles aussi. Il s'excusera piteusement, ou bien vous laissera entendre que vous êtes « frigide », il continuera à faire l'amour comme si de rien n'était ou il se désintéressera brusquement de vous.

Beaucoup de couples aiment faire l'amour même si l'homme éjacule avant que la femme ne parvienne à la jouissance, parce que cela ne les empêche nullement d'exprimer d'autre façon le plaisir que chacun prend au corps de l'autre, et que l'homme peut toujours stimuler la femme avec ses doigts ou sa bouche. Si les rapports amoureux consistaient simplement en un pénis érigé accolé à un vagin réceptif, notre comportement sexuel serait plus simple mais bien moins intéressant.

Certains hommes ont peur de la sexualité féminine, et ils auront plus ou moins l'impression d'être sexuellement agressés par la femme et tenus de prouver leur virilité. Nous partons souvent du principe que les hommes ont une sexualité insatiable et exigeante ; dans la tradition culturelle occidentale, ils sont censés vouloir conquérir et être actifs et dominateurs, alors que les femmes reçoivent passivement et avec bienveillance le sperme qu'ils leur imposent d'office. En réalité, beaucoup d'hommes sont loin d'éprouver cette assurance et doutent de leurs prouesses sexuelles ou pensent que les femmes n'ont pas tellement envie d'eux. Un homme peut croire qu'il a un pénis trop petit, que son érection n'est pas assez ferme, ou que la femme

Les réactions des deux partenaires

305

sera dégoûtée par son corps quand elle le verra nu. Ainsi convaincu de devoir faire ses preuves, le seul fait de réussir à être en érection et de pénétrer la femme l'excite tant que le moindre frottement déclenche l'éjaculation.

Si tel est le cas, voici quelques suggestions.

La méthode « départ- arrêt »

Il est inutile de vous lancer dans une psychothérapie compliquée. Vous avez plus de chances de modifier un comportement d'éjaculation en recourant à une technique très simple. Il s'agit d'une façon de rythmer soigneusement la montée de l'orgasme, que nous appellerons la méthode « départ-arrêt ». Donnez-vous trois semaines environ pour vous y exercer et parlez ensemble d'une manière franche et détendue des techniques que vous essayez. Vous profiterez l'un comme l'autre de rapports sexuels prolongés.

Il est essentiel, pour parvenir à ce contrôle, que vous appreniez à reconnaître le moment où l'orgasme s'amorce et à vous arrêter avant qu'il n'atteigne son paroxysme. Quand vous sentez la montée du plaisir, marquez un petit temps d'arrêt et, une fois que vous vous contrôlez, reprenez là où vous en étiez mais en restant très attentifs ; dès que monte la vague suivante, interrompez-vous de nouveau et marquez une pause avant de recommencer à vous stimuler. Votre objectif est de réussir à vous accorder dans cette « danse sexuelle ».

Certains couples se font mal à cette méthode. Rester immobile sans toucher l'autre peut en effet retarder l'éjaculation, mais faire ainsi attention à ne pas bouger ou réagir de peur que son partenaire ne domine plus son excitation est sexuellement déprimant. Il existe une autre solution, la méthode de compression.

La méthode de compression

C'est une méthode qui peut exciter la femme tout en retardant l'éjaculation de l'homme, peut-être parce qu'elle lui donne le sentiment de son pouvoir sur le sexe de son partenaire.

Quand votre partenaire atteint un niveau d'excitation trop élevé, prenez très fermement son pénis avec deux doigts et le pouce, là où vous sentez le bourrelet dur de la couronne, votre pouce appuyant sur le frein du pénis. Si vous exercez une pression trop légère, votre partenaire n'en sera que plus excité. Il faut que vous le teniez solidement. Votre main est plus grande que la couronne, bien sûr, mais c'est sans importance. Contentez-vous d'effectuer énergiquement ces manœuvres de compression, sans bouger la main. Trois ou quatre secondes suffisent.

Vous constaterez que votre partenaire commence à contrôler son excitation. Son pénis sera un peu moins rigide et palpitant, sa respiration plus régulière, et il semblera d'une façon générale plus détendu. Il peut perdre jusqu'à trente pour cent de son érection. Retirez alors votre main. Vous pouvez recommencer aussi souvent que vous le souhaitez. Masters et Johnson ont conçu cette méthode comme variante de la méthode « départ-arrêt » et affirment avoir obtenu des résultats positifs à cent pour cent *(les Mésententes sexuelles)*.

La méthode de compression vous permet de montrer à votre partenaire que vous n'êtes pas une femme prédatrice et exigeante devant qui il doit faire la preuve de sa virilité, pas plus qu'il ne doit se conformer à quelque image machiste inculquée dans l'enfance et l'adolescence ; il est autorisé à perdre son érection, elle reviendra. Il apprend que vous aimez jouer avec son pénis et que celui-ci réagit à vos initiatives d'une façon autrement subtile que par une simple érection, déclenchée parce qu'il vous serre contre lui. Et, ensemble, vous acquerrez une maîtrise qui ajoutera une intuition nouvelle aux rapports amoureux.

9. Sexe et pouvoir

Le harcèlement sexuel

Le « harcèlement sexuel » est une expression qui, pour un grand nombre de femmes, ne veut pas dire grand-chose. Beaucoup affirment ne jamais en avoir été victimes, puis ajoutent des phrases comme : « Oh ! juste les petites tapes sur les fesses et les allusions auxquelles on n'échappe pas au bureau », ou une remarque sur les hommes qui les frôlent dans la foule. Pour certaines, le harcèlement est, purement et simplement, une tentative de viol.

Il est impossible pour une femme de vivre dans la société occidentale sans se heurter à ce type de comportement, même s'il se limite à ce que Margaret Atwood décrivait comme les regards de ces visages d'hommes inconnus « à la fenêtre de la cabine d'un camion ou sur un chantier de construction ; un regard calculateur, celui d'un chien reluquant une bouche d'incendie » *(Lady Oracle)*.

Le harcèlement perçu comme une menace

Nous attendons sur le quai du métro, cernées d'affiches montrant des entrejambes de femmes, des seins et des cuisses, exhibant nos corps tronçonnés, emballés et conditionnés de manière à titiller les sens pour vendre un produit. Une femme marchant seule dans la rue est déshabillée par le regard concupiscent des hommes comme si elle était leur chose, prête à servir. Le sexe peut être utilisé sur le lieu de travail comme condition à la promotion de la femme. Depuis le jour où nous sommes devenues des adolescentes, la plupart d'entre nous avons eu à subir ce harcèlement dans notre vie quotidienne. Les mots qui le qualifient – « miaulements de matous », « pelotage » et « vieux satyres » – fleurent bon la saine gaieté et la vieille France paillarde, avec ses seins rebondis mal contenus dans un bustier, ses gentilshommes libertins et ses rendez-vous clandestins sous la tonnelle. La réalité que recouvrent les mots est considérablement plus sordide. Prenez « vieux satyre », par exemple. L'expression paraît bien innocente, et les exhibitionnistes ont souvent l'excuse de souffrir simplement d'une personnalité dérangée, mais une femme s'aperçoit seulement *après coup* que l'incident n'a duré qu'un instant. Elle peut alors pousser un soupir de soulagement et se laisser aller à la colère – mais sur le moment, non. Car sur le moment, cela *pouvait* signifier viol.

Toute forme de harcèlement, quelle qu'elle soit, donne à entendre que la femme – n'importe quelle femme – existe uniquement pour le plaisir du mâle, qu'elle est un objet femelle, pas une personne – et qu'elle n'a en dernier ressort aucun droit sur son corps. Or il est indiscutable que certaines femmes *y prennent plaisir*. Elles ne se sentent exister en tant qu'individus que si elles peuvent lire sur le visage des hommes qu'on les apprécie. Elles sont émoustillées par un sifflement et par l'idée qu'elles fouettent les sens d'un inconnu.

Certaines s'habituent si bien à ce type de comportement qu'il leur manque le jour où elles ne le suscitent plus. Une femme parvenue à un stade avancé de grossesse dit parfois qu'elle se sent dévalorisée quand un homme s'approche avec un regard appréciateur et détourne rapidement les yeux en voyant son ventre gonflé :

La grossesse n'a pas sa place dans la sexualité ambiante et généralisée. Une fois que vous êtes enceinte, vous êtes « ostensiblement la propriété d'un autre homme », et le viol – physique ou verbal – est intimement lié au risque de féconder la femme innocente ou vulnérable, ou à la punition d'être disponible – et je ne le suis pas. Si bien que depuis des mois je suis à l'abri des insinuations sexuelles, des mains qui se posaient sur mes seins, de la drague. Les hommes qui s'approchent de moi se détournent de mon ventre avec une expression où se mêlent la culpabilité, la crainte et le dégoût. Et bizarrement, alors que je n'étais plus bombardée d'avances sexuelles, je me suis aperçue avec stupéfaction que, d'une certaine façon, elles me donnaient une impression de pouvoir, de séduction, et surtout le sentiment que j'existais (Tessa Weare, « Round in a flat world »).

Pourquoi les hommes harcèlent-ils les femmes ? Ce n'est visiblement pas pour déclencher notre désir. Ils obtiennent un regard en coin, un petit rire parfois, et souvent une réaction de gêne ou carrément de peur. Ce comportement a sa fonction : provoquer la crainte ou la soumission. C'est un problème de rapport de force. Le garçon qui lance une insanité à la fille qui passe agit ainsi pour montrer aux autres membres de sa bande qu'il est capable de faire réagir une femme. C'est un exercice de pouvoir, non seulement vis-à-vis d'elle, mais des autres adolescents.

1. Dans la rue.

Il vous sera parfois moins difficile de lutter contre l'homme qui vous harcèle que contre vos propres sentiments. Shula se trouvait tard un soir dans le métro, quand un homme assis en face d'elle exposa son pénis et commença à se masturber : « J'étais terrifiée et pendant quelques minutes j'ai eu l'impression que tous les autres hommes s'étaient donné le mot pour me "coincer". J'avais aussi très honte de moi – je faisais partie de la police à l'époque (pas en uniforme, bien sûr) et j'aurais dû faire quelque chose d'héroïque, ou au moins en rire. Mais je me sentais violée, salie, parce que je savais que cet homme m'utilisait dans son fantasme. Je me rappelle surtout cette impression d'avoir été agressée et envahie. »

La femme peut d'abord se reprocher d'avoir attiré l'attention de l'homme et se demander : « Qu'ai-je fait ? » Elle peut craindre de faire toute une histoire pour rien, ou être paralysée par la peur. Vous pouvez, en fait, retourner contre vous une grande partie de votre colère et vous sentir mal à l'aise ou émotionnellement vidée pendant plusieurs heures. Il est donc important de mettre au point des techniques pour faire face à ce genre de situation.

Certaines femmes estiment qu'il suffit, pour effrayer un homme qui vous harcèle, d'attirer en termes bien sentis l'attention sur ce qui se passe. Il est souvent difficile de rassembler assez de courage pour le faire, mais c'est sans doute la tactique la plus efficace que vous puissiez adopter. Si un homme vous suit, par exemple, vous pouvez crier bien fort : « Cessez de me suivre ! Laissez-moi tranquille ! Partez ! » Mais, même si vous êtes furieuse, *évitez* d'exploser dans un torrent d'obscénités. Une jeune femme à qui c'est arrivé s'est vue agripper par l'homme qui tournait autour d'elle en faisant des propositions obscènes, et accusée de tenir des propos inconvenants dans la bouche d'une dame !

2. A l'école et à l'université.

Les mères ne sont pas toujours conscientes que leurs filles risquent d'être en butte à ce harcèlement dès la maternelle. Il s'inscrit dans la rubrique « taquineries ». Ce genre de badinage se produit souvent aux abords des toilettes : « Les cabinets étaient séparés du bâtiment principal de l'école. Le jeu consistait, pour les petits garçons, à envahir les cabinets des filles et à attirer celles-ci dans les cabinets des garçons pour leur montrer leur "truc". »

Les parents ne réussiront probablement pas à faire cesser ce type de comportement. Mais ils peuvent reconnaître ce qui se passe, et les émotions complexes qu'il fait naître dans l'esprit de la fillette. Une mère peut valider la colère à demi exprimée par sa fille en disant : « Je comprends que tu sois très fâchée. » Nous avons trop tendance à écarter le problème. « Ça leur passera », disons-nous, ou : « Ce sont juste de petits idiots. » Il devient alors difficile pour la fille de résoudre ses sentiments d'anxiété, de crainte ou de colère. Vous pouvez aussi voir avec d'autres parents, dont ceux des garçons concernés, et peut-être par l'entremise du délégué de parents, ce qui peut être fait. Les parents ignorent souvent que leurs fils participent à ce genre de chose.

Au collège et au lycée, les garçons harcèlent les filles au moment où celles-ci prennent conscience de leur transformation physique. Une fille avait découvert, par exemple, que les garçons lui avaient volé la boîte de tampons périodiques qu'elle gardait dans son bureau et en avaient fait une guirlande dans la salle d'étude. Les filles essaient d'amener les garçons à d'autres jeux – ils tapent à leur carreau ou les épient à travers les vitres dépolies.

Les professeurs hommes ne se rendent pas toujours compte qu'ils harcèlent les filles avec des allusions sexuelles et des plaisanteries douteuses destinées à montrer qu'ils sont « dans le coup » et à assurer leur popularité auprès des garçons, ou à essayer, avec un sens pédagogique contestable, de supprimer le fossé entre le maître et les élèves.

Tous ces éléments risquent aussi de sérieusement compromettre la capacité de la fille à se concentrer sur ses études. La brusque chute des résultats scolaires à cette période et la fréquence des cas d'anorexie traduisent parfois le harcèlement auquel sont soumises les filles pendant l'adolescence.

La mère peut alors expliquer à la fille de cet âge que ce dont elle est victime a un nom : le harcèlement sexuel. Elle l'aidera à l'affronter en le définissant et le reliant à son expérience d'adulte.

Les adolescentes souhaitent parfois aussi parler avec d'autres filles de ce qui se passe. Il faut du courage pour le faire, mais, si elles s'y décident, elles peuvent mettre en commun leurs expériences et présenter aux garçons un front uni de résistance.

La fille qui poursuit ses études pénètre habituellement dans un territoire essentiellement masculin. Même s'il y a autant d'étudiantes que d'étudiants, elle trouvera peu de femmes au sommet de la hiérarchie universitaire.

On estime souvent que les garçons et les filles ont, au départ, des motivations différentes pour s'inscrire dans une grande école ou à l'université. Alors qu'un garçon fait des études en vue d'une carrière, on continue à penser que les filles apprennent un métier en attendant de trouver un bon mari et pour pouvoir éventuellement « retomber sur leurs pieds ». Alors que pour les garçons les premières années d'université constituent le premier stade d'un profil de carrière, pour les filles on y voit souvent un interlude, presque des vacances, précédant leur entrée dans le mariage et la maternité.

Si vous faites des études supérieures, vous devez commencer par définir vos priorités. Quelle importance attachez-vous à la réussite dans vos études, et dans quelle mesure souhaitez-vous avoir une vie sociale active ? Une femme racontait comment elle avait réussi à faire respecter ses options.

Elle était résolue à travailler tout en profitant des moments qu'elle passait avec son ami : « J'ai dit à John que ce n'était pas honnête de sa part de s'attendre à ce que je sois disponible chaque fois que lui l'était et que je me plie à son emploi du temps. J'ai dû déterminer combien de temps je voulais passer à travailler et combien de temps je voulais lui réserver. Malgré sa résistance, j'ai réussi à le convaincre d'en discuter. Quand il a vu que j'étais sérieuse, il a accepté. Je pense qu'une fille doit parfois montrer à son ami qu'elle prend son travail aussi au sérieux que lui le sien. John avait l'habitude de passer dîner, par exemple. J'adorais lui faire la cuisine, mais cela me prenait un temps fou et c'était toujours moi qui faisais les courses. Nous avons donc décidé qu'on dînerait un soir chez moi, un soir chez lui, et que chacun préparerait à son tour le repas. Bien sûr, il a résolu le problème : il m'a emmenée au restaurant, c'était plus simple pour lui. »

Certains professeurs font des avances sexuelles aux étudiantes. La fille est souvent flattée des attentions d'un homme qui est, ou semble être, un esprit brillant. Le professeur, de son côté, considère les aventures sexuelles avec les étudiantes comme un bénéfice marginal. Cela lui offre aussi parfois la possibilité de se sentir toujours jeune. Car un professeur a beau vieillir, les étudiantes continuent d'avoir dix-huit ans, et certaines croient que ce genre d'aventure avec un professeur les aidera dans leurs études. C'est parfois le cas, mais le plus souvent cela les empêche de travailler : « Ken avait une fille différente chaque année. Toujours des étudiantes de première année. Il s'en désintéressait dès qu'elles passaient en seconde année. Chaque fois, la fille croyait qu'elle était la seule et l'unique. Naturellement il était marié. On le voyait très bien continuer sur sa lancée pendant vingt ou trente ans encore. Il n'avait pas la moindre intention de quitter sa femme. Je suppose qu'avec un minimum de flair il avait toutes les chances de tomber sur des filles vierges. A mon avis, c'est ce qu'il aimait. »

Des femmes donnent également des conseils pratiques pour se défendre contre les assiduités indésirables des hommes. Il existe dans la plupart des universités des groupes de femmes auxquels vous pouvez vous joindre ; sinon, créez vous-même un groupe. C'est un bon point de départ pour faire collectivement pression sur les autorités universitaires, afin que le campus soit un endroit sûr où les femmes n'aient plus à redouter les assiduités indésirables des rôdeurs. Toutes les fenêtres devraient être munies d'un système de verrouillage et les allées être bien éclairées. Les femmes handicapées sont particulièrement vulnérables du fait qu'elles occupent habituellement des chambres situées au rez-de-chaussée. Souvent aussi, elles doivent faire des trajets plus longs, et parfois sur des trottoirs mal éclairés.

3. Au travail.

La Commission de Pennsylvanie pour les femmes définit ainsi le harcèlement : « Toute avance sexuelle répétée et non voulue, allant des regards, des allusions, des propositions verbales et des menaces, au contact physique effectif ou au coït... Il peut être sous-entendu, demandé ou exigé ; il peut découler d'un affrontement direct ou avoir un caractère clandestin persistant... » *(Not for Fun, Not for Profit : Strategies for ending sexual harassment on the job,* Helen Seager, Pennsylvania Commission for Women, 1981). C'est tout à fait différent du flirt mutuel, car il s'agit là d'assiduités indésirables exercées à sens unique, et la « victime n'a pas le pouvoir de mettre un terme au harcèlement ».

Diverses études ont fait apparaître que les femmes qui risquent le plus d'être en butte à ce comportement ont un statut social peu élevé et occupent des emplois subalternes : employées de bureau de niveau inférieur, ouvrières non qualifiées, serveuses – et aussi hôtesses de l'air. Ce sont en général les femmes les plus vulnérables sur le plan économique qui sont les plus visées, en particulier celles qui ont le moins de qualifications et peu de chances de trouver du travail ailleurs, les femmes divorcées depuis peu, et celles qui sont chefs de famille et mères de jeunes enfants. Bien que certaines femmes espèrent que le fait d'« en rire » résout le problème, n'y comptez pas sur le lieu de travail. Cette attitude peut encourager l'homme à poursuivre ses assiduités pour obtenir d'autres réactions.

Les femmes doivent apprendre des techniques de survie pour se défendre contre le harcèlement. Il est indispensable pour cela que vous soyez intimement convaincue d'avoir le *droit* de vous y opposer. Traiter par le mépris ce genre de comportement ne suffit pas à marquer que vous le réprouvez, et l'on y voit souvent une autorisation pour continuer. Vous n'avez pas besoin de vous excuser pour ce que vous dites, ni de sourire en formulant vos objections à ce comportement. En souriant, vous annulez la force de ce que vous dites. Nous avons toutes tendance à sourire d'une façon apaisante dans ce genre de situation, et il faut une ferme détermination pour ne pas le faire.

Si l'homme qui vous harcèle poursuit son manège en toute impunité, cherchez si d'autres femmes ont subi le même traitement. Ne vous attendez pas à ce qu'elles vous soutiennent. Elles diront : « Oui, mais c'est juste pour s'amuser un peu », ou : « Ne prends pas ça tellement à cœur. Ce n'est pas un méchant type. » Par ailleurs, les victimes sont souvent seules lorsque s'exerce ce comportement et ne se rendent pas compte que d'autres femmes le subissent aussi.

Si vous êtes réellement dérangée par un harcèlement continuel, il n'est pas mauvais de tenir un journal. Notez soigneusement quand les faits se produisent et en quoi ils consistent. Écrivez ce que vous avez éprouvé. S'il est à l'origine d'un état de stress psychologique ayant affecté votre comportement, ou votre capacité de concentration au travail, notez-le. Vous pouvez avoir besoin plus tard de ce genre de témoignage si l'on procède à une enquête, aussi soyez précise. Apportez une attention particulière à votre travail et conservez tout ce qui peut prouver que vous le faites bien.

4. A la maison.

La maison peut paraître un havre de sécurité, comparée à ces autres lieux. Mais le harcèlement sexuel s'y exerce bel et bien aussi. Les enfants peuvent être molestés ou violés par des parents, et les femmes adultes sexuellement agressées par les hommes avec lesquels elles vivent.

La plupart des incidents de cet ordre survenant à la maison provoquent beaucoup moins de dégâts mais peuvent constituer néanmoins une source d'irritation. Le comportement et les remarques des réparateurs et des représentants de commerce sont parfois insupportables. « Le plâtre s'est effondré et on m'a envoyé quelqu'un pour réparer. Le trou était énorme. Je lui ai offert une tasse de café en remarquant qu'il allait avoir du mal à arranger ça. Il m'a regardée d'un air égrillard et m'a dit avec un clin d'œil : "*J'adore* boucher des trous." »

Si vous trouvez à redire au comportement d'un ouvrier, écrivez à la société qui l'emploie en spécifiant exactement pourquoi. Conservez un double de votre lettre et, si vous ne recevez pas de réponse, écrivez au directeur de la société. Dans les grandes villes, on peut parfois demander que la réparation soit effectuée par une femme. Les femmes capables de faire des travaux de plomberie, de maçonnerie ou d'électricité sont encore rares, mais un nombre croissant de femmes se tournent vers ces professions, et il existe dans certaines grandes villes des entreprises gérées par des femmes et qui emploient un personnel exclusivement féminin. Renseignez-vous auprès des associations de femmes.

Pour les hommes qui veulent effrayer les femmes, le téléphone constitue une autre façon de forcer leur porte. On affirme parfois que nous devrions plaindre les hommes qui débitent ainsi des obscénités, parce qu'ils sont frustrés et malheureux.

Les coups de téléphone obscènes

Une agence d'entraide par téléphone avait créé un service d'écoute pour ces hommes, le service « Brenda ». Un homme qui voulait faire un appel obscène pouvait demander à parler à Brenda tandis qu'il se masturbait. Une femme qui travaille dans une autre agence d'écoute et de conseil dit : « Les hommes qui téléphonaient s'attendaient parfois à ce que je fasse telle ou telle chose et étaient étonnés de m'entendre leur répondre que j'étais là pour aider les gens qui avaient des problèmes graves. Je leur disais que, pendant qu'ils occupaient la ligne, quelqu'un pouvait essayer désespérément d'appeler. Pour eux, c'était un *droit* que de me parler pendant qu'ils se branlaient. En réponse à mes objections, ils me disaient parfois qu'ils étaient des paraplégiques dans des fauteuils roulants ou autre chose du même genre, et qu'ils avaient les couilles bleues de ne pas pouvoir baiser. J'avais l'impression d'être traitée comme une prostituée. » Ce service permettait aux hommes de considérer les appels téléphoniques obscènes comme une expression légitime de leur sexualité.

C'est une expérience redoutable que de recevoir des coups de téléphone obscènes si vous êtes seule chez vous. Vous ne comprenez pas tout de suite de quoi il s'agit, et vous continuez à écouter parce que vous n'en croyez pas vos oreilles et que vous craignez d'être impolie. Quand vous avez saisi de quoi il s'agissait et raccroché brutalement, vous avez peur d'autre chose : qu'il sonne à la porte, puisque de toute évidence il peut trouver votre adresse dans l'annuaire. Si vous avez des enfants, vous craindrez que l'un ou l'autre d'entre eux puisse décrocher.

Pour empêcher ce genre d'appel, ne mentionnez pas votre prénom dans l'annuaire et ne donnez aucune précision indiquant que vous êtes une femme. Si vous en recevez, vous pouvez aussi faire détourner provisoirement les appels, mais s'ils persistent, faites changer votre numéro.

En attendant, si vous avez affaire à un individu particulièrement obstiné, gardez un sifflet à proximité de votre appareil et sifflez de toutes vos forces dans le répondeur s'il se manifeste. D'après Liz Stanley et Sue Wise (parlant à la British Sociological Conference, en avril 1982), la méthode la plus efficace consiste à prétendre que la ligne est brouillée et que vous n'arrivez pas à comprendre ce qu'il dit : « Vous avez une gigantesque *quoi* ? Je suis navrée, mais la ligne est très mauvaise. » L'homme finit par se décourager, et quand il raccroche la femme sent qu'elle a été maîtresse de la situation et a eu le dessus.

Les violences sexuelles

Loin d'être juste une chose qui se produit dans notre vie intime, les rapports sexuels sont une affaire politique. Les relations hétérosexuelles expriment couramment des inégalités sociales de pouvoir.

Les violences sexuelles exercées contre des enfants

La majorité des femmes peuvent se rappeler un incident survenu dans leur enfance, qui leur a fait prendre brusquement conscience de la sexualité masculine sous un jour négatif. L'épisode le plus fréquent est celui de l'exhibitionniste. Pour la fille, la sexualité masculine n'a rien à voir avec les baisers, les caresses et la tendresse : c'est la possession d'un organe que l'homme sort de son pantalon et tripote étrangement comme s'il s'agissait d'un petit chien ou d'un animal familier. Les petits garçons s'exhibent aussi, bien sûr. Je m'en rappelle un, quand j'étais à la maternelle, qui montrait son « petit truc » sous la table. Certaines filles le regardaient avec curiosité et admiration, mais mon amie Sybil et moi avions des frères et réprouvions impitoyablement cet exhibitionnisme.

C'est une expérience tout à fait différente pour une petite fille que de tomber sur un homme en train de se masturber dans l'entrée sombre d'un immeuble ou dans une allée déserte. « Il y avait quelque chose de rose, se rappelle une femme. C'était raide, et il tenait ça entre ses mains. J'ai cru qu'il s'était fait mal. » Après coup, l'homme semblera simplement à plaindre, et toute la scène légèrement risible. Mais pour certaines filles, c'est une expérience traumatisante qui peut laisser une cicatrice émotionnelle. Une femme, par exemple, raconte qu'à six ans un homme s'exhiba devant elle quand elle rentrait de classe. C'est seulement à l'âge adulte, quand elle regarda le sexe de son fils nouveau-né, qu'elle se rappela l'incident, et celui-ci lui revint à l'esprit sous la forme d'un cauchemar récurrent. Dix-sept mois plus tard, les rêves ont cessé, mais elle ne supporte pas de voir son mari en pyjama, de peur « que son sexe ne pointe vers moi par l'ouverture, comme celui d'un satyre ». Beaucoup de filles ne parlent jamais à leurs parents de ce qui leur est arrivé. Les femmes que j'ai interrogées n'avaient rien dit à leur mère parce qu'elles savaient que c'était « sale » et avaient l'impression d'avoir été souillées. *Elles* se sentaient coupables. C'est l'expression d'un schéma plus général, dans lequel les femmes se sentent coupables d'exciter la sexualité masculine.

Quand l'enfant parle à ses parents de ce qui s'est passé, leur réaction marque définitivement le souvenir qu'elle conservera de l'incident. Dans notre société, la fille est souvent tenue obscurément pour responsable de ce qui est arrivé. Les adultes la considéreront parfois, surtout si elle est au seuil de la puberté, comme une Lolita en herbe qui affole les hommes et leur fait perdre toute retenue, si bien qu'on ne peut pas vraiment leur reprocher ce qui a pu se passer. On est frappé, dans les récits que font les femmes de ces épisodes de l'enfance, par le sentiment d'humiliation qu'elles ont ressenti simplement parce qu'elles appartenaient au sexe féminin. Cela ressort clairement du récit fait par France d'une agression sexuelle dont elle a été victime à l'âge de dix ans, alors qu'elle faisait de la bicyclette sur un chemin, à la campagne. Elle venait de commencer à menstruer et portait ce qu'elle appelle « une atroce garniture périodique ». Un homme surgit des buissons et, dit-elle : « après avoir bavardé gentiment, glisse sa main sous ma jupe et commence à me tripoter, surtout l'anus. Il m'a dit que c'était inutile de crier. Personne ne m'entendrait. Mais j'ai réussi, je ne sais comment, à me dégager et j'ai pédalé aussi vite que j'ai pu jusqu'à la maison (...) J'étais terrifiée et terriblement humiliée *à cause de mes règles et de la serviette.* » Malheureusement, la police, quand on la prévient, déclenche souvent une procédure qui ajoute encore au traumatisme subi par l'enfant. Dans le cas de France, ses parents virent à quel point elle était bouleversée et, après avoir appris ce qui s'était passé, appelèrent la police. « J'ai eu l'humiliation supplémentaire d'être examinée par un policier femme et d'avoir à donner tous les détails. »

Beaucoup de femmes disent que je suis la première personne à qui elles parlent de ces incidents. Parfois, vingt années ou plus se sont écoulées. Elles semblent souvent avoir oublié ce qui s'est passé, mais, à mesure qu'elles en parlent, les émotions intenses éprouvées à ce moment-là refont violemment surface. Susan, par exemple, se rappelait d'un ami de la famille : il « me faisait toujours poser la main sur son pénis, et une nuit il m'a portée jusqu'à son lit » ; il réussit à la pénétrer partiellement avant d'éjaculer sur elle. Aujourd'hui, elle est mariée, mais sa relation sexuelle est loin d'être heureuse. Elle est incapable de parvenir à l'orgasme et ne veut pas se masturber parce que c'est « dégoûtant ». Elle ajoute : « Je n'ai aucune envie de me toucher, sauf quand je me lave. » Et cette attitude se répercute sur sa vie de mère également. A la clinique, les sages-femmes réussirent à la convaincre de nourrir son enfant au sein, mais elle arrêta au bout de six semaines parce qu'elle éprouvait un sentiment de honte.

Les femmes ont parfois tellement honte qu'elles ne parlent pas non plus de ces incidents à d'autres femmes. Elles essaient de les ranger dans un coin de leur esprit et de faire comme si rien ne s'était jamais produit. Or ils peuvent fausser une relation sexuelle ultérieure d'une façon qui, parce qu'on en ignore l'origine, peut être une source de confusion et de désarroi.

L'inceste n'est pas simplement quelque chose qui se produit au fin fond des campagnes les plus reculées et primitives, une pratique singulière mais fascinante au plan anthropologique. Le nombre de cas d'inceste enregistrés laisse supposer qu'une fille sur vingt peut

L'inceste

317

en avoir été victime enfant. L'inceste se produit dans les familles instruites de la bourgeoisie, et pas seulement dans les taudis des familles défavorisées et analphabètes. Le coupable est habituellement le père ou le beau-père de la fille. Un pourcentage élevé des incestes, jusqu'à un quart, est commis sur des petites filles *âgées de moins de cinq ans* (R. et C. H. Kempe, *Child Abuse*), et les victimes ont en général dix ou onze ans (V. de Francis, *Protecting the Child Victim of Sex Crimes Committed by Adults*). L'homme approche en général de la trentaine (A. Jaffre, L. Dynneson *et al.*, « Sexual abuse of children : an epidemiological study »). Kinsey a révélé que presque un quart des enfants blancs appartenant à la bourgeoisie disaient avoir eu des expériences sexuelles avec des hommes adultes pendant l'enfance. Six pour cent de ceux-ci étaient un parent (A. Kinsey *et al., le Comportement sexuel de la femme*).

Les attitudes à l'égard de l'inceste

Il y a beaucoup de pagaille et de confusion dans les théories sur l'inceste et la façon de résoudre ce problème, en admettant qu'on le puisse. Certains pensent qu'on ne doit pas s'en mêler, et qu'intervenir peut faire plus de mal que de bien. D'après eux, les conséquences quand on a à traiter d'un cas d'inceste, punir l'homme et séparer l'enfant de lui, sont bien pires que si on laisse les choses continuer tranquillement. L. Schultz (« The child sex victim, social, psychological and legal perspectives ») estime que ce n'est pas la violence physique qui provoque un traumatisme, mais le comportement des parents lorsqu'on révèle l'inceste : « Dans la plupart des cas, le traumatisme sexuel, s'il n'est pas renforcé par la comparution devant les tribunaux ou par la réaction exagérée des parents, produit peu d'effets permanents. »

Tout semble prouver que la façon dont la mère réagit à ce qui est arrivé et son attitude à l'égard de sa fille peuvent avoir des conséquences à long terme. Il est difficile d'isoler les divers fils qui se mêlent dans ce qui est une situation émotionnelle compliquée, mais quand la mère rejette sa fille en refusant de croire ce qu'elle estime être une fausse accusation portée contre le père, il n'est pas étonnant que la fille se sente « sale » et conserve longtemps après un sentiment de honte. Lorsqu'elle fut sexuellement molestée par son père à l'âge de treize ans, Karen écrivit à un magazine féminin pour être conseillée. Le magazine transmit la lettre à la police, qui se présenta au domicile de Karen. La mère de l'adolescente l'accusa de « briser la famille » et d'être « folle » : « Son attitude signifiait : "Tu es ignoble. Regarde ce que tu as fait à la famille. Papa pourrait aller en prison." » Karen était « terrifiée » et ne savait que penser. De terribles querelles opposaient ses parents : « Chaque fois qu'ils se disputaient, j'avais l'impression que c'était à mon sujet ou dirigé contre moi. » Dix-huit ans plus tard, Karen vient tout juste d'être capable de raconter à son mari ce qui s'est passé et a commencé une psychothérapie pour résoudre ses problèmes d'angoisse et de dépression. Craignant que les conséquences de leur éventuelle intervention en cas d'inceste soient pires que l'inceste proprement dit, les assistantes sociales tardent parfois à agir. Sarah Nelson, dans son étude importante et succincte, *Incest, Fact and Myth,* déclare : « Ou l'inceste est préjudiciable et indésirable, ou il ne l'est pas. Si les spécialistes optent pour la première hypothèse, ils doivent s'efforcer d'abattre les obstacles qui les empêchent de révéler ce qui se passe et d'y mettre fin, et ne pas baisser les bras. » Freud pensait que les filles avaient des fantasmes incestueux avec leur père. Cela ne se produisait pas vraiment, ni très souvent. Ne pouvant croire que « les actes pervers exercés contre des enfants étaient si généralisés » (« Lettre à Wilhelm Fliess »), il concluait que ces actes étaient des fantasmes. Si bien que les affirmations de beaucoup de filles selon lesquelles elles étaient victimes d'inceste ont été accueillies avec incrédulité. Interrogée par la police, une fille finit par admettre : « J'ai peut-être rêvé. » Bien du temps s'est écoulé depuis, et avec le recul des années elle dit aujourd'hui : « Bien sûr que non, je n'avais pas rêvé. Mais s'il était *impossible* que cela se soit produit – et c'est ce que tout le monde disait –, quelle solution restait-il ? J'ai fini par dire que j'avais tout inventé. C'était la seule façon de m'en sortir. »

On explique parfois l'inceste par la « séduction » de la petite fille, qui absout l'homme. D'après Schultz, l'enfant et l'agresseur forment une « dyade solidaire » (Schultz, « The child sex... »). Adèle va voir papa pour un câlin qui se change accidentellement en rapports sexuels parce que l'enfant est un être hautement provocant. C'est elle, sous-entend-on, la vraie responsable :

Les explications des causes

Il ne fait aucun doute que ces enfants ne méritent pas tout à fait le manteau d'innocence dont les ont parées les moralistes, les réformateurs sociaux et les législateurs... [Elles avaient] une personnalité extérieure charmante et séduisante... L'enfant peut avoir été en fait le véritable séducteur, et non l'être innocent séduit (L. Bender et A. Blau, « The reaction of children to sexual relations with adults »).

En réalité, comme le souligne Sarah Nelson, on donne souvent aux enfants des cadeaux, des bonbons, de l'argent, on leur offre un tour à la campagne, ou la possibilité de rester debout tard le soir. L'homme qui agit ainsi doit être pleinement conscient que la fille n'est qu'une enfant. Nous ne pouvons absoudre les adultes de toute responsabilité à l'égard des enfants.

Dans notre société, on incite souvent les petites filles à être « féminines » et à faire du charme, et on les en récompense. Les gens sourient devant leur grâce irrésistible et disent de la fillette qu'elle « fait ce qu'elle veut de son père ». Nous faisons subir une pression aux filles quand nous les conditionnons à être soumises, charmantes et charmeuses, tout en nous attendant à ce qu'elles soient capables de se défendre contre la sexualité d'un homme adulte.

Sandra, trente et un ans, se rappelle avoir été sexuellement molestée chez elle lorsqu'elle était enfant : « Dès l'âge de cinq ans, j'ai été traitée d'allumeuse. Maman ne cessait de me le répéter. Quand je suis allée à l'école, les garçons se faisaient passer des messages cochons, des dessins de types avec de grands pénis en train d'uriner, qui finissaient toujours par atterrir dans mon bureau parce que je n'étais pas assez maligne pour m'en débarrasser. La maîtresse m'a traînée à la maison pour se plaindre à mes parents. A dater de ce jour, tout m'est toujours retombé sur le dos. L'obsédée sexuelle, c'était moi. Et quoi qu'il arrive, c'était toujours *de ma faute*. »

Il est normal que les enfants éprouvent de la curiosité à l'égard du sexe. Beaucoup apprennent très vite que c'est une chose dont on ne discute qu'en cachette, une source de blagues douteuses, et un sujet si excitant pour tout le monde qu'ils peuvent s'attirer l'attention admiratrice ou scandalisée des autres enfants en étant capables de montrer qu'ils possèdent quelque savoir « secret » de ces choses-là. Mais le fait qu'une enfant soit curieuse et fortement motivée pour chercher à en savoir plus, ou qu'elle est câline, adore son père et fera toujours tout ce qu'il lui demandera, n'excuse pas qu'elle soit sexuellement exploitée par un adulte. On affirme souvent aussi que, en dernier ressort, c'est la mère qui en est responsable. Elle est trop dépendante ou trop indépendante, de mœurs faciles ou frigide. Elle est incapable d'avoir une relation mature, affectueuse, avec son mari ou avec sa fille, parce qu'elle les a « émotionnellement abandonnés », les obligeant à aller « chercher un refuge affectif l'un auprès de l'autre » (S. Forward et C. Buck, *Betrayal of Innocence : Incest and its Devastation*). Elle sort le soir et pendant les week-ends, se met à travailler ou joue au bridge. « Elle se maintient dans un état de fatigue et d'épuisement. C'est une invitation ouverte à sa fille pour prendre le relais » (B. et R. Justice, *The Broken Taboo : Sex in the Family*).

Un grand nombre de chercheurs prétendent que les mères sont complices de l'inceste, soit en abdiquant leurs responsabilités, soit en poussant leur fille à l'acte, parce qu'elles leur sont hostiles, s'identifiant à elles et vivant leurs propres fantasmes incestueux par fille interposée. Cette attitude semble s'inscrire dans une tendance généralisée à rendre les mères responsables de tout ce qui ne va pas chez leurs enfants, et certains arguments sont particulièrement tirés par les cheveux. Mais il peut être important de comprendre que, pour certaines femmes, le seul pouvoir dont elles disposent est de « coincer » un homme dans ce qu'elles savent être, ou soupçonnent être, une relation incestueuse. Les trois quarts environ des mères dans les familles où l'on sait qu'un inceste a été commis sont elles-mêmes en butte à des violences physiques infligées par leur partenaire (C. Dietz et J. Craft, « Family dynamics of incest : a new perspective »). Le « profil » de la famille incestueuse est identique à celui de la famille de la femme battue. La mère comme la fille sont victimes de la violence masculine. Si les assistantes sociales semblent rejeter la faute sur les mères, c'est peut-être en raison de leur propre impuissance devant cet affreux contexte.

Les dégâts   Sarah Nelson critique fortement les spécialistes qui laissent l'inceste se produire, ou même l'excusent, parce que la famille est sacro-sainte et qu'on ne doit en rien, estiment-ils, s'y immiscer. Pour elle, ces personnes acceptent implicitement l'idée que les hommes ne peuvent se retenir de faire ce qu'ils font parce qu'ils sont hautement sexués et agressifs et ont des besoins urgents qui doivent être satisfaits avec ce qui leur tombe sous la main. Les femmes, en revanche, sont automatiquement stéréotypées comme masochistes par nature. Nous demandons à être battues. Nous aimons qu'on nous violente. Nous aimons voir nos filles sexuellement molestées par leur père (Erin Pizzey et Geff Shapiro, *Prone to Violence*). Ros Coward, dans une étude critique extrêmement fine et acérée de la théorie d'Erin Pizzey, à savoir que les femmes engagées dans des relations violentes aiment la douleur comme une drogue à cause d'une enfance malheureuse, écrit :

... quand nous revenons sans cesse à une relation destructrice, qu'elle soit physiquement violente ou simplement usante au plan émotionnel, ce n'est pas l'expression d'une personnalité perdante et masochiste mais peut-être le désir de revenir à des sentiments contradictoires et conflictuels afin de les élucider. C'est peut-être le sentiment que d'une façon quelconque, cette fois, quelque chose peut être... modifié (*Guardian*, 21 novembre 1982).

Nous devons repenser les relations au sein de la famille, et surtout le rôle des femmes. Sarah Nelson pense que l'inceste, comme le fait de battre les femmes, risque de se produire non quand le système familial a éclaté ou est irrémédiablement endommagé ou malade, mais quand les idées *traditionnelles* sont vécues dans leur acception la plus extrême – « quand les membres de la famille sont considérés comme étant la propriété du mari, et que le sexe figure parmi les services qu'ils sont censés fournir » (Sarah Nelson, *Incest, Fact and Myth*).

Si vous connaissez une fille qui a besoin d'aide, vous aurez sans doute beaucoup de mal à déterminer ce que vous devez faire. S'il s'agit de votre fille, vous souhaiterez peut-être en parler à votre médecin ou à une assistante sociale. Certains médecins de famille font preuve de beaucoup de compréhension. D'autres se sentiront complètement dépassés. Et beaucoup de personnes ont un généraliste qui ne connaît pas vraiment la famille. Si vous téléphonez aux services de protection de l'enfance, on vous dirigera sur une assistante sociale qui vous écoutera, en général, avec beaucoup de sympathie. L'important est de contacter *quelqu'un*. Il faut que vous puissiez parler de ce que vous ressentez et des mesures à adopter. Et l'enfant a besoin de quelqu'un de « neutre » avec qui parler. Les secours apportés à ces survivantes de l'inceste sont souvent vagues et inorganisés. Les spécialistes hésitent entre mettre l'homme en prison ou à l'hôpital, l'écarter du foyer ou le faire psychanalyser. Le problème essentiel doit être de définir comment protéger et aider le mieux possible l'*enfant* suivant le cas.

Mother Courage Press a publié un livre pour les filles, *Something Happened to Me,* par Phyllis E. Sweet, pour aider à atténuer les

Aider une victime

sentiments de honte, de peur et de confusion de l'enfant. Voici ce que l'auteur dit à la fille :

S'il t'arrive quelque chose de pénible, ne pense pas que tu es la seule dans ton cas ou qu'il y a quelque chose de mal en toi. Raconte à quelqu'un ce qui s'est passé pour qu'on puisse essayer de t'aider et que tu ne te sentes pas terrifiée et seule.

Si une enfant vous dit quoi que ce soit qui laisse soupçonner des sévices sexuels, évitez de prendre les choses au tragique – mais sachez reconnaître combien elle est blessée et troublée, exactement comme si elle vous disait qu'on lui a fait beaucoup de mal d'une autre façon.

Le viol Le sexe accompagné de violences est quelque chose que les femmes connaissent bien. L'homme qui agresse une femme est rarement un étranger. Il sera bien plus souvent un membre de la famille, le mari d'une amie ou son propre ami. Parmi les femmes qui m'ont raconté comment elles avaient été violées, une sur trois a été soumise à des sévices sexuels dans son enfance, commis souvent par un parent, un ami intime de la famille, un grand-père, un frère aîné, un oncle ou, en particulier, un beau-père.

Par un membre de la famille Au sein du réseau familial, il n'est pas très difficile à un homme de séduire une fille jeune. Il peut y parvenir sans exercer de violence physique. Une femme dit avoir été « convaincue de se laisser faire » par un « oncle », un ami intime de sa mère, à l'âge de quatorze ans. « J'aimais être embrassée, câlinée et caressée. Je n'aimais pas qu'il me touche le sexe – ça faisait mal – mais je faisais semblant d'aimer ça. Je me suis soudain rendue compte qu'il était *vieux* et qu'il *sentait mauvais,* et qu'il avait des bourrelets de graisse, mais c'était trop tard, il s'agitait déjà en moi en haletant comme un fou. »

La moitié des femmes environ qui m'ont dit avoir été violées à l'âge adulte l'ont été par leur partenaire sexuel. Le viol commis par un mari n'est pas un délit et, de ce fait, il en est rarement fait mention auprès des autorités. Kim : « Mon mari devient parfois agressif si je me refuse trop souvent. La dernière fois, il m'a fait un hématome à la base du crâne. » (Ces témoignages et les autres qui figurent dans cette section s'inséraient dans une discussion plus générale sur la sexualité avec un groupe de femmes qui n'avaient pas été particulièrement choisies pour avoir été victimes de violence sexuelle.)

Certaines femmes s'attendent à être violées chaque fois que leur mari rentre ivre à la maison, et l'on retrouve un schéma régulier de coups précédant l'agression sexuelle proprement dite. Il est possible que la proportion de viols commis par le mari soit bien plus forte que ne me l'ont rapporté les femmes avec qui j'en ai parlé ; souvent, en effet, elles se demandent si le fait d'être contrainte par son mari à avoir des rapports sexuels n'est pas quelque chose de parfaitement courant et si elles ont le droit de s'y opposer.

Les femmes victimes de viol commis par des membres de la famille portent rarement plainte. En fait, *aucune* de celles qui m'ont raconté ce qu'elles avaient vécu et qui avaient été violées par des frères, des oncles ou des pères n'est allée voir la police, et la plupart disent n'en avoir jamais parlé à personne d'autre que moi, même pas – surtout pas – à leur mère.

Le viol n'est qu'indirectement lié à des sentiments sexuels incontrôlables. C'est essentiellement un acte de violence, qui ne résulte pas simplement d'un débordement de concupiscence, comme on le croit souvent. Il s'agit du pouvoir de l'individu sur une victime sans défense. On affirme souvent que les violeurs souffrent de troubles psychologiques, car aucun homme normal ne se conduirait ainsi. Or la plupart des violeurs ne sont pas des psychopathes. Dans n'importe quelle population carcérale, ils figurent parmi les individus les plus « ordinaires ». Dans l'imagination du public, le violeur est souvent vu comme n'étant pas vraiment responsable de ce qu'il a fait, parce qu'il était sexuellement excité. Les hommes, est-il sous-entendu, ne peuvent « se retenir » quand ils sont dans cet état. Certains hommes sont persuadés qu'on ne viole qu'une femme consentante. Même choquée et brutalisée, pensent-ils, la femme est fondamentalement excitée par le fait d'être violée.

Les attitudes à l'égard du viol

Les femmes sont souvent tenues pour responsables de ce qui se passe : elles étaient vêtues de telle façon que l'homme ne pouvait que perdre le contrôle de lui-même, elles ont eu un comportement équivoque, elles se sont montrées coquettes, elles l'ont provoqué. En 1982, lors d'un cas de viol célèbre, une femme qui avait accepté d'être ramenée chez elle en voiture fut jugée coupable : il y avait eu « faute de la victime ». On laissera entendre également qu'elle avait cherché à se faire violer parce qu'elle était en train de prendre un verre, parce qu'elle se promenait seule, n'avait pas fermé sa porte à clé ou parce qu'on l'avait vue parler à l'homme qui l'avait violée un peu plus tard. Ainsi, la victime du viol est, en plus, coupable d'avoir contribué à ce qui lui est arrivé ou même, d'une façon inconsciente, de l'avoir *cherché*. Le simple fait d'être une femme est interprété comme une provocation.

Les femmes elles-mêmes ont parfois le sentiment que cela leur plairait d'être violées. Cela prouverait, peut-être, qu'elles exercent sur les hommes un attrait irrésistible. Lorsqu'elles décrivent leurs fantasmes, comme nous l'avons vu (p. 92-105), les femmes parlent souvent de viol mais se hâtent de souligner qu'elles n'aimeraient pas être réellement violées, ou précisent qu'elles le seraient « amoureusement » et qu'elles n'en souffriraient pas. En fait, elles ne parlent pas de viol du tout, mais d'un épisode érotique que ne réprouverait pas la morale parce qu'elles seraient physiquement dominées, une aventure sexuelle où leur responsabilité ne serait pas engagée. Le fantasme d'être forcée à éprouver du plaisir est une façon de résoudre le sentiment de culpabilité provoqué par la sexualité.

Réalité et fantasme

Le viol, qui n'a rien à voir avec des fantasmes de plaisir imposé, est un acte de violence au même titre qu'un coup de couteau, et inclut souvent d'autres formes de violence. Les violeurs battent souvent la femme, la déchirent ou la mordent. Une femme me parlant d'un viol qu'elle avait subi à l'âge de quatre ans disait que l'homme lui avait coupé les mamelons d'un coup de dent ; le chirurgien les avait ensuite recousus trop bas, si bien que, sur son corps d'adulte, ils sont situés sur les côtés des seins. (Son ami parle de ses « tétons baladeurs ».)

Ma faute ?   Lorsqu'on sait d'une femme qu'elle a été violée, les autres hommes la considèrent parfois comme un « gibier facile ». L'une d'elles, victime d'un viol collectif à l'adolescence, raconte que cela se produisit après qu'elle eut été entraînée de force et violée dans une arrière-cour par un jeune garçon quand elle avait dix ans. Elle avait été trop terrifiée pour en parler à qui que ce soit, mais lui s'en était vanté auprès de ses camarades qui, à leur tour, « avaient sauté sur l'occasion ». Le sentiment prédominant et gommant tous les autres qu'éprouve une femme après avoir été violée est d'être « sale ». Elle peut être en état de choc, terrifiée, et avoir peur non seulement de l'homme qui l'a violée, mais de *tous* les hommes. Elle éprouve de la honte, comme si elle était elle-même, d'une façon ou d'une autre, responsable du viol. Elle est devenue quelqu'un de différent, à la fois à ses propres yeux et à ceux des autres qui sont au courant : la victime d'un viol.

La femme violée ne peut même pas toujours espérer la sympathie de ses amies, surtout si l'homme était un de leurs parents ou amis intimes. Ayant tendance à considérer qu'un violeur est plus ou moins un malade mental, elles sont incapables de comprendre qu'un frère, un fils ou un mari puisse commettre un tel acte. Du fait de leur gêne, ses amies l'éviteront comme si elle avait une maladie contagieuse.

Or elle a besoin du soutien et de la compréhension des autres femmes. Et souvent aussi d'un lieu de repli où elle puisse complètement s'isoler des hommes.

Il existe dans la société des forces puissantes qui nous disent ce que nous sommes en tant que femmes. La pression constante et insidieuse de cette vision des femmes est si convaincante que nous avons tendance à nous juger selon ses critères. Et quand un homme nous frôle dans la foule ou s'exhibe, quand nous recevons un coup de téléphone obscène ou quand nous nous faisons piéger sous la menace d'un couteau et violer – prolongement ultime de tous ces actes de violence sexuelle –, nous rejetons habituellement la faute sur nous et nous nous demandons : « Qu'ai-je bien pu faire ? »

Chercher   Si vous avez été victime d'un viol et avez besoin d'aide et de
de l'aide   conseils, ou si vous connaissez une femme dans ce cas, contactez un des centres dont nous donnons la liste à la fin de ce livre.

La pornographie

La pornographie ne provoque pas seulement la violence. Elle *est* la violence.

Les titres de films indiquent le caractère sadique de ce qui est proposé : *Sadomania, Fraulein SS* ou *l'Esclave,* par exemple. Les photographies nous montrent une femme se tailladant le sein avec un sourire voluptueux ou insérant une épée dans son vagin – avec le même sourire. Non seulement la pornographie est la « célébration du pouvoir masculin sur les femmes » (Diana E.H. Russel, *Lorna Lederer Take Back the Night*), elle est aussi une forme de terrorisme sexuel.

Les arguments *en faveur* de la pornographie peuvent sembler puissants. Elle recrute ses défenseurs non seulement dans un vaste échantillon d'hommes appartenant à des classes sociales et à des niveaux d'instruction différents, mais aussi chez les membres masculins et féminins de la profession médicale. Certains pensent qu'on ne doit rien faire pour l'entraver, parce que dans une société libre les adultes doivent pouvoir choisir ce qu'ils lisent ou ce qu'ils regardent.

Arguments pour

Si nous sommes hostiles à la censure, aux interdictions et aux attitudes puritaines, nous pouvons demander : « Quelle importance si l'on regarde simplement des images ? » Les hommes pensent souvent qu'un brin de pornographie « n'a jamais fait de mal à personne », avec un souvenir ému pour les magazines feuilletés en cachette derrière le préau de l'école.

Certains sexologues et psychiatres affirment que la pornographie en tant que « thérapie » est utile pour traiter les dysfonctionnements sexuels. Patricia Gillian, par exemple, conseille aux médecins généralistes de laisser traîner des revues porno dans leur salle d'attente afin que leurs patients masculins soient mis sur la voie de la guérison avant même de s'adresser à l'homme de l'art. La clinique de sexologie Maudsley possède une liste de films et de cassettes vidéo pornographiques qu'elle recommande pour une « thérapie de stimulation ». Pour soigner l'impuissance, le Dr Gillian projette des diapositives tirées d'*Histoire d'O,* montrant une femme attachée et battue. Mais tout traitement qui rend les hommes puissants en utilisant les femmes comme des objets sexuels impersonnels doit être remis en question. La puissance sexuelle est moins importante que le fait d'être capable d'établir une relation avec une femme considérée comme un être humain.

La pornographie traite le corps des femmes comme une juxtaposition de parties anatomiques, ou plutôt comme des morceaux de viande exposés sur un étal de boucher.

Arguments contre

Certains défenseurs de la pornographie affirment que les femmes ont toute liberté d'accepter ou de refuser de figurer dans des scènes porno, et que nous ne devrions pas empiéter sur leur liberté de choisir le métier qui leur plaît. Ils ne se rendent pas compte que les femmes et les jeunes enfants sont souvent contraints de participer à l'industrie pornographique. Celle-ci est étroitement liée à l'univers de la drogue et en grande partie contrôlée par la pègre. Les filles sont parfois vendues par leurs parents pour paraître dans les films pornographiques et les pornographes utilisent parfois ainsi leurs propres enfants. On fait des choses horrifiantes pour réaliser des photos et des films porno. On introduira une substance quelconque dans le vagin d'une femme pour inciter des chiens à venir la lécher ; on la suspendra par les pieds pour la fouetter ; on aspergera son corps de peinture ou on fera goutter de la cire brûlante sur ses seins.

Il y a des gens qui jugent la pornographie utile parce qu'elle dirige l'excitation sexuelle non contrôlée des hommes sur des images, de telle sorte qu'ils seront moins enclins à user de violence sur des femmes « réelles ». Mais ces femmes sont on ne peut plus réelles. Diriger l'hostilité des hommes sur les femmes avec des images pornographiques pour protéger les autres femmes est indéfendable.

De toute façon, l'argument de la « soupape de sécurité » ne tient pas debout. Des études récentes font apparaître que la pornographie incite en fait des hommes peu agressifs par ailleurs à s'en prendre aux femmes. Même le type de sexualité et de violence présenté à la télévision peut avoir ce résultat. Edward Nelson, de la clinique Maudsley, a montré comment, chez des hommes normaux, les pulsions vers la sexualité assortie de violence sont refoulées mais peuvent être facilement libérées quand on projette à ceux-ci des films de violence sexuelle (E. Nelson et M. Yasse, *The Influence of Pornography on Behaviour*). De tels films ont conditionné un échantillon d'étudiants à l'esprit libéral et tolérant à éprouver des sentiments de violence sexuelle. Les films pornographiques *ne sont pas* une catharsis.

La pornographie « douce »

Lorsque la pornographie inclut la cruauté, il est évident que beaucoup d'entre nous la refuseront. Mais il existe aussi un courant sous-jacent de violence dans la pornographie « douce » et les photos de pin up. La pornographie s'étale au grand jour pour faire taire les femmes, pour leur imposer silence, pour fermer leur bouche en même temps que leur vagin. Une publicité pour une poupée en plastique grandeur nature la décrit comme « la partenaire de lit qui ne discute pas et se contente d'obéir ». Susan Griffin *(Pornography and Silence)* cite la légende d'une photo montrant un harnachement d'un type particulier :

Il sculpte les seins de la femme et rétrécit sa taille. Il dévoile sa croupe splendide. Et le heaume que l'on aura placé sur son visage la rend muette, silencieuse et aveugle.

Dans un seul numéro de *Forum,* magazine présenté par la publicité comme « la revue internationale des relations humaines », on trouve des photos montrant : des femmes enfermées dans des combinaisons et casques de cuir, une femme incapable d'écarter les jambes parce que celles-ci sont maintenues par des boutons-pression perforant ses cuisses, des lèvres de sexe réunies par une chaîne passée au travers, un buste de femme avec des anneaux de métal insérés dans les mamelons, et de la publicité pour, entre autres choses, un savon « qui satisfera à coup sûr le plus gros dégueulasse de la ville » sur lequel on voit l'image d'une femme dont les vêtements s'effacent peu à peu, puis la peau, pour révéler finalement un squelette.

Mais la pornographie ne nous agresse pas seulement dans les magazines. Nous ne pouvons guère y échapper, en fait, parce qu'elle nous cerne de toutes parts, dans les journaux, à la télévision et sur les affiches, mais nous pouvons passer à l'action dans notre vie personnelle. S'il y a des calendriers, des pin up et d'autres matériaux injurieux sur votre lieu de travail, essayez de savoir ce qu'en pensent les autres femmes. Vous serez peut-être surprise de découvrir qu'elles les trouvent détestables. Les techniciens d'un département universitaire avaient punaisé des photos de pin up dans le couloir. Les secrétaires firent circuler une pétition signée par une grande partie du personnel ainsi que par les étudiants et la présentèrent au directeur du département. Les photos furent aussitôt retirées.

Les femmes ont souvent du mal à se protéger contre l'intrusion chez elles de matériau pornographique. Les hommes les accuseront d'être « collet monté » ou sexuellement refoulées, et un fils peut déclarer à sa mère qu'elle est « hors du coup » et que c'est pour cela qu'elle élève des objections.

Répondez simplement que ces images vous font vous sentir humiliée et avilie. Beaucoup d'hommes sont sincèrement surpris par ce genre de réaction. Si vous avez une fille, rappelez-vous que ce genre d'images peut affecter son sentiment sur ce que signifie le fait d'être une femme.

La pornographie dans les médias

10. La perte et le deuil

Le deuil

Tout état émotionnel puissant se répercute sur nos sentiments à l'égard de la sexualité, qu'il s'agisse de joie, de dépression, d'anxiété, de colère – ou d'affliction. Tantôt ces émotions augmentent notre appétit sexuel. Tantôt elles nous bloquent. Ou bien elles modifient notre façon de vivre notre sexualité et la signification que celle-ci revêt pour nous.

Je veux explorer dans ce chapitre les différentes façons dont les femmes réagissent au deuil, à la perte d'une partie de leur corps à laquelle elles attachent de la valeur, à la perte d'une personne unique, aimée – un partenaire sexuel, un enfant ou un parent. La plupart d'entre nous, par exemple, ont déjà l'expérience, ou l'auront, de la mort d'un parent.

La mort est une composante de notre culture très mal acceptée, et elle s'accompagne d'encore plus de tabous que le sexe. Pour la petite fille qui subsiste en chacune de nous, les parents semblent terriblement puissants et forts. Et quelque chose en nous refuse même de croire qu'ils puissent mourir un jour.

Pour une femme, la mort de sa mère, de celle qui lui a donné la vie et dont il lui a fallu se différencier, souvent douloureusement, afin de devenir adulte, équivaut parfois à la mort d'une partie d'elle-même. Elle aura passé une grande part de sa vie à dialoguer silencieusement avec elle, essayant de lui plaire, cherchant son approbation. Quand sa mère vient à mourir, le sentiment qu'elle a de sa valeur personnelle en tant que femme peut être remis en question. Un homme éprouvera un sentiment analogue à la mort de son père. Cette perte est ressentie comme une amputation. *Le choc de la mort*

Même si nous admettons l'intensité des émotions qui surgissent après la mort et le deuil, nous sommes rarement préparées au retentissement de notre chagrin sur notre vie sexuelle. Il peut constituer un véritable choc. Nous sommes stupéfaites, nous ne comprenons pas ce qui nous arrive.

Le deuil n'est pas un état statique. C'est un processus qui comporte plusieurs phases et qui vous affecte physiquement et émotionnellement de façon différente selon les étapes de son déroulement. L'enchaînement des réactions à l'impact du deuil est, dans une certaine mesure, prévisible. Cela peut vous aider de comprendre que vous n'êtes pas seule à réagir ainsi, et que vos réactions n'ont rien de bizarre, pas davantage qu'elles ne sont le fait de votre personnalité. Savoir que d'autres femmes ont vécu des expériences semblables et en sont sorties, et apprendre comment elles y ont fait face, n'atténue pas la souffrance, mais cela vous permet de sentir qu'il existe une sorte de communion dans l'affliction et des gens avec qui vous pouvez parler de ce que vous endurez. Cela vous aidera aussi à préparer activement votre plan de bataille et à ne pas vous laisser emporter par la bourrasque.

Les phases du deuil

Le chagrin ressemble souvent à une maladie, virulente au début, mais qui ne cède jamais vraiment. A aucun moment nous ne pouvons dire : « Ça y est, c'est fini. » Son goût, son essence font partie intégrante de notre vie, de nous.

La première phase est celle du choc, de l'anesthésie, parfois même du refus : on nie que la chose se soit produite. Lorsque nous émergeons de ce premier stade aigu, nous admettons pleinement et entièrement notre perte, mais nous éprouvons en même temps un sentiment d'irréel, l'impression que nous avons plus ou moins perdu notre identité. A ce stade, la personne qui souffre est souvent terrifiée par la violence de ses émotions et peut croire qu'elle devient folle. Elle aura des cauchemars atroces ou des hallucinations quand, après la mort d'un être aimé, elle croit l'entendre ou l'apercevoir, ou sentir brusquement sa présence. Elle sera très agitée et impatiente, oscillera entre les larmes et le désespoir, et se sentira, d'une façon générale, confuse, abasourdie et désorientée. Après la mort d'une personne aimée, elle peut aussi se sentir coupable de choses qu'elle a dites ou a faites, ou négligé de dire ou de faire à cette personne disparue. Elle peut même se sentir coupable de continuer à vivre. Certaines femmes agissent comme des automates parce qu'il faut bien continuer à nourrir la famille, faire la lessive et conduire les enfants à l'heure à l'école. Elles rangeront, nettoieront et même jetteront les affaires de la personne décédée comme si elles étaient des robots. Incapable de se concentrer à ce stade, la femme s'arrête net de faire quelque chose parce qu'elle a oublié pourquoi elle le faisait et doit essayer de « remettre de l'ordre dans ses idées » afin d'accomplir les tâches les plus simples. Il est parfaitement normal, si l'on assimile le chagrin à une maladie, de s'immobiliser plusieurs semaines, voire plusieurs mois dans cette phase.

« Je veux garder les choses exactement comme elles étaient quand il est mort – je ne peux pas me raser les aisselles – c'est un geste absurde. »

Peu à peu, celle-ci fait place à un état plus calme, d'abord pendant de brèves périodes, puis pendant plusieurs jours de suite. Vous sentirez la personne que vous aimiez comme une présence vivante, presque comme si l'essence de sa personnalité circulait maintenant dans votre sang et faisait partie de vous. Cet apaisement peut être ponctué de sentiments de colère, et même de rage, quand vous voulez rejeter sur quelqu'un la faute de ce qui est arrivé – par exemple sur un médecin, ou sur le personnel hospitalier. Vous pouvez aussi éprouver une colère inexplicable à l'égard de la personne qui est morte, parce qu'elle a osé vous abandonner. Une colère aussitôt suivie d'un sentiment de culpabilité intense parce que vous aurez laissé de telles pensées affleurer votre esprit. Vous vous sentirez coupable du moindre moment de plaisir et des instants où vous oubliez votre deuil, parce que vous jugez ne pas être autorisée à jouir de la vie. Vous voulez vous cramponner à votre chagrin comme au dernier lien qui vous rattache à la personne aimée. C'est pendant cette période du deuil que les mauvais rêves commencent souvent à faire place à des rêves plus réconfortants concernant la personne disparue et qu'il ou elle semble de nouveau faire partie de votre vie. Vous sentez qu'on ne vous a pas abandonnée. Et peu à peu vous devenez capable de prendre à nouveau votre vie en main, de vous attaquer à de nouvelles tâches et de prendre plaisir aux petites choses de la vie quotidienne, dont l'intérêt ou la beauté étaient jusque-là complètement oblitérés par l'intensité de votre peine.

Or, même dans ses différentes phases, le chagrin n'est pas un état émotionnel permanent. Il surgit par *vagues*. Chacune peut durer jusqu'à une heure, de telle sorte que c'est un peu comme si vous disposiez d'une plage de calme pour reprendre souffle avant que la vague suivante ne se forme.

Comme toutes les formes de dépression, le chagrin met en jeu notre corps autant que notre esprit. C'est ce que nous exprimons quand nous disons, par exemple, que quelqu'un a « blanchi d'un coup » sous l'effet du choc ou de la peine. Vous avez souvent la gorge nouée. Comme si quelque chose l'obstruait. Vous devez vous forcer pour manger, et quand vous le faites, vous avalez la nourriture sans même vous en rendre compte et tout votre système digestif en pâtit. Votre respiration est souvent irrégulière. Les soupirs et les sanglots en sont pour une part responsables, mais vous constatez aussi que vous bloquez votre souffle ou que vous respirez d'une façon très superficielle et rapide. Vous éprouvez un immense sentiment de faiblesse et d'épuisement, associé à une impression de vacuité, comme si vous n'étiez plus qu'une coquille vide. Vous avez du mal à trouver le sommeil, ou bien vous vous endormez d'un sommeil pesant, pour soudain vous réveiller baignée de sueur froide, pleinement consciente de votre perte. Et parce que nous sommes « liquidées » et que notre corps tout entier participe à ce processus d'affliction, nous sommes plus vulnérables aux infections virales et autres ; le chagrin peut aussi s'exprimer physiquement par des réactions allergiques comme l'eczéma ou des maux de tête semblables à la migraine, ou par une maladie comme le zona. Diverses études ont montré que, dans les mois qui suivent la mort d'un partenaire, celui qui survit est plus enclin à être atteint d'une maladie grave.

Lorsqu'une femme vit une période douloureuse, son cycle menstruel est souvent perturbé. Elle peut avoir soudain ses règles alors qu'elle ne les attendait pas et ruisseler de sang comme si son corps déversait son chagrin. Le père de Shirley eut une crise cardiaque après l'avoir emmenée avec ses enfants à un spectacle de marionnettes. Sa mort fut un choc terrible. Elle se sentit d'abord comme annihilée, mais la semaine qui suivit elle commença à menstruer et perdit du sang pendant un mois entier : « Mon corps souffrait et saignait littéralement à cause de cette

Le corps affligé

mort. » Ou bien les règles s'arrêtent net, comme si la femme se figeait soudain dans son chagrin et était incapable de fonctionner normalement. Chez une femme qui aura la quarantaine ou la cinquantaine, la ménopause peut survenir brutalement, en même temps que le sentiment qu'une porte s'est irrévocablement refermée à ce stade de sa vie. Chez les hommes, les émissions nocturnes qui les perturbent autant que leur partenaire sont liées au stress et au chagrin.

Nous sommes souvent prises complètement au dépourvu par ces expressions physiques de notre chagrin. Nous pouvons comprendre les larmes, le désir de dormir et de « tout oublier », ainsi que les signes extérieurs du deuil qui se manifestent par de l'impatience ou de l'irritation, par des épaules tombantes, par une détresse visible sur notre visage et sur notre corps. Mais il nous est plus difficile d'accepter que notre fonctionnement physique élémentaire nous trompe ou prenne suffisamment le dessus pour condamner notre moi rationnel à l'impuissance.

Chagrin et érotisme   La diminution de l'appétit sexuel fait souvent partie du processus physiologique du chagrin et de la dépression. Votre esprit a beau désirer, votre corps ne suit pas. C'est ainsi qu'un homme sera incapable d'avoir une érection, encore moins une érection prolongée, et une femme qui souhaite pourtant éprouver des sentiments érotiques – elle peut même ressentir un début d'excitation – constatera que son corps semble dire « non », que son vagin reste crispé, sec et fermé, et qu'elle ne réussit pas à parvenir à l'orgasme. D'autre part, l'affliction et la perte donnent parfois à la femme l'impression qu'elle désire l'activité sexuelle. Elle en sera d'autant plus désorientée que ce désir ajoute encore à son sentiment de « ne plus être elle-même » et qu'elle ne comprend pas une réaction qui suscite le plus souvent en elle de la honte. Or le besoin de rapports sexuels en de telles circonstances peut traduire un besoin intense d'être rassurée, une affirmation résolue du désir de vivre, face à la mort ou à la perte.

Les femmes disent parfois que les mots de réconfort ne voulaient rien dire et que le sexe les remplaçait. Quand son père mourut, Sara éprouva un besoin désespéré de faire l'amour, un besoin d'une intensité inconnue jusque-là et par la suite, mais elle ne ressentit pas le plaisir habituel. Sa partenaire lui dit combien elle se sentait impuissante ; malgré tout son désir de rassurer Sara, ce qu'elle ressentait comme de l'exigence et de l'avidité et son incapacité à lui procurer du plaisir la mettaient profondément mal à l'aise.

Après la mort d'un parent ou d'un enfant, chaque partenaire d'une relation sexuelle peut réagir d'une façon différente et être incapable de comprendre la réaction de l'autre. Une femme, par exemple, dit qu'après la mort de quelqu'un qu'elle aimait beaucoup son mari avait eu un besoin intense de faire l'amour, alors qu'elle-même avait l'impression que tout sentiment de joie était une insulte à l'égard de la personne qui était morte. Le fait de savoir que ces réactions diamétralement opposées sont des composantes normales de l'affliction peut aider les deux partenaires à parler de leurs émotions profondes.

Même quand nous admettons l'intensité des émotions qui accompagnent le deuil, nous sommes souvent surprises par la façon dont le chagrin retentit sur notre sexualité...

Le travail du deuil se fait à un rythme différent selon les individus. Dans un couple, un des partenaires pourra rester bloqué à la phase initiale de choc et de paralysie émotionnelle, tandis que l'autre sera incapable de s'arrêter de pleurer, ou l'un revivra inlassablement ce qui s'est passé et aura besoin d'en parler, tandis que l'autre s'appliquera à guérir cette blessure par un débordement d'activité afin d'émerger de son chagrin. Il est très peu probable que vous éprouviez exactement les mêmes sentiments. C'est pourquoi, même si vous vivez une relation aimante, le deuil est une expérience solitaire.

Une des choses les plus difficiles à comprendre par l'autre est que le chagrin nous protège de l'insupportable vide qui semble nous attendre si nous laissons notre chagrin s'atténuer. Il constitue en quelque sorte un manteau qui nous abrite de terreurs encore plus redoutables et dont nous nous enveloppons pour nous réconforter. « Je *ne veux pas* que mon chagrin disparaisse ! » disait une femme.

Un chagrin prolongé, ou qui paraît excessif, exaspère les autres. C'est souvent le cas de ceux qui sont quotidiennement en contact avec la personne qui souffre, par exemple les autres membres de la famille et les personnes qui sont les plus proches de vous. Ils n'auront qu'un désir : que vous émergiez de votre chagrin une fois pour toutes, que vous vous « repreniez ». Ils fixent à la peine des limites dans le temps. Leurs attentes, qu'ils estiment justifiées, imposent une contrainte à votre peine. Or aucun impératif moral ne peut être invoqué en matière d'affliction. On *a* du chagrin, de la même façon qu'on *est* malade. Vous pouvez seulement accepter l'évidence de ce que vous éprouvez, tout comme eux, quels que soient leur inconfort et leur impatience, doivent accepter vos sentiments.

Il n'existe aucune formule permettant de mieux effectuer le travail du deuil. Ce qui aidera un jour sera sans effet le lendemain. Vous refuserez peut-être de croire qu'un jour vous n'aurez plus mal, mais le chagrin s'atténue avec le temps, et vous constatez peu à peu que vous êtes capable de mieux fonctionner, mentalement et physiologiquement, et que vous n'avez pas perdu votre identité, même si aux moments les plus insupportables vous avez eu l'impression de vous désagréger.

Comme le souvenir de la personne que vous avez perdue ou la conscience de ce qui vous est arrivé surviennent par vagues successives, d'une intensité particulièrement aiguë, une femme disait : « Traitez-les comme les contractions de l'accouchement. *Accompagnez-les.* » Elle s'était aperçue que, lorsque le chagrin la submergeait, elle avait tendance à bloquer sa respiration et à se figer, à devenir rigide, exactement comme elle avait eu envie de le faire pendant les grandes contractions de l'accouchement. Comme elle savait que cette attitude rendait la douleur insupportable et impossible à maîtriser, elle s'obligeait à procéder de même quand une vague s'annonçait. Alors seulement elle réussissait à laisser libre cours à ses larmes. En respirant, elle devenait capable de sangloter, son chagrin pouvait couler sans retenue et l'*expression* de ce chagrin était l'amorce de la guérison. C'est parfois un soulagement de pouvoir le faire à l'écart ; le chagrin peut ainsi mieux s'épancher et l'on n'est plus obligée de jouer les âmes fortes ou d'avoir l'air gai pour épargner les enfants. La femme affligée a besoin de moments d'intimité où elle peut être elle-même.

Susan Le Poidevin est une psychologue qui travaille dans un hospice réservé aux mourants, et qui poursuit également des recherches sur le processus de deuil. Pour elle, il est capital que la personne en proie à l'affliction puisse avoir « une relation d'écoute », quelqu'un à qui parler de ses sentiments les plus intimes et les plus perturbants, qui écoute et comprend, à qui l'on peut faire confiance, qui respecte votre identité et ne vous impose pas de jugement ou cherche à vous donner des conseils. Cette « confidente » doit admettre vos sentiments et ne pas minimiser ce que vous éprouvez par des mots de réconfort destinés à vous rassurer mais vides de sens, elle doit savoir résister à la tentation de vous dire : « Je sais exactement ce que vous éprouvez. Je suis passée par là quand j'ai perdu mon mari... » ou « Quand moi, j'ai été opérée... ». Chaque expérience de deuil est unique. Personne, même avec la meilleure bonne volonté, ne peut espérer comprendre exactement ce que vous éprouvez.

Une expérience unique

Si le chagrin est refoulé ou nié, il risque de subsister des années à l'état larvé, jusqu'au moment où une autre perte le fera exploser avec la violence d'un volcan. C'est arrivé à des femmes qui m'ont parlé de leurs problèmes sexuels après la mort.

Le chagrin refoulé

Anne perdit sa mère à l'âge de six ans. On ne lui dit qu'elle était morte qu'après l'incinération, et sa tante, qui l'éleva, ne lui parla jamais de sa mère par la suite. Lorsque, quarante ans plus tard, Anne perdit son mari, le chagrin qui n'avait pas trouvé à s'exprimer à la mort de sa mère jaillit brutalement, et elle dut faire son deuil à la fois de son mari et de sa mère.

Une autre femme fit une fausse couche et jeta le fœtus dans les toilettes. Son partenaire alla le récupérer et le plaça dans un seau. Après quoi elle passa par une période de deuil aigu, pendant laquelle elle le quitta. Elle était incapable de comprendre ses propres réactions, et visiblement très en colère. Je lui demandai de me dire comment elle avait pris conscience de la mort quand elle était enfant, et son chagrin explosa soudain dans toute sa violence. Elle me dit qu'elle avait eu un hamster qu'elle oubliait souvent de nourrir. « J'étais censée aller ramasser tous les jours des pissenlits ou de l'herbe. Ma mère m'a dit qu'il n'allait pas bien. Je l'ai rentré dans la maison ; il est devenu de plus en plus froid et il est mort dans mes mains. Je n'arrêtais pas d'y penser. J'avais l'impression de l'avoir assassiné. Maman et Papa l'ont jeté à la poubelle – oh ! mon Dieu ! – comme le bébé dans les toilettes ! » Elle n'avait pas effectué le rapprochement entre les deux événements.

Quand nous sommes affligées, c'est parfois pour autre chose que l'objet ostensible de notre chagrin ; nous terminons un processus de deuil que nous avions laissé inachevé. Lorsque le travail du deuil s'interrompt parce qu'on le fuit ou parce qu'on y met brusquement fin, la douleur peut cesser sans que nous soyons pour autant exonérées de notre chagrin. Une femme dont la mère mourut quand elle avait quatre ans et à qui son père et sa nouvelle femme ne parlèrent jamais de sa mère, si bien qu'elle ne put jamais entièrement accepter la réalité de cette disparition et faire son deuil, dit : « Le prix à payer pour cette fuite devant le chagrin est une diminution de la capacité de ressentir *quoi que ce soit.* » Selon elle, ses problèmes sexuels avec son mari viennent de là.

D'énormes conflits peuvent se créer dans un couple quand un des partenaires essaie de faire face à un chagrin que l'autre ne voit pas ou dont il ne comprend pas l'intensité – et ils se répercutent automatiquement sur leur relation sexuelle. Que la femme ait un partenaire sexuel ou soit seule, la façon dont elle réagit au chagrin dans sa vie sexuelle constitue souvent pour elle un choc et la stupéfie. Or la mort et le sexe sont indissociables. La mort et l'abandon de soi dans l'orgasme sont inextricablement liés.

La mort d'un être aimé

Lorsque son partenaire meurt, la femme peut éprouver une telle paralysie de ses émotions qu'elle est incapable de croire qu'elle aura de nouveau des sentiments érotiques. La perte de son identité sexuelle semble insignifiante comparée à la perte de l'autre : « Vous continuez à faire le thé pour deux, à acheter la nourriture qu'il aimait et à penser à ce que vous ne devez pas oublier de lui dire. » « Je manque d'un bras autour de mes épaules et de quelqu'un à qui me confier, de ces moments d'humour partagé, de quelqu'un avec qui rire. »

Comme nous l'avons déjà signalé, ainsi figées, les femmes décrivent leurs sensations physiques, leur difficulté à avaler ou à respirer, par exemple : « Je me demandais si je serais un jour de nouveau capable d'avaler. J'avais l'impression d'avoir la gorge définitivement nouée », « J'étais paniquée, je me sentais incapable de respirer correctement », « J'étais terriblement tendue, incapable de décontracter mes épaules », « J'éprouvais en permanence une douleur sourde à l'estomac. Je me rappelle avoir pensé que les poètes et les médecins n'avaient rien compris. Les poètes vous parlent de cœur brisé, alors qu'en fait vous avez mal aux tripes » (cité *in* Valérie Austin et Charles Clarke-Smith *Widowed – What Now ?*).

Les règles de la femme peuvent cesser net ou devenir très douloureuses. Une femme dont l'amant était mort dans un accident de mine disait que les règles qui avaient suivi sa disparition avaient été les plus douloureuses de sa vie. Une femme de quarante-sept ans, qui n'avait jusque-là aucun signe annonciateur de la ménopause, cessa brusquement de menstruer. Une femme plus jeune dit qu'elle n'a pas eu de règles pendant les sept mois qui suivirent la mort de son mari. Le chagrin ressemble parfois à une coquille qui isole la femme. Norma dit qu'elle ne se sent plus appartenir à la race humaine, qu'elle se situe au-delà des émotions normales de bonheur ou de tristesse.

On peut se sentir coupée de tout contact humain, avoir l'impression que le chagrin est perçu par les autres comme un danger, comme une maladie terriblement contagieuse. Une femme disait avoir eu l'impression d'être une « paria », et cela s'était traduit par de l'agoraphobie : « C'est un effort terrible que d'affronter les gens que vous connaissez (autrement dit, presque tout le monde dans une petite ville) » ; cela l'avait aidée au début d'aller faire ses courses avec quelqu'un, lorsqu'elle s'était enfin décidée à sortir de chez elle. La femme peut fuir tout contact intime parce qu'elle craint de réveiller son chagrin. Maggie, par exemple, dit qu'elle fuyait même ses enfants, et elle se rend compte maintenant qu'elle leur a infligé une souffrance inutile : « Au début, j'ai eu beaucoup de mal à les prendre dans mes bras. J'avais peur des émotions qui risquaient d'affluer. Si je me laissais aller, je craquais. Si bien que j'ai été distante comme cela ne m'était jamais arrivé. » Redoutant ainsi les contacts, elle cherchait du réconfort dans un bain chaud, après quoi elle s'enveloppait dans une couverture avec une bouillotte et restait couchée. Elle s'acheta même un jouet en peluche à câliner. Certaines femmes s'aperçoivent qu'elles sont incapables de ce genre d'attentions pour elles-mêmes et n'ont qu'une idée : refouler leur chagrin. « Si vous commencez à vous laisser aller, dit une femme, c'est la porte ouverte à une foule d'autres émotions, tandis que, comme ça, je ne sens rien... C'est comme si j'étais anesthésiée en permanence. Je crois qu'il vaut mieux ne pas donner prise. »

Il est paradoxal qu'une femme qui se sent incapable d'affronter le contact humain que peut lui procurer une autre relation aimante puisse éprouver des désirs sexuels et chercher des partenaires avec qui elle n'aura aucune possibilité d'intimité profonde et d'engagement. Qu'elle trouve là un moyen de relâcher sa tension intérieure ou qu'elle agisse ainsi parce qu'elle est anesthésiée, l'activité sexuelle lui rappelle qu'elle continue à vivre. Une femme : « Je voulais que des hommes anonymes me fassent l'amour et disparaissent ensuite. Je ne pouvais imaginer avoir de nouveau des liens affectifs avec un homme. J'étais terrifiée à l'idée de m'attacher à quelqu'un pour de fausses raisons. »

Beaucoup de femmes découvrent qu'il existe un conflit entre la sexualité et une relation aimante et qu'elles sont incapables de concilier les deux. Certaines veulent une relation sexuelle sans amour. D'autres, l'amour et la tendresse sans rapports sexuels : « J'avais juste terriblement besoin d'être dans les bras de quelqu'un. » La femme peut être déçue parce que l'autre pense qu'une relation sous-entend l'activité sexuelle. Des amitiés peuvent être détruites par le sexe, et une femme malheureuse sans homme est parfois perçue comme un danger par les autres femmes, qui croient qu'elle cherche

Se sentir à part

« Soudain, je me suis sentie excitée... Je ne voulais qu'une chose : faire l'amour. »

à exploiter la compassion masculine. Si elle est séduisante et d'un âge « convenable », elle peut être aussi jugée « disponible » par les hommes, et l'amitié offerte peut être contraignante.

La force de la colère

Les femmes parlent souvent d'une émotion qui fait soudain violemment irruption au moment où elles se sentent particulièrement annihilées : la colère – contre l'autre, contre elles-mêmes, contre la personne qui est morte : « Il n'avait pas le *droit* de mourir. On ne fait pas une chose pareille à quelqu'un ! », « Je me sentais en colère quand il était en train de mourir. Pourquoi moi ? Ce n'était pas juste. J'étais en colère contre sa première femme. C'était complètement injuste que je l'aie eu si peu de temps. J'avais l'impression de m'être fait avoir », « En le voyant mourir, je disais : "Ne me laisse pas ! Ne me laisse pas !" Après je lui en ai voulu. Je pensais : "Comment as-tu pu me laisser avec tous ces enfants ? De toute façon, tu passais ton temps à te défiler !" ». Et une femme qui se retrouve seule avec trois adolescents : « Mon mari a eu les "bonnes" années et m'a laissé le plus moche. » Alison avait vécu dix ans avec Virginia (« C'est l'idée qu'on se fait du mariage. On sait simplement que c'est bon et que ça ne peut être que meilleur. »), quand elle apprit que son amie n'avait plus qu'un an à vivre : « Je ne m'attendais pas à éprouver par moments une colère aussi violente, gratuite. J'ai été complètement instable pendant deux ans environ, et les gens n'osaient pas me parler parce qu'ils avaient peur que je me mette en colère. »

Un sentiment de culpabilité

Le fils de Betty, âgé de dix-huit ans, venait de passer son permis ; il prit aussitôt la voiture et eut un accident où il trouva la mort. Betty était submergée par la colère et par un sentiment de culpabilité intense, « même pas le temps de se dire au revoir, de se dire les choses qui *comptaient* », et ses derniers mots pour son fils avaient été : « Bon sang, lave-toi les mains ! » Elle se sentait plus ou moins responsable de l'accident. Elle éprouvait aussi un sentiment de culpabilité plus profond, car elle ne cessait d'avoir l'impression de lui avoir « fait défaut ».

« On a l'impression d'être infidèle en éprouvant du plaisir. »

La culpabilité et la dépression sont des formes de colère tournées contre soi. Beaucoup de femmes disent qu'elles ne cessent de se demander s'il n'y avait pas quelque chose qu'elles auraient pu faire pour empêcher cette mort et repensent à tout ce qu'elles voudraient avoir dit ou fait, ou à ce qu'elles n'ont pas dit ni fait. Une femme, qui avait perdu le père de son bébé pendant sa grossesse et dont le mari était mort d'un cancer du foie quatre ans plus tôt, dit : « L'idée que mon amour et mes besoins sexuels tuent ceux que j'aime me hante. »

Lorsque les émotions érotiques réapparaissent, elles le font parfois brutalement ; c'est une éruption incontrôlée, associée à un profond sentiment de culpabilité. La femme ne se sent pas le droit au plaisir, ni même celui d'être vivante maintenant que son amant est mort.

Le déblocage émotionnel

Le déblocage émotionnel peut s'accompagner d'une véritable inondation menstruelle. Certaines femmes ont l'impression que leur

corps pleure des larmes de sang. Cela peut se produire lors des premières règles qui suivent le deuil ou des mois plus tard, après une phase d'irrégularité menstruelle. Chez d'autres femmes, le corps continuera à fonctionner comme une horloge, et elles s'irriteront de cette régularité physiologique qui ne reflète pas leur désarroi émotionnel.

Le déblocage ravive la peine, mais maintenant vous êtes capable d'aller vers les gens, d'être en contact avec eux, et de commencer à communiquer physiquement et verbalement. Une femme, qui avait mis une distance entre elle et ses enfants, prit sa petite fille dans son lit et la câlina, et toutes deux se consolèrent mutuellement. Une autre dit : « Ce qui m'a le plus manqué, ce n'étaient pas les rapports sexuels, mais d'être dans les bras de quelqu'un, et je me suis retrouvée avec un besoin terrible de toucher les gens. Mes enfants se laissaient câliner et nous nous sommes beaucoup tenus par la main pendant toute cette période. » Une femme qui n'a pas cette source de réconfort peut se tourner vers les rencontres sexuelles occasionnelles pour trouver ce contact physique alors qu'elle émerge de sa paralysie initiale. Une femme seule : « Les gens semblent croire que ça vous est égal de ne pas avoir d'homme. La joie d'aller se coucher avec quelqu'un, pas seulement pour faire l'amour, mais pour le tenir dans ses bras, pour parler intimement, c'est important – et ça me manque. Je n'ai

Tant que nous sommes affligées, l'autre est là ; en nous accrochant à notre chagrin, nous avons l'impression que la personne disparue reste réelle.

« Je retrouve tout mon chagrin et mon sentiment de perte quand j'ai des rapports sexuels. Je n'aime plus me sentir trop proche des gens. »

339

personne à toucher, à embrasser, à enlacer, personne à qui exprimer mon affection physique. »

La recherche de l'intimité physique

Lorsqu'une femme émerge de sa paralysie initiale, elle peut déborder d'émotions intenses. Peggy, dont le mari mourut subitement à l'âge de quarante-deux ans, dit : « Une fois que j'en ai eu fini avec tous les "premiers" – le premier anniversaire toute seule, le premier Noël, le premier anniversaire de mariage, etc. –, j'ai pu recommencer à vivre. Mon corps a réagi en brûlant, pour ainsi dire, de désir – en oscillant entre les deux extrêmes, le désir sexuel intense et l'engourdissement. Je suis tombée désespérément amoureuse du premier homme qui a mis ses bras autour de moi. » Heureusement, c'était un vieil ami déjà marié, si bien que la relation en resta là. Peggy pense aujourd'hui qu'elle aurait été catastrophique.

Anna dit qu'elle couchait avec tous les hommes qu'elle aimait bien, parce qu'elle avait besoin de chaleur et d'amitié : « Chaque fois, je recherchais la relation que j'avais avec Jim. Ça ne marchait jamais. » Elle avait terriblement besoin d'être dans les bras de quelqu'un, d'avoir la confirmation qu'elle conservait son identité, même en étant seule, et de se prouver qu'elle était encore en vie. Elle s'aperçut qu'elle avait plus de plaisir à faire l'amour si elle n'avait rien en commun avec son amant. S'il s'agissait de quelqu'un qu'elle admirait et respectait, ses émotions se révélaient trop dangereuses à ce stade du deuil.

De nouvelles relations

Quand le couple a été détruit, il vient souvent un moment où la femme se dit qu'elle va maintenant sortir de chez elle et essayer de créer de nouvelles relations. Si elle vit seule et ne travaille pas, elle aura du mal ne serait-ce qu'à parler à d'autres personnes. De simples remarques sur le temps ou les prix dans les magasins, parler à quelqu'un dans le train ou l'autobus peuvent exiger un effort pénible. Une organisation de veuves conseille à la femme qui vient de perdre son mari de laver sa voiture aussi souvent que possible dans la rue ou de repeindre la grille de son jardin ; les gens s'arrêtent pour échanger quelques phrases et le temps passe plus vite. Tout ce qui rompt son isolement et lui permet de communiquer, même au niveau le plus superficiel, peut commencer à abattre les obstacles.

Une femme, dont le mariage a été très heureux et qui prend énormément sur elle pour rencontrer des gens, dit : « Quand il est mort, une page a été tournée. Je me suis fait éclaircir les cheveux, j'ai perdu du poids, j'ai eu des aventures. Elles m'ont donné terriblement confiance en moi. Maintenant, je n'ai plus rien à me prouver. Mais à ce stade, j'essayais de me prouver que je pouvais encore plaire. Je me disais : "Tu viens de passer des moments fantastiques avec ce type, mais ne t'endors pas, va voir ailleurs !" » Une femme doit être solidement armée pour savoir manœuvrer dans ce genre de brèves rencontres, et pour beaucoup de femmes ce ne sera pas la solution.

Quand une femme cherche de nouvelles relations, ses enfants peuvent constituer l'élément d'une équation souvent très difficile à résoudre. Ils peuvent rester fidèles à leur père et être incapables d'accepter qu'elle puisse désirer quelqu'un d'autre. Ils y verront une trahison. Certaines femmes ayant des enfants, et qui continuent à établir de nouvelles relations de couple, sont souvent obligées de mettre soigneusement au point leur stratégie.

Quand le couple se défait et que l'amant part, la femme doit parfois effectuer le même travail de deuil qu'après la mort du conjoint. Marie vécut au couvent de treize ans à vingt-cinq ans. Elle tomba amoureuse d'un prêtre qui quitta les ordres. Ils devinrent amants, mais leurs rapports sexuels étaient difficiles en raison de l'intense sentiment de culpabilité qu'elle éprouvait, et elle décida qu'elle n'était pas encore prête pour le mariage. Il rencontra une autre femme qu'il épousa. Il était devenu, dit-elle, « le centre de moi-même ». Marie est paralysée au plan des émotions. Elle ne peut ni pleurer ni exprimer sa colère. Elle est, dit-elle, « complètement bloquée ».

Le deuil après une séparation

La femme dont Pat était profondément éprise lui avoua qu'elle avait une autre amante : « Tout s'est soudain figé en moi. J'étais assommée. » Puis elle pleura, et la période de déblocage fut suivie d'un terrible accès de colère : « Je me suis roulée sur le lit, j'ai hurlé, j'ai donné des coups de pied, j'ai crié. J'étais terrifiée à l'idée que j'allais craquer. »

Jane a cinquante-neuf ans. Elle est mariée depuis trente ans, mais son mari a eu une dépression nerveuse et se comporte comme « un enfant difficile ». Au début, elle n'a ressenti aucune émotion. « C'était le désert. Il y avait des moments où je me disais que ce serait fantastique d'avoir un accident de voiture. J'avais envie de vomir pour expulser toute cette détresse que j'avais en moi. » Elle est sortie de cette paralysie, elle a connu la colère, elle s'est inscrite à l'université et elle a pris un amant.

Cette immobilité soudaine, la sensation physique de resserrement, ce désir de vomir pour expulser une douleur insupportable, le reflux graduel et le retour à la vie qui s'accompagne aussi d'une souffrance aiguë et d'un sentiment de colère pour ce qui est arrivé, cette résolution du chagrin : tous ces éléments font partie du travail du deuil qui suit la mort d'un être aimé ou une séparation.

Pactiser avec la perte

Le deuil est en lui-même une expérience à la suite de laquelle la femme prend conscience qu'elle a franchi une nouvelle étape de son développement. Pour certaines, le pire s'est produit, elles peuvent désormais tout affronter. Elles éprouvent une nouvelle foi en elles-mêmes, qui souvent les surprend. Une femme, profondément croyante, estime que ses convictions religieuses s'en sont trouvées renforcées : « J'étais dans un tunnel, mais il y avait toujours de la lumière au bout. »

Étrangement, le fait de s'abandonner sans réserve au chagrin comporte une part de sensualité. « Le laisser couler naturellement, dit une femme, est une expérience sensuelle. »

A mesure qu'elle émerge de ce deuil, la femme acquiert un sens nouveau de son identité : « J'ai su que je guérissais le jour où j'ai vendu mon grand lit pour prendre un lit d'une personne. J'ai cessé d'être la moitié d'un couple et je suis devenue moi... »

La mort d'un bébé

La mort d'un bébé s'accompagne d'un deuil d'un type particulier parce qu'il s'agit d'une expérience intensément *physique*. La maternité met en jeu non seulement le cœur et l'esprit, mais aussi une réaction physique qui est une composante de la tâche dévolue à la mère : protéger et nourrir la vie du bébé, d'abord dans l'utérus, ensuite dans ses bras. Lorsque son bébé meurt, la femme a l'impression de souffrir avec son ventre, son utérus, ses entrailles, comme si l'on avait arraché ces organes de son corps vivant.

Ce n'est pas un chagrin délicat, éthéré, mais une douleur sauvage, une blessure à vif, qui s'alimente d'elle-même comme un animal qui rongerait son propre corps.

Avant l'accouchement, le bébé est un élément du corps de la mère. D'une certaine façon, elle ne fait pas la différence entre elle et le bébé. Un enfant mort-né, une fausse couche survenant tardivement signifient à la fois la mort d'un enfant et la mutilation physique de la mère. Une fois que l'enfant est né, c'est comme s'il existait un cordon ombilical invisible à travers lequel la vie de la mère coule en même temps que celle du bébé. Lorsque la mort coupe ce cordon, il subsiste une blessure purulente au centre du corps maternel.

Son effet sur l'identité de la femme

La mort d'un enfant peut attaquer la racine même de la sexualité de la femme et son sentiment d'exister en tant que personne, et la laisser avec un besoin désespéré de tenir un enfant dans ses bras. Car le désir ardent d'avoir un enfant est aussi puissant que le désir de satisfaction sexuelle.

Une femme peut avoir besoin de faire le deuil de son enfant non seulement si celui-ci n'a jamais vu le jour, mais même s'il n'a jamais bougé en elle et n'était encore qu'un minuscule embryon ou un groupe de cellules. Elle pleure l'idée de cet enfant, tous les changements que le bébé aurait apportés en naissant et, surtout s'il s'agit d'un premier enfant, la perte d'elle-même en tant que mère.

Elle rencontrera d'autres personnes – à une réception, chez le coiffeur, dans l'entrée de l'immeuble – qui lui demanderont invariablement : « Combien d'enfants avez-vous ? » Elle est troublée et hésite à répondre, parce qu'elle ne le sait pas vraiment. Un enfant mort reste-t-il votre enfant ? Un enfant mort-né a-t-il jamais existé ? Et si elle révèle son drame, cela ne dressera-t-il pas une barrière entre elle et les autres ? Car toute femme qui a perdu un enfant sait que les autres femmes s'écartent d'elle comme si elle était contagieuse.

Le couple en deuil

La femme qui pleure la mort d'un bébé le fait à sa façon et à son rythme. Il est impossible de mesurer le chagrin en fonction de critères quelconques, ou même de dire qu'une fausse couche survenant en début de grossesse est moins douloureuse que la mort d'un bébé parvenu à terme, ou que la mort subite d'un nourrisson est plus insupportable que le fait de mettre au monde un enfant mort-né, encore que tout cela puisse être vrai pour certaines femmes. Un homme aura parfois beaucoup de mal à le comprendre, peut-être parce que, malgré l'intensité de son chagrin, le père n'a pas le même lien physiologique intime avec le bébé. C'est pourquoi l'affliction de la femme peut sembler à un homme complètement hors de proportion avec ce qui est arrivé.

Il se peut aussi qu'elle soit murée dans son chagrin et ne se rende pas compte de l'ampleur du sien. On dit souvent qu'un deuil rapproche un couple. Il peut avoir l'effet inverse, chacun le vivant solitairement. « Le désespoir dans lequel on se trouve plongée n'est pas obligatoirement visible pour les autres », dit une femme, parlant d'une fausse couche survenue à la moitié environ de sa grossesse, cinq ans plus tôt. Il n'y avait pas à proprement parler quelqu'un à pleurer, mais sa détresse fut telle qu'elle quitta son mari.

La mort d'un enfant à la fin de la grossesse, à la naissance ou par la suite, constitue inévitablement une expérience dévastatrice pour une femme. Tout son corps a travaillé à nourrir cette vie naissante. Elle est axée sur la réalité de cet enfant comme l'aiguille d'une boussole sur le nord, et voilà que ses bras sont maintenant vides. En même temps qu'elle doit faire son deuil de l'enfant, il lui faut supporter les effets physiques de ce qui a pu être un accouchement difficile, les points de suture de l'épisiotomie, le sang et les lochies qui s'écoulent de son utérus, le lait qui ruisselle de ses seins. Tout son corps est endolori et sensible. Elle peut aussi se sentir mutilée par ce qu'on lui a fait. Une femme qui a mis au monde un enfant mort-né dit : « Je me sentais un animal, pas un être humain. Vous êtes là, écartelée, et vous ne pouvez rien faire. » La sage-femme lui avait dit de pousser, mais elle en était incapable : « Je croyais que c'était de ma faute si le bébé était mort. » Il lui semblait avoir été violée, et elle éprouvait un intense sentiment de culpabilité, convaincue que le bébé était mort parce qu'elle n'avait pas fait ce qu'on lui disait. Même si elle accepte, intellectuellement, l'idée qu'elle n'est pas responsable, un doute s'attarde dans son esprit et, émotionnellement, ce sentiment de culpabilité la consume.

La plupart des femmes qui m'ont parlé après la mort d'un enfant disent qu'elles avaient besoin d'être consolées, tenues dans les bras de quelqu'un qu'elles aimaient, en contact étroit avec cette personne. Le bébé de Kitty est mort parce que son berceau de voyage s'est retourné pendant la nuit et l'a étouffé. Elle décrit ainsi ses sentiments conflictuels à l'égard de la sexualité :

Le corps vibrant de souffrance, la douleur intérieure et profonde, la douleur fulgurante en surface – *à vif.* Je ne veux pas qu'on me touche. En même temps ce besoin désespéré d'être tenue solidement, étroitement, parce que je navigue en des mers inconnues, malmenée par la houle de mes émotions et entièrement à leur merci. Je pourrais disparaître dans ces eaux.

La mort d'un enfant peut détruire un couple, ou s'ancrer définitivement dans cette relation.

Mais je ne supporte pas qu'on me câline, qu'on me traite avec tendresse, qu'on me fasse l'amour, car les émotions affluent et elles sont trop douloureuses. Tout m'atteint violemment ou me laisse insensible. Le sexe est violence, est la mort.

Après la mort de leur bébé, son mari eut d'abord un besoin de contacts sexuels plus intenses. Il voulait la caresser, mais ses seins gorgés de lait l'élançaient et étaient douloureux, et elle eut un mouvement de recul. Elle parle aussi du sentiment de solitude dû au chagrin :

Un monde gommé.
Je ne fais pas partie du monde ;
Je suis coupée de toute activité normale et je le regarde derrière une vitre.
Je m'observe et je me vois agir.
La vie continue sans moi.
Pourtant le monde devrait s'arrêter devant une telle énormité.

Une autre femme parle de l'irréalité de tout, sauf de la mort de son bébé : « Je ne comprenais pas que la vie, à l'extérieur, continue comme avant. J'étais agressée par l'attitude d'une normalité indifférente du laitier qui livrait ses bouteilles et du soleil qui se levait. Comment cette explosion atomique n'avait-elle rien dévasté autour de moi ? » (Wendy Valerie Harman, « Death of my baby »).

Au début, la femme et l'homme peuvent s'accrocher l'un à l'autre. Ils peuvent être trop anéantis pour faire autre chose que d'être dans les bras l'un de l'autre et de pleurer sans pouvoir se retenir. Les moindres détails de cette expérience s'inscrivent dans l'esprit avec une précision redoutable, et il arrive qu'ils resurgissent des années plus tard.

Pourtant, cette précision s'accompagne d'un sentiment d'irréel, et l'un comme l'autre sont parfois si hébétés qu'ils n'acceptent pas vraiment la mort du bébé. Une mère décrit ce qui s'est passé après la mort subite de son bébé : « Je suis restée là, à le tenir dans mes bras, j'avais l'impression que mon corps parviendrait à le réchauffer... et c'est alors que nous avons vu la voiture des pompes funèbres qui remontait l'allée. Nous savions qu'on l'emmenait à la morgue. Nous savions qu'il serait autopsié. Adam a pris l'enfant et l'a tendu à l'employé. Il a dit : "Faites attention qu'il n'attrape pas froid." »

Le réconfort que tire un couple d'une intimité profonde et d'un chagrin partagé peut n'être que de courte durée, ou inexistant, car notre culture occidentale continue d'imposer, pour les hommes, un tabou sur la tendresse et l'expression ouverte du chagrin. L'homme est élevé dans l'idée qu'il doit être fort et que la femme doit pouvoir s'appuyer sur lui. Il a honte de pleurer, sauf s'il est seul. Il ne doit pas « flancher ». Il a peur, s'il parle de ce qui est arrivé ou de ce qu'il ressent, de craquer, si bien qu'il tapote gentiment la main de la femme et tourne les talons.

Elle risque alors de croire qu'il se range dans le camp des gens qui nient la réalité de ce bébé qui est mort. Mais elle a en même temps l'impression qu'elle doit lui être reconnaissante de sa force. Une femme qui a perdu son bébé pendant l'accouchement et a subi ensuite une hystérectomie parce qu'on ne pouvait arrêter l'hémorragie et qu'elle serait morte autrement, dit : « David est resté si calme, si positif... Il a été magnifique. Bien sûr, ni l'un ni l'autre n'avons voulu parler du bébé. Il était entendu que David s'occupait de toutes les formalités et de l'enterrement et qu'il me prévenait quand tout serait fini. Mais je veux aller à l'enterrement, parce que je n'ai pas pu voir le bébé et que je dois le voir enterrer. »

Essayant de contrôler ses émotions, l'homme peut s'irriter que la femme donne libre cours à sa peine ; il semble alors non seulement lui refuser ce chagrin, mais la rejeter, *elle*. Cathy décrit ce qui s'est passé après que Marc et elle eurent perdu de mort subite leur bébé de quatre mois : « Il était un roc. Merveilleux. Mais il ne savait pas comment en parler. On lui a appris à dominer ses émotions. Quand je suis au quatrième dessous, il m'évite. Je donnerais n'importe quoi pour qu'il me prenne dans ses bras, pour être physiquement près de lui, mais non... c'est simple : il n'est pas là. »

Une autre femme, à propos de son partenaire : « Il se comporte comme un robot. C'est moi qui dis : "Viens me câliner. J'en ai besoin !" Mais quand il me prend dans ses bras, je sens son mouvement de recul, il creuse les épaules, ou bien il regarde ses pieds. » Elle continue :

« Nous n'avons jamais résolu ensemble le problème. Nous sommes partis chacun dans notre petit univers et on a écarté le souvenir du bébé. Je me rends compte qu'il est terrifié à l'idée que je sois de nouveau enceinte et qu'on passe de nouveau par tout ça. J'étais vraiment furieuse quand j'ai découvert qu'il était allé consulter un médecin pour savoir s'il pouvait se faire faire une vasectomie. »

Après la mort subite de sa petite fille, Éliane dit : « Mon mari voulait être seul. Il s'est coupé de tout le monde. » Un an s'est écoulé, et il n'a pas encore été capable de dire à ses compagnons de travail que le bébé est mort.

Pactiser avec le chagrin

L'un ou l'autre des partenaires, ou les deux, souhaite parfois désespérément remplacer le bébé perdu. Quelques mois après la mort subite de leur bébé âgé de six mois, Joan et Matt éprouvèrent « un désir irrépressible d'avoir un autre bébé ». Ils eurent des rapports et elle parvint à l'orgasme : « Mais après, je me suis sentie coupable. C'est comme si j'avais refermé brutalement la porte sur mon enfant mort. J'avais été capable d'oublier mon chagrin pendant quelques minutes. Et je ne sais pas non plus très bien ce que je veux, car je ne crois pas que je pourrais supporter de perdre de mort blanche un second enfant. »

Bien que la réaction d'un couple puisse être de vouloir immédiatement un autre enfant, lorsqu'ils y réfléchissent bien les deux partenaires comprennent que ce bébé ne pourra jamais être remplacé ; il leur faut du temps pour se séparer de l'enfant et effectuer le travail du deuil avant d'être prêts à en accueillir un autre. « C'est seulement lorsqu'une place a été faite à l'enfant disparu qu'on trouve l'espace nécessaire pour en faire un autre » (Valerie Harrington, « Look, listen and support »). Faire une place au bébé mort est un processus, pas un acte, et cela peut prendre de six mois à un an ou plus. C'est très difficile de faire le travail du deuil pour le bébé qui a disparu tout en se préparant à accueillir un nouvel enfant. Vous aurez souvent terriblement peur d'être incapable d'aimer un autre enfant autant que celui qui a été perdu, et que remplacer ce premier bébé soit en fait une trahison.

La femme pourra rechercher les rapports sexuels parce qu'ils produisent des sensations suffisamment puissantes pour combler son sentiment de vide. Une femme ayant mis au monde un enfant mort-né dit : « Je fais l'amour avec frénésie. J'ai besoin de savoir que je suis vivante, de le sentir. J'ai besoin de savoir que je sers à quelque chose. Je veux de nouveau créer une vie. Je me dis : "Le bébé est mort, je dois être morte moi aussi." »

Parfois, ce besoin d'affirmer que vous êtes vivante et avez le pouvoir de combattre la mort trouvera à s'exprimer dans l'action et la contestation. Le bébé de Roseline était mort trois semaines avant qu'elle ne vienne me parler. Des semaines pleines d'activité : « Je me suis dit qu'il fallait que je fasse quelque chose de constructif. Je suis allée au cimetière et j'ai enlevé tous les rubans des couronnes de fleurs sur sa tombe. Je les ai lavés, je suis allée à la base de missiles de Greenham Common et je les ai attachés au grillage qui l'entoure.

C'était pour tous les bébés qui mourront dans un conflit nucléaire ; pour tous les bébés qui n'auront pas de fleurs, seulement des bombes. »

Après la mort d'un bébé, l'acte sexuel peut devenir très mécanique, soit parce qu'il est utilisé pour combler le vide, soit parce que le couple essaie désespérément de faire un enfant : « Nous voulions un autre bébé. Cela passait avant tout souci de plaisir. Il m'a fallu trois mois avant de ressentir quoi que ce soit, et je savais que *lui* pensait que j'aurais dû me reprendre bien plus tôt. » Une femme dit que le chagrin lui donne l'impression d'être très vieille et très fatiguée, et que si l'activité sexuelle la rassure, elle l'épuise aussi.

« Nous étions si proches. Je voulais faire l'amour, je voulais qu'on me console, mais je me sentais terriblement coupable. »

Une femme qui a mis au monde un enfant mort peut avoir le sentiment que la pénétration produit un véritable carnage de chagrin et d'émotions physiques insupportables. Si le bébé est mort avant que le travail n'ait commencé, il y aura eu un laps de temps pendant lequel elle a su qu'elle allait accoucher d'un enfant mort et dû attendre que le travail commence. Elle aura eu l'impression d'être un « cercueil ambulant ». La pénétration équivaut alors à soulever le couvercle de ce cercueil.

Les sensations physiques éprouvées pendant qu'elle expulsait le corps de son bébé mort peuvent être réveillées elles aussi par la pénétration : « Quand son pénis vient en moi, c'est comme si ce bébé mort sortait de mon corps. »

Quand un bébé meurt à la naissance ou peu après, la dernière chose que la mère ait eu à l'intérieur de son corps est ce bébé. Tout ce qui pénètre en elle semble lui dérober son enfant, surtout quand elle a les seins gorgés de lait et que le sang continue à couler de son utérus ; elle sent, *physiquement* – et ce sentiment est très fort – que son corps appartient encore à l'enfant. Un peu de la même façon, une femme peut en quelque sorte « réserver » son corps après un avortement. Une femme chez qui l'avortement sera provoqué après une amniocentèse révélant que le fœtus est gravement handicapé aura l'impression de ne pouvoir produire que quelque chose d'imparfait et d'abîmé, et que son corps est un lieu de mort. Il est très difficile d'être spontanément excitée et de faire l'amour quand un acte identique a été à l'origine d'une série d'événements ayant abouti à la mort, très difficile de laisser affluer les émotions quand vous savez qu'elles peuvent avoir pour résultat un chagrin aussi intense.

« Pleurer ensemble nous rapproche plus que faire l'amour. »

Si vous avez perdu un enfant, il est important que vous preniez le temps d'effectuer le travail du deuil. Vous serez peut-être obligée de continuer à vivre aussi normalement que possible, sur votre lieu de travail ou chez vous, mais vous avez besoin d'espace pour laisser libre cours à votre affliction. Autrement dit, vous attendrez, pour mettre en route un autre bébé, d'être prête à accueillir un enfant qui ne vienne pas simplement remplacer celui que vous avez perdu, mais qui soit voulu pour lui-même. Cela signifie que vous prendrez le temps de vous laisser aller et de pleurer. Un homme et une femme peuvent souffrir au point de ne pas se faire suffisamment confiance pour laisser libre cours à leur douleur lorsqu'ils sont ensemble, et ils doivent pouvoir être seuls quand ils en ont besoin.

Le besoin de
se confier
Le fait de trouver quelqu'un à qui se confier, qui écoutera sans émettre de jugement ou essayer de gommer votre chagrin, peut vous donner la force d'aller de l'avant et alléger les pressions qui pèsent sur le couple. Une femme qui est seule, ou dont le partenaire s'est jeté à corps perdu dans son travail pour gommer son chagrin, a un besoin urgent de cette autre personne. Nous avons toutes besoin les unes des autres. Avoir besoin d'aide n'est pas un signe de faiblesse. A certains moments, c'est vous qui irez vers la personne qui aura besoin d'être aidée.

Les dangers
du chagrin
refoulé
Si le travail du deuil est retardé ou bloqué, le chagrin resurgira plus tard et empoisonnera la relation du couple d'une façon qui, parce que le bébé aura disparu depuis longtemps, sera difficile à identifier ou à comprendre. Une brochure publiée par la Stillbirth and Perinatal Death Association (Sue Burgess, *Sexual Problems Following Stillbirth*) observe que certains couples sont stupéfaits de voir resurgir des problèmes sexuels plusieurs années après la naissance d'un enfant mort-né, alors que leur famille est constituée. L'idée que la période de reproduction se clôt et la confrontation avec ce sentiment de fin réactivent le chagrin éprouvé du fait d'une grossesse avortée ou de la mort d'un enfant.

Dire
son chagrin
Cela peut vous aider de réserver chaque jour un peu de temps, même très court, pour discuter ensemble et parler de ce que vous éprouvez. Certaines personnes craignent que ce ne soit de la faiblesse, mais, si vous souffriez d'une maladie physique aiguë, vous prendriez le temps de demander au malade comment il se sent. Nous devons avoir les mêmes attentions pour les personnes affligées. Les parents ont également besoin de pouvoir sortir ensemble et de reprendre contact avec le monde extérieur, de se promener dans la nature, d'aller voir un film ou une pièce de théâtre, un musée ou une exposition, de faire du sport ensemble. Peu à peu, les intervalles de rémission entre deux accès de chagrin s'allongeront, et la mort du bébé sera étroitement tissée dans la trame vibrante de la vie.

Les opérations mutilantes

Perdre une partie de son corps, n'importe laquelle, dans une opération mutilante, aussi nécessaire et vital que soit le recours à la chirurgie, est un deuil. Pour certaines d'entre nous, ce processus sera long et douloureux. Et il peut profondément modifier notre attitude à l'égard de nous-mêmes et de notre sexualité.

L'hystérectomie
On a recours à l'hystérectomie non seulement en cas de cancer, mais pour des raisons très diverses, notamment pour des problèmes gynécologiques d'ordre général mettant en jeu l'utérus, les ovaires,

les trompes ou le col. Une hystérectomie est parfois effectuée lorsque le gynécologue ne réussit pas à déterminer l'origine d'un dérèglement important. Une analyse portant sur le nombre d'hystérectomies pratiquées aux États-Unis a montré que, pour la période comprise entre 1970 et 1979, une hystérectomie sur sept avait sans doute été inutile (rapport du *General Practitioner*, 22 janvier 1982). Si l'on considère les chiffres de 1975 – année au cours de laquelle 750 000 hystérectomies furent effectuées –, on peut en déduire que la moitié des femmes américaines subiront un jour ou l'autre cette intervention. En Grande-Bretagne, ce nombre est, proportionnellement, beaucoup moins important. Il n'en demeure pas moins que, à l'âge de soixante-quinze ans, une Anglaise sur cinq n'aura plus d'utérus. La facilité avec laquelle on a recours à l'hystérectomie aux États-Unis, par comparaison avec la Grande-Bretagne, reflète la politique de santé d'un pays où la médecine est un service payant, reposant sur la médecine privée. Il est rentable pour un chirurgien d'enlever l'utérus d'une femme. On constate après coup que plus de la moitié des utérus ainsi excisés sont physiquement normaux.

L'hystérectomie est une opération de chirurgie profonde, et non l'ablation anodine de ce qu'un gynécologue appelait « un organe inutile, sujet à des saignements et source de cancers », qui doit être sectionné une fois qu'il a rempli sa fonction de reproduction. Comme toutes les opérations du même genre, cela exige ensuite une énorme réadaptation émotionnelle ; or elle se fera plus difficilement si vous n'êtes pas convaincue que l'intervention était vraiment nécessaire.

Les patientes ayant subi une hystérectomie diffèrent des autres groupes de surveillance postchirurgicale : on leur prescrit davantage d'antidépresseurs, et elles souffrent plus fréquemment de maux de tête et d'insomnies ainsi que d'états dépressifs non soignés. Richards a montré que le taux de dépression était de trente-trois pour cent chez les femmes ayant subi une hystérectomie, contre sept pour cent chez celles qui avaient subi d'autres interventions de chirurgie abdominale (D. H. Richards, « Depression after hysterectomy »).

Si l'on vous conseille une hystérectomie alors que vous ne présentez aucun symptôme cancéreux, il n'est donc pas inutile de chercher s'il n'existe pas de traitement moins définitif adapté à votre cas. Soyez ferme et sûre de vous en posant vos questions, surtout si l'on se contente de vous rassurer, et cherchez éventuellement un second avis.

Beaucoup de femmes ignorent en quoi consiste l'hystérectomie, ou, après l'intervention, ce qui exactement leur a été enlevé, et dans quelle proportion. On ne leur donne qu'un minimum d'informations sur les effets secondaires de l'opération et on ne leur donne habituellement aucune indication sur les rapports sexuels, sinon qu'elles doivent « prendre des précautions » pendant les six semaines qui suivent. Elles ont souvent du mal à savoir quelles sont les questions à poser. Quand le gynécologue dit à la femme qu'il soupçonne l'existence d'un cancer, elle peut être dans un état de choc

LES TROIS TYPES D'HYSTÉRECTOMIE

Hystérectomie subtotale
L'utérus est retiré, mais les ovaires, les trompes et le col restent en place. Les femmes préménopausées continueront à avoir des règles.

Hystérectomie totale
L'utérus est retiré dans sa totalité ainsi que le col, et la femme cesse d'avoir des règles.

Hystérectomie totale avec salpingo-ovariectomie
Dans cette hystérectomie, les ovaires, les trompes, l'utérus et le col sont retirés.

qui l'empêche de comprendre ce qu'on lui dit. Beaucoup de femmes aimeraient pouvoir parler à une autre femme des effets éventuels de cette intervention sur leur vie affective et sexuelle, mais dans les hôpitaux les conseillers psychosexuels, homme ou femme, sont peu nombreux, et les infirmières du service détiennent rarement l'information désirée. Certaines sont jeunes et inexpérimentées, ou considèrent que leur travail consiste à « remonter le moral » de leur patiente et ne comprennent pas ce que demande la femme ou évitent de discuter des problèmes qui peuvent se poser.

Les réactions à l'hystérectomie

Le premier choc émotionnel de l'opération, pour une femme qui a encore trente ou quarante ans, est d'accepter le fait que la perte de son utérus lui enlève toute possibilité d'avoir un enfant. Pour certaines femmes, ce sera la méthode contraceptive par excellence. « J'étais débarrassée de mon utérus, et aussi d'un inconvénient majeur. Disons que le chirurgien avait enlevé la "chambre du bébé" (mon utérus) mais laissé le "parc de jeux" ! » dit Monica, qui explique qu'elle avait eu trois enfants très jeune, « parce que l'idée de ne pas en avoir ne m'avait même pas effleurée ! On m'avait élevée dans l'idée que je serais "épouse et mère". J'ai éprouvé un immense soulagement [après l'hystérectomie] en pensant que je n'aurais plus de problèmes de fécondité ni à me soucier de mes règles. Jamais je n'avais aussi bien habité mon corps et je me sens encore plus "femme" – une personne et pas simplement une éventuelle porteuse d'enfant. »

D'autres femmes sont incapables d'avoir des réactions aussi positives. Même si elles n'envisagent pas d'être mères, la perte de leur utérus peut s'accompagner d'un terrible sentiment de définitif. Et même si elles ont le nombre d'enfants qu'elles souhaitaient, l'idée de ne plus pouvoir en avoir, par hasard ou parce qu'elles auraient changé d'idée, suscite chez certaines femmes le sentiment qu'une certaine façon d'exister, qui touche à l'essence même de leur qualité de femme, leur a été retirée. (Il est intéressant de noter que si un terme définit ce sentiment chez les hommes – le sentiment d'être « émasculés » –, aucun mot ne décrit cet état chez une femme.)

En repensant à l'époque qui a précédé l'opération, les femmes évoquent souvent leurs entretiens particulièrement décevants avec des gynécologues qui leur parlaient de leur utérus comme d'« une petite poche ne servant à rien », d'« un organe inutile et foyer éventuel de maladie », ou d'« un morceau de tuyauterie qui n'a plus de raison d'être ». Une femme dont le mari, généraliste, est un ami intime de son gynécologue, dit : « Malgré tout je me sentais furieuse et agressivement féministe quand tous les deux discutaient de l'ablation de mon utérus, en parlant de celui-ci comme d'une chose qui avait "rempli sa mission". En larmes, je leur ai expliqué que ça ne m'avait jamais ennuyée d'avoir des règles. Le gynécologue semblait penser que je n'étais vraiment pas normale de m'accrocher ainsi à mon utérus, la plupart des femmes étant trop heureuses d'en être débarrassées. »

Vous imaginez des chirurgiens parler ainsi s'il était question de l'ablation des testicules d'un homme ? La manière dont on parle de l'utérus d'une femme, souvent dans un langage infantile (on vous parlera, par exemple, de votre « gentil petit bide » ou de votre « petite centrale hydraulique »), est une façon parmi d'autres de minimiser le corps féminin et l'expérience vécue des femmes en général.

Janet a eu trois enfants et a décidé de s'arrêter là, si bien que son mari s'est fait faire une vasectomie. Par la suite, elle souffrit d'un fibrome qui la faisait saigner trois semaines sur quatre. On pratiqua donc une hystérectomie. Elle prit soudain conscience qu'elle ne pouvait plus avoir d'enfant : « J'avais des cauchemars, je rêvais que j'avais un bébé et je me réveillais, et il n'était pas là. Toutes mes amies semblaient s'être donné le mot pour être enceintes et étaient folles de joie. Quand je voyais un bébé dans un landau devant un magasin, j'avais envie de le prendre dans mes bras, juste pour le tenir contre moi. » Elle dit que ce deuil intense de sa fécondité dura trois semaines environ. Elle fut aidée à le surmonter par le fait que sa sœur avait eu un bébé un mois avant qu'elle-même ne soit opérée. Janet lui proposa de s'occuper de sa petite nièce, ce qui atténua son chagrin. Il lui fallut trois mois pour résoudre ses émotions et comprendre qu'avoir un enfant n'est pas seulement « ces petites choses si agréables, un joli bébé dans un landau, les promenades au jardin. En vivant quotidiennement avec un bébé, vous vous rappelez les aspects moins plaisants de la chose, les couches et les mauvaises nuits ».

Les femmes pour qui l'opération est une réussite incontestable, et elles sont nombreuses, comprendront mal que d'autres soient si malheureuses après une hystérectomie, et elles leur reprocheront leur manque de courage ou leur étroitesse d'esprit. Entendant parler d'une femme qui se désolait de la perte de son utérus, Margaret disait : « Que d'histoires pour rien ! J'étais si impatiente d'être débarrassée du mien ! » Pendant des années, elle saignait deux semaines sur quatre, et maintenant elle a l'impression de renaître. Barbara aussi dit que ces femmes qui se désolent après l'opération la mettent hors d'elle : « Cette hystérectomie est la meilleure chose qui me soit arrivée. Jamais je ne me suis mieux portée. Je ne place pas ma "féminité" entre mes cuisses. Et je me sens plus féminine en ne passant plus mon temps à me demander si je saigne ou si je tache ma jupe blanche. »

Hystérectomie et sexualité

Pourtant, beaucoup d'autres femmes avec qui j'ai parlé de ce qu'elles avaient ressenti après leur opération insistent essentiellement sur leur besoin de reprendre confiance dans leur sexualité et leur valeur en tant que femmes. Même si elles craignaient au début de souffrir de la pénétration, d'avoir un vagin insuffisamment lubrifié et de ne plus éprouver de sensations, pour beaucoup il s'agissait moins de leurs réactions sexuelles ou de leur plaisir que d'une inquiétude beaucoup plus fondamentale sur leur capacité d'aimer, de donner et de recevoir amoureusement, avec leur corps tout entier.

Après une hystérectomie, les organes génitaux externes et les parties que vous pouvez facilement toucher avec vos doigts n'ont subi aucune modification. Mais si vous enfoncez profondément votre index dans le vagin pour atteindre le col, dont l'extrémité ressemble habituellement à un coussinet rond et rembourré, vous constatez un changement. Ce coussinet est généralement enlevé en même temps que l'utérus, et le vagin est suturé à cet endroit. Ce qui a pour résultat de rétrécir la partie la plus profonde du conduit vaginal. Si certaines femmes en sont ravies, pour d'autres cela peut poser un problème. La suture de la paroi vaginale peut aussi raccourcir le vagin. Ces deux modifications font parfois que la femme supporte mal la pénétration profonde et la pression du pénis sur une zone sensible, ou même sur le fond du vagin.

Reprendre les rapports sexuels

« Pour moi, les rapports sexuels sont bien meilleurs. Les émotions s'en trouvent renforcées. »

Eleanor, qui a cinquante-deux ans, dit qu'elle n'a jamais été « très portée » sur le sexe, mais qu'après une hystérectomie les rapports sexuels ont été très douloureux : « Quand j'en ai parlé au médecin, il a dit : "C'est impossible", et il m'a conseillé d'utiliser une crème. » Comme son gynécologue refuse de croire qu'elle souffre, elle ne se sent pas capable d'aller le revoir.

Le raccourcissement du conduit vaginal, par ailleurs, est parfois à l'origine d'une nouvelle stimulation au moment de la pénétration. Betty dit que les rapports sexuels lui procurent beaucoup plus de plaisir qu'avant. Elle avait subi une hystérectomie en raison d'énormes fibromes qui lui faisaient un utérus de vingt-huit mois de grossesse. Ils appuyaient sans doute sur les ligaments transcervicaux, car avant l'opération elle supportait mal la pénétration profonde. Aujourd'hui, elle y prend plaisir. D'autres femmes ont constaté que, après cicatrisation, elles appréciaient davantage les poussées du pénis. Lisa, qui est lesbienne, éprouve des sensations analogues. Le fait de savoir que la zone dans laquelle survient l'orgasme est maintenant plus petite lui donne envie d'éprouver une sensation intense. Elle aime l'idée que son vagin soit « bien tendu » : « Je ne peux plus avoir de bons orgasmes avec la seule stimulation clitoridienne. J'ai besoin maintenant de quelque chose qui me pénètre profondément et appuie fortement sur le fond. »

Lorsque les ovaires subsistent

Les femmes qui ont subi l'ablation de l'utérus mais ont gardé au moins un ovaire intact et en état de fonctionner continuent à avoir un cycle mensuel qui, tout en ne produisant pas de saignement, les rend conscientes de leurs rythmes mensuels. Au début, Hélène ne comprenait pas ces « sensations bizarres ». Ses seins deviennent sensibles, elle a l'impression d'être gonflée, est irritable et se sent parfois assez faible pendant la semaine qui correspond à celle précédant des règles qu'elle n'a plus. Vicky : « Pendant trois ou quatre mois, je vérifiais que je ne saignais pas, tellement l'impression était forte. Comme les gens qui sentent toujours le membre dont ils ont été amputés. » Elle a pris davantage conscience de sa tension prémenstruelle et en a été très perturbée.

La femme peut aussi éprouver les émotions caractéristiques du milieu du cycle et associées à la maturation de l'ovaire. Pour certaines, cela s'accompagne même de douleurs. Kathleen parle d'une « douleur insistante dans le ventre ». Cette sensation du milieu du mois indique qu'il y a ovulation. Vous conservez un corps de femme, dont les rythmes sont contrôlés par l'afflux d'hormones dans le sang selon un cycle identique à celui de la Lune.

Après une hystérectomie, certaines femmes ont l'impression d'avoir un vagin « mou ». Physiologiquement, c'est peu probable, et elles décrivent en fait le manque de tonus des muscles du plancher pelvien. Lorsque l'utérus a été détendu par une tumeur importante, il a appuyé sur les muscles entourant le vagin et les a soumis à une tension. Vous avez sans doute eu du mal à les contracter fermement et ils se sont détendus et relâchés. Une grande part de la rééducation postopératoire consiste à exercer ces muscles pour leur rendre leur mobilité et vous redonner une « posture » interne satisfaisante. Il existe des mouvements que vous pouvez faire discrètement (certains sont décrits au chapitre 2).

Des muscles relâchés

Vous constaterez peut-être que vous avez besoin d'une certaine tonicité des muscles pelviens pour être pleinement stimulée. Bien que le clitoris soit habituellement l'organe central de l'excitation sexuelle, les muscles qui entourent le vagin entrent en jeu dans l'activité plus généralisée des mouvements qui vous conduisent, par vagues successives, à l'orgasme. Toutes les femmes ne sont pas conscientes de ces mouvements profonds, mais celles qui les sentent estiment qu'il manque quelque chose quand les muscles sont mous et ne réagissent pas. Vicky dit que, après l'opération, elle ne ressentait plus ces sensations profondes. Elle conservait la sensibilité clitoridienne, mais celle-ci lui paraissait insignifiante comparée à l'interaction puissante des différents organes qu'elle éprouvait précédemment : « J'ai dû faire des exercices pendant plusieurs mois pour retrouver ces sensations, car le plancher pelvien avait été considérablement malmené. »

Le fait de tonifier le plancher pelvien non seulement redonne de la vitalité au vagin, mais augmente aussi le sentiment de bien-être général de la femme. Cela se voit même sur son visage. Une femme dont les muscles pelviens sont relâchés présente souvent un relâchement identique des muscles qui entourent la bouche. On note parfois aussi une différence sensible dans sa démarche. Une femme ayant des muscles pelviens relâchés semble porter un poids entre les jambes quand elle marche (c'est d'ailleurs, parfois, la sensation qu'elle éprouve). Une femme dotée de muscles toniques a du ressort dans sa façon de marcher.

Les rapports sexuels, la masturbation, l'excitation sexuelle intense et l'orgasme peuvent provoquer un léger saignement dans les trois ou quatre semaines qui suivent l'opération, car lorsque nous sommes excitées les tissus entourant le vagin sont gorgés de sang. Du fait de l'excitation, les muscles pelviens se contractent spontanément aussi. L'effet conjugué de cet afflux de sang et de l'activité musculaire

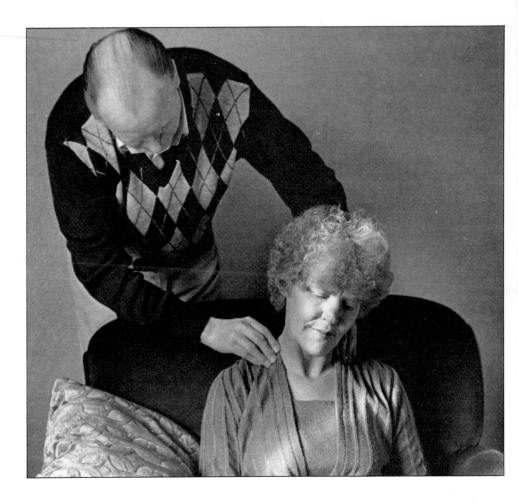

Le réconfort
apporté par une
étroite relation
de couple atténue
la dépression.

est parfois à l'origine d'un saignement de la cicatrice. Ce genre de saignement est anodin, bien qu'il retarde la cicatrisation complète, mais peut angoisser la femme. Il est toujours difficile, en cas de saignements, de savoir jusqu'à quel point ils sont « normaux » et quand il faut s'en inquiéter. Six semaines environ sont nécessaires pour que la ligne de points de suture située dans la partie supérieure du vagin soit cicatrisée.

Vous pouvez aussi remarquer la présence de fils noirs dans le sang. Ils sont censés se dissoudre ou tomber et, une fois que les tissus sont cicatrisés, vous vous sentirez mieux si vous les avez expulsés.

Des pertes jaunes sont le signe d'une infection. Celle-ci peut être due à l'irritation des tissus provoquée par les points de suture. Ce problème sera résolu rapidement et sans douleur par une cautérisa-tion, suivie d'un traitement utilisant des pessaires imprégnés d'antibiotiques. Si vous êtes anxieuse parce que vous saignez, si ces pertes vous font souffrir ou si vous avez la moindre inquiétude, consultez votre médecin.

Le fait qu'une femme ait subi une hystérectomie se répercute, bien évidemment, sur le comportement de son partenaire.

Il arrive souvent que l'homme envisage alors les rapports sexuels davantage du point de vue de la femme et comprenne mieux ses besoins. Inquiet à l'idée qu'elle vient de subir une intervention chirurgicale, il modère son rythme, attache plus d'importance à la stimulation générale de tout le corps et fait preuve de plus de douceur. Certains hommes apprennent à devenir des amants plus expérimentés pendant cette période. Cela peut être une révélation pour un couple dont la vie sexuelle s'est poursuivie sur le même rythme monotone pendant des années.

Certains couples, peu intéressés par l'activité sexuelle, accueillent avec soulagement l'occasion qui leur est donnée d'y mettre un terme. « Il est très compréhensif », dira une femme, ou : « Il me fiche la paix. » Une femme qui a toujours détesté les rapports sexuels me disait qu'elle préférait amener manuellement son mari à l'orgasme, et elle accueillait avec un soulagement visible le prétexte fourni par son opération. C'est sans doute le cas de nombreuses femmes qui se félicitent d'en avoir « enfin fini avec tout ça ».

« Je me sens vide. »

Pour certaines femmes de la cinquantaine, le fait de continuer à avoir des rapports sexuels est un symbole de jeunesse. Et il peut être important pour elles d'éprouver l'orgasme pour se prouver, à elles et à leur partenaire, qu'elles ne sont pas « de l'autre côté de la barrière ». Les difficultés sexuelles postérieures à une hystérectomie peuvent paraître particulièrement redoutables quand les rapports sexuels et l'orgasme doivent ainsi attester la valeur d'une relation.

Beaucoup de ces problèmes tiennent à un état dépressif et ne sont qu'indirectement liés aux modifications physiologiques. Si une femme attache de l'importance à son utérus, elle a besoin de temps pour en faire son deuil. Elle passe par une phase de chagrin et d'affliction très voisine de celle qui suit la mort d'une personne aimée. C'est elle-même qu'elle pleure, la femme qu'elle était autrefois. La perte de la libido est un symptôme de dépression bien connu et un des premiers signes qui l'annoncent. Vicky resta plusieurs mois ainsi parce qu'elle se sentait une femme incomplète. Elle avait trente-trois ans quand elle subit une hystérectomie et ne pouvait s'empêcher d'en vouloir à toutes ses amies qui parlaient de leurs règles devant elle.

Après une hystérectomie, une femme sur dix environ passe par une période dépressive dont les effets s'apparentent à la dépression post-partum, plus souvent appelée « dépression de l'accouchée ». Celle-ci peut vous prendre complètement par surprise si vous n'y êtes pas préparée. « Ce qui me démoralisait le plus, c'était de me sentir complètement inutile », dit une femme. Lorsqu'elle en parla à son gynécologue – un professeur –, il répondit : « C'est exact, dix pour cent des patientes souffrent de ce sentiment d'inadaptation après l'opération, mais nous ne leur en parlons pas d'avance pour ne pas tracasser inutilement les autres quatre-vingt-dix pour cent. » Le meilleur traitement pour ce genre de dépression reste l'amour et la tendresse d'une personne qui vous est chère, votre partenaire

« Je me sens castrée. »

ou une amie intime, et, comme la dépression s'accompagne souvent d'une extrême fatigue, le repos. Une femme disait avoir été surtout aidée par la présence de quelqu'un qui avait pris complètement en charge la maison et par trois heures de lit tous les après-midi.

Lorsque l'hystérectomie a été pratiquée en raison d'un cancer, la femme éprouve en général, après l'opération, un sentiment de soulagement parce que c'est fini, et de reconnaissance parce qu'elle est toujours en vie. L'impression que chaque jour est un nouveau sursis constitue souvent l'émotion dominante, mais tout est arrivé si vite – le choc de la découverte de ce cancer et les dispositions prises pour l'opération survenant coup sur coup – que la période de deuil s'en trouve parfois retardée. Certaines femmes confrontées au cancer et avec qui j'ai parlé m'ont dit qu'elles étaient passées elles aussi par cette période, mais seulement après plusieurs mois.

Une femme qui a subi une hystérectomie en raison de saignements abondants et prolongés se sentira rajeunie une fois ce deuil effectué. Elle aura souvent été affaiblie par une longue période de fragilité physique et d'anémie. Elizabeth, par exemple, saignait avec une telle abondance qu'elle devait porter plusieurs serviettes pour éviter de tacher ses vêtements pendant ses heures de travail. Sa vie sexuelle manquait de charme parce qu'elle était trop fatiguée pour en profiter : « Quand c'est comme ça, vous ne supportez pas qu'on vous touche. » Après l'opération, elle se sentit fatiguée et déprimée pendant un moment, puis un jour elle se regarda dans la glace et vit qu'elle avait changé : « J'avais repris des couleurs. Du coup, j'ai eu envie de me rhabiller de pied en cap. » Sa vie sexuelle est meilleure qu'elle ne l'a jamais été auparavant et elle se sent « en super-forme ! » : « C'est vraiment la chose la plus positive qui me soit arrivée ! »

Certaines femmes se sentent fortement excitées quatre à six semaines après l'opération. C'est surtout le cas si elles étaient épuisées par des saignements trop abondants avant leur hystérectomie. Elles se sentent revivre. Même les femmes qui trouvent fatigants les travaux ménagers pendant cette période peuvent avoir terriblement envie de faire l'amour. Chez certaines, ce sera parce que leurs partenaires auront pris quelques jours de congé pour s'occuper d'elles et leur prouvent leur amour par des attentions très matérielles, ce qui crée une nouvelle intimité. Même si elle se sent faible, la femme aura l'impression de vivre une seconde lune de miel. Lorsque, de surcroît, un homme qui concentrait jusque-là toute sa stratégie amoureuse sur les seuls organes génitaux découvre une nouvelle façon de faire l'amour en caressant tout le corps de la femme et apprend à s'adapter à son rythme, la relation sexuelle du couple en sort renforcée.

La masectomie

La masectomie est une opération ressentie comme particulièrement mutilante parce qu'elle affiche l'amputation subie par la femme d'une partie du corps symbole de la féminité. L'amant saura obligatoirement qu'il y a eu ablation du sein.

Depuis la puberté, nous prêtons, en général, une attention spéciale à nos seins, nous essayons de les modeler, nous nous demandons s'ils sont trop petits ou trop gros, s'ils sont asymétriques ou s'ils tombent, nous cherchons à les raffermir, à les développer ou à les réduire, nous dissimulons leurs imperfections dans la mesure du possible. La première chose que fait un homme lorsqu'il se déguise en femme est de s'affubler de faux « nénés ». Or les seins ne sont pas uniquement d'importants symboles sexuels pour les hommes et pour l'image de nous telle qu'elle se reflète dans leur regard : ils sont une composante vitale de notre être en tant que femmes. Alors qu'ils rassemblaient le matériau de leur livre *Breasts,* Daphna Ayallah et Isaac Weinstock furent stupéfaits de voir « combien le fait d'avoir des seins était capital et essentiel pour la personnalité et le mode de vie d'une femme ». « Nous nous sommes aperçus que notre livre ne traitait pas seulement des seins des femmes, mais aussi de la vie des femmes aujourd'hui, et de leur qualité de femmes. Comme le déclarait avec tant d'éloquence une des femmes que nous avons interrogées : "Je ne peux pas parler de mes seins sans dire ce que c'est qu'être une femme." »

« Avant l'opération, tout représentait un effort terrible. Je me traînais. Maintenant, j'aspire la vie à larges gorgées. »

Pendant près de soixante-dix ans, le traitement du cancer du sein a essentiellement consisté en une chirurgie extensive et mutilante. On pratiquait l'ablation en bloc du sein, des ganglions lymphatiques de l'aisselle, et parfois aussi des muscles pectoraux, limitant ainsi tout mouvement dans lequel intervenait l'épaule. Il n'existe guère de preuves scientifiques qu'une masectomie aussi radicale guérisse mieux le cancer qu'une masectomie simple, consistant dans l'ablation des seuls tissus du sein, et les premiers essais tentés dans les années cinquante ont montré que le traitement le plus efficace consisterait en une intervention chirurgicale limitée associée à la radiothérapie. Certaines femmes se tournent vers la thérapie holistique, comportant notamment le recours aux plantes et une modification du régime alimentaire.

Le traitement du cancer du sein

Les femmes qui ont subi une masectomie trouvent habituellement peu de conseil psychosexuel dans la structure hospitalière proprement dite. Or vingt-cinq pour cent des femmes auront besoin d'une psychothérapie, et chez certaines femmes l'opération met brutalement terme à l'activité sexuelle. Les services de santé britanniques publient une brochure qui donne une vision idyllique de la vie après la masectomie, agrémentée de photos de femmes radieuses et de couples se tenant par la main. Tant mieux si certaines femmes s'accommodent aussi bien de la situation. Mais présenter ces images de ce qu'elle *devrait* être à une femme qui est déprimée et ne se fait pas à la perte qu'elle vient de subir ne peut qu'empirer les choses. Elle aura l'impression que toutes les autres femmes sont capables de s'adapter, sauf elle. Beaucoup de femmes s'aperçoivent qu'elles n'ont personne à qui parler de ce qu'elles éprouvent. Le plus souvent les généralistes ne suivent pas leur patiente, estimant que si elle rencontre un problème elle viendra d'elle-même les consulter. Les infirmières préfèrent éluder la question de la sexualité : « Nous ne parlons pas aux gens de leur vie personnelle. Ce serait nous mêler de ce qui

Le besoin de soutien émotionnel

Masectomie
simple

Masectomie
radicale

ne nous regarde pas. Et nous ne sommes pas psychiatres. » Les chirurgiens sont habituellement des hommes, ils filtrent l'information qu'ils donnent aux femmes et hésitent même, dans certains cas, à prononcer le mot « cancer ». On pourrait même croire, à les entendre, que l'ablation du sein a éliminé le cancer. Or le taux de mortalité par cancer du sein est resté stable depuis une quarantaine d'années ou plus (Rose Kushner, *Breast Cancer*). La femme peut recevoir comme un choc le fait qu'elle doive suivre un traitement après l'amputation du sein : « Je croyais qu'une fois qu'on m'aurait enlevé un sein je serais tranquille. Si j'ai accepté l'opération, c'est uniquement pour être débarrassée de mon cancer. »

Toutes les femmes qui m'ont parlé de leur masectomie ont souligné combien il était important d'avoir quelqu'un à qui parler, une « relation de confidence », qui n'est pas nécessairement une femme ayant vécu la même expérience, mais une personne proche, chaleureuse et généreuse, et qui ne soit pas directement impliquée dans cet épisode. Cela peut être un homme, mais beaucoup de femmes apprécient le soutien affectif que leur apporte une amie. Si vous devez subir une masectomie, il n'est pas mauvais de chercher cette personne avant l'intervention et de rester en contact avec elle.

Les effets postopératoires

La cicatrice laissée par une masectomie varie suivant le type d'intervention qui aura été pratiqué. Dans le cas d'une masectomie radicale, elle se prolongera parfois bien au-dessus et au-dessous du sein. Dans celui d'une masectomie simple, elle peut consister seulement en une ligne incurvée, là où la partie latérale inférieure du sein était rattachée au thorax, et en une dépression verticale au milieu du torse. Lorsqu'on enlève pour la première fois le pansement, toute cette région est sensible et gonflée. André Lorde, dans un article du *Cancer Journals,* dit que, lorsqu'elle avait jeté un coup d'œil furtif sous son pansement, « la cicatrice avait quelque chose de placide et de bénin, un peu comme le croupion recousu d'une dinde farcie, et une fois qu'on avait ôté les points de suture l'enflure avait disparu ». Au début, elle peut être très douloureuse : « Des douleurs permanentes, des douleurs intermittentes, des douleurs profondes ou de surface, des douleurs intenses ou légères. Il y avait la douleur aiguë comme un coup de poignard, celle qui cogne, qui brûle, la douleur lovée, les fourmillements et les démangeaisons. » Certaines femmes auront l'impression d'être prises dans un carcan, dans une armure privée de toute sensibilité : « Le sentiment d'être bardée d'acier, comme si l'on portait un corset de fer à l'endroit de l'opération » (Laura, citée *in* Daphna Ayallah et Isaac J. Weinstock, *Breasts*).

Un indispensable travail de deuil

Les femmes qui viennent de subir une masectomie ont souvent l'impression que ceux qui les entourent – infirmières, amies, parents – leur imposent une gaieté de façade à laquelle elles-mêmes s'obligent pour bien montrer qu'elles « prennent bien la chose », qu'elles n'ont pas changé. On dirait que la femme qui vient de perdre un sein doit rassurer tout le monde. On la réconforte

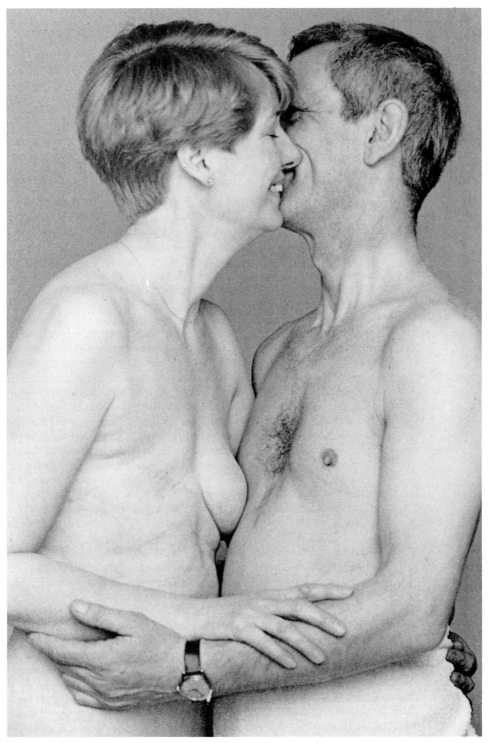

Il peut se créer dans le couple une compréhension nouvelle et plus profonde...

par des phrases creuses, même si elles sont chargées de bonnes intentions. On dira à une femme qui avait de petits seins : « De toute façon, tu n'avais pas grand-chose à perdre. » Ou à une autre, pleine de vitalité et d'allant en temps normal : « Oh ! toi, tu retomberas toujours sur tes pieds, ma chérie ! » « Et comment ! disait une femme. Tout le monde en était si sûr et me disait à quel point j'avais de la chance d'être solide. Deux fois, j'ai craqué à l'hôpital, et j'ai pleuré et sangloté. C'était horrible parce que personne ne savait plus où se fourrer. *On me refusait mes émotions.* »

Certaines femmes trouvent en face d'elles une écoute attentive, chez les professionnels ou leurs amies, qui sont prêts à discuter des problèmes matériels, comme de l'inconfort d'un drain, mais qui se gardent bien de parler de ce que sous-entend le fait d'avoir un sein en moins – de ce que cela signifie réellement pour une femme. « Je passais mon temps à me répéter, chaque jour que Dieu faisait : "J'ai une chance terrible !" » Trois mois durant, elle continua sur cette lancée, résolue à montrer à tout le monde qu'elle retrouvait son état « normal », refusant de se laisser aller à son chagrin. Après quoi elle sombra dans une profonde dépression.

Les relations sexuelles

Beaucoup de femmes disent que, dans les semaines qui suivent l'opération, une relation sexuelle devient extrêmement précieuse et prend une nouvelle dimension. Le partenaire peut se montrer plus aimant et protecteur que la femme ne l'aurait jamais cru possible. « Quand je suis sortie de l'hôpital, les rapports sexuels m'ont rassurée et réconfortée. Il s'est donné un mal fou, il m'a emmenée en voyage pendant un week-end. Il était particulièrement tendre en faisant l'amour, bien plus qu'avant. Je me faisais un sang d'encre à l'idée de lui paraître monstrueuse et de ne plus être la même, mais le fait qu'il m'aime autant et me dise que cela ne faisait aucune différence m'a aidée à accepter l'idée que, sur le plan sexuel, tout continuait comme avant. » Il n'en demeure pas moins que la femme peut avoir du mal à se montrer nue et ne vouloir faire l'amour que dans le noir. Certaines femmes se baignent même avec une prothèse (un faux sein).

L'acte amoureux passe par des changements subtils. La femme qui aimait les sensations que lui procuraient ses seins découvre que sa sensualité est axée désormais sur d'autres parties de son corps. Une autre peut être si choquée, blessée ou en colère qu'elle ne supportera pas que son partenaire touche son autre sein.

Si vous prenez la main de votre amant dans la vôtre, vous pouvez la guider là où vous avez envie d'être caressée. Vous pouvez aussi lui indiquer que vous avez envie qu'il vous caresse et vous embrasse l'autre sein. A moins que vous ne préfériez essayer des positions différentes de celles que vous adoptiez jusque-là. Vous serez parfois longtemps sans pouvoir rester allongée sur le côté qui a subi la masectomie, surtout si les muscles ont été sectionnés, parce que votre épaule est écrasée. Vous ne supporterez probablement aucun poids sur ce bras et certains mouvements vers le haut ou le bas vous seront impossibles. Si vous aimiez vous agenouiller au-dessus de votre amant, vous constaterez peut-être que vous ne pouvez plus vous pencher en prenant appui sur ce bras. Les rapports sexuels deviennent ainsi moins spontanés, plus précautionneux, mais, chez certains couples qui faisaient l'amour d'une façon plutôt routinière depuis des années, non seulement cette exploration des possibilités est à l'origine d'une nouvelle intimité, mais elle introduit un nouvel intérêt dans une relation sexuelle qui battait de l'aile.

Mais, avec le temps, la femme aura parfois besoin d'autre chose. « Qu'après dix ans de bons et loyaux services votre mari vous dise qu'un sein en moins ne change rien à l'amour qu'il éprouve pour vous, d'accord, mais... » Une femme qui a subi une masectomie a parfois besoin de se voir confirmer qu'elle reste désirable, et cette assurance ne peut lui être donnée que par une nouvelle relation sexuelle, même temporaire. Les femmes qui m'ont parlé de ce qu'elles ont vécu m'ont parfois dit qu'une part importante du processus de guérison s'était faite un an ou deux après l'opération, quand elles avaient eu une liaison.

Louise, à qui l'on avait retiré les muscles situés sous le bras, eut beaucoup de mal à recommencer à conduire. Elle ne pouvait pas reprendre le tennis, mais elle avait décidé de faire de la natation à tout prix et elle a réappris à nager : « J'étais très sage, et je disais : "Je ne me débrouille pas si mal, hein ?" Tout le monde a été soulagé de voir que j'essayais de m'adapter. » Elle dut affronter son chagrin et un profond sentiment d'indifférence et d'isolement six mois après avoir subi une masectomie, alors qu'elle se trouvait avec son mari sur la côte méditerranéenne. « Sur la plage, j'ai compris que j'étais différente et que je le serais toujours. On peut prendre les choses avec humour, mais jusqu'à un certain point seulement. » Un jour où elle se baignait dans un maillot deux-pièces, elle perdit sa prothèse dans l'eau. « J'ai essayé de tourner la chose en plaisanterie, afin que personne ne se sente gêné. Autrement dit, c'est moi qui ai dû épargner leurs sentiments. » Elle se rendait compte de plus en plus qu'elle cherchait dans son mari un appui paternel. Elle devint agoraphobique et commença à « s'effondrer ». L'homme est capable de comprendre qu'une femme ait besoin d'être protégée et aimée comme une enfant pendant la période qui suit immédiatement l'opération. Au bout de six mois ou plus, c'est nettement moins facile. Il aura tendance à penser qu'elle devrait avoir surmonté son problème. Le mari de Louise avait un travail très prenant qui exigeait beaucoup de lui. Il passait de plus en plus de temps au bureau. Leur union commença à se désagréger du fait de ce qu'elle appelle des « disputes infernales ». « Je n'arrêtais pas de tomber sur des choses qui me faisaient du mal – une photo de moi comme j'étais avant, le problème de trouver des robes d'été. Il fallait qu'elles aient des manches. J'ai replié en pleurant toutes mes vieilles robes. C'était comme si je rangeais définitivement une période de ma vie. » Certaines femmes souffrent le martyre dans les vestiaires en voyant les réactions gênées des autres femmes.

Le retour à la normale et ses difficultés

Après une masectomie, une femme âgée de trente ou quarante ans peut avoir l'impression d'avoir subitement vieilli : « J'avais pris un terrible coup de vieux qui m'obligeait à rejeter toute une partie de ma vie où j'avais aimé mon corps, avec toutes les connotations de liberté sexuelle qu'il sous-entendait. Je n'aimais plus la vie. Je me rendais compte que j'avais échappé à la mort, mais je n'arrivais pas à en être reconnaissante. »

Deux choses ramenèrent Louise à cet amour de la vie. Elle se rendit compte que son mari était attiré par une de leurs amies et que celle-ci ne restait pas insensible. Elle vit soudain combien il était séduisant. Elle comprit qu'elle était devenue aussi dépendante de *lui* qu'une enfant d'un père aimant, et qu'une relation de dépendance de ce type ne pouvait satisfaire tous leurs besoins sexuels. Elle devait moins s'accrocher à lui et redevenir autonome. Peu après, elle rencontra un homme avec qui elle eut une liaison. Elle ne lui parla de son amputation qu'au moment « crucial », lorsqu'il lui assura que cela ne changeait en rien le désir qu'il avait d'elle. Ce fut la phase finale d'un long processus de guérison. Depuis, elle se fait une image positive de son corps.

L'utilisation d'une prothèse

Pour beaucoup de femmes, l'utilisation d'une bonne prothèse constitue une partie importante de leur rétablissement après une masectomie. Certaines traitent la prothèse comme une partie d'elles-mêmes et ne veulent jamais regarder la cicatrice ou la laisser voir à un partenaire sexuel. D'autres la considèrent comme un leurre. Elles déclarent qu'un bras ou une jambe artificiels, de fausses dents ou des lunettes vous aident à fonctionner, mais qu'un faux sein montre encore davantage qu'il vous manque quelque chose. André Lorde cite le cas d'une femme, appartenant à une organisation américaine d'aide aux femmes ayant subi une masectomie, qui vint la voir avec un coussinet de laine d'agneau cousu dans une enveloppe de tissu rose en forme de sein. « On ne fait absolument pas la différence », déclara-t-elle. André Lorde lui répondit que, indépendamment de ce que verraient les gens, elle en tout cas saurait toujours que cette différence existait. « Le problème est de savoir si j'aimerai mon corps avec un sein unique ou si je lui resterai toujours étrangère... Pour moi, mes cicatrices n'ont rien de déshonorant et me rappellent que je suis peut-être une victime de cette guerre cosmique contre les radiations, les graisses animales, la pollution de l'air, les hamburgers des McDonald's ou l'amiante, mais que la lutte continue et que j'en fais toujours partie. Je refuse de cacher mes cicatrices ou de les camoufler avec de la laine d'agneau ou des silicones. Je refuse d'être ravalée, à mes propres yeux comme à ceux des autres, du rang de combattante à celui de victime. »

L'important est que la femme décide elle-même si elle veut porter une prothèse ou non et ne se plie pas simplement à ce que les autres attendent d'elle. On nous a conditionnées à voir nos corps au travers du regard des hommes. Notre idée de ce que nous devons être doit se fonder sur la façon dont nous *vivons* notre corps, et ne pas être le reflet passif de l'image véhiculée par les médias de ce que devrait être le corps féminin.

Le chagrin peut être une expérience dévastatrice. Qu'il soit causé par une opération mutilante ou par la mort d'une personne aimée. Il peut laisser en nous une douleur permanente, mais en même temps nous apprendre des choses sur nous-mêmes, nous amener à redéfinir ce qui a de l'importance à nos yeux et nous ouvrir de nouvelles perspectives. Car, bien étrangement, la perte ne se contente pas d'enlever : elle donne aussi.

Le chagrin

Postface

Ce livre a été pour moi une aventure au long cours. J'ai l'impression d'être passée, comme Alice, de l'autre côté du miroir et d'y avoir vu mon propre reflet de femme, d'avoir découvert un pays étrange dont la carte n'avait pas encore été dressée et que j'ai pu, grâce à l'aide d'innombrables femmes, explorer.

J'ai été stupéfaite en voyant combien j'étais loin de ce qui se passe dans la tête et le corps des femmes, en constatant que j'étais prête à accepter une vision du sexe essentiellement masculine. Je prenais plus ou moins pour acquis que les sexologues avaient sans doute raison lorsqu'ils parlaient de « dysfonctionnement sexuel féminin » et utilisaient souvent la psychothérapie pour aider les femmes à s'adapter, en oubliant de remettre en question les valeurs et les codes sociaux qui nous imposent certains types de comportements sexuels et d'hypothèses touchant à la sexualité. L'homme a été pris comme norme de la personne en bonne santé. Le corps des hommes constitue la base de l'anatomie, de la physiologie et du comportement sexuel, le corps et le comportement des femmes ne sont vus qu'en tant que déviations de cette norme.

J'ai appris, comme je le soupçonnais en entreprenant ce voyage, que la vie sexuelle des femmes est merveilleusement plus complexe que voudraient nous le faire croire la plupart des livres sur la question. J'espère avoir traduit un peu de cette richesse dans ces pages.

En travaillant à cet ouvrage, je suis devenue plus consciente que jamais de l'importance pour nous, femmes, de savoir et de nous comprendre, et de ne pas prendre pour vérité première tout ce qu'on nous dit sur la sexualité féminine. Toute connaissance doit être mesurée à l'aune de notre expérience personnelle et de tout ce que nous pouvons apprendre des autres femmes. Nous avons besoin de partager cette expérience vécue et de constituer un fonds commun de connaissances auquel toutes les femmes pourront puiser. Les hommes ont la haute main sur la profession de gynécologue, qui a écarté tout ce que les femmes peuvent apprendre sur leur propre corps et leur sexualité. Ce que nous savons ne peut être rejeté comme anecdotique ou relevant de l'« intuition » féminine. C'est peut-être très différent de ce que savent les hommes du corps et de l'esprit des femmes et de notre sexualité, mais c'est précisément parce que cette information est différente et parce qu'elle naît de l'expérience directement vécue que sa valeur est inestimable.

A toutes les femmes qui lisent ce livre, je dis : remettez en question toutes les connaissances acquises, même si elles semblent faire autorité. Faites confiance à vos sentiments. Ils sont valides. Et partagez ce que vous découvrez sur vous-mêmes avec les autres femmes. Peu à peu, nous deviendrons capables, comme si nous assemblions les fragments d'une mosaïque, de cerner davantage notre réalité de femmes.

Bibliographie

Adams, C., *Ordinary Lives : A hundred years ago,* Londres, Virago, 1982.

Alther, L., *Original Sins,* Harmondsworth, Penguin, 1981.

Atwood, M., *Lady Oracle,* Londres, Virago, 1982. (Éd. fr. : *Lady Oracle,* Canada, Québec, Étincelle, 1980.)

Austin, V., et Clarke-Smith, C., *Widowed – What Now ?,* Nouvelle-Zélande, Mallison Rendel, disponible en Grande-Bretagne chez Cruse House, 126 Sheen Road, Richmond, Surrey TW9 1UR.

Ayallah, D., et Weinstock, I.J., *Breasts : Women speak about their breasts and their lives,* Londres, Hutchinson, 1980.

Beauvoir, S. de, *Le Deuxième Sexe,* Paris, Gallimard, 1949.

Belliveau, F., et Richter, L., *Understanding Human Sexual Inadequacy,* Londres, Hodder & Stoughton, 1971.

Bender, L., et Blau, A., « The reaction of children to sexual relations with adults », *American Journal of Ortho-psychiatry,* vol. 7, n° 4, 1937.

Billings, E., et Westmore, A., *The Billings Method : Controlling fertility without drugs of devices,* Londres, Allen Lane, 1981. (Éd. fr. : *La Méthode naturelle de régulation des naissances,* Canada, Montréal, Paulines, 1979.)

Bracey, D., « Breakthrough in male contraception », *Spare Rib,* vol. 93, avr. 1980.

Brothers, J., *What Every Woman Should Know About Men,* New York, Simon & Schuster, 1981. (Trad. fr. : *Ce que toute femme doit savoir sur les hommes,* Canada, Montréal, Presses, 1983.)

Burgess, S., *Sexual Problems Following Stillbirth,* Stillbirth and Perinatal Death Association, 37 Christchurch Hill, London NW3.

Butler, P., *Self-Assertion for Women,* Londres, Harper & Row, 1981.

Caldeyro-Barcia, R., *et al.,* « Bearing-down efforts and their effects on fetal heart rate, oxygenation and acid base balance », *Proceedings of First International Meeting of Perinatal Medecine,* Berlin, 1979.

Cole, M., « The use of surrogate sex partners in the treatment of sex dysfunctions and allied conditions », *British Journal of Sexual Medicine,* mars 1982.

Comfort, A., *The Joy of Sex,* Londres, Mitchell Beazley, 1972. (Trad. fr. : *La Joie du sexe,* Paris, Lattès, 1983.)

Denfield, D., et Gordon, M., « The sociology of mate swapping or the family that swings together clings together », *in* J.S. et J.R. Delora, éd., *Intimate Life-Styles : Marriage and its alternatives,* Californie, Goodyear, 1972.

Dickson, A., *A Woman in Your Own Right,* Londres, Quartet, 1982.

Dietz, C., et Craft, J., « Family dynamics of incest : a new perspective », *Social Casework,* 1980.

Douglas, M., *Purity and Danger : An analysis of concepts of pollution and taboo*, Londres, Routledge & Kegan Paul, 1966, éd. de poche 1975. (Trad. fr. : *De la souillure. Essai sur les notions de pollution et de tabous*, Paris, La Découverte, 1981.)

Ellis, A., *The Journal of Sex Research*, vol. 5, n° 1, févr. 1969, p. 41-49.

Ellis, H., *The Psychology of Sex*, Londres, Heinemann, 1933. (Trad. fr. : *Précis de psychologie sexuelle*, Paris, Alcan, 1934.)

Ellis S., *The Women of England*, Londres, Fisher, Son & Co, 1850 environ.

Embree, J. F., *A Japanese Village : Suye Maru*, Londres, Routlege & Kegan Paul, 1946.

Faderman, L., *Surpassing the Love of Men : Romantic friendships between women from the Renaissance to the present*, Londres, Junction Books, 1981.

Fairchild, B., et Hayward N., *Now That You Know : What every parent should know about homosexuality*, New York et Londres, Harcourt, Brace & Jovanovich, 1979.

Forward, S., et Buck, C., *Betrayal of Innocence : Incest and its devastation*, Hardmondsworth, Penguin, 1981.

Foucault, M. *La Volonté de savoir*, Paris, Gallimard, 1976.

Francis, V. de, *Protecting the Child Victim of Sex Crimes Committed by Adults*, Denver, American Humane Association, Children's Division, 1968-1969.

Freud, S., « Lettres à Wilhelm Fliess », *Correspondance*, Paris, Gallimard, coll. « Connaissance de l'inconscient », 2 vol., 1976.

Friday, N., *My Secret Garden*, Londres, Quartet Books, 1979. (Trad. fr. : *Mon jardin secret*, Paris, Balland, 1976.)

Giese, H., Gebhard, P. H., Raboch, J., *The Sexuality of Women*, Londres, André Deutsch, 1972.

Graffenburg, E., « The role of urethra in female orgasm », *International Journal of Sexology*, vol. 3, p. 145-148, Bombay, 1950.

Greengross, W., *Entitled to Love : The sexual and emotional needs of the handicapped*, Londres, Malaby Press for National Marriage Guidance, Council with National Fund for Research into Crippling Diseases, 1976.

Griffin, S., *Pornography and Silence : Culture's revenge against nature*, Londres, The Women's Press, 1981. – *Made from this Earth*, Londres, The Women's Press, 1982.

Hailes, J., « Sexuality and aging », *Social Biology Resources Centre Bulletin*, vol. 4, n° 3, Melbourne, 1980.

Harman, W.V., « Death of my baby », *British Medical Journal*, vol. 282, 1981, p. 35-37.

Harrington, V., « Look, listen and support », *Nursing Mirror*, 13 janv. 1982.

Heiman, J., LoPiccolo, L. et J., *Becoming Orgasmic : A sexual growth program for women*, Londres, Prentice Hall, 1977.

Hemmings, S. « Horrific practices : how lesbians were presented in the newspapers of 1978 », *in* Gay Left Collective, éd., *Homosexuality : Power and politics*, Londres, Allison & Busby, 1980.

Hite, S., *Report on Male Sexuality*, Londres, Collier Macmillan, 1976. (Trad. fr. : *Le Rapport Hite sur les hommes*, Paris, Laffont, 1977.) – *Report on Female Sexuality*, Londres, Corgi, 1981. (Trad. fr. : *En toute franchise. Des femmes parlent de leur sexualité*, Paris, Laffont, 1981.)

Hoeffding, V., « Dear Mom », *in* J. Karla et A. Young, éd., *Out of the Closets : Voices of gay liberation*, New York, Jove Publications, 1977. – « The flight from womanhood : the masculinity complex in women as viewed by men and by women », *International Journal of Psychoanalysis*, vol. 7, 1926, p. 324-329.

Holt, I. J., et MacLennan, A. H., « Lumbar epidural analgesia in labour », *British Medical Journal*, vol. 1, 1977, p. 14-15.

Horney, K., « The problem of feminine masochism », *Psychoanalytic Review,*
vol. 12, n° 3, 1935.

Hurcombe, L., et Dowell, S., *Dispossessed Daughters of Eve : Faith and feminism,*
Londres, SCM Press, 1981.

Jaffe, A.L., Dynneson, L., *et al.,* « Sexual abuse of children : an
epidemiological study », *American Journal of Diseases in Children,* 1 – 9 : 6
1975.

Johnston, J., *Lesbian Nation : The feminist solution,* New York, Simon and
Schuster, 1973.

Jong, E., *Fear of Flying,* Londres, Secker & Waeburg, 1974. (Trad. fr. : *Le
Complexe d'Icare,* Paris, J'ai lu, 1978.)

Justice, B. et R., *The Broken Taboo : Sex in the family,* Londres, Owen, 1980.

Kaplan, H.S., *The New Sex Therapy : Active treatment of sexual dysfunctions,*
Harmondsworth, Penguin, 1978. (Trad. fr. : *La Nouvelle Thérapie sexuelle,*
Paris, Buchet-Chastel, 1979.)

Karla, J., et Young, A., *Out of the Closets : Voices of gay liberation,* New York,
Jove Publications, 1977.

Kempe, R.S. et C.H., *Child Abuse,* Londres, Fontana, 1978. (Trad. fr. :
L'Enfance torturée, Belgique, Bruxelles, Mardaga, 1981.)

Kerr, C., cité *in* E. Stephens, « The moon within your reach », *Spare Rib,*
vol. 42, déc. 1975.

Kinsey, A.C., Pomeroy, W.B., et Martin, C., *Sexual Behaviour in the Human
Male,* Philadelphie, W.B. Saunders, 1948. (Trad. fr. : *Le Comportement sexuel
de l'homme,* Paris, Amiot-Dumont, 1948.)
– *Sexual Behaviour in the Human Female,* Philadelphie, W.B. Saunders, 1953.
(Trad. fr. : *Le Comportement sexuel de la femme,* Paris, Amiot-Dumont, 1953.)

Koadlow, Dr E., « Sexuality and the elderly », *Social Biology Resources Centre
Bulletin,* vol. 4, 3 déc., Melbourne, 1980.

Kushner, R., *Breast Cancer : A personal history and an investigative report,* New
York, Harcourt, Brace & Jovanovitch, 1976.

Ladas, A.K., Whipple, B., et Perry, J.D., *The G-Spot,* New York, Holt,
Rinehart & Winston, 1982. (Trad. fr. : *Le Point G. et autres découvertes récentes
sur la sexualité humaine,* Paris, Laffont, 1982.)

Lecky, W.E.H., *A History of European Morals from Augustus to Charlemagne,*
Londres, Longmans & Co, 1911, 2 vol. (1re éd. : 1869).

Lewis, S.G., *Sunday's Women : A report on lesbian life today,* Boston, Beacon
Press, 1979.

Lorde, A., *The Cancer Journals,* New York, Spinsters Ink, 1982.

McGilvray, D.B., « Sexual power and fertility in Sri Lanka », *in*
C. P. McCormack, éd., *Ethnography, Fertility and Birth,* Londres, Academic
Press, 1982.

Marcus, S., *The Other Victorians : A study of sexuality and pornography in
mid-nineteenth century England,* Londres, Corgi, 1969.

Masters, W.H., et Johnson, V. E., *Human Sexual inadequacy,* Londres, J. and
A. Churchill, 1966. (Trad. fr. : *Les Mésententes sexuelles et leur traitement,*
Paris, Laffont, 1970.)
– *Human Sexual Response,* Boston, Little, Brown & Co, 1966. (Trad. fr. :
Les Réactions sexuelles, Paris, Laffont, 1967.)

Mead, M., *From the South Seas : Studies of adolescence and sex in primitive societies,*
New York, William Morrow, 1939.

Midelfort, H.C.E., « Witch hunting in South Western Germany », *in*
M. Daly, *Gyn/ecology : the metaethics of radical feminism,* Londres, The
Women's Press, 1979.

Nelson, E., et Yasse, M., éd., *The Influence of Pornography on Behaviour,*
Londres, Academic Press, 1982.

Nelson, S., *Incest, Fact and Myth,* Édimbourg, Stramullion, 1982.

Oakley, A., *Sociology of Housework,* Oxford, Martin Robertson & Co, 1974.

Pizzey, E., et Shapiro, G., *Prone to Violence,* Londres, Hamlyn, 1982.

Pomeroy, W.B., *Dr. Kinsey and the Institute for Sex Research,* Londres, Nelson, 1972.

Reading, A.E., Cox, D.N., et Sledmere, C.M., « Psychological issues arising from the development of new male contraceptives », *Bulletin of the British Psychological Society,* vol. 35, 1982, p. 369-371.

Reitz, R., *Menopause : A positive approach,* Londres, Unwin Paperbacks, 1981.

Reuben, D., *Everything You Always Wanted to Know About Sex but were Afraid to Ask,* Londres, W.H. Allen, 1970. (Trad. fr. : *Tout ce que vous avez toujours voulu savoir sur le sexe, sans jamais oser le demander,* Paris, LGF, 1973.)

Richards, D.S., « Depression after hysterectomy », *Lancet,* vol. 430, 1973.

Ris, H. W., « The essential emancipation : the control of reproduction », *in* J. Roberts, éd., *Beyond Intellectual Sexism : A new woman, a new reality,* New York, David McKay Co. Inc., 1976.

Russell, D.E.H., *Lorna Lederer Take Back the Night,* Women on Pornography, New York, Bantam, 1980.

Schultz, L., « The child sex victim, social, psychological and legal perspectives », *Child Welfare,* vol. 52, n° 3, 1973.

Seager, H., *Not for Fun, Not for Profit : Strategies for ending sexual harrassment on the job,* Pennsylvania Commission for Women, 1981.

Seaman, B., « US Congress House Select Committee on Population : hearings on fertility and contraception in America », *95th Congress,* III, 150, 1978.

Semmens, J.P., et Wagner, G., « Estrogen deprivation and vaginal function in postmenopausal women », *Journal of the American Medical Association,* vol. 248, n° 4, 1982.

Shuttle, P. et Redgrove, P., *The Wise Wound,* Londres, Gollancz, 1978.

Silber, S.J., *How to get Pregnant,* New York, Scribner, 1980.

Stevens, E., « The moon within your reach », *Spare Rib,* vol. 42, déc. 1975.

Struthers, J., « Growing older », *in* Walter de la Mare, éd., *Love,* Londres, Faber, 1953.

Sweet, P.E., *Something Happened to Me,* Wisconsin, Mother Courage Press, 1981 (224 State Street, Racine, WI 53403, USA).

Szasz, T., *Sex : Facts, Frauds and Follies,* Oxford, Blackwell, 1981.

Thompson, C., « Cultural pressures in the psychology of women », *in* J. Baker Miller, éd., *Toward a New Psychology of Women,* Londres, Allen Lane, 1978.

– « "Penis envy" in women », *Psychiatry,* vol. 6, 1943, p. 123-125.

Weare, T., « Round in a flat world », *Spare Rib,* janv. 1979.

Weideger, P., *Female Cycles,* Londres, The Women's Press, 1978.

Wertz, R.W., D.C., *Lying-in,* Londres, Collier Macmillan, 1977.

Whitehorn, K., « No country for old women », *Observer,* 16 janv. 1983.

Wilson, R.A., *Feminine Forever,* Londres, W.H. Allen, 1966. (Trad. fr. : *Féminine pour toujours,* Paris, Éd. de Trévise, 1967.)

Wolfe, L., *The Cosmo Report,* New York, Arbor House, 1981.

Wood, C. et Suitters, B., *The Fight for Acceptance : A history of contraception,* Aylesbury, Medical and Technical Publishing Co, 1970.

Woodward, J., « The diagnosis and treatment of psychosomatic vulvovaginitis », *Practitioner,* vol. 225, 1981, p. 1673-1677.

Yates, A., *Sex without Shame : Encouraging the child's healthy development,* Londres, Temple Smith, 1979.

Quelques adresses utiles

CENTRE NATIONAL D'INFORMATION SUR LES DROITS DES FEMMES (CNIDF)
B.P. 470-08 - 75366 Paris Cedex 08
Tél. : 42 25 05 05

CENTRE DE RECHERCHE, DE RÉFLEXION ET D'INFORMATION FÉMINISTES (CRIF)
1, rue des Fossés-Saint-Jacques - 75005 Paris
Tél. ʳ 43 25 63 48

GROUPE DE RECHERCHE POUR L'HISTOIRE ET L'ANTHROPOLOGIE DES FEMMES
54, boulevard Raspail - 75270 Paris Cedex 06

LIEN DE FEMMES
48, rue J.-P.-Timbaud - 75011 Paris
Tél. : 48 06 92 42

MAISON DES FEMMES
8, cité Prost - 75011 Paris
Tél. : 43 48 24 91

CHOISIR
Siège : 102, rue Saint-Dominique - 75007 Paris
Permanence : 30, rue Rambuteau - 75003 Paris
Tél. : 42 77 33 00

MOUVEMENT FRANÇAIS POUR LE PLANNING FAMILIAL (MFPF)
4, square Saint-Irénée - 75011 Paris
Tél. : 48 07 29 10

COLLECTIF DE RECHERCHE POUR L'ÉVOLUTION AFFECTIVE ET SEXUELLE (CREAS)
5, impasse du Bon-Secours - 75011 Paris
Tél. : 43 56 66 12

CONSEIL SUPÉRIEUR DE L'INFORMATION SEXUELLE, DE LA RÉGULATION DES NAISSANCES ET DE L'ÉDUCATION FAMILIALE (CSIS)
3, rue du Coq-Héron - 75001 Paris
Tél. : 42 36 41 60

COMITÉ PARISIEN ANTI-RÉPRESSION HOMOSEXUELLE (COPARH)
1, rue Keller - 75011 Paris
Tél. : 48 06 09 39

ASSOCIATION DES FEMMES SAGES-FEMMES
6, rue Richard-Lenoir - 75011 Paris
Tél. : 43 79 59 10

CENTRE D'ÉTUDE DE L'ACCOUCHEMENT SANS DOULEUR
68, rue de Babylone - 75007 Paris
Tél. : 42 22 38 05

LE NID
Secrétariat national : 7, rue du Landy - 92110 Clichy
Tél. : 42 70 92 40
Permanence Paris : 65, boulevard de Clichy - 75009 Paris
Tél. : 48 74 99 23 (le mercredi de 17 h à 20 h)

INTERNATIONAL HEALTH FOUNDATION
69, rue du Montparnasse - 75014 Paris
Tél. : 43 22 57 44

ASSOCIATION POUR LA DIFFUSION DE L'INFORMATION SUR LES MALADIES SEXUELLEMENT TRANSMISSIBLES
59, rue Saint-André-des-Arts - 75006 Paris

ASSOCIATION FRANÇAISE DES CENTRES DE CONSULTATION CONJUGALE (AFCCC)
19, rue Lacaze - 75014 Paris
Tél. : 45 40 80 40

COUPLE ET FAMILLE
28, place Saint-Georges - 75009 Paris
Tél. : 42 85 25 98

ÉCOLE DES PARENTS ET DES ÉDUCATEURS
3-5, impasse du Bon-Secours - 75011 Paris
Tél. : 43 48 00 16

RETRAVAILLER
National : 14, rue du Mail - 75002 Paris
Ile-de-France : 34, rue Balard - 75015 Paris

ASSOCIATION POUR L'ORIENTATION ET LA PROMOTION FÉMININE (AOPF)
6, rue Daubigny - 75017 Paris
Tél. : 47 63 98 61

S.O.S. FEMMES ALTERNATIVE
54, avenue de Choisy - 75013 Paris
Tél. : 45 85 11 37

HALTE AIDE AUX FEMMES BATTUES
Foyer Louise Labbé
14, rue Mendelssohn - 75020 Paris
Tél. : 43 48 20 40

ASSOCIATION NATIONALE D'ENTRAIDE
FÉMININE (ANEF)
61, rue de la Verrerie - 75004 Paris
Tél. : 42 78 14 46

LIGUE DU DROIT DES FEMMES
54, avenue de Choisy - 75013 Paris
Tél. : 45 85 11 37

LIGUE FRANÇAISE POUR LE DROIT DES
FEMMES
191, boulevard Saint-Germain - 75007 Paris
Tél. : 45 48 58 58

ASSOCIATION FEMMES ACTIVES AU FOYER
22, rue de Tocqueville - 75017 Paris
Tél. : 47 66 44 97

CENTRE AUDIOVISUEL SIMONE DE
BEAUVOIR
7, rue Francis-de-Pressensé - 75014 Paris
Tél. : 45 42 21 43

BIBLIOTHÈQUE MARGUERITE-DURAND
Mairie du Ve
21, place du Panthéon - 75005 Paris
Tél. : 43 26 85 05

PLURIEL (Librairie)
58, rue de la Roquette - 75011 Paris
Tél. : 47 00 13 06

DES FEMMES LIBRAIRIE-GALERIE
74, rue de Seine - 75006 Paris
Tél. : 43 29 50 75

Note de l'éditrice

Je remercie vivement le CNIDF et le CRIF qui m'ont communiqué et ont mis à jour (avril 1986) la liste d'adresses parisiennes ci-dessus. Je n'ai pas voulu être plus précise (classement par thèmes) ni plus complète : trop d'associations féminines sont éphémères ; parfois, aussi, leurs objectifs et leurs activités varient selon leurs moyens.

Il existe aussi des centres régionaux et départementaux d'information sur les droits des femmes – sous des noms divers –, généralement dans les préfectures ou les mairies des villes principales.

Index

Table

2 Nos corps

3 Émotions

4 Les styles de vie sexuelle

5 Les relations de couple

6 Les enfants et la sexualité

7 Transitions

8 Résoudre les problèmes

9 Sexe et pouvoir

10 La perte et le deuil

Les relations sexuelles, 360.
Le retour à la normale et ses difficultés, 361.
L'utilisation d'une prothèse, 362.
Le chagrin, 363.

PHOTOGRAPHIES : NANCY DURRELL MCKENNA

IMPRIMERIE MAURY A MALESHERBES
DÉPÔT LÉGAL : NOVEMBRE 1986. N° 9382 (E86/18737E).

Dans la même collection

Émilie
...
1985

Le Temps des copines
Marie-Françoise Hans
1986

EXTRAIT DU CATALOGUE

Pierrette Bello, Catherine Dolto, Aline Schiffmann
Contraception, Grossesse, IVG, coll. « Points Actuels », 1983

Thérèse Bertherat, Carol Bernstein
Le corps a ses raisons, 1976
Courrier du corps, 1980

Claude Bochurberg (avec la collaboration de F. Edmonde Morin)
Jeux de main, Jeux de vie, 1983

Jacqueline Dana, Sylvie Marion
Donner la vie, 1971 (nouvelle éd. revue et augmentée 1980) ;
et coll. « Points Pratique », 1975

Geneviève Delaisi de Parseval, Alain Janaud
L'Enfant à tout prix, 1983, et coll. « Points Actuels », 1985

Femmy De Lyser
La Méthode Jane Fonda pour la grossesse, l'accouchement, 1984

Jane Fonda
Ma méthode, 1982

Marie-Françoise Hans, Gilles Lapouge
Les Femmes, la Pornographie, l'Érotisme, coll. « Libre à Elles », 1978
et coll. « Points Actuels », 1980

Colette Jeanson
Principes et Pratique de l'accouchement sans douleur, 1954

Frédérick Leboyer
Pour une naissance sans violence, 1974 (nouvelle éd. revue et augmentée, 1980)
Shantala, 1976
Cette lumière d'où vient l'enfant, 1978

Évelyne Le Garrec
Un lit à soi, coll. « Libre à Elles », 1979, et coll. « Points Actuels », 1981
Des femmes qui s'aiment, coll. « Libre à Elles », 1984

F. Edmonde Morin
La Rouge Différence, 1982, et coll. « Points Actuels », 1985
Petit Manuel de guérilla à l'usage des femmes enceintes, 1985

Michel Odent
Bien naître, coll. « Techno-critique », 1976

Michèle Thiriet, Suzanne Képes
Femmes à 50 ans, coll. « Libre à Elles », 1981, et coll. « Points Actuels », 1986